微区位原理研究

Research on the Principle of Micro-location

张中华　著

国家社科基金后期资助项目
出版说明

后期资助项目是国家社科基金设立的一类重要项目，旨在鼓励广大社科研究者潜心治学，支持基础研究多出优秀成果。它是经过严格评审，从接近完成的科研成果中遴选立项的。为扩大后期资助项目的影响，更好地推动学术发展，促进成果转化，全国哲学社会科学工作办公室按照“统一设计、统一标识、统一版式、形成系列”的总体要求，组织出版国家社科基金后期资助项目成果。

全国哲学社会科学工作办公室

摘　要

近年来，人本主义与行为主义的“微区位观”已经成为多学科交叉研究的热点话题，涉及城市经济学、人文地理学、经济地理学、城市社会学等多学科领域。微区位原理所涉及的“区位感知”“区位行为”“区位价值”“区位公平”“区位可获”“区位剥夺”等理论单元在城市与区域经济发展领域具有极其重要的现实意义。本书在不同语境（国内外文献挖掘、国内外案例提取、不同学科结合、多类型区位解析等）下提取微区位原理的核心主张，并以特定的方式阐释微区位的概念内涵及其观点，对微区位原理的哲学基础、方法论进行详细剖析，对微区位研究的代表性学派及其主要思想进行集成，对微区位原理中的多维建构观进行分析，进而探索微区位的空间组织规律及其布局模式。彰显“区位获得公平”“区位尊严与公正”的微区位原理是在批判传统区位论和国际化带来的现实区位行为文化意义缺失的背景下提出的。因此，本书旨在发掘微区位的时代属性、理论重构框架及其应用活化维度，并尽可能结合各种区位类型，进行实证分析，从而对“微区位”进行理论性的系统整合与建构性分析，有助于推进微区位的理论与实践创新。

（1）以“微区位”作为基本视角进行研究是透视城市社会经济结构体系“环境伦理—公平公正—尊严获得—价值保护—和谐发展”的必然要求。人类社会经济的发展目标无非是创造一种“人地和谐”的氛围，而微区位原理正是从人的感觉、心理、社会文化、伦理和道德等角度来认识人与区位布局及选址之间科学规律的理论，微区位的建构性研究不仅是城市经济、城市社会、行为地理领域有关区位应用的重要方面，还是营造充满特殊“行为文化意义”场所的基本诉求，也是当代行为经济学的基本价值诉求。当前微区位研究还处于学术争论阶段，该理念还为构建公平的城市经济空间体系、城市社会空间体系、城市日常生活空间体系等提供基础、原理和方法。

（2）微区位是地理学、社会学、经济学等多学科交叉的研究领域，也是当代新人本主义研究的前沿。伴随城市经济发展带动政治、文化等社会上层建筑演进并进入后工业化发展阶段，探讨微区位的构成及其演化规律已经成为行为经济学研究的必然趋向，即表现为物质区位特性—行为文化区位—社会结构区位的逐渐深入演进。从微区位原理的完善与成熟与否的角度，可以透视中国人文经济地理学、社会学、行为经济学等多学科综合发展的现代水平。微区位原理的核心是揭示对城市空间解剖从宏观的区域经济空间到微观的社会行为文化空间的再认识水平，“区位论”研究可引申到对世界性区位布局与选址问题以及城市“行为—文化空间”构造问题的探讨。微区位对城市“行为—文化空间”研究的理论水平，代表着当代城市经济学、人文与经济地理学、行为经济学这些前沿学科的发展程度。

Abstract

In recent years, the concept of "micro-location" of humanism and behaviorism has become a hot topic in multidisciplinary research, involving multidisciplinary fields such as urban economics, human geography, economic geography, and urban sociology. The theoretical units of "location perception", "location behavior", "location value", "location fairness", "location availability" and "location deprivation" involved in the principle micro-location have extremely important realistic significance in the field of urban and regional economic development. This achievement extracts the core ideas of the micro-location principle from different contexts (domestic and international literature mining, domestic and international case extraction, summary of different disciplines, multi-type location analysis, etc.) to explain the concept connotation of micro-location and its constituent views in a specific way. The philosophical foundation and methodology of the micro-location principle are deconstructed in detail, and the research on the representative schools of micro-location and their main ideas are integrated and analyzed. In addition, the categorization construction of "the view of dignity constitutes", "the view of the composition of availability", "the view of cultural cognition", "the view of consumer behavior" and "the view of the middle class" is conducted to explore the spatial organization law of micro-location and its layout effect mode. The micro-location principle that highlights "location fairness" and "location dignity and justice" is proposed in the context of criticizing the traditional regional location theory and the lack of real-life behavioral culture brought by the international style. Therefore, this study aims to explore the age attribute, the theoretical reconstruction framework of the micro-location and its application activation dimension, and combine various location types as much as possible for applied activation analysis. In this way, the "micro-location principle" boosts a theoretical system integration and constructive analysis, which will help promote the theoretical and practical innovation of "China's micro-location study".

(1) The study of "micro-location" as the basic principle is an inevitable requirement for the urban social and economic structural system "environmental ethics-fairness and justice-dignity acquisition-value protection-harmonious development". The economic development goal of human society is nothing more than creating a feeling of "collective mind", "harmonious development" and "sustainable prosperity", and the principle of micro-location is the theory of understanding the scientific laws between people, location layout and site selection from the perspective of human feelings, psychology, social culture, ethics and morality. The research on the construction of micro-location is not only an important aspect of urban and regional economic development planning, but also a basic appeal for the space full of special "human kindness", and a basic value appeal of contemporary behavioral economics. Currently, the study of micro-location is still in the stage of academic debate. The concept also provides the basis, principle and method for constructing a fair urban economic space system, urban social space system, and urban daily life space system.

(2) Micro-location is a multi-disciplinary research field involving Western geography, sociology, economics, etc., and is also the frontier of contemporary new humanism study. With the development of urban economy that drives the evolution of politics, culture and other social superstructures into the post industrial development stage, the discussion on the composition of micro-location (mainly location characteristics, location perception, location value and location fairness) and its evolution has become the inevitable product in the study of contemporary behavioral economics. It is manifested as a gradual and in-depth evolution from the physical location characteristics-behavioral and cultural location-social structure location. The perfection and maturity of the micro-location principle can reflect the modern level of multidisciplinary and comprehensive development of Chinese humanities economic geography, sociology and behavioral economics. The core of the micro-location principle is to

create a level of re-recognition of urban spatial anatomy from the macro regional economic space to the microscopic daily life space. In the study of "location theory", it can be extended to the issue of worldwide location layout and site selection as well as the urban construction of "behavior-cultural space". The theoretical level of micro-location research on urban "behavioral-cultural space" is the frontier mark of the study of contemporary urban economics, humanities and economic geography, and behavioral economics.

目　　录

第一篇　理论基础

第二篇 系统解构

第三篇 案例实证

附　录

第一篇
理论基础

第一章
导　论

城市变得不容易描述了。它们的中心不像过去那样处于中央，它们的边缘变得模糊，它们没有开始，似乎也没有结束。没有语言、数量，也没有图像可以恰当地理解它们复杂的形式和社会结构。

——Ingersoll（1992）

我们生活在一个迅速变化的世界之中。我们中的大多数人居住在功能、形态和结构异常复杂的城市里。城市建成景观的形成是无数“区位”被选择和被决策的结果，这些决策的主体包括个人、家庭、企业、集团以及政府和公共部门等机构。决策是在约束下做出的，因此，我们熟悉的“区位”反映了个人和社会的态度、价值观和信仰。随着时间的流逝，区位所承载的价值与功能也会不断变化。“微区位”研究了不同尺度环境下不同层次行为主体的区位选择和决策过程。这些区位的尺度由小到大，区位选择的行为主体也包括从个人到社会群体的各个层面。我们关注的焦点是现代城市社会背景下人文地理学研究中行为主义方法论的具体内涵。这一方法提供了一种特别的视角，以便分析和理解男性、女性、家庭、公司和公共机构是如何在区位选址中决策并引导自身生活与发挥自身作用的。

第一节　微区位研究的背景

一　空间“理性主义”向空间“非理性主义”的转向

20 世纪，伴随哲学、社会学、政治学、美学、物理学、地理学等多学科出现高度抽象理论化的倾向，空间和时间的逻辑成为这些学科研究的核心。同时，人们通过研究发现，空间和时间之间存在特性差异，在过去100多年的空间哲学体系研究当中，时间和空间并没有受到相同的对待。总体上，第二次世界大战之前的学科研究更多地集中在时间性的研究范畴之内，而二战后诸多学科研究则更多地集中在空间转向上。从诸多学者的观点中可以看出这一趋势，例如亨利·路易斯·柏格森（Henri Louis Bergson）和马丁·海德格尔（Martin Heidegger）均把时间性当作人的本质的东西，而科学哲学更是偏爱时间。马克斯·雅默（Max Jammer）认为，空间的测定可以还原为对时间的测定，时间在逻辑上优先于空间。20世纪50年代之后人们开始意识到现代哲学理论过于偏重时间性而忽视空间性，于是开始思考空间的内涵。米歇尔·福柯（Michel Foucault）则呼吁批判社会理论应该从关注时间转向关注空间，认为我们必须批判几个世纪以来对空间的低估。福柯还认为，当今时代应是空间的时代，我们身处同时性的时代当中，并处在一个并置的年代，这是一个远近的年代、比肩的年代、星罗棋布的年代，我们处在这一刻，其中由时间发展出来的世界经验，远少于由联系着点与点之间的混乱网络所形成的世界经验。后现代文化理论家弗雷德里克·杰姆逊（Fredric Jameson）则认为，现代主义是关于时间的，后现代主义则是关于空间的。因此，后现代主义的兴起极大地推动了思想家们重新思考空间的社会日常生活建构意义（包亚明，2001）。后现代地理学家大卫·哈维（David Harvey）提出了“时空压缩”的观点①，认为时间消灭空间或者时间取代空间，这种空间就是地理空间，地理空间意味着地球表面的固定空间，但是在交通技术的影响下，空间变得越来越小，从而被时间所消灭。因此，也有很多学者认为，伴随生活速度的加快，地理空间的重要性不断降低。海德格尔敏锐地观察到现代科学技术已经造就了新的时空体验，把空间看作一种社会性的建构。多年来，从亨利·列斐伏尔（Henri Lefebvre）到曼纽尔·卡斯特（Manuel Castells）等一批哲学社会学者对当代空间的哲学社会分析当中

① 时空压缩（Compression of Time and Space）是一种研究因交通运输和通信技术的进步而引起人际交往在时间和空间方面变化的理论。这一理论认为，一定地域范围内人际交往所需的时间和距离，随着交通与通信技术的进步而缩短。

都可以清晰地看出空间实践所建构的社会深层意义和价值。这些基于多学科视角的空间体验和价值研究为微区位研究提供了空间哲学基础。总体来说，20 世纪 50 年代以后空间已经成为哲学社会科学领域研究中的突出问题。

二 空间“数量主义”向空间“行为主义”的转向

数量方法（Quantitative Approach）试图以地图、图表和数学公式、统计数据等形式来描述城市的区域结构。采用这种方法很大程度上是受到新古典经济学（Neo-classical Economics）和功能主义社会学（Functionalist Sociology）① 的启发。这些方法的目的是希望能够“科学地”，也就是通过使用一种不会受到观察者的价值和观点影响的分析方法来客观地描述城市中的各类现象。这种试图将观察者和观察物分开的方法被称为笛卡儿法（Cartesien Approach）。这种方法是以哲学家笛卡儿的名字命名的。然而，很多人质疑这种中立的可能性。关于知识理论，女权主义作家堂娜·海拉维（Donna Haraway）指出，科学的方法代表了对“上帝法术”（God Trick）的渴望，它试图能够“从虚无处看清任何事物”（Donna，2006）。她认为，这一目标是不可能的，因为观察者的价值观不可避免地会反映在数据的选择和理论框架上，以及用于描述这一数据的文字和修辞上。观察者对于人与空间的外部观察有时也可以被称为“凝视”（Gaze）或（由于通常多数城市分析者都是男性）被称为“男性的凝视”（保罗·诺克斯、史蒂文·平奇著，柴彦威、张景秋等译，2005）。

行为主义方法（Behavioural Approach）② 是对非现实的新古典功能主义描述的标准假设（Normative Assumptions）的一个回应（也就是从理论上考虑应该是什么，而不是实际上存在什么）（Reynolds，1993）。20 世

① 功能主义就是要在设计中注重产品的功能性与实用性，即任何设计都必须保障产品功能及其用途的充分体现，其次才是产品的审美感觉。简而言之，功能主义提倡功能至上。

② 行为主义是美国现代心理学的主要流派之一，也是对西方心理学影响最大的流派之一。行为主义的主要观点是，心理学不应该研究意识，只应该研究行为，把行为与意识完全对立起来。在研究方法上，行为主义主张采用客观的实验方法，而不使用内省法（宋耀武等，2003）。

纪 60 年代，欧美人文地理学发生了显著变化，空间数量主义学派的弱点逐渐在社会经济研究实践中暴露出来，在对空间及区位分析方法进行修正的过程中，行为主义学派逐步形成，并成为该时期人文地理学研究的重要流派之一（吕拉昌、魏也华、林初升，2006）。我国地理学者从 20 世纪 80 年代开始在地理学界引入欧美行为主义的理论研究成果，但对人文地理学界的影响不大，缺乏与实践相结合的应用研究。行为主义强调的是基于对人们在他们所感知的世界中的活动和决策制定过程的研究（例如去哪里居住？我为什么去那里？那里有什么？那里能够给我带来什么？我为什么把企业布局在那里?）。许多解释概念都来自社会心理学，尽管现象学也对行为研究产生了相当大的影响（现象学强调人们感受他们周围世界的途径）。

三　空间“结构主义”向空间“后结构主义”的转向

20 世纪 50 年代以来，空间数量主义受到各种非议，结构主义和人文主义思想、方法逐渐融入空间相关学科的研究中，尤其是较为典型的经济、人文地理学领域，这种思潮也给有关“区位”理论的研究带来了新的生机和活力。英国著名的地理学家约翰斯顿（R. J. Johnston）在其《哲学与人文地理学》（*Philosophy and Human Geography*）一书中，将 80 年代的西方人文地理学派从哲学角度归结为实证主义、人文主义及结构主义三大思想流派（约翰斯顿著，蔡运龙译，2000）。结构主义地理学在人文地理学中的重要程度由此可见一斑。结构主义不同于数量方法和行为方法，结构主义者对各类日常生活空间现象充满着质疑感，关注人们在日常生活世界中的主观反应和认知。结构主义认为，要了解社会，就需要研究者在明显的外部世界表象之下进行调查，以了解发生作用的根本机制。由于这些机制不能被直接观察到，研究者必须通过应用抽象推理过程建立的理论来研究它们（保罗·诺克斯、史蒂文·平奇著，柴彦威、张景秋等译，2005）。结构主义者的研究方法最早是用来探究“简单社会结构”问题，尽管世界存在文化的地方性差异，但结构主义者认为，世界存在一种普遍的、规律的文化组织结构，并主宰和控制着人类的社会行为。众多的经济、人文地理学者将结构主义方法与马克思主义观点（而非人类学的观点）结合在一起，尝试将马克思在19世纪工业城市背景下形成的观点，按照20世纪的发展进行修正，并形成了新马克思主义①方法（顾朝林、于涛方、李平，2008）。

马克思认为，资本主义社会的根本机制是两大阶级在价值问题上的冲突：一个阶级由拥有资本的人组成；另一个阶级是工人阶级，他们除了自己的劳动力外一无所有。他的“资本逻辑”解释认为，社会中价值的主要源泉是工人用来制造商品的劳动力。这与当时主流经济学的解释不同。当时的主流经济学认为，由于资本拥有者通过他们的投资和工厂承担了风险，因此他们应当获得最大的回报。当然，19世纪马克思写他的著作时，许多情况都发生了变化，特别是阶级结构和国家的作用变得更加复杂了。但是，马克思主义观点从根本上试图将当代的社会发展在价值上与阶级斗争联系在一起。因此，结构主义方法强调通过社会组织和社会中权力集团与机构的活动对个人行为施加限制（Knox and Pinch，2000）。

马克思主义方法倾向于贬低个人主观解释（有时被称为“错误意识”）的重要性，所以通常看起来像解释世界的权威和最优的方法。尽管不同于数量方法和行为方法，但马克思主义方法确实认识到观点和概念代表了特殊的利益。因此，马克思主义者认为，过去许多数量方法代表了有权和有钱阶级的利益。相比而言，马克思主义方法倾向于表达社会中弱势阶级的观点。尽管如此，一些人认为马克思主义方法也是多种“上帝法术”中的一种。与数量方法不同，马克思主义方法倾向于认为存在一种最佳的方法来理解城市。然而，批评者认为由于贬低了人的认识，这些方法忽视了社会中存在围绕阶级的各种各样的冲突，如围绕性别、种族、年龄、性、民族、身体、国家、政治联盟、邻里区位等的冲突（Johnston，1986）。因此，人们越来越意识到城市内存在多种不同的利益、多种不同的“声音”和能代表这些利益的不同理论。批评者常常

① 新马克思主义，也称为当代马克思主义，它尝试重新检讨或修正马克思古典理念，但仍相信及坚持马克思主义的某些原则。新马克思主义转而借助黑格尔哲学、无政府主义、自由主义以及理性选择理论的观点以反叛姿态拓展了马克思主义哲学的主题和形式（李文英、王薇，2018）。

认为，在马克思主义理论中人经常被描绘成被广泛的经济力量所包围的不幸的受骗者，在这些经济力量面前，人是无能的。然而，认识到马克思主义理论具有多种多样的特征是很重要的，并且近年来许多学者试图突破这些限制。因此，结构主义者思想的基本原理为我们了解当代社会变革提供了有力的工具。然而，前文提到的各种批评也导致了后结构主义方法的生长。

后结构主义者认为，社会中存在不平等的大量变数和维度，强烈反对将世界解释为单一的、隐含的、根本的的观点。他还认为社会不平等现象会在各种行为文化空间结构中得到反映，这些形式包括区位选择、居住差异、建筑场所、休闲娱乐及其他不同城市景观。所有这些表现形式都包含一组共有的意义——我们称之为“景象”①。这意味着我们用以表达的词语和观点并非像镜子那样能反映外在的客观现实。要理解支撑景象的话语，很重要的一点就是对文化的分析。后结构主义对“区位观”的影响十分显著，这反映在跟“区位”有关的学科（如经济地理学、人文地理学、空间经济学、行为经济学等）具有明显的“文化转向”趋势。我们在任何社会里都可以见到这样的情形，当人们聚集在一个特定区位（例如会场、餐厅等）中的时候，处于较高地位的人总要占据宽敞、核心的位置，而地位低的人则要退居偏僻、局促的位置，这表明社会关系会投射到日常生活的区位选择与区位评价当中（Ghita, Scarlat and Santos, 2013）。而研究社会关系的区位则属于行为经济学的范畴，也正是本研究所要探讨的核心范畴。这里的一个重要表征就是，确定不同社会群体是如何通过区位布局而进行商品、权力需求、价值的分配的（Cloke, Philo and Sadler, 1991）。

20 世纪 20 年代以后，决定论已非地理学的唯一基础，卡尔·索尔（Carl Ortwin Sauer）的“文化景观论”② 和美国的“地理调节论”冲击着

① 地理学的科学本质在于探索地球表面一切现象的规律。现象在地理学者眼中被认为是一种“景象”。

② 人地关系理论中的一种主张。文化景观是包括一个地域单位（景观单元）的地理特征的地区文化现象的复合体，如由田园风光、建筑、人物、服饰、道路和交通工具等所构成的复合体。

“地理环境决定论”①，文化景观的概念逐渐兴起。与此同时，区位布局原理也开始从地理因素向文化因素转变。拉采尔的学生弗罗贝尼乌斯（Leo Frobenius）首次具体定义了“文化圈”的概念，师徒联合阐释某一区域内部区位选择的历史地理关系。格雷布内尔（Fritz Graebner）进一步开展了对文化圈——地理空间中文化要素的独特复合形态的研究，其目的是要通过精致的分析，确认文化要素之间的关联，从而阐释与其对应的区位关系（冯雷，2008）。从这些特征可以看出，20世纪的社会经济空间结构研究已经从过去那种粗糙的地理区域视角转向社会和文化耦合的行为主义视角，这为丰富“微区位”的内涵研究提供了基础。

四 区位“实证主义”向区位“可选择论”的转向

现代经济地理学的分析研究包括大量的区位选择行为研究，最初都是基于实证主义的传统。实证主义在20世纪50年代末60年代初席卷整个空间经济学领域，把定量和模式化方法结合起来，通过规范的理论，使整个学科走向了一个新的时代。但是，人们很快意识到，尽管实证主义的某些基本原则在许多科学的经济地理学研究中已经根深蒂固，但它自身在哲学上仍然有很大的局限性，并受到制约。通过详细描述实证主义的一些重要特征，我们可以很清楚地发现这种哲学在整体上并不容易适用于区位选择行为研究（戈列奇、斯廷森著，柴彦威等译，2013）。实证主义的一些重要特征如下：（1）对存在的变化采用一种物理主义派的观点进行阐释；（2）把现实的特征描述成原子式的事实；（3）强调客观性和可观察性；（4）在被称为“科学方法”的推理模式中假设检验的重要性；（5）以寻求概念化理论为主旨，以建立过程理论为终极目标；（6）结果需要得到公开的验证；（7）强调逻辑思维的必然性；（8）强调事实和价值的分离；（9）坚持假设科学家是一个客观现实的消极观察者；（10）坚持价值判断必须被排除在科学之外的原则（Golledge and Rayner，1983）。

---

① 地理环境决定论是一种西方社会学理论。地理环境指存在于人类社会周围，包括作为生产资料和劳动对象在内的各种自然要素的总和，如地质、地貌、气候、水文、土壤、矿藏、生物等。地理环境决定论者认为，地理环境、自然条件对社会发展起决定作用，是决定社会发展的根本因素。

可选择论强调对区位行为进行描述性和交互性更强的分析，并通过扬弃许多古典实证主义的内容而得到发展。由于认知作为人与区位环境之间中介因素的重要性得到了认识，那些不可观察的、非感觉的实证主义研究便显得站不住脚。在这种背景下，简化论的原则和对区位环境的物理主义的解释都有所削弱。在行为主义方面，“区位行为”与“区位中的行为”便产生了区别。科学家作为一个客观现实的消极观察者也常常遭到批判。在所有的时空情境中，人和区位环境总是互相影响的，正是这些不断进行的互动使人与区位之间的关系变得更加复杂和有意义（Golledge and Stimson，1997）。反过来，这也意味着那些可供选择的认识论，例如基于人与区位之间动态交互及相互影响的立场，作为实证主义的替代而得到了加强。随着研究者采取一种替代的认识论立场，传统的实证主义者对区位价值与事实的分离便显得越来越不合理，用科学的行为分析方式来解释区位价值的尝试逐渐增多。由于价值观能够帮助决定显性区位的选择行为，许多区位选择行为研究也开始接受这一事实。这一认识论上的争论也摆脱了最初实证主义有关先验存在世界的立场，而代之以一种假设，即感应认知与区位之间总是处于动态的交互之中。

五　城市“工业主义”向城市“后工业主义”的转向

现代城市可以被看作经济组织变革的产物，是一种隐含着社会变化关系的空间载体，受日益发达的现代交通的影响，并不断被根植于时代主导的城市公共政策以及个人亚文化生活方式所重构。伴随着现代技术的发展，城市不同类型的消费产品逐渐增多，使得传统的区位特征和价值产生了系统性的变化。高流动性让不同区位之间的组织结构关系也发生了系统性的变化，并使城市消费产品更加多样化。同时，西方经济研究重心也日益由传统的种植业区位、采矿业区位、制造业区位转变为针对城市服务业、国际贸易以及各种公共服务设施与社会福利设施的区位控制与布局上。

在现代城市内部以及整个大都市区内部，城市的区位格局由分散化和集中化两种相互矛盾的力量所左右。一方面，大公司的集中使行政与管理活动向城市的中心商业区集聚；另一方面，许多商店和企业所具有的新的区位自由度也促进了工作的分散化，白领劳动者的大量增加及由此引起的平均收入的提升和汽车更大范围的使用，已经使城市的日常生活空间结构（居住区位—办公区位—工作区位—游憩区位）更加离心化，同时促进了低密度郊区的不断扩展。其结果是城市的土地利用更为专业化和分散化，城市的分散化以及由汽车促进的个人流动性的提升使城市居民就业、购物、休闲和社交活动增多。但是，与现代城市给予富人们的便利相比，穷人们并没有太多的便利以帮助他们通向城市的“新机遇区位”。从世界范围看，不熟练的城市劳动者仍旧陷在地方化的贫困区位附近，破旧的房屋、疾病、设备简陋的学校、低教育水平、受限制的工作机会、低薪水以及失业等形成了一种社会压抑和剥夺的环境。

在西方，早期的工业城市基本上是建立在贸易经济稳固的源于中世纪封建制度传统的社会秩序基础之上的一种模型。舍贝利（Sjoberg）提出，工业主义城市的理想区位模型将少数精英和多数无产阶级进行空间隔离，少数精英生活在舒适的、时尚的城市中心，多数无产阶级生活在破旧的城市边缘地区（Sjoberg，1960）。舍贝利认为，少数精英是那些控制城市宗教、政治、行政和社会功能的人，而商人——即使富有的商人——都被排除在精英行列之外，因为“对金钱的占有和对世俗的追求与当时统治阶级的宗教哲学价值观背道而驰”。与这种价值观相呼应，精英们更倾向于将居住区位接近行政、政治以及宗教机构，而这些机构的典型区位特征就是处于城市的中心。

伴随工业化的发展，大部分城市则与早期工业化城市迥然不同。不仅城市内的大部分老建筑物被替代了（通常是多次被替代），而且彰显城市主要特征的一些相关区位都在很大程度上被改变了。城市内部发生了变化，富人用城市中心区位交换穷人们的边缘区位。职业聚居区依据地位、家庭结构、种族和生活方式不同而产生了居住的社会空间分异。城市中的权力和地位不再由传统价值观标准所决定，而是由财富来决定；土地所有权与使用权分离，工作地与居住地逐渐分化，家庭结构也发生了变化。这时候贫困大部分集中在内城，而财富则集中在城市边缘。这种深层次重组主要是由经济发展引起的，而这种经济根源于资本主义的出现，并且由工业革命期间不断出现的技术来巩固支撑。个人资本的积累变得不仅在道德上可以接受，而且成为地位和权力的主要象征，并且，企业家为城市事务输入了一种新的唯物主义价值观。同时，对新工厂、仓库、商店和办公室等最佳区位的争夺引起了土地利用的第一次极为重要的变化。土地被用于获取最高地租，而不是被传统使用者所占有。工厂和商业用地相对固定，围绕着这些工厂和商业网点涌现了大范围的居住地，以容纳工厂的工人和他们的家属。新型城市结构开始日益分化，住宅不再被用作工作场所，而居住区按不同区位的地租要求形成等级。社会地位（以金钱形式来表达）成为支付地租能力的同义词，因此，邻里实际上是按社会地位来划分的。19 世纪早期，新型交通设施的引进促使富人们住进了由瞄准这一有利市场的投机商兴建、位于郊区的新型时尚住所。此后，医疗服务和公共保障设施的改善，使出生率显著超过死亡率，同时移民大量增多（与城市不断扩展的范围与机会数量相对应），城市增长速度加快。建筑技术的革新使城市向上增长和向外扩展成为可能，并且，随着城市交通系统的不断改进，资本主义经济的周期性增长促进了相应的城市扩张，使现代城市具有了一系列不规则的、明显的郊区地带。

后工业化社会理论产生于 20 世纪 50 ~ 70 年代，贝尔（Bell）认为，在后工业化城市社会中，重工业的地位正在下降，而且日益被服务业形态所取代，增长尤为显著的部门有金融、商业服务、零售、休闲及娱乐业。这些服务业的区位选择模式是相当复杂的，最早是在一些传统制造业的外围得到一定的发展，诸如美国服务业增长形成了明显的“阳光带”，英国服务业的快速增长则在其东南部。服务业经济的发展给城市的“微区位”带来了重要的影响。其中最重要的变化就是强化了“区位选择”中的社会极化效益（Pinch，1993）。在从事传统制造业能够获得相对较高收入的同时，技术和中等收入的工作以及服务业则向相对高收入和相对低收入两个方向分化，其结果是服务业企业具有更多的区位选择自由度。这一结果已经导致了城市为吸引主要服务业雇佣者而展开竞争。但是，某些服务业需要高度专业化的工人，他们只能在少数大城市里找到。此外，城市间日趋激烈的竞争也是对全球化过程响应的最好理解。

后工业化社会中的典型趋势就是全球化与跨国公司的出现。跨国公司改变了区位的价值属性，可以在远距离的区位市场中为当地消费者提供产品。跨国公司在生产领域和市场领域的区位选择日益以全球尺度进行整合，所以产品在多个区位由位于不同地点的工厂生产。全球化对区位布局产生了深远的影响。最为显著的是，导致了所谓全球城市（Global City）① 的出现，公认的中心有纽约、伦敦和东京等，它们在新的集中化的世界金融体系中扮演着核心区位的角色。萨森（Sassen，1991）认为，全球城市的一个主要特点就是区位的社会极化，即日益增长的区位不公平问题。在很大程度上，这种不平等根源于金融服务业的特点，它依靠相对富有的劳动阶层，而这一阶层的劳动者需要更多的服务，如就餐、购物及清洁等（而这些服务又多由低收入劳动者所提供）。这种社会不平等同样在全球城市的区位选择中被强化。诸如金融服务业中富裕劳动者的住房区位选择——可能会邻近低质量住房，这样可以获得更好的服务享受，满足区位的可获得性。全球化让世界各地的不同城市都处于世界经济格局当中，形成全球一休化状态。在日益全球化的背景下，全球和地方之间存在着密切的互动，宏观区位与微观区位之间也存在着紧密的互动，这一过程也将直接影响我们对待“区位”的态度。

与后工业化社会相对应的还有“知识经济”和“信息城市”。现代信息技术的发展使“区位”的尺度可以更大，可以更远，也可以更微观，新数字技术能够使所有类型的信息进行迅速传递和沟通，并形成了“赛博空间”区位②。但是，与变化中城市发展的经济背景相联系的一些最新观念指出了现代经济中知识日益增加的重要性。多种多样的术语被用来总结这些发展，包括网络社会（Castells，1986）、回流积累（Lash and Urry，1994）、柔性资本主义（Leyshon，Thrift and Pratt，1998）等。这些理论以各种不同的方式指向经济发展中的“知识性区位”。知识经济和信息城市加速了企业的柔性化生产、服务业的增长以及与全球化相关联的区位不平等，进而会导致“信息富有”社会群体和“信息贫困”社会群体之间在

---

① 全球城市，又称世界级城市，是指在社会、经济、文化或政治层面直接影响全球事务的城市。全球城市一词由萨森于 1991 年的作品中首创，与巨型城市（又称超级城市，Megacity）相对。英国伦敦、美国纽约、法国巴黎和日本东京传统上被认为是“四大世界级城市”。同时，它们也被视为全球资本主义的象征。

② 赛博空间（Cyberspace）是哲学和计算机领域中的一个抽象概念，指在计算机以及计算机网络里的虚拟现实。赛博空间一词是控制论（Cybernetics）和空间两个词的组合，是由居住在加拿大的科幻小说作家威廉·吉布森在 1982 年发表于 *Omni* 杂志的短篇小说《全息玫瑰碎片》（*Burning Chrome*）中首次提出。

不同类别区位选择上的分异（见图1-1）。曼纽尔·卡斯特创造了“超大城市”的术语来揭示新型大城市区位布局模式的特征：掌握丰富的知识，占据全球信息网络的仅是少数人，大多数的人与网络无关。在世界城市的区位竞争关系中，基础设施在这里扮演极为重要的角色，例如，纽约有全世界最集中、最纤细的光缆，在这里知识和信息也是极化的。

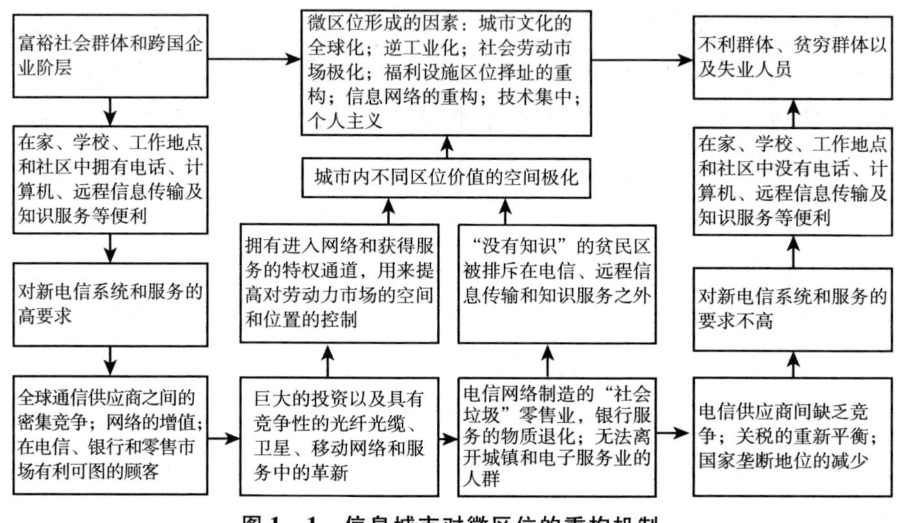

图1-1 信息城市对微区位的重构机制

资料来源：参见 Graham，Cornford and Marvin（1996）。

六 区位“经济价值”向区位“社会价值”转向

19世纪中叶以来，传统区位论（诸如杜能农业区位论、韦伯工业区位论、胡佛运输区位论、帕兰德市场区位论、克里斯塔勒中心地理论、廖什区位经济论等）是近两百年间经济学家、地理学家所创立的系统的、经典的区位理论。与经济学的其他分支一样，发展十分迅速。成果大量增加，研究领域不断拓宽。对区位发展特点的分析，可从各不同方面着手。一些西方学者根据其研究方法和思维方式的演变，从环境决定论、区域差异研究、空间组织与空间系统演化、行为主义、生态主义等诸方面来分析。这种分析对于认识微区位具有十分重要的意义。

（一）区位研究尺度的变化

20世纪上半叶，经济地理学发展中的最重大事件当属经济活动区位论的引入。如1909年韦伯的“工业区位论”，1933年克里斯塔勒的“中心地理论”，1940年廖什的“区位经济论”。其有一个共同点，即侧重于对区域内的单体企业（农场、工厂、商业点）的微观分析，强调追求最小成本或最大利润，对环境因素关注不够，重视距离因子的主导作用，研究方法上采取逻辑实证思维。由于它忽略外部环境（尤其是社会经济问题和文化关系），忽视人的主观方面，其结论经常与现实生活错位，看上去有道理，实际上千差万别，影响了理论的应用与发展。

二战后，美国一些经济学家在研究区位论的基础上，开始对区域经济进行整体研究。20世纪50年代，艾萨德创立了区域科学。它联结经济学、地理学和规划理论，强调用理论和数量模型方法来分析区位问题，更加侧重对区域内不同区位的组织联系和协调关系进行分析。20世纪50年代以后，始于法国学者皮鲁的增长极理论，一些学者表现出对区域发展问题的关注，并提出了相应的理论，诸如默戴尔的“循环积累论”，赫希曼的“极化－涓滴”理论,弗里德曼的“中心－外围”理论，弗兰克等人提出的“依赖理论”，等等。与区域科学相比，该类研究的区位尺度进一步拓宽：从区域内转向区域之间，从一个区域转向多个区域。

（二）研究企业区位组织的变化

二战后，作为经济地理学主要研究客体的企业组织，加速向多部门、多区域、跨国经营和全球化经营方向发展。以单部门企业为主要研究对象的古典区位论，逐渐暴露出研究的局限性。孤立地对跨国公司的某一农场、工厂和商店区位的研究，已不能揭示它们的区位原因，更不能揭示经济实力远超世界多数国家的“公司帝国”的空间格局及演变。与此相应，20世纪60年代初美国地理学家麦克尼提出了公司（企业）区位论的概念。其主旨是企图“使传统区位论中仅仅对物的分析转移到对人及社会组织机构的关注上来”。企业区位论尤其关注企业内部不同组分的微观布局结构问题。20世纪60年代以来，不少学者相继开展了此类研究。其中，一些学者根据跨国公司在世界经济中地位日益提升的实际，更加侧重于大型跨国公司区位格局和演变的研究。

（三）区位研究思维方法的变化

20世纪前期的区位论研究，以规范性分析为思维方式。这种研究主要从经济区位选定的一些基本命题出发，演绎推理出结果。由于经济活动最佳区位是在一系列简化的假设条件下求得的，区位决策者被认为具有所有经济学的知识并一味追求最大化利润，其研究框架的实际应用受到一定的限制。20 世纪 60 年代的数量革命，带来了实证主义分析法。与规范区位论不同的是，这种分析法强调用统计和数学模拟来探索经济流动空间结构的区位布局规律。20 世纪 60 年代末，规范区位论和实证区位论受到行为主义学派的冲击。行为主义强调对区位决策者行为的分析。认为基于同样的区位影响条件，不同的决策者可能会有不同的决策结果。对行为差异的考虑，与规范区位论的“经济人”概念相比，使研究结果更加接近现实。60 年代末以来，伴随着发达国家经济结构的转变、社会矛盾的日益加剧，结构主义地理学应运而生。以哈维为代表的学者们，运用马克思主义的基本原理，解释资本主义社会出现的矛盾。他们在区位研究中，强调社会的实际需要，强调政治、社会力量在区位选择与布局中的作用。我国学者白光润在其著作《应用区位论》中强调，传统区位论在国民经济布局、城市规划、国土整治、区域规划等方面发挥了很大作用。但是由于理论缺乏时空标定性，一切都高度抽象为空间距离关系和经济理想人，致使传统区位论在实际应用上，特别是在微观尺度的应用上，可操作性差。在现实的区位选址中很多区位的确定需要依靠行业经验，甚至充满迷信色彩的风水来进行（白光润，2009）。

伴随 20 世纪 70 年代西方人文地理学研究的日益兴起，传统区位研究日益转向区位与社会问题和空间结构的集合性研究，并形成了“微区位”的研究范式（Rediscovering Geography Committee，1997）。人文地理学者劳维系统阐释过经济地理与区位和社会空间结构的耦合过程（Lowe，1993）。同时，费丁（Fielding，2000）等学者编著的人文地理著作，也对城市社会、文化与区位布局问题做了系统的建构分析。奥格纽等在 1999 年出版的《人文地理学核心论文集》（*Human Geography：An Essential Anthology*）中从多维视角评价了现代城市区位社会论的理论基础（Agnew and Livingstone，1999）。总结这些学者的观点主要集中在以下两个方面。

（1）空间社会论已经将敏感性的区位因子和社会地理结构理论整合

起来，集中诠释多变物质空间领域中区位竞争与合作的微观社会复杂结构特征（Harvey，1999）。现代微区位研究更倾向于“有人”的视野，“无人”的传统区位论则经由非社会性到抽象定量分析的经济学（本质是没有考虑区位布局中的人的社会行为结构特征）再到 20 世纪 70 年代兴起的结构与行为主义的“区位”研究（将社会行为结构理论融贯到区位价值的分析领域），建立区位与社会融合的结构网络体系（Ley，1999）。

（2）传统区位观从早期的“距离决定论”转向“物质结构论”再到“区位融合社会、物质与精神性要素”，微观的社会行为文化区位论已成为“新”经济地理学研究的核心。人类生态学者用“区位的文化感知”或者“区位价值”“区位形象引力”等来解构或认知“微区位”，把区位当作社会行为结构竞争的平台、空间和社会发生耦合的现实基础，是经济社会演变的产物（见图 1－2）。因此，“微区位”更具有社会、经济、空间形态等“多元”的价值诉求（Johnston，1997）。

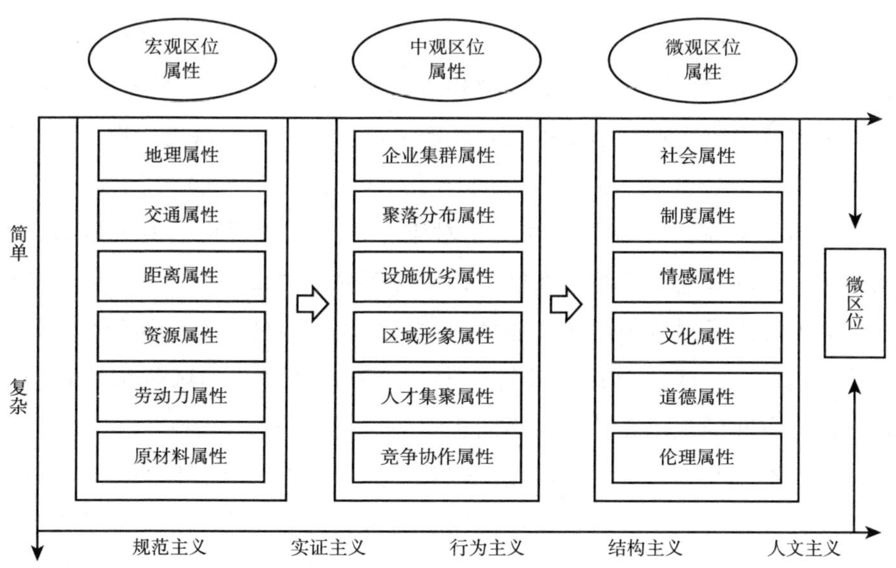

图 1－2　区位研究视角的转向

资料来源：笔者自制。

第二节 微区位研究的目的与意义

一 理论层面

20 世纪以来，城市与区域经济的可持续发展已成为学术界研究的全球热点问题之一。20 世纪 90 年代以来，以新人本主义、新城市主义、新马克思主义、新福特主义、新经济地理学等为代表的城市经济发展思潮兴起，并深刻扭转了传统空间实证主义的研究路向。泛科学主义认为其能够解决所有关乎人类生存的社会问题，泛人本主义认为空间的意识论应是“浪漫”的而且不是唯一的。因此，新人文主义的出现对传统空间诸学科产生了极其重要的影响，尤其集中在对区位价值的现实理解和诠释上。

受新人文主义思潮的影响，空间经济学、经济地理学等区位相关研究的学科具有了社会科学的意蕴特征，并使那些研究传统物质形态空间的学科开始转向寻求与社会科学的整合，并着力揭示人和区位之间的空间关系。尤其是区位格局中的社会人文化特质，形成了经济与社会环境分析的相互耦合关系，并用行为主义的解构方式去重构区位的组织规律。因此，现代区位论研究应在哲学基础上开展区位价值的多元化探究。现在大多数学者（人文地理学者、新经济地理学者、行为经济学者）都承认人文主义和结构主义在“区位”研究上相对于实证主义来说更具有说服力，也认识到了人的社会文化情感在区位选址与布局中的重要性，并主张科学分析社会人文因子对区位的感知能力，尤其关注区位的人本感知和文化认知体验。这样，由区位感知到区位行为，伴随社会经济和区位价值观的演化，世界空间的建成景象则由不同进程的“微区位”景观所建构。

新人本主义和行为主义的微区位观就是把人作为有思想的灵魂，进而研究由人所建构的生态区位组织规律。通过人的真实生活空间体验来说明社会空间结构内部的区位组织演化规律，并能够提出从机制意义上进行社会改革的对策和方法。因此，现代区位论研究应走向“科学的人本主义”和“人本的科学主义”。所以，新人本主义和行为主义的微区位观强调“经济地理区位”的演进以及“人文生态区位”的时空内涵。微区位观倡导人对区位的感知和基本体验，在区位获取平等、机会与自主的基础上向社会文化生态区位的机会、自由和平等过渡，从物质距离的区位向与文化并重的人文生态区位转向，从区位的成本需求向区位的价值诉求—尊严诉求—获得诉求—社会需求等方面深化。微区位是城市空间结构创新研究的基础。对城市经济空间结构研究的集合构建了“行为—社会—文化转型”的基本理念，使传统的区位理论抛弃了经济最大化效益论，转向经济的社会公平价值论方向（Soja，1999）。微区位所追求的集经济性、空间性、文化性、生态性与精神性（社会性）于一体的社会—经济—行为文化耦合的空间结构体系，恰好是行为经济学及经济地理学等相关学科分析其研究对象的空间载体。同时，微区位解构城市空间结构的体系也是其他空间研究学科分析“真实问题”的理念和出发点；微区位的研究实践建立了解构新城市经济—社会空间结构体系的基本理论框架。该框架不但构成了“新”的区域—城市空间研究的核心，而且为其他分支学科的研究提供了新的出发点（Johnston，1986）。

因此，以“微区位”作为基本原理进行研究是透视城市社会经济结构体系“环境伦理—公平公正—尊严获得—价值保护—和谐发展”的必然要求。微区位的建构性研究不仅是城市与区域经济发展规划的重要方面，而且是营造充满特殊“人情味”空间环境的基本诉求，也是当代行为经济学的基本价值诉求。当前微区位研究还处于学术争论阶段，该理念还为构建公平的城市经济空间体系提供了基础、原理和方法。

二 现实层面

从当前经济地理学、行为经济学、行为地理学等多学科综合角度来看，微区位研究仍然处于起步阶段。起初主要是少数学者对微区位进行介绍和引进性的评价分析研究，如国内学者王兴中教授运用微区位原理进行城市日常生活空间结构的场所解构研究，白光润教授运用微区位原理进行应用区位的实证分析研究等。总体来看，在微区位的理论活化层面主要集中在人文地理学和经济地理学研究领域，强化对区位尺度、区位感知、行为区位、区位尊严和价值等方面的研究。有些还采用实证主义的分析方法，诸如针对商业微区位、娱乐休闲微区位、居住迁移微区位、公司区位论等进行建构性分析，进而探寻人文生态区位的生成过程和形成规律，不仅可以提升城市空间研究的理论价值，而且可以丰富行为经济学、地理学、社会学等多学科参与区位研究的内容，能够为区位的“人本化”研究提供科学的发展思路。

著名人文地理学者吴传钧教授在论述中国人文地理学的发展规律时强调，要研究城市的日常生活规律，应注重社区（群）的行为活动区位的研究，尤其是行为区位、生活设施区位，包括犯罪区位规律等。伴随经济地理学、行为经济学、人文地理学等区位相关研究学科体系的日益完善，中国的经济区位理论研究也进入了明显的与社会化、人文化相耦合的发展阶段，区位分析的“社会—行为文化转向”已经成为一种趋势，特别是自20世纪90年代以来，伴随中国城镇化步伐的加快，城乡社会问题日益凸显，迫切需要建立中国本土特色的微区位研究体系，从而加强对城乡经济社会问题的分析，不断拓展区位论研究的领域。

总体来说，微区位是地理学、社会学、经济学等多学科交叉的研究领域，也是当代新人本主义研究的前沿。伴随城市空间经济发展带动政治、文化等社会上层建筑演进并进入后工业化发展阶段，探讨微区位的构成及其演化规律已经成为当代行为经济研究的必然，即表现为物质区位特性—行为文化区位—社会结构区位的逐渐深入演进。微区位原理的完善与成熟与否，可以透视中国人文经济地理学、社会学、行为经济学等多学科综合性发展的水平。微区位的核心是对城乡空间进行解构，是从宏观的区域经济空间到微观的日常生活空间进行再认识，在空间研究中可引申到对城乡“行为—文化空间”构造问题的探讨。

三　核心目的

微区位所涉及的“区位感知”“行为区位”“区位行为”“区位价值”“区位公平”“区位可获”“区位剥夺”等亚理论单元在城市与区域经济领域具有极其重要的现实意义和价值。本书研究的目的在于从不同语境（国内外文献挖掘、国内外案例提取、不同学科的结合、多类型区位解析等）中，提取微区位原理的核心主张，并以特定的方式阐释和解构区位。作为彰显“区位获得公平”“区位尊严与公正”的微区位论是在批判传统区位论和国际化带来的现实区位行为文化意义缺失的背景下提出的，重构微区位需要立足于全球化背景下所出现的城市、社区、建筑等城市日常生活空间现象，旨在发掘“微区位”的时代属性、理论重构框架及其应用活化维度，并尽可能结合各种区位类型，进行应用活化分析，从而使微区位焕发光彩，贡献中国在微区位研究领域的智慧。

第三节 本研究的系统思路和方法

一 本研究的系统思路

本书对国内外关于微区位的相关文献进行系统分析，将人本主义、行为主义、后结构主义、后福特主义、新马克思主义、新城市主义等理念引入微区位原理体系框架研究当中，解构不同学派的微区位构成观，重点集中在人本主义和行为主义理念视角下对微区位原理的构成体系研究，从而形成本书的研究范式。

新人本主义认为，伴随世界城市的发展，人们对人本环境的体验和区位选择，从基于传统的经济收益最大化原则，逐步向基于区位的自由、自主、机会与平等前提过渡，从区位选择的物质需求向区位的社会尊严和行为文化价值诉求方面深化。整体上看，现有的城市经济布局区位难以满足社会的公正需求—价值保护需求—文化尊严需求。因此，从城市新本人本主义视野来看，本研究重在从不同学科的角度进行多维微区位观的阐释，诸如运用新马克思主义的“时—空区位再构”方法来抗衡城市经济社会空间的不公正；运用新生态主义的“区位景观与历史文化遗产再构”方法来抗衡城市文化生态的被剥夺；运用城市社会学的“社会空间结构透视”方法将区位与社会结合在一起，纠正“空间经济决定论”的偏颇；以“设施配置均衡”方法，实现城市社会空间公正与可持续发展的目的；运用新人文地理学中的区位价值介入分析法，从人对区位的认知以及区位与经济、社会、文化等的结构关系切入，阐释微区位的空间人本特征；运用行为主义的“区位文化重构”方法，以人类的（文化）共性和对应的“行为文化”透视区位的结构变化，构建城市“真正生活”的行为空间结构。运用微区位的空间公正观，围绕其固有的“文化依附性”规律，将“微区位意识”应用于城市日常生活空间结构体系中进行建构，形成具有亚文化特性的微区位布局结构体系。

二 本研究的系统方法

微区位原理将折射出社会公平与区位布局及选址的公正、尊严与价值保护的城市“后结构主义”文化内涵，不仅强调对区位“客观物质经济属性”的分析，还对区位的情境、价值等非物质、非经济（文化生态）的经验公正—尊严与价值构成体系进行研究，从后现代城市人本生活空间的区位再造规律入手，以人们对区位的行为文化认知为主导，以社会公正耦合经济效率为要素，以区位尊严和政策公平为保障进行综合性研究。具体研究方法如下。

（1）文献综述法：通过对国内外相关文献的梳理及分析，整理有关微区位的相关理念和方法，进行综合归纳，形成系统的研究框架，并确定微区位原理建构研究的主题和对策。

（2）人本主义法：从哲学现象学和人文主义视角对区位内涵进行系统解构。人本主义微区位观的核心是研究“人”与“区位”之间的关系，以存在主义、现象学等多元哲学思想为基础，以“人”为核心特征的在地研究，是对区位的内涵、布局与选址进行“人本主义”解释和说明的研究。因此，“行为区位”与“区位行为”成为微区位原理研究的核心。

（3）比较研究法：对不同学派、不同视角、不同学者、不同空间、不同社会背景下的微区位理念及其活化应用实践进行比较分析，凝聚共性原则，总结差异性规律，以便为中国城市微区位研究提供参考，进而促进“以人为本”的新型城镇化建设。

（4）系统分析法：将微区位原理作为一个系统看待，分成研究基础、理论研究和实证解析等若干联系紧密又相互独立的子课题，形成既有广度又有深度的研究体系。

（5）解构分析法：一是对国内外典型的微区位机制进行案例解构分析，总结经验，升华观点，进而作为本研究的有力支撑；二是针对具体城市问题的不同系统的微区位规律进行科学阐释和总结，进而较为科学地阐释微区位的特征规律。

（6）质性分析法：本书将对典型类型的微区位规律进行实证调研分析，结合大量日常生活行为空间中的相关调研数据进行质性化分析，进而有效揭示微区位的结构组织规律及与其对应的行为文化特征。

本章小结

现代城市研究相关学科的发展阶段、方法论和哲学思潮的建构已经形成了相互融贯、相互依托的关系，它们共同关注并引领城市诸学科实施“社会—文化思潮的转向”，从而创新思维和理论方法，其特点在于通过区位的行为文化内涵进行人本主义建构分析，即尝试运用微观区位机制的系统方法探讨城市空间布局规律，意在从行为学视角建构微区位研究体系。

对城市各类微观区位布局规律的研究已经成为现代城市经济学、城市地理学、人文地理学、经济地理学、行为经济学等相关学科研究的热点。在所有的时空情境中，人和区位环境之间总是互相影响的，正是这些不断进行的互动给人与区位之间的关系赋予了情境化的结构和意义，即现代区位论逐步转向了人本公正、尊严获得、价值诉求等研究方向。

第二章

微区位原理的概念性认知构成及其效应

因为客观现实总是依赖于一种不存在的异物，身份不能只属于某一个人，也没有一个人只属于一个身份……身份是大量产生于空间内部的不同区位相互作用与竞争的结果，而且它的边界是不确定的。

——尚塔尔·墨菲（1993）

从行为经济学、人文地理学、社会地理学、经济地理学、城市经济学等相关学科关于经济活动区位研究的发展趋势来看，随着城市“社会空间—经济空间—生活空间”耦合系统的逐步建立，以“关系区位”“文化区位”方向的延伸为线索，进一步研究经济活动区位与社会生活行为地点耦合的微区位特征成为热点。国内学者王兴中等认为，区位研究呈现分散化和边缘化的特征，反映出行为主义、结构主义及新人本主义方法不断得到应用（王兴中等，2004）。

第一节 传统区位观

一 传统的区位概念及内涵

“区位”源于德文的 standort，1886 年被译为英文“location”。“区位”与位置不同，既有位置，也有区域范围的内涵，还有被设计的意涵。区位的含义是指某事物占有的场所，但也含有“位置、布局、分布、关系”等方面的意义。尽管我们将区位定义为某事物占有的场所，但现代区位理论并不把诸如动植物占据某特定场所繁殖、生存的行为纳入区位理论范畴，而区位定义中的某事物限定在人类为生存与发展而进行的诸活动，即人类活动或人类行为。从这个意义上讲，区位是人类活动（人类行为）所占有的场所（李小建，2006）。

区位既然是人类活动所占有的场所，那么人类活动的领域和空间的扩展必然导致区位的发展与变化。因此，对于区位的理解与把握也必须从动态和发展的角度入手。在农业经济时代，如何选择农业活动区位是一个较为重要的问题，由此产生了杜能的农业区位论①。在工业经济时代早期，工业生产活动的场所主要取决于生产成本的大小，运费作为一个影响空间成本的重要因子，受到格外关注，因此，最早出现了以成本最小化为核心的韦伯工业区位论②；随着工业经济社会的发展，社会生产更多地受到市场的直接制约，市场因子备受关注，因此就有了廖什的区位经济论；第二次世界大战以后，人类生活方式和价值观进一步多样化，仅考虑单一的经济因素已不能全面地反映工厂区位选择的目标，从而重视非经济区位因子以及行为因素的新区位理论应运而生。人类活动不仅表现为生产活动，消费和流通活动中的区位问题也越来越受到重视，从而出现了反映作为人类生活基本场所的城市和聚落的空间配置规律的理论，如中心地理论得到了发展。近年来，由于人类经济活动的组织形式发生重大变化，对于企业布局选址规律进行探索的多部门企业区位理论也随之发展。

二 传统区位原理

区位理论是关于人类活动（Human Activities）所占有场所的理论。它研究人类活动的空间选择及空间内人类活动的组合规律，主要探索人类活动的一般空间法则。③ 在人类活动中，有政治活动、经济活动、文化活

① 德国农业经济学家约翰·冯·杜能（1783~1850）于1826年出版了《孤立国同农业和国民经济之关系》一书，首次系统地阐述了农业区位论的思想。

② 德国经济学家韦伯1909年出版《工业区位论》，创立了工业区位理论。

③ 区位理论也可以看成研究人类各种行为活动的空间分布及其相互作用的学说，传统的区位理论更多的是研究人类经济行为的空间选址规律及不同行为经济主体的经济活动最优组合理论。

动等，像这样的人类活动内容或实体，可称为区位主体，指区位中占有其场所的事物（李小建，2006）。讨论经济活动的区位理论则构成经济区位理论。进一步区分经济活动的内容，像农业、工业、商业等相关区位的理论则分别构成农业区位理论、工业区位理论以及商业区位理论。区位论还包括对人类活动的一般性空间法则的探索，以及以在这些人类活动基础上所形成的村落、都市空间秩序为研究对象的聚落区位理论等。区位论有两层基本内涵，一层是人类活动的空间选择；另一层是空间内人类活动的有机组合。前者从区位主体本身固有的特征出发分析适合的可能空间，然后从中优选最佳区位；后者则在大的区位空间已知的情况下，主要依据该空间的地理特性、经济和社会状况等因素，来研究区位主体的最佳组合方式和空间形态。

区位论根据其产生与发展的情况，有古典与现代之分。一般而言，古典与现代区位论主要区别在于立论依据以及考虑问题的范围和内容的差异。古典区位论在区位主体上仅考虑一个生产地，而现代区位理论则考虑企业内外的多个生产地；古典区位论仅考虑区位主体中的单一部分（如工厂部分），而现代区位论则考虑区位主体的研究、开发、设计、零部件加工、部件组装、最终组装、检验修理、培训、流通、办公等；在区位目标上，古典区位论仅考虑利润（或成本），而现代区位论还考虑非金钱上的收益以及满足；古典区位论缺乏或轻视区位选择的具体目标，而现代区位论则强调市场占有率、吸引与稳定人才、企业形象、名声、市场测试、回避汇率风险、收集信息、避免贸易摩擦等；古典区位论的区位选择基准是成本最小，而现代区位论则考虑前述具体目标中的风险及不确定性；古典区位论中的产品、规模、销售价格、市场、劳动力、设备、土地、运费等都是事先给定或认为是固定的，而现代区位论则考虑产品的更新、成熟、标准化、差别化、多角化、多样化等，既关注规模的大小，也关注销售价格的高低，同时注重市场的地方性、区域性、全国性、国际性以及短期、长期、集中、分散、特殊的市场等；古典区位论不考虑或轻视资金、信息、折旧期间、地域文化、决策机制、动态的企业目的以及企业组织，而现代区位论则考虑上述因素（李小建，2006）。因此，从本质上说，古典区位论无法解释所有经济活动的区位现象，现代区位论则是很好的补充，促进了人们对客观经济活动区位现象有更好的认识。

三　传统区位原理的指向性

区位理论是关于人类活动占有场所的理论。人类活动多种多样，包括经济、政治、社会活动等，其中经济活动是人类活动中一项最重要的活动。传统区位理论一般是以经济活动作为区位主体而展开的，比如研究农业活动的农业区位理论、研究工业活动的工业区位理论以及探究商业活动的中心地理论等（李小建，2006）。经济活动区位研究在于解释不同经济现象的地域分布规律或者是微观经济活动的地点选择特征，把握经济活动的地点结构，从而为区域经济提供理论基础。

经济活动区位作为人类活动区位的一个主要方面，在地理空间之中存在，地理空间也通过经济活动区位而发生作用，地理空间是有限的，限制了经济活动的范围。尽管现代科学技术尤其是信息技术的发展扩大了经济活动空间，但空间的有限性并没有改变。同时，空间所具有的“一个地点一个区位”特征，使围绕经济活动的地点竞争得以产生。经济活动除了受空间有限性的制约外，也受空间移动的制约，即不管是水平还是垂直方向的空间移动，都受到空间摩擦或距离摩擦的制约（李小建，2006）。克服这种摩擦需要花费时间、费用以及劳动，而时间、费用以及劳动对人类来说都是有限的，因此空间移动的限制，决定着各种各样经济活动的区位选择是有差异性的。这些理论都是构筑一种使社会全体的空间摩擦最小化的合理经济区位，或者是在这种空间摩擦制约下能够达到最大合理性的经济区位模型（体系）的理论。

第二节　区位的“关系转向”

一　区位“关系转向”的历程

20 世纪 80 年代末期以来，伴随全球化的发展与信息技术的进步以及科学思维范式和产业组织结构的转变，传统城市与区域经济学家相继对经济活动区位的地域结构组织与布局形式进行新的理论阐释。[①] 尤其是20世纪90年代以来，伴随空间社会学科（城市经济学、城市地理学、城市社会学、人文地理学、经济地理学）“制度转向”和“文化转向”研究的不断深化，传统经济学中有关区位行为主体的相互作用如何影响区位布局绩效的相关文献越来越多。这些文献涉及区位的文化识别规范、区位的社会行为文化关系研究，有些研究还会分析不同社会经济发展阶段中城市日常生活空间业态的区位微观布局规律等（Boggs and Rantisi，2003）。尤其在经济与人文地理学研究领域，学者们倡导用“关系思考”（Relational Thinking）的方法来探讨“社会与空间耦合”的“微观区位”内涵，并且这种关系转向也成为西方经济地理学界研究的一个显著特征，相对应的“微区位”也已经成为西方城市经济学、经济地理学、城市社会学、人文地理学领域的一个热点话题（Yeung，2005）。综合这些学科领域中的研究可以看出，其研究范围涉及企业的微观布局区位行为（Dicken and Malmberg，2001）、城市日常生活空间资源（各种服务设施及商娱文化场所）布局的微区位规律（Bathelt，Malmberg and Maskell，2004），同时还涉及“全球—地方”联系下的区位组织规律（Morgan，1997）等。区位的“关系转向”研究产生于20世纪90年代末，进入21世纪后有了较大的发展，并成为社会、经济、人文地理学界的一个重要研究趋势（李小建等，2007）。

二　代表性的区位“关系转向”观点

区位论中“关系转向”问题的产生在于传统的区位分析方法已经成为“全面”理解经济行为过程的一种障碍。一方面，传统的成本与距离分析方法倾向于关注区位的经济效益最大化或成本最小化，很容易忽视区位主体人的社会行为文化因素。例如有些企业在区位布局中经常会忽视创造经济价值的个人。另一方面，传统的区位分析方法经常使用与距离相关的空间变量作为解释因子来分析经济活动的区位决策与选址。这种研究往

① 诸如“互联网+”模式的崛起会影响企业对区位的重新选择，对区位所属的地点空间组织规律也会产生深远的影响。

往容易忽略影响区位及其周边环境的制度文化因素。

区位关系转向研究有众多的学术流派，不同流派的观点存在明显差异，但都明显区别于传统的区位分析观点。(1) 以斯考特（Scott）、斯托珀（Storper）和沃乐科（Walker）为代表的加利福尼亚学派认为，区位研究应关注区位行为主体（企业、政府、个人等）创建区位空间的力量以及区位的“可获得性机会”等，要从根本上与传统的区位研究方法中的决定论相分离。斯托珀还把区位的社会文化情感依赖的概念引入区位研究中，用来阐释产业集聚的起源和增长（Storper and Venables, 2004）。(2) 以迪肯（Dicken）、考尔（Coe）、荷森（Hess）和杨（Yeung）等为核心的英国曼彻斯特学派则基于经济行动网络视角，提出全球生产网络的空间组织规律，强调区位的全球连接，并对区位分析的狭隘含义进行了批判。此外，该学派还特别强调国际相互作用中社会制度和文化的嵌入性与区位组织规律关系的研究（Dicken and Malmberg, 2001）。(3) 21 世纪初，以巴特尔特（Bathelt）和格利克勒（Glickler）为代表的德国关系学派则从制度与文化环境视角对区位与行动之间的关系进行研究，涉及区位的交互式学习、区位组织、区位演化及区位价值创新等（Bathelt, 2006）。

三　对区位“关系转向”的总体认知

总体来看，区位“关系转向”研究具有以下特征：(1) 以经济主体的区位行为决策为中心，而不是空间表现；(2) 基于广泛访问的经验，注重对微观层面的推理分析；(3) 制度在分析区位组织关系的稳定性方面居于核心位置；(4) 为了能对社会和经济过程有更深层次的理解，有明显超越空间描述的趋势；(5) 对“全球—地方”的张力给予关注；(6) 基于“行动者网络”视角进行区位的相关政策和制度关系分析。

本书认为，区位“关系转向”的本质在于通过人本主义、行为主义与科学主义相结合的方法对区位的地域空间组织规律进行全新的审视，以期获得对区位空间结构进行解构的思路，而正是利用区位的这种“微”视角（社会结构和空间结构相耦合）才能真正揭示区位多维的空间规律以及存在于其中的人的意义和价值，才能更好地从经济—社会—

文化—历史等多维耦合的角度丰富现代行为经济研究的方法论体系。因此，区位“关系转向”为人本主义视角下的微区位研究提供了哲学研究基础。

第三节 从区位的“关系转向”迈进“微区位”

一 微区位的概念内涵

（一）已有学者对微区位的界定

国内已有部分学者针对微区位原理进行了相关研究，代表性学者有上海师范大学白光润教授以及西安外国语大学王兴中教授。白光润教授在其著作《应用区位论》中从“区位尺度”视角对区位进行了界定。认为任何事物都有其时间和空间属性，区位也不例外，并把区位划分为宏观、中观、微观三个尺度（白光润，2009）。

（1）宏观区位：选择对象的空间范围是国家或相对独立的经济实体，区位选择的主体是跨国公司。主要制约因素包括国家或地区的政治体制；经济政策特别是贸易政策；国际经济联系，在世界经济格局中的地位，所属区域经济集团；资源条件，特别是土地、矿产资源状况；经济社会发展水平；劳动力状况；文化背景等。

（2）中观区位：选择对象的空间范围是城市和城市所辖的区域，区位选择的主体是国家经济管理部门、企业集团和大型企业。主要制约因素包括城市的位置；城市在国家中的地位，城市职能、规模；城市的社会经济状况；城市与周边地区及其他城市的空间联系；城市基础设施；产业结构；城市地价水平；城市的环境状况；劳动力资源的潜力和劳动力价格、劳动力素质；城市的文化背景等。

（3）微观区位：选择对象的空间范围是城市或城镇的具体街区；区位选择的主体是城市公共事业管理部门、企业、居民个人等。主要制约因素包括城市规划、人文环境、生态环境、产业关联、市内交通、街区地价、道路结构等。同时，他提到还可以对微观区位进行更细的划分。例如街区位置是上坡还是下坡、左边还是右边、朝阳还是背阴、弯路还是直路、道路内侧还是外侧等。

王兴中教授认为微区位是城市社会生活空间结构与经济地理、城市地理、旅游地理等学科交叉的领域，其理论的核心是“在一定发展阶段的宏观与社会条件下，把握（城市）社会空间系统构成的基础上，从提高（城市）社会空间生活质量入手，探索营业性场所所具有的和谐关系的微观社会空间区位因素与宏观感应认知区位因素的关系规律”。他还认为，微区位是区位研究发展的第五阶段，即“消费主义微区位论”阶段（王兴中，2009）。

（二）本研究对微区位的界定

微区位综合了现象学、存在主义、人本主义以及行为经济学等方法，将区位的客观经济规律与主体人的行为文化需求以及社会和自然等要素加入区位的空间组织研究中，赋予区位经济意义、社会意义和行为文化意义。微区位的研究方法与传统的客观物质区位研究不同，微区位追求社会经济行为主体的主观想象和情感认知，能够将区位的经济属性和行为主体的抽象意象有机融合到一起，更加注重对区位布局背后的深层社会文化内涵进行揭示，诸如区位布局中的人的行为规律、情感价值、身份特征以及对地方的归属情感等。区位在经济上的概念被归结成具有真实意义和价值的“微区位”，区位从抽象的几何位置和经济成本转变成了“区位价值”和“区位精神”。

（1）微区位是人和客观物质世界组织秩序与结构的融合，与人类对世界直接经验有关，是社会行为文化空间中的微观经济规律，是行为人的意图、经历、价值与情感的定位。

（2）微区位是社会经济行为文化建构的领域，是由客观物质空间的本质、距离、方位、形态等要素所组成的一个环境整体。这些要素总和决定了“区位的特质”，即“区位本质”或“区位价值”（苏珊·汉森著，肖平等译，2009）。

（3）微区位有时指一个实体性位置，有时指一种心理状态，有时指一种社会地位，有时指某件事在人心中的位置，或一个评价的标准等，既有绝对的空间关系也有相对的空间关系内涵，反映了它在人类社会经济发展历史中曾经扮演的角色和发挥的作用，同时也是人类日常生活体验的一个重要构成因素。

(4) 微区位主要有两层意思：行为主体或经济主体的社会位置和空间领域。社会地位的研究属于社会学范畴，而区位的研究属于经济地理学范畴。然而，这两层意思在很大程度上相互重合，一个似乎是另一个的隐喻（Hartshorn，1992）。

(5) 微区位具有人类的行为文化背景，暗示着拥有、建立身份、界定职业并畅想未来。微区位的价值意义会随着历史和文化的变化而发生变化。

本书认为，微区位不仅是一个经济要素，还是耦合着某些社会行为文化结构的物质客体。它被每一个个体视为一个充满“意义”、“意象”或“感觉价值”的中心，一个动人的、有感情附着的地点，一个令人感觉到充满意义的经济载体空间。微区位关涉的不仅是区位尺度的大与小的问题，核心在于从人本主义和行为经济视角去看待事物所处的场所，“微”强调的是社会—行为—文化—经济相耦合的一种分析方法，微区位是所有区位尺度的问题，更侧重于区位的应用，不限于社会生活空间，甚至还可以延伸到工业区位、农业区位、旅游区位、公共服务设施区位等相关的选址和布局规律等。

二 微区位的研究假设

微区位重点研究不同的区位行为主体及他们在经济空间—社会空间—行为（文化）空间中如何行动和相互作用，并关注和阐释异质性的区位类型、过程和规律。微区位原理的目标就是利用人本主义、后结构主义、行为主义等经济人文地理透镜，把与区位选择相联系的研究问题社会化、行为化、情境化。微区位原理通过转变区位和经济之间的因果关系，把区位作为视角（或地理透镜），而不是研究对象，利用这种方法，区位的选址行为变成处于“社会—经济”耦合结构中的关系过程。此外，把偶然性法则引入因果关系分析中，从而建立能够解释区位选择情境和发展的认识论基础。基于此，微区位的研究应建立在以下假设基础上。

（一）人本特性假设

从人本主义区位结构的组织角度来看，区位选择的行为主体总是处于特定的社会行为和制度环境中，并在难以与其分离的特定行为文化环境中活动（诸如城市居民的住房搬迁行为、休闲娱乐地点的选择行为、商业及服务业选址行为等）。因而，微区位把经济行为中的区位选择行为看作根植于某个特殊“地点”的社会行为，也决定了微区位研究不能仅仅通过普遍的区位布局法则展开。

（二）依赖特性假设

从区位的动态构成价值角度来看，区位具有地方（地点）依赖特性，从而会产生路径依赖，因为昨天的区位决策、区位行为以及它们的相互关系能够被约束，并制约着今天行为的情境，进而某种程度上直接导致将来的情境和行为。“地方依赖”① 原本属于环境心理学中的概念，有些学者将其引入对区位的布局与选址研究当中，认为地方依赖是指人对于环境的一种情绪、情感以及环境使用者所抽象出的一种感觉（Williams et al.，1992）。段义孚称这种情感依恋关系为“大地迷恋”，或是人对自然的崇拜之情。因此，这个概念表达了人与所生活经验过的地点之间存在某种依赖情感或者在某些特定场域中人与人之间具有的某些特殊的关系。

地方依赖显示了经济行为主体与区位环境之间的复杂“依赖情结”，暗示着人对某些区位的回报、尊敬、感激与关怀之情（Moore and Graefe，1994）。区位的地方依赖特性是经济行为主体对区位选址过程中的经验集成和长期的实践所形成的意义与价值的中心。区位只有被使用者经过长期的利用，并伴随时间的累加，才会产生我们所熟悉的“地方”，即所谓的“地方”转为“我们赖以存在的区位”。区位的地方依赖特质能够彰显不同的环境互动方式，可以从“初步愉悦的地方体验”转变为“长期且根深蒂固的依恋”（Jorgensen and Stedman，2001）。区位作为城市日常生活行为—经济活动行为—行为文化活动的地点，使用者

---

① 地方依赖是指人们在认知与评价某一特定地方时所产生的与其关联的一种情感归属程度，是人能够感受到的，表达“我与地方”之间亲密程度的一种情感。区位是地方的重要组成部分，因此区位也含有丰富的地方情感（Fritz，1981）。

在特定的时间内，对其进行不同程度的感知和利用，就会产生一种情感上的依赖。

（三）异质特性假设

由于区位选择主体的策略和行为可能背离现存的区位选址路径，即区位选址在经济活动过程中会存在各种异质性，这种异质性会使区位选择具有权变特性，即区位选址的经济行为在开放系统中是不能完全被决定的，也不能通过普遍空间法则来预测。尽管路径依赖提供了特殊的历史，但是区位选址行为是开放的，易受不可预测的社会行为、文化环境和制度政策等复杂因素的影响。

（四）社会特性假设

区位的社会特性为我们提供了一种新的视角去理解社会。城市居民的工作、商务、购物、闲暇活动将原来属于不同领域的现象以不同的区位线索串联起来，进入对微观区位价值与空间社会秩序的研究，这种前提假设对微区位原理的建构具有积极的引导作用。

（1）脉络性

关注区位的社会生活特性，即认为社会不存在于虚空之中，而有其具体的脉络，一切社会的现象及掌握此现象的概念都有对应的历史与地理脉络。换言之，社会生活地点的历史文化价值成为不可忽视的考虑因素。

（2）物质性

区位作为不同地理现象之间关系尺度的表现与中介，让我们关注更广泛的人类社会生活的物质性，包括人类身体体验的空间以及对应的人居环境的区位组织规律。

（3）层级性

区位的尺度指明了社会生活并非处于同一个层面上，而有不同层次，从某个街区的角落，到城镇、省市、国家、国际、区域，乃至全球和太空。

（4）时间性

时间与空间经常被放在一起考察，而对应的区位也应该与时间具有耦合的组织规律，从而有助于揭示社会时空分析的可能性和必要性。

三　微区位的原理指向

（一）特性

人本主义地理学认为，空间和区位两者能够共同揭示人本主义地理学的本质，而空间是抽象的、空洞的概念，缺乏实质内容；相反，微区位则是由社会经济行为文化长期作用于自然地理空间而形成的，只有微区位才是人群关注的焦点以及彰显人生意义的核心（普雷斯顿·詹姆斯著，李旭旦译，1982）。

从人本主义和行为主义视角来看，微区位的特性是一个地方的区位区别于其他地方区位的独特性质。人文地理学者拉尔夫认为，任何一个区位都有客观物质、功能（活动）以及意义三重属性（Relph，1989）。段义孚指出，地理学关注不同区位的差异性，即各个区位的特点差异和特色定位。人们可以通过感官感受到不同区位的性质魅力，各种感受的综合形成了不同的区位特性（Tuan，1974）。

微区位特性是经由行为经济人的“主体创造性活动”而产生，并发展成为一种人文经济选址活动的现象，同时在地表上塑造出一个区域的特色。因此，微区位特性被视为特殊或值得记忆的性质，包括其独特的物理特性或可意象性（Johnston，1995）。通过企业根植于某类区位的惯性以及经济行为人的居住或对某地经常性活动的涉入，或通过亲密性及记忆的积累，或通过人的意象、观念及符号等意义的赋予，或通过充满意义的“真实的体验”和“动人的事件体验”等，传统的物质形态区位被转变成为一种带有情境和价值的“微区位”。

微区位的塑造来自外在经济活动或人类行为文化知识的空间实践经验，客观几何位置可以被人为地抽象成“可意象性”，人利用自身的知识和经验可以洞悉那些具有公共符号意义的区位。通过区位特性可以解释企业布局选址的质量、水平、需求渴望以及经济活动的效率等。区位特性是在经济与社会行为文化之间互动“网络”基础上所形成的，源于情感紧密联系的地点，以及意识可察觉到的环境，包含“认同和空间界限”；或源于长久以来，通过听觉、嗅觉、味觉、触觉所强化的一种人地关系亲密的程度；或源于“连续发展、庄重而快乐的庆祝活动”的传统地点再现；

抑或源于对周围环境的整体体验等（Josef，Ursula and Philipp，2015）。社会地理学者马西认为，区位的特殊性不是长远的内在历史过程的积累，而是由特定区位及与其联结在一起的某种关系所形成的关系网络……每个区位都是特殊地点与社会关系的独特混合焦点（Massey，1994）。

（二）尺度

对人文主义地理学家来说，区位的尺度代表着一个意念网络，这个意念网络连接了客观物体及意识。从大范围来说，区位尺度代表的是一个有共同意义和价值的区域，譬如邻里空间和国土空间。它不是抽象的几何地理尺度，而是基于人类意识和目标的尺度，是人类与世界初始接触的“具体”空间尺度，通过人的意念和意义等途径形成区位尺度，人文主义地理学的一个基本目标就是对这个区位的尺度进行理解。传统区位论用距离来衡量尺度，而微区位则用社会情感和行为文化来彰显尺度。

（三）地点

人文主义地理学在很大程度上是对地点感（Sense of Place）的研究，即探索地点的主导意义和对地理空间的感受质量。地点是活动在世界中的人类行为反映，人类的各种活动，赋予了地点意义，地点成为人类生活的基础，它在提供所有人类活动背景的同时，给个人或集体以安全感、身份感，并塑造地点认同①；地点与人的行动、思想、感受，总是在不停地相互影响，并成为该地的一部分（于涛方等，2000）。因此，微区位则是地点的宏观及微观要素互动的结果。

（四）行为

城市不仅存在经济活动行为，还存在日常生活的各类行为，这些行为活动具有时间上的周期性、空间上的重叠性、内容上的确定性，并引导出对生活空间微区位布局及微区位秩序的研究，必然会成为微区位原理的重要组成部分。当代城市社会地理学就是借助这几类生活行为进行区位布局规律的探究（王兴中，2004）。

---

① 普罗夏斯基（Proshansky）提出“地点认同”（Place Identity）一词，是环境心理学研究中的重要概念。它指的是人对居住环境的自我认同，用于理解和测量“人—地关系”（庄春萍等，2011）。

（五）想象

区位不仅是物质的结构，也是人们想象的产物。我们利用这些假想物，以“经济行为人”的视角来进行“区位想象”，这种方法称为想象地理学。想象一词还通常被用来反映不同的人对不同区位特征的认知差异，当然随着时间的推移，人们对区位的想象也会发生变化，这意味着不存在一种唯一模式的“想象论”。想象地理学塑造了不同区位的物质结构关系，反过来，我们进行区位布局与选址的方式又被这些结构所建构（大卫·哈维著，朱美华译，2008）。诸如处于郊区的区位通常被表述成社会均质的、相对安全的、女性主导的家庭和私人地点。与之形成鲜明对比的是，处于中心城市的区位则被描述成社会异质的、男性主导的、相对危险的地点。这些观点或原型已经形成了一个对城市规划与设计产生强有力影响的意识形态（一组主导的区位布局观点）。客观物质的区位结构特征本身就反映了我们的文化价值，而且有助于我们更好地认识区位的本质，进而有助于我们去改造提升它们的价值。

区位想象的核心在于各种隐喻的使用①。微区位的隐喻和微区位的主体身份认同具有高度的耦合性，不同社会阶层、社会阶级及其他群体界限（如性别、族群等），以及其间的社会权力关系，都隐含在一定的区位组织规律中。各种区位的隐喻，如方向、位置、地位、立场、地域、领域、边界、门槛、边缘、核心、流动等，都显示了区位作为社会界限与抗衡中介的所在，以及主体认同建构自我与异己之区位边界的机制。城市被隐喻成一个令人刺激的、自由的和具有启发性的不同功能的“丛林”。这种“地方隐喻”② 的复杂性通常可以通过对城中村的区位特征描述来表达：一方面城中村通常被描述成隐藏犯罪的衰落地区，另一方面它们又被看作文化复兴的地方。这些隐喻并不仅仅是艺术上特殊的表达，它们被用来理解城市，理解区位的本质，并有助于制定科学合理的城市规划政策。因此，传统区位更多被隐喻成是用来考验、控制和规划城市的；而微区位的隐喻则代表着城市并不

---

① 隐喻就是用比喻的方法提及一种并不是完全恰当的事物来描述另一种事物的方法（例如城市丛林这个词）。

② 地方隐喻包括人对地方的各种情感，诸如地方感就包含着各种隐喻，一个人对地方的依恋感、无根感、迷恋感等，这些地方隐喻彰显着人与地方之间的关系。

是处于完全的控制之下。区位的隐喻更倾向于代表特定的理论观点和利益群体，虽然这些利益不能马上显现出来，但是其结果可能服务于支持现存的社会条件，并有助于我们利用区位的这种特性进行城市规划布局（见表2－1）。

表2－1　经常被用来描述和分析区位的隐喻

区位的隐喻	含义的阐释
靠近地铁站点	意味着此处交通可达性高，意味着这个区位的房价将有升值的潜力
靠近大学	意味着这一地区人口素质较高，人们的行为容易受到文化的熏陶，意味着周边的文化教育氛围浓厚等
混乱	意味着不和谐的杂音、非交流的声音
碎片化	一个各种不同的、随机放置的、互不联系的空间（如在“后现代”城市中）
地狱般	一个噩梦般的地方（如19世纪工业资本主义中的“恶魔般黑暗的工厂”）
迷宫式	一个无法逃脱的潜在地方
马赛克	一个异质的居民区和具有独特模式的土地利用集合（不同于碎片）
网络	不同区位之间相互作用且相互重叠的网络
文本式	把区位比喻成各种景观和意象的混合，从它们中可以像书本一样读出文化含义

（六）辩证

地理学关注人、自然和社会环境相互关系的传统为微区位研究提供了基础。城市各类景观是由人创造的，并从居住于其中的人们那里得到它们的特性。城市社会学者索亚认为，由于人们生活和工作于不同的区位中，他们逐渐将自己的特性施加给他们的环境，并尽其所能地改变和调整区位特性，使之满足他们的需要并体现他们的价值。同时，人类自身又逐渐适应了自然环境和周围的人。因此，存在一个连续的双向过程，即区位的社会空间辩证过程，即人们在创造和改变区位的同时又被他们所居住和工作的区位以各种方式控制着。邻里和社区被创造、维系和改造，同时，居民的价值、态度和行为也不可避免地被其周围的区位以及周围的人的价值、态度和行为所影响着（Soja，2015）。而方兴未艾的城市化进程构成了区位变化的动力，在这个变化中，经济、人口、社会和文化力量都会对区位的特性不断地产生作用和影响（Paul，1994）。迪尔和沃尔奇（Wolch and Dear，1989）认为，区位具有三个基本特征：（1）社会关系中的事件是通过不同区位的组织而形成的，就像区位特征影响居住地布局一样；（2）社会关系中的事件受到区位的限制，比如由于废弃的建筑环境所产生的区位惯性，或者物质环境方便或阻碍人们行动的程度都会影响对区位的价值判断；（3）社会关系中的事件受区位调节，就像“距离摩擦”的普遍作用会促使日常生活中的社会活动发展一样。

社会空间视角把区位与行为人的相互作用作为研究的着眼点，即对行为人的社会活动与其对应的区位布局选址规律进行耦合性研究，从而提高了区位研究领域的广延性，就是“把构成社会行为的因素诸如阶级、种族、性别、年龄、社会地位与区位布局选址的象征性整合在一起，这样就成为微区位所要探讨主要构成因素之一”（Gottdiener et al.，2000）。

区位不能被简单地看作一个用于表述社会、经济和政治过程的媒介。它本身对于阐释城市发展模式以及揭示城市内部不同社会群体之间的空间生态分布关系也十分重要。虽然区位的空间组织不是塑造社会相互作用模式的决定因素，但毫无疑问它对于决定城市社会空间的差异格局是非常重要的。同样，区位的特性常常是不同社会环境发展的基础，因为它们能够塑造经济主体的观念，改变不同经济主体的行为判断。

区位的可获得性也是决定城市内不同地区生活质量的重要因素。一方面，区位可获得性程度不同会形成工作地、商店、学校、诊所、公园、体育中心等服务设施的空间分布差异。由于与这些设施的接近程度所带来的好处很大程度上影响了人们的福利，区位的可获得性通常也是城市内部阶级间冲突的焦点，因此，应当将区位分析放在分析城市政治的核心地位上，建立法律意义上的区位边界。另一方面，区位的隔离也代表了一个重要的微区位特性，这个特性直接反映了城市生活的内涵特征。例如，区位的边界位置决定了不同人的经济地位，学校集聚区的区位边界对于社区地位和福利有重要的意义。

人文地理学家关注微区位的传统与城市可持续发展研究密切关联，城市必须被看成一个整体，不仅是地理空间中的一个区位，而且也是更广泛的社会经济系统中的一部分。因此，运用微区位分析各种纷繁复杂的环境、社会和经济特征以及识别不同区域差异的能力与城市分析的理论与实践都紧密相关。越来越多的人文地理学家关注城市的“问题区域”及具有显著特征的区位识别问题研究。最近，新区域主义作为一种学术方法，人们对它的兴趣又开始复苏，它强调区位的特殊性因素，这些区位特性及规律改变并塑造着城市日常生活空间结构的景观特性。

（七）感知

微区位研究的领域非常广泛，城市作为社会心理空间、社会生活空间、行为经济空间的集合体，产生出独特的区位感知特征，包括公众领域、私人领域和狭窄领域。

（1）公众领域（Public Realm）：此时微区位的感知特征是快速而短暂的关系，有着一定的社会距离，以一种非正式而又有规律的细小规则来进行公众性的交易（Public Bargains），生活的地点行为是有规律或有规则可循的，要求城市各类生活设施的微观区位布局与选址必须能以最小的涉入来使日常公众生活正常运行。

（2）私人领域（Private Realm）：此时微区位的感知特征是不同群体成员（或亚文化）群体，或者不同企业联盟之间围绕各自所属的区位领域和边界进行交际和交流，相互依赖形成稳定的亲密关系。

（3）狭窄领域：（Parochial Realm）：此时微区位的感知特征是熟人、邻居之间的空间问题。无论是熟人还是邻居之间显然还存在一块狭隘的心理感知空间范围，在此空间中相互共处，彼此之间有强烈的归属感。

四　微区位的原理构成

综观国内外研究现状，微区位研究还是一个较为有争议的研究领域，微区位的概念内涵以及对应的原理尚未形成较为成熟的体系，甚至还不被大多数人认可。

（一）“主体—结构”构成观

传统的区位论强调区位组织结构在经济行为分析方面的作用以及对应的区位布局规则和模式，允许我们根据资本市场、劳动力市场和企业治理等发现其间存在的各种差异，这些差异反映了不同的经济背景，有助于确定特定模式是否与特定水平的经济绩效有关（Boggs and Rantisi，2003）。然而，这种以“经济效益最大化—成本最优—距离最短”为目标的区位组织结构分析方法的不足之处就是，不能为社会经济行为活动差异规律的形成和转变的动态过程提供解释（Ettlinger，2001）。在这种分析中，因果关系是单向的，结构和行为主体间的关系系统是一个封闭系统。相反，在微区位的分析领域中，关键的经济行为主体、对应的行为文化特征以及耦合的文化生态区位则是分析的核心，其相互作用的程度和性质并不是被事先给予假定而是其进行分析和证明的对象，同时由于受到多种外部因素的影响，其结果具有开放性。在微区位的组织构成中，社会经济行为主体并不是事先假定去扮演区位组织结构中的核心角色，而是行动者、伙伴关系、依赖关系及其对应的行为空间角色。然而，在微区位的组织结构中，社会经济行为主体并不是毫无约束的，他们仍然被看作在特定制度、规范和规则的情境中行动，这些都成为微区位布局与选址的条件。与以结构为导向的分析方法相比，以社会经济行为为导向的微区位系统是一个开放的系统，它会受到随机的、不同社会阶层、不同亚文化、不同地方属性的多维影响。

（二）“尺度—边界”构成观

微区位关注经济活动的权变性，这意味着其分析的尺度由宏观层面（如制度和管制）转向微观层面（行动主体以及他们的关系）（李小建、苗长虹，2004）。在微观层面上，企业和社会日常生活中的行为人成为微区位研究的主要社会经济行为主体。然而，企业并不是像传统经济地理学研究那样，被看作单一的、一致的行为主体，而是一个包含多种潜在利益冲突的单元。分析的中心往往是企业中的个人。与此同时，社会日常生活中的行为主体被看作在区位中相互作用的主体，他们的身份和资源能力由他们与其他行为主体的关系共同建构。在中观层面上，地理邻近性不仅增加了知识溢出的可能性，还能够形成地方性的习俗和制度，进而降低与主要行为主体联系的信息成本，提高各行为主体的信任程度。因此传统分析方法通常把区位尺度优先看作创新的主要场所。但该观点忽视了地方仅仅是因为偶然因素才成为社会经济协调的最理想场所。

在区域、国家和全球尺度上建构的经济实践也可以紧密联系到地方形成的社会经济协调过程。特别需要指出的是，微区位在关注地点的规律、地点之间的相互依赖性的同时，进一步强调地方尺度的生产和尺度重组过程对资本主义经济区位的动态耦合作用，它使行为经济学既关注全球化对地方和区位的影响，也关注地方和区位对全球化的影响（Ettlinger，2001）。因而，不同区位的尺度和边界的张力表明微区位并没有优先考虑任何一个尺度或任何一个边界，相反关注的是不同尺度和边界之间的关系以及这种关系所对应的区位空间组织结构和规律。总结国内外学者关于微区位的“尺度—边界”研究，主要集中在以下几个方面。

（1）地点感知建构观

微区位的地点感知建构观强调的是把区位分析置于地方的组织构成体系中，诸如“地方感”“地方性”等话语背景，认为“地点”是人与地之间相互作用的综合体，因为个体与社群的经济、社会及行为心理的差异性结构导致地点的结构分化。城市中各种类型的“地点”及其对应的行为微区位体系则是揭示城市人居环境质量的重要指标（Friedman，1998）。社会学家还认为，微区位能够彰显城市人居环境空间中不同亚文化群体的社会行为文化特征，并完成个性化的城市人居环境行为，它们形成与存在的价值体系不断地塑造着城市日常生活的行为空间及其界限（Groenewegen and Vromen，1999）。微区位为社（群）的社会角色及身份地位认同提供了机会和确认原则，而且也通过不同的“地方知识”彰显社会关系的构成规律，并建立了人与地方之间的内在与外在的社会互动过程（Rogerson and Findlay，1996）。人文地理学家还指出，微区位既是居民生活行为实施的载体，又是经历的空间实体，它不但要有空间构成的基本条件，如便利性、安全性、适宜的基本尺度、居民享有进入权、行动上的自由、提出要求和进行变更的权利等，同时也要在区位的组织结构上彰显不同经济行为主体需求的层次性与身份价值属性（Egashira，2006）。因此，微区位的地点构成规律不仅要满足社会各阶层居民基本生活权利的社会经济空间诉求，同时还要满足人们日益增长的对地点潜在的使用特点和偏好的诉求，充分了解并挖掘人们所持有的地点情感和态度，了解人们在不同地点中的期望，并且在地点的差异格局中认识自己与他人的关系（见图 2－1）。

（2）社会区域建构观

社（会）区（域）建构观则通过社区或社会区域体系的空间解构研究，借助社区公共服务设施或者社区资源的布局区位以及对应社区居民的

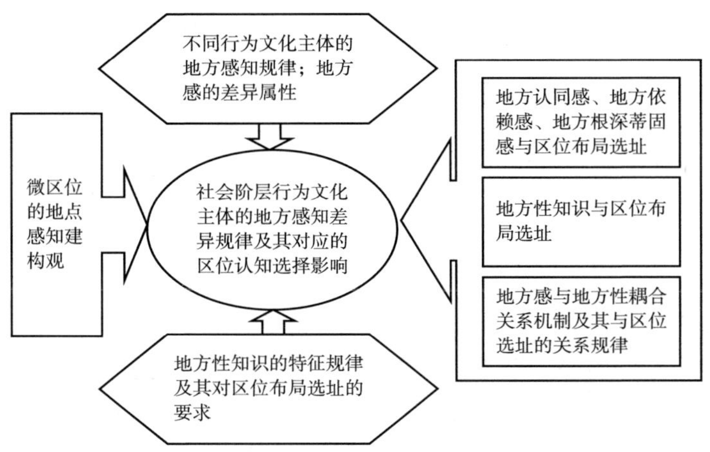

图 2－1　微区位原理的地点感知建构观

资料来源：笔者自制。

行为空间态度来探讨微区位空间社会体系的构成和成因。微区位的社区建构观认为，每个社区都有相对确定的微观区位结构以及对应设施的服务等级（张波等，2007）。在现实的区位布局当中，某些产业（业态）集聚的区域也是一种社会性的区域，虽然我们有时候把它称为“产业园区”，但其本质就是一种产业的社会性区域。在类似的产业社区中，企业行为主体抑或社区的人们都会对其赖以生存的社区产生一种共同感，并与这种社区情感形成互动的关系，因此，社会经济性的行为主体与社会区域共同建构了微区位的“社区建构观。”

微区位的社（会）区（域）建构观是以城市日常生活中微观区位选择行为为研究对象，研究人们在微区位中的行为方式和生活方式。社会学代表观点认为城市日常生活的行为活动规律具有 9 种特性，并概括为三个空间领域（Lofland，1983）。区位作为居民日常生活行为空间构成的重要组织单元，目前已经广泛存在于公众领域和私人领域与狭窄领域的研究当中。对于区位的空间差异性，社会学从个（群）体人的异质性角度出发，认为对应的微区位意义不应用其所处地理位置和尺度去解释，而应用该地域不同主体的社会行为特性给予说明（Fava，1956）。社区居民生活行为及其对区位认知的态度会影响城市人居环境空间结构，微区位就是建立在这种“转换”原理的基础之上，探讨经济社会主体人的行为和其周围的区位环境构成的

“交易模式”，其中社区共同感的形成依赖社区微观区位的组织构成力量（见图2－2）。

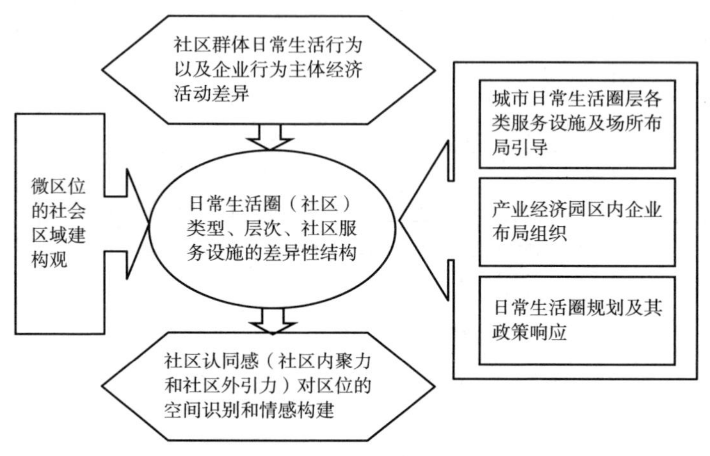

图2－2　微区位的社会区域建构观

资料来源：笔者自制。

社会区域建构观还认为，协调社区之间的利益关系，解决诸多纷争，除了用经济、文化手段外，政治因素可能直接左右着区位的布局价值体系，并认为权力的层次性控制着区位的布局，也制约着城市社会区域的空间分布格局。因此，社区建构观对研究微区位构成的持久性和稳定性起到重大作用。微区位研究对社区建构观的探讨有助于进一步促进社（会）区（域）功能的完善，诸如探索社区归属感来源、社区基础服务设施的布局规律、社区产业经济功能（业态的微观区位组织规律）、管理功能（微区位与社区公共服务设施的利用有关）、社区功能（有助于指导城市规划以及响应城市规划的社会对策）、政策功能（与城镇化的广泛政治经济有关）等。

（3）行为文化建构观

在微区位的分析领域中，经济行为主体及其对应的行为文化特征以及耦合的文化生态区位是核心，其相互作用的程度和性质并不是被事先假定的，而是进行分析和证明的对象，同时由于受到多种外部因素的影响，其结果具有开放性。在微区位的组织构成中，社会经济行为主体并不是事先假定去扮演区位组织结构中的核心角色，而是扮演行动者以及具有伙伴关系、依赖关系及行为关系的角色。然而，在微区位的组织结构中，社会经济行为主体并不是毫无约束的，他们仍然在特定制度、规范和规则约束下行动，这些都成为微区位布局与选址的条件。与以结构为导向的分析方法相比，以社会经济行为文化为导向的微区位系统是一个开放的系统，它会受到随机的不同社会阶层、不同亚文化、不同地方属性的多维影响（见图 2－3）。

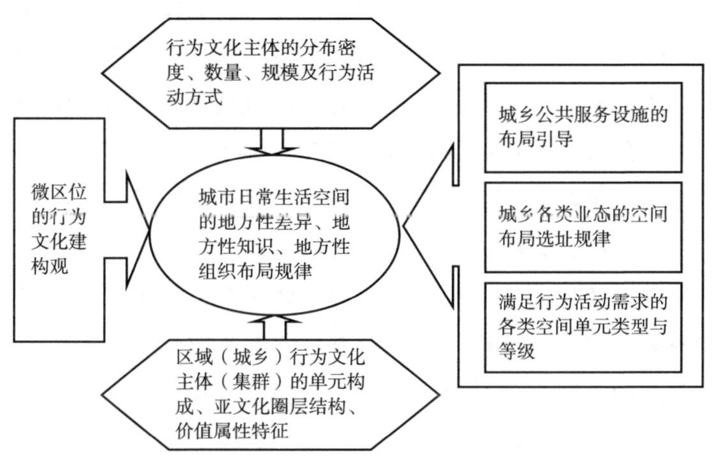

图 2－3　微区位的行为文化建构观

资料来源：笔者自制。

（三）“全球—地方”建构观

西方经济地理学家认为，区位是资本主义条件下社会经济关系的重要一环，是在历史中产生并随经济的演变而重新建构和转化的重要因素。微区位理论在解释区域经济增长差异以及区域空间布局决策规律分析时认为，区位是社会建构的实体，依赖特定的经济、社会、文化、政治背景，公司和其他组织中的人会利用区位这一特性进行行为互动。有时，一个大型公司可能通过与其他区域主体之间的联系而引起所在区域经济的增长和衰落，而这也可能是传统区位论无法解释的现象。

传统区位论在考虑城市各类设施或资源区位布局时强调“自上而下”的政策措施，最典型的就是通过提供土地用于产业发展或给予企业投资补贴。然而，微区位思考的则是以现有的区位组织结构和优势作为选址规划布局政策制定的出发点，并且认为与区位相关的政策制定者或规划师不能简单地把区位选择方案应用在社会经济活动的区位主体选择行为上。任何有关区位的决策方案都应该是“自下而上”的，并以吸引重要的和动态的行动主体为目标，否则注定会失败。微区位的政策建构观强调行为主体要做“区位利用的协调者”，目的是激活现有优势区位的可持续利用能力。此外，微区位政策的目标还包括为现代企业的制度建构、网络生成、交互式学习以及集体行动过程提供帮助。政策制定者可以把不同政策结合起来，提升区位的价值以及区位利用的多样性，从而为区域创新发展提供系列路径与方法。

微区位政策的一个重要方面就是把全球力量和地方力量结合起来。传统的区位论都是试图利用区位自然的资产来打造优势。然而，在全球化时代，这种传统区位观念受到了广泛的质疑，因为并不是某个区位拥有资源就能获得快速发展，某些地方拥有传统资源优势，但未必具有区位优势。伴随全球化进程的加快，经济社会行为主体在全世界内活动，因此需要在更广的范围来审视区位优势，尤其是全球资本的顺畅流动、知识信息网络的构建、劳动的跨国转移等因素都会影响到区位优势的塑造；区位将不断受到来自世界其他地方的新知识和新经验的影响。而微区位理论强调要放弃封闭地方的思想、接受全球的存在并在地方内部进行区位价值规律的重构。

微区位原理对区位布局政策制定的意义主要表现在以下几个方面。第一，区位要素的国际流动性、连通性以及多种地方知识的表现应该成为微区位政策制定的焦点，而不是像传统区位论一样，仅关注静态的区位特征。第二，区位不再被看作一个仅仅基于自身内部力量就能决定其未来发展的因子。这是因为伴随知识的生产以及全球信息网络的日益健全，区位已经不再局限于某个特殊的地点，区位是一个动态经济社会因子，区位具有动态、阶段性的价值规律。第三，微区位政策的制定必须成为一种激活地方和利用全球的策略。区位的行动主体应该被鼓励去重新组合地方和非地方的资产，以更加人本化、社会化的组织重构方式把某个地方的区位和全球不同的地方网络充分连接起来。第四，微区位原理意味着地方拥有更大的主动权并积极地接受全球化网络的建构。

第四节　微区位的空间社会效应构成

一　微区位原理建构的意义

微区位原理超越传统区位的尺度划分概念，强调从行为主义、人本主义、结构主义与后结构主义、现象哲学等视角分析城市与区域在生产、生活、游憩、商业、娱乐等方面不同的地点选择。微区位研究的重点是经济、社会、文化、行为、生态等诸因素的微观区位组织结构、社会行为文化场势、经济活动组织规律、社（会）区（域）文化构成以及对应的区位布局选址规划和相关政策机制。国外的微区位研究主要集中在该领域研究内容由空间系统向地点类型转化、由宏观经济要素向经济与社会微观行为因素耦合、由物质空间向社会空间的演进。

微区位研究包含两方面社会含义：一是微区位的感知，即不同的社会经济行为主体对周边地点环境的认知与体验，强调地点环境对行为主体人情感认知的体验构成；二是微区位的价值，是指一系列区位价值的集成，诸如区位的文化属性价值、社会阶层属性价值、象征与想象的属性价值、场所精神与社区归属感、区位认同价值、业态布局效应价值等，这些价值的特征为某些区位赋予了某种特定的个性。

因此，微区位原理建构的意义在于将区位研究深入微观社会行为文化领域，从传统的成本区位、资源区位、距离区位向耦合社会行为文化的微区位研究过渡，寻找在区域的社会空间环境下微区位的布局规律、空间秩序及其规划控制和社会政策响应等。

二　微区位的社会建构效应

微区位原理的研究表明城市社会地理学、行为经济学、（新）经济地理学等在研究客观物质性区位与社会行为文化规律耦合的微区位时更容易发挥地方的综合效应优势以及多维方法论共同建构的优势。人文主义地理学者认为，微区位总是以满足不同群体的社会生活行为需求为前提，并体现在相应的行为活动方式（诸如居住搬迁行为、休闲娱乐行为、康体健身行为、商业布局行为等）中，社会经济行为文化活动的差异机制导致地域类别分化及等级性结构的存在。微区位布局效应目标不仅包括传统的经济效应目标，还包括追求多元性社会行为文化的目标，而且微区位的布局类型与城市日常生活空间的场所类型紧密联系，能够客观、人本地揭示出不同社会群体（亚文化群体）的空间地域分布规律及其对应的社会空间特征（见图2－4）。

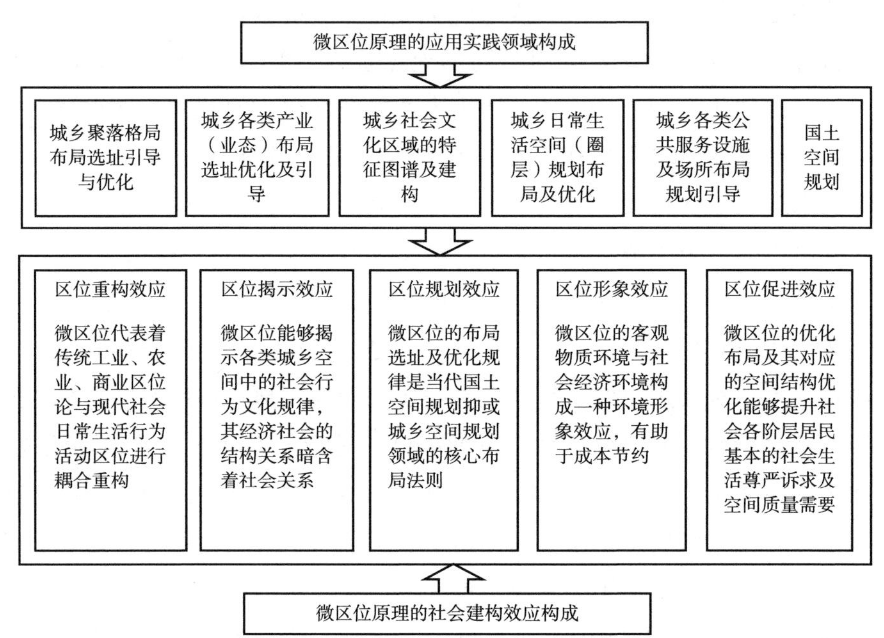

图2－4 微区位原理的社会建构效应

资料来源：笔者自制。

本章小结

微区位研究，能够为社会地理学、经济地理学、行为经济学、人文地理学等学科提供很大的帮助。微区位是基于地方性、异质性的景观组织结构（抑或地方性知识）的研究，在日益全球化的背景下，微区位有助于维系地方特色、传承地方性知识以及揭示人类日常社会生活行为活动地点的可选择性规律。传统区位理论面对表面上看似统一而实际上千差万别的宏观社会要素难以一下子把握住，唯有通过对各类微区位的构成规律和模式进行研究，才能产生新的区位经济社会效应，从而为观察世界和预测世界提供更加科学的手段。

本章从区位的“关系转向”视角切入，对微区位产生的背景及微区位的形成进行深入解析。研究认为，区位的“关系转向”为人本主义视角下的微区位研究提供了直接的基础。微区位综合了现象学、存在主义、人本主义以及行为经济学等方法，将区位的客观经济规律与主体人的行为文化需求规律以及社会和自然等要素加入区位的空间组织研究中，赋予区位经济意义、社会意义以及行为文化意义。

第三章

微区位研究的代表性观点及主要思想集成

不论是成年人还是孩子，抑或无家可归者、流浪者等，这些区位（地点）环境都是不适合的，因为这些区位可能具有内在的排他性。

——Sibley（1995）

第一节 人文主义视角下的微区位观

人文主义微区位观注重采用人本主义的分析方法，强调从微观层面研究区位与个人（社会）自我认同的关系，识别区位的主观价值和意义，即研究区位如何塑造人格和心理，人们如何感受和认知区位，并据此形成经验来认知外部世界，并对世界做出反应（Rediscovering Geography Committee，1997）。人文主义微区位观关注个人经验中的区位感知是如何在日常生活地点中被获得的。① 其优点在于拒绝理性人的行为假设，在研究中重视行为主体的区位感知、区位经验、区位价值取向以及行为区位的决策能力，反对把人抽象成均质的机器或动物，倡导研究整体宏观（统计）行为方式和个体微观（认知）行为方式。前者集中在人们整体（社

① 感知是人文地理学研究空间特征的一种重要手段，是重在从人的行为文化心理视角去评价外在客观物质空间形态（景观）的一种方法。区位感知则是行为主体人对所处环境区位的一种情感上的认知，个人的生活经验、社会身份等会对区位的感知质量产生影响，从而形成一种对区位价值的判断。

会现象）行为方式上，关心由整体与城市环境相互作用而产生的表面综合特征；后者则从人与环境相互作用的角度，总结（大脑）内部行为和外部（特殊社会现象结果）行为与对应城市社会区位构成要素之间的关系。

一　理论渊源

20 世纪 60 年代以来，有关行为经济学的多元化研究基本上改变了过去以区域经济学为主导的格局，使传统区位观由内部自行演化转变为与其他社会科学的互动演化，由此大大丰富了区位的基本内涵，其中人文主义区位论成为西方人文地理学研究的一个重要流派（顾朝林、刘海泳，1999）。而在中国，有关区位论的研究无论在流派还是在理论上均相对较为单一，对人文主义微区位论的重视和研究很不够。

人文主义区位论在西方兴起有其特殊的历史背景。从社会经济发展的角度看，60 年代西方资本主义世界发生了迅速而激烈的社会变化，如经济长期停滞、贫困和不平等现象加剧，促使越来越多的经济学家、社会学家以及人文地理学家希望通过区位的布局与选址来找到解决社会问题的办法。此外，现代化的推进加深了人的物化进程，人越来越成为机械的附庸，人类的理性、尊严遭到践踏。在这种形势下，人文主义思潮，譬如存在主义、现象学等十分流行，并且成为一种国际性的、引起社会各阶层强烈反响的哲学思想和社会运动（顾朝林等，2008）。二战后流行于西方世界的这种人文主义哲学思潮和地理学思想相结合，使人文主义微区位论初露端倪。

60 年代末，一些人文地理学家对传统区位论的研究范式和模式日益不满，认为区位的空间分析和实证分析存在诸多不足，表现在以下两个方面。（1）传统区位论过度重视经济成本与距离成本，对行为主体人的分析重视不够，不能对主体人的社会经济行为活动选择做出合理的解释，其研究具有很强的机械性。正如伯顿（Burton）所说，“实证主义区位分析将我们与‘地理环境决定论’拉得越来越近，而忽视了人的主观能动性”，而“无人的区位分析，在知识上是不完善的，在理论上也是极为盲目的”（Ley，1982）。（2）实证主义区位分析追求普遍性、客观性、抽象性的布局模型，带有一定的假设性。对理性推断的过度追求不符合行为主体人的心理实际或仅仅涉及事物的个别特征。

基于传统区位论的种种不足，一些历史地理学家和文化地理学家倡议，进行区位分析应融入人本主义方法，以人及其所处的区位为中心，将行为主体人作为区位分析的出发点，改变距离作为区位价值判断的情况，重视“不同行为主体人”的意义、价值、目标和目的等的研究（Duncan and Ley，1982）。当代国际著名地理学家段义孚在美国地理学协会会刊（AAG）上发表的论文中，首次使用了“人文主义地理学”这一叫法（Tuan，1978），至此人文主义区位研究进入了高峰时期。

二　核心观点

（一）区位异质特性

地理学，按照经典的定义，是研究地域差异的科学。早在近一个半世纪以前的 1877 年，玛斯（Marthe）就曾将地理学研究的领域描述成“事情发展在某地”。德国地理学家阿尔弗雷特·赫特纳（Alfred Hettner）多次用略有不同的“定义”概括性地阐述了这个概念。1898 年他正式提出：“从最古到现在，地理学的明确主题是认识地理区域的相互差异”（哈特向著，黎樵译，1981）。区位属于多学科研究领域中的一个重要概念，其本质在于地点、位置、方位等内涵，彰显的是地理景观的异质性，即不同的地点之间具有异质性。微区位属于区位研究中的一种重要范式，因此其也强调异质性分析，只不过微区位的异质性不仅强调自然地理景观的异质性，还强调社会、行为文化的异质性规律。

（二）人地关系研究

自 1922 年维达尔·白兰士（Paul Vidal de la Blache）的《人文地理学原理》问世以后，1923 年 H. H. 巴洛斯（H. H. Barrows）就提出了地理学是“人类生态学”的概念，把地理学定义为一门涉及人类社会和自然环境关系的社会科学。1925 年，J. 白吕纳（Jean Brunhes）的《人文地理学》非常强烈地反映了环境是地球上人们占有的最基本要素的观点。之后索勒（Maximilien Sorre）在他的《人文地理学基础》中也表达了这种观点。从其最本质的内涵而言，微区位人—地关系研究的继续，尤其强调对人的亚文化行为规律的生态特性研究。

（三）区位文化景观

德国慕尼黑大学教授奥托·施吕特尔（Otto Schluter）认为，景观是一个区域组织结构的外貌（景观）单元，地理学的研究核心正是这些可见的景观。1960年他首先把可见的景观引申为地理学的概念。1925年，美国的卡尔·苏尔（Carl O. Sauer）教授出版了《景观形态学》（*The Morphology of Landscape*）一书，他把一个地区的景观分成自然景观和文化景观。他认为，在人类进入以前的区域的原始景观是自然景观；而文化景观，则是由人改变的景观。苏尔最重要的贡献在于用形态学的方法把对自然景观的分析转化为文化景观的研究。继之，一系列的人文景观研究成果随之出现，如军事景观（Gould，1970）、神权宗教景观（Books，2011）、司法景观、行政控制景观、经济景观（August，1954）以及社会地形（Porter and Howell，2012）和经济面（Bourne and Simmons，1978）等。1956年，托马斯（Thomas）的《人在改变地球中的作用》一文则进一步把文化景观研究推向高潮。但是，施吕特尔所提出的景观概念，实际上具有两方面的意义：（1）地球可见表面部分的总面貌；（2）地球表面确定的区域。据此，本书认为，区位作为地理景观的一个重要组成部分，不论是客观的几何地理景观，还是文化景观，都属于地理学区域景观的重要研究内容。微区位不仅强调自然地理景观的基底特性，更强调人文亚文化景观的特性。

三 根植传统

地理学具有告诉人们研究什么、如何研究以及为何研究的长远传统。哈维（Harvey，1989）的观点提醒人们怎样从哲学和方法论的角度去认识日常生活中的微区位。即从哲学的高度看，微区位就是认识社会经济人文现象活动为什么会存在于那个地点，选择那个地点背后的微观社会行为机制包括哪些，而人文地理学的方法论则告诉人们如何从事区位研究。因此，在人文区位观的讨论中，人们不仅关注区位所隐含的哲学内涵，还关注不同方法论、不同主义视角下的区位特性。

（一）区位属性传统

地理学者总是关注区位的属性——它的地点（场所）、位置、方向和距离——以及和这些属性有关的形态及移动。地理学的区位研究涉及现象的分布问题，任何一个大到足以被“看见”的现象皆有分布问题。人文主义方法论除了研究区位的经济现象外，还对认知区位、区位情感进行研究，诸如区位认知地图模式，显示了人文主义地理学者对区位认知的不同理解（Gould，1974）。近20年来，“区位”一词对公众而言具有了新的意义，区位被视为一种情感或价值的景观。人文地理学家选取可用的信息进行区位布局研究，即观察田地、道路、房屋、产业等如何布局，因此，地理学家往往被认为是最能了解区位及区位特征的人。20世纪60年代，区域规划（区域规划，就是在一定的地域范围内对人口、聚落和设施进行区位的优化布局，这与地理学主要目标之一甚为接近）的发展过程中，区域地理学的区位观念发挥了重要的作用。

（二）人—地关系传统

人—地关系传统在地理学的研究中已经持续了数个世纪。在这个传统中，“地”指地球或所有的自然地理环境。地理学家关注人与自然环境的关系，在尝试界定人与地的关系或互动的程度时引发了方法论与哲学的思辨。在20世纪早期，地理学家发现了人类的分布、活动甚至社会特征受到其所处的自然环境的控制与深刻影响，这就是所谓的“地理环境决定论”（Lewthwaite，2015）。20世纪30～40年代，有关“人—地关系”的地理研究成果主要是批判地理环境决定论，以至于许多老一辈的社会科学家认为，地理学是研究环境对人类影响的学科。50年代以来，人—地关系研究开始强调“人”而非“地”，关注人类给环境带来的冲击和影响（顾朝林等，2008）。因此，人—地关系也必然是人文主义微区位论所要探讨的核心话题之一。

四 演化趋势

新人文主义学派以哲学现象学思想为基础，不断加强对区位的行为特征分析，从而建构自己的本体理论和方法论认识体系。新人文主义哲学观认为，存在于空间中的人是文化生态中的核心，一切关于区位的分析都应该针对与区位有所关联的人的行为活动进行，不存在独立于人类行为活动之外的区位组织规律。因此，新人文主义流派克服了科学主义只关注区位的物质特性的弊端，转而使当前的城市经济学、人文地理学、城市社会学等学科关注以人为中心的区位社会属性。区位对每一个人来说都是其存在的载体，区位的构成要素是人的行为活动的结果，每个人在其生存、生产、生活的行为过程中都会丰富区位的内涵和价值，同时，在行为活动过程中，新的区位价值又不断被创造或重构。新人文主义学派还强调区位的空间生产过程，即直接关注行为主体经验中的“微区位感”① 是如何在城市日常生活中被获得、被传递、被改动以及被融进城市空间概念体系的。在新人本主义不断得到发展的趋势下，研究者更强调从城市邻里单元结构视角进行深入分析，重在分析城市物质形态结构与行为认知地点要素的微区位特征。

国外新人文主义学派还特别关注城市社区居住行为搬迁的“过滤”行为及对应区位的关系规律。该学派认为，社区存在“过滤机制”②，居民搬迁区位跟住房的产权、房屋的建筑密度、人口的流动性以及居住环境周边的设施条件变化有关系。该学派有以下观点：（1）由于城市居民在生活周期、行为文化或社会阶层属性上存在异质性，由城市社区及其周边的环境所构成的微观区位特征就会形成“阶层—等级”的对应规律；（2）城市社会经济环境的微区位特性是由该城市所处的社会、经济与文化发展阶段决定的，其政治、经济与文化因素构建了“城市—社区”微区位结构（潘秋玲等，2007）；（3）社会阶层的差异性以及不同行为文化主体的亚文化行为规律导致居住社区在城市空间结构中存在分异性规律，而社区作为一种重要的区位承载体就成为不同社群或亚文化居民生活的显

---

① 区位作为地点的一种重要属性，具有地点（场所）的基本特质，在地点（场所）环境中，使用者（当地居民、外来游客或其他人群）往往因对地点的使用（如休闲活动的参与）而对地点产生各种形式的情感联结或态度与行为的忠诚，就会产生地点感，因此微区位感就会在地点感的基础上形成。

② 原有社区不适应现代经济与人们生活的需求，改变为另一种类型的社区；原社区的居住环境与建筑得到更新，使原社区提高了档次。总之，它是原有社区被新社区置换或过滤的过程。社区过滤是同一空间过程。在城市的动态发展过程中，社区空间也随之发生动态演化，往往一个区域的衰落或复兴均伴随着居住社区的下滤或上滤（李燕玲，2011）。

现地点（Hartshorn，1992）。因此，新人本主义的微区位观强调从某一社群中不同生命阶段的人群（如有孩子的父母及其照料者人群）的区位认同角度出发，探究微区位的布局规律与邻里社区生活空间（包含与使用者密切相关的各类社区资源和设施布局）特质之间的关系，尤其强调从区位的可获得性角度进行质量评估，并进行微区位布局规律的探讨和规划应用分析（王兴中，2012）。

第二节　行为主义视角下的微区位观

20 世纪 60 年代，欧美人文地理学发生了显著变化，空间分析学派的弱点逐渐在实践应用中暴露出来，在对空间分析方法进行修正的过程中，行为主义学派逐步形成，并成为该时期欧美人文地理学的重要流派之一（赵晓斌等，2006）。

一　理论渊源

行为主义和人文主义是微区位研究领域中的两大重要学派。行为主义微区位来自社会心理学中的行为感知。20 世纪 50 年代以来，行为科学利用行为心理和社会心理原理来揭示人的社会行为规律，开始对某些特殊区位现象进行行为规律的研究，并将心理学和社会学的感应和认知概念引入区位分析领域，使区位布局与组织结构规律触及人与区位的关系。

行为区位观思想的先驱是怀特，其在《人类对水灾的调节》中开展了人对环境灾害反应的行为认知研究（White，1945）。接着，怀特与其助手通过对其他灾害反应进行研究发展了行为主义。行为主义代表性人物沃尔波特在所著的《空间关系中的决策》一书中，预示了行为区位论观点将被确定下来，其研究主要用来阐释移民模式下的区位决策机制（Wolpert，1964）；戈列奇和布朗开展了地点行为模式研究（Golledge and Brown，1972）；另外，考克斯和戈列奇对影响区位决策制定的信息流进行了分析（Cox and Golledge，1969），这些前期工作为行为微区位论的产生奠定了基础。

行为微区位学派是在避免传统区位分析学派的机械性和将人—地关系

物化的基础上产生的。传统区位论的观点在20世纪60年代中期以后受到人文区位论学派的抵制。传统区位论过度追求对区位的物质结构特征分析以及对距离区位影响人类行为结果的阐释，过分偏重客观和数量化，操作中的技术要求较高，被人文区位论学派认为是机械的区位分析模式（Griffiths and Johnston，1991）。

行为微区位论学派特别强调事物所呈现的固有地方特性。反映到区位研究上，就是从“区位现象学”层面去探究区位中人的行为的主观能动性，即在非理性或非结构性的行为活动中，行为区位的选择并不一定是最合理的，但应是最满意的，行为主体的心理价值和感应认知结果都会影响区位的存在形式。但是，早期的行为主义区位学派的观点往往忽略了社会现实，显得过于理想化。研究者仍然希望采用数理分析模式去揭示非理性中有规律性的东西。因此，早期的行为微区位学派主要还是对传统区位论的批判和继承，在方法论上并没有根本性的变革。

传统区位论学派觉醒的主要原因在于他们逐渐认识到其建立的“数理—计量—理性”的区位分析模式经过验证后对现实的社会经济行为文化活动规律的解释力偏弱，致使其发展相当缓慢。① 传统区位论学派过分强调对区位物质地点环境形态的描述和推理，只是说明了世界看起来像什么或应当看起来像什么，并没有理解区位布局与选择背后行为主体的心理诉求以及这些诉求是如何对区位的布局产生重构作用的（唐晓峰等，1998）。行为区位论的研究方法得以在地理学中引入是为了追求更大的现实性。不同的行为主体以及不同的亚文化群体对区位的客观特征和感应认知存在差异，进而使宏观区位研究转向了微观区位，研究的重点转向区位组织的过程，而不是区位的客观外在形式。行为微区位研究的目标在于从“经济行为人”视角，去分析某些区位所发生的行为的活动规律是什么，为什么会在这种区位（地点）产生这样的行为，而不是仅仅关注在某些区位上营建什么样的物质形态结构。考克斯和戈列奇认为经济行为人应该是积极的区位决策者，而不是消极不变的反应者（Cox and Golledge，

---

① 中心地理论对人们的行为进行分析，考虑人们的行为选择，使用推理的方法来建立公理体系，但这种推理只是在反映居住聚落外部形态上有价值，而对于如何理解社会经济行为区位的布局与选址却非常乏力。

1981）。行为微区位观在形成过程中，在理论建构和解决实际问题时进行了多学科的交叉整合分析，从而提升了区位决策的科学性和决策行为的准确性。通过以上分析可以看出，行为微区位学派和传统区位论学派的重要不同在于它强调对不同区位进行行为过程的组织研究，而不是简单地对人类活动和自然环境的结构进行解释和形态描述（孙俊等，2011）。

行为微区位学派提出一种新的“人—地关系”思想观念和人文地理研究方法，在实践中引入了“区位认知”“区位情感”“区位价值”等理论，于20世纪60年代在欧美城市社会地理学研究领域逐渐兴起。行为微区位在其产生过程中，强调从具体区位的组织构成出发来研究行为，从区位抽象价值的角度来研究人类活动的区位行为规律（张文奎，1993）。

二　核心观点

行为微区位学派的发展演化特征具有如下几个方面。

（一）抽象性解构

初始行为微区位的分析研究产生于行为地理学领域内，一直延续到20世纪80年代初期。自20世纪60年代中期以来，一些学者对传统区位论的理性区位分析方法不断进行批判，行为微区位学派开始强调对人文生态区位的关注。考克斯和戈列奇在1981年出版的《地理学的行为问题》（*Behavioral Problems in Geography Revisited*）一书中对行为文化的地点特征进行了系统分析与总结，标志着行为微区位研究萌芽的形成（Cox and Golledge，1981）。这一时期，行为微区位学派主要对行为主体的区位布局活动和现象进行解释，其主要研究课题是关于资源的区位管理、区位感知、区位布局决策依据和区位认同感等，通过对这些抽象的区位行为过程进行研究，使行为微区位观点日益走向成熟。

（二）人文性阐释

20世纪80年代以来，行为微区位在原理性分析研究上并没有重大突破，主要强调揭示区位行为和行为所处区位的互动关系规律。同时，针对不同行为主体、亚文化群体以及微观社会经济行为结构等提出了一些较为棘手的问题。戈列奇及其同事从行为主义地理学视角对微区位的演化过程进行了综述性分析，一些人文主义地理学者也相继阐释了行为微区位与环境心理学、认知心理学、社会和城市生态学、灾害研究、规划研究等之间的关系（顾朝林等，2008）。沃姆斯利的《城市生活》一书将区位感知研究与城市形象认知研究进行整合，并成为当时探讨微区位规律的最有价值的研究著作（王兴中，1991）。近年来，西方有关微区位的研究主要集中在四个领域：①区位感知与行为；②区位的社会人文生态关系研究；③区位景观尊严与价值构成体系研究；④多样的社会和文化群体对区位建构观的比较研究。目前，微区位原理中的区位感知和行为活动规律研究在一些规划实践领域获得了广泛应用，包括景观建筑和城市设计、环境保护和管理、可持续发展和资源规划、区域分析和预测、交通规划和制图等（Aitken and Rushton，1993）。

初始行为微区位研究也存在一些争议，诸如实证地理学研究流派认为，行为微区位研究要想得出有效的结论就必须对大量个体的决策和大量样本的测量做分析，但资料的有限性又制约了其只能对整体行为结果的少部分或有限部分展开研究，因此，使用行为序列法只能在牵涉决策者较少的人文地理学分支中能取得一定的成功。行为区位论学派在发展过程中受到了来自各方面的批判。马克思主义学派认为，行为区位论学派的方法论对实证主义的革命不够彻底，没有脱离历来的实证主义范式。

行为微区位论的行为学方法过分重视个人行为而不是社群（乃至社会亚文化群体）行为的分析。新韦伯主义学派①和新马克思主义学派都批评它过分重视个人的区位选择，过分强调“区位的社会结构属性”。这些批评启发了对行为微区位论的重新思考，强化了革新扩散、居民流等方面的行为假定，个人行为与广泛的社会约束模型间的联系也得到了重视，并逐步衍生出人文微区位观（顾朝林、C. 克斯特洛德，1997）。

---

① 新韦伯主义的学术理论与新马克思主义相对立，他们针对马克思主义的经济、阶级、国家理论提出了一些不同的观点。他们认为马克思主义理论中经济和生产资料的占有状况即生产关系，不像马克思所说的那样重要，或在社会阶级的决定上起着很大的作用。韦伯认为，阶级结构如同生产中的所有关系，在消费领域中也通过与市场的交换关系来实现（张品，2011）。

三　焦点领域

行为微区位论所研究的行为是以地点感知为基础的，包括人的内在生理和心理的感知反馈行为，其研究的内容已广泛涉及人与区位的关系及应用决策实践等多个领域。行为微区位论的一些基本理论和方法在实践中也不断得到应用和推广，比如在城市与区域规划、环境设计中的理论指导等。目前，行为微区位论研究的主要焦点有行为微区位与微区位行为、微区位分析与决策、微区位认知地图、微区位的行为矩阵模型、微区位的行为方法论等。

（一）行为微区位的活动规律

行为微区位规律是行为主义学派研究的核心内容。人类行为所依托的区位就是人类活动的地方领域，它包括人类行为活动的地点，也包括不同社会群体之间进行互动活动的间接领域，前者为行为地点，后者为进行交流而实施行为活动的地方。行为地点就是不同行为主体进行日常活动的各种场所。主体性的社会行为活动地点通常包括三个方面：第一是在居住社区周边进行区位活动；第二是在不同地点进行规则性的行为区位选择活动（如上学、通勤、交际、购物等）；第三是在这些行为活动地点的周边区域进行区位选择。利用这些活动在地理空间上的投影即可明确活动区位。行为主义微区位观就是研究不同行为主体、不同亚文化群体、不同社会经济集团的行为活动区位规律以及其对应的社会、经济与空间效益。

行为微区位还关注不同时间内人们进行区位行为活动的“时空”规律特性。卡尔斯泰因（Carlstein）等认为：时间和空间被描述为限制活动中的资源，任何涉及个人的行为都同时存在于时间和空间中（Carlstein，Parkes and Thrift，1978）。其他学者认为，时—空运动受三种制约：第一是受生理需要制约，行为空间中的运动受交通方式的制约；第二是特定的人在特定的时间内处于特定的地点，限制了个人在自由时间内的活动区位；第三是受个人在特定时间内到某固定地点的限制。另有一些学者还研究了通勤、购物、交际等活动的行为区位规律（顾朝林等，2008）。

微区位行为通常是人们通过基于认知的区位判断而采取的自觉或不自觉的选址行为。个人的微区位行为可能是随机的，但就一定的集团而言，其将表现出一定的区位选址规律性，对此可以进行系统分析和研究。行为微区位学派最初都对不同主体性行为活动区位规律进行研究，从而为制定科学的区位布局选址决策提供依据和备选方案。行为微区位论重点探究不同主体的行为活动及其对应的区位规律，研究某些区位为什么会产生这样的行为，也研究人对区位发挥作用的行为。同时还对社会、经济、文化、政治等行为的区位选址与布局规律进行分析，进而为相关规划、政策以及行业行为决策的制定等提供参考。20 世纪 70 年代以来，西方学者用行为微区位方法建立了相应的区位决策模型，以弥补传统区位论在解释区位规律方面的偏颇。欧、美等地区和国家的学者为此建立的主要模型有城市生活空间质量微区位模型、消费者行为场所微区位模型、微区位决策依据模型、微区位位移规律模型等。

（二）微区位的行为决策分析

社会经济行为主体在选择各类区位的时候遵循的通常是某种“规则”和“理念”。行为微区位观最初就是针对使用者对水灾的反应来进行区位选址的，是在分析不同行为主体如何进行区位决策的基础之上发展起来的。沃尔波特发表在《美国地理学家协会年刊》（AAAG）上的一篇论文“The Decision Process in Spatial Context”将许多行为地理学者引入“非常规”“非理性”方法上（Wolpert，1964）。随后，沃尔波特继续引入心理社会学和行为主义分析方法对移民区位进行分析，研究了社会人文经济视角下移民的区位选择机制与模式。沃尔波特的研究给我们的启发在于：（1）人们做出的区位决策可能是被迫的，但应是合理的；（2）人们针对区位的选择具有多维性，即在多个选择之中做出区位抉择；（3）区位的布局与决策必须以丰富的区位结构化知识为基础（诸如行为主体必须了解当地的真实情况，并熟悉地方特质）；（4）依据事先制定的区位价值评判标准来评价区位的质量。怀特等人关于空间管理决策的研究对美国城市规划与管理政策的制定产生了一定的影响，为区域经济分析提供了有益的支撑，其对城市日常生活空间结构组织中的人口和商业郊区化迁移的机制分析进一步拓展了沃尔波特的行为决策概念。

因此，有关行为微区位的研究对城市社会经济公共政策的制定、城市规划与管理中的公共参与以及行为主体人在大政方针制定中的角色定位具有极其重要的现实意义，有助于强化行为经济学、城市地理学、人文地理学、社会地理学等多学科的应用价值。诸如，城市规划学者经常运用行为微区位模式来揭示城市日常生活空间结构中的人口流动与迁移情况，借助现代 GIS 等技术，可以模拟行为信息流及其对应的行为地点规律，并对其进行可视化的图像表达，从而更加清晰地解释迁移的微区位规律，使规划者能够借助这样的可视化微区位信息预测未来的城市发展趋势并进行科学规划与决策（Aitken and Rushton，1993）。在后来的研究工作中，微区位的行为决策仍然是行为微区位研究领域的核心主题之一，它与其他社会学科相结合，为国民经济建设提供科学的决策手段。提默曼斯和戈列奇对微区位布局与选址理论进行了很好的综述，他们认为区位选择决策理论范畴是人文地理学者最可能在经济社会实践中做出重要贡献的领域（Timmermans and Golledge，1990）。

（三）微区位的认知地图建构

微区位研究中一个非常重要的概念就是“区位意象地图”理论，该理论是广大行为地理学家进行区位分析和研究的一个重要方向。区位意象地图是以与行为主体发生关系的地理景观物象为基础，把使用者具有行为感知的物象进行重现，描绘在空间图示上，从而表达不同地理物象的区位分布规律（宋伟轩等，2011）。英国地理学家伍尔德里吉最早提出区位意象地图的设想，用以研究区位的空间组织结构特征（Wooldridge et al.，1956）。戈尔德等对此进行了创新，基于对人们有评价其周围环境的好奇心的了解，对不同国家和不同区域中的不同主体人的行为区位特征进行调查分析，然后对其空间组织结构特征进行解析，阐释了区位意象地图的基本构成单元——“群体区位意象地图”（Gold et al.，1995）。该区位意象地图在微区位的行为决策分析、厂商布局选址、城市经济产业布局规划等领域都产生了很大的影响。紧随戈尔德之后，许多行为地理学者进一步开展了行为微区位的布局与选址方面的方法论研究并且取得了较大进步，但并未对行为微区位原理的进一步发展做出较大的贡献。唐斯（Densham）研究了两种重要的“区位意象地图”构建方法。（1）解构的方法。要求对日常生活中储存的区位知识（物象）进行调查研究。（2）评价的方法。找出影响人们进行微观区位决策的最重要的因素并分析其有哪些特征，以及如何评价这些因素在微区位布局决策中的重要性和等级（Rushton and Densham，1991）。有些人文地理学者也将区位意象地图的评价方法广泛应用到区域分析领域，包括人们对其所处区位的环境知识进行获取、编码、回忆以及修正的所有行为加工过程，同心理学结合在一起，相应地产生了多学科交叉研究微区位的诉求。

人类行为感知的一个基本需求是对其所感知到的人居环境进行认知了解，这种需求使区位选择行为得以产生并使人们对所熟悉的区位产生一种“认同感”。区位意象地图研究聚焦于揭示人们是如何感觉并认知其周边的区位环境的，以及如何利用所熟悉的地点（场所）知识去进行区位的布局选择与决策。因此，其理论关注点在于不同行为主体的区位认知特征以及对区位知识的挖掘与学习，从而利用微区位的相关知识进行数据的开发、思考和存储，并与每天生活的地方进行关系互动（Downs and Stea，1973）。

凯文·林奇（Lynch，1960）认为：区位意象地图主要由五个方面的物象形态要素构成：（1）路线，是区域和城市的道路网络系统；（2）边缘，指城市和区域的线状边缘；（3）结节点，是主要的交接点和事物的交换点；（4）分区，指城市内部的功能分区；（5）地方标志，是规模比市中心小一些的功能点。这五个物象形态要素之间的组织结构关系直接构成了“区域—城市—地点”之间的框架结构，具体反映到不同行为主体的大脑中就会刻画出一个特定的区位意象地图。地理物象的区位意象地图是城市日常生活空间存在和人类区位选择的重要依据。不同层级的区位地点和交通距离将直接影响人类行为活动的微区位选择，区位意象地图的形成得益于人们直接或间接获得的各种地点信息，能够反映和决定人的微区位行为。

（四）微区位行为方法论组织

行为微区位研究取得进展主要是依靠对微区位选择与决策过程进行归纳得出的普遍结论，其研究方法主要是行为和区位推理逻辑。行为微区位的方法论是基于传统区位分析学派进行系统的整合和分析。普雷德的《行为与地点》（“Behavior and Location”）一文就是基于“经济人”的概念，植入了行为决策的模型。他认为由知识结构不合理的决策者进行区位决策和规划土地的利用，其得到的空间模式注定会与事实不相符（Pred，1967）。普雷德提出了行为矩阵的分析概念，纵轴代表有效信息的数量和质量，横轴代表使用信息的能力，拥有完美信息的理性决策者位于矩阵的右下角。矩阵中不同的人在不同的位置其决策将发生变化，在同一位置因人不同其决策也将不同，每一个人不会始终停留在矩阵中的同样位置，普雷德通过调整个人在矩阵中的位置引入了动态分析方法，决策将因个人处于不同的时间和地点而发生变化。行为矩阵是微区位原理中的重要研究领域，可以用于对经济创新要素的扩散分析，对城市规划及相关城市公共政策的制定也有较大影响。当然，行为矩阵方法后来也受到哈维等人的批评，认为行为矩阵模式定义模糊，过于自负，可操作性较差，对复杂行为的理解过于简单化，并对其使用潜力提出疑问（顾朝林，2008）。

20 世纪 80 年代以来，行为微区位的决策过程分析变得越来越复杂，众多学者将传统区位的空间实证方法论与人本主义方法论相结合展开研究，目的是通过科学实证主义的计量分析方法来解释大量区位行为现象，进而揭示其背后的行为文化规律（Johnston，1989）。这一时期，人文地理学派对行为微区位的决策过程分析展开了较多的方法创新探索（Nijkamp，1985）。近年来，伴随现代地理信息系统（GIS）技术与方法的日益成熟，开放数据获取渠道的日益增多以及人们对区位的认知日益提升，微区位布局规律能够更好地被揭示，即多源的量化分析技术增强了微区位研究方法的实效性（Golledge，1990）。行为微区位通过归纳推理来解释人与区位之间的相互作用关系及其空间组织结构的互动模式，据此通过优化人居环境与调整公共服务设施布局来修正人类的区位选择行为。

总结行为微区位观点其具有四个方面的特征：（1）现实的区位特征是行为主体通过地方知识（客观地理物象）进行感知的，感知存在行为心理上的差异性，因此认知的区位特征很可能不同于现实的区位世界；（2）行为主体与区位存在相互作用机制，不断揭示区位的意象特征（区位意象地图），并不断塑造城市日常生活行为空间的差异性特征；（3）不仅探究不同行为个体的区位活动规律，而且总结与阐释不同亚文化群体的共性行为文化特征；（4）行为微区位是多学科交叉的，虽然行为微区位的研究方法在不断创新，但其总体研究方向是不变的。

微区位研究主要关注区位决策模式，而较少关注支持微区位选择的行为智能结构。但在很多情况下，行为主义并没有清晰地解释“社会—经济—空间”耦合的规律特征，或者是客观的城市物质空间与城市日常生活空间、城市社会空间之间耦合的规律机制。目前，人工智能（AI）在认知行为过程研究中被作为一种新手段提出来，旨在用计算机模拟决策来代替人脑的决策。在微区位研究中，探究不同的区位会发生怎样的区位行为或为什么这样的行为活动会发生在这个地点是最为关键的，在这个过程中，人工智能、GIS技术不能代替人类决策，但可以为微区位的空间差异特征研究、微区位的选址与决策、微区位的市场探测研究等提供技术支撑。同时，社会问卷调查和数据处理方法的科学性也将大大提高，其方法论也将为微区位原理的常规研究提供帮助。

四　应用评价

行为微区位是对传统区位论的创新性突破。其从心理学、哲学、社会学、政治学、经济学等相关学科中吸收了许多有益的成果，是在批判传统区位论学派的基础上建构的，它从行为心理和结构行为特征的观点出发，将其扩充成为更加科学的“微观行为”研究方法，以此来研究人类的微观区位选择行为规律。然而，人们所处的经济社会环境也在不断变化，区位的特征及机制也在不断变化，尤其是近年来，伴随现代信息技术的发展及赛博空间的提出，传统区位的尺度观发生了很大的变化，赛博空间的形成以及地理时空距离感的缩小等将导致城市—区域—地点的结构发生重构，网络化的区位结构组织将形成，因此传统的城市日常生活空间结构及其对应的各种行为文化活动（休闲、游憩、购物、办公、居住等）也将不断进行区位重构。赛博空间将怎样影响人类的微区位选址行为和城市社会的方方面面？如何看待购物模式、交通模式、娱乐模式等的微区位变化特征？因此在未来的微区位研究中，应结合行为论、心理学、社会学等学科，应用科学技术手段揭示微区位规律。

目前，国外学者也开始运用“归纳统计学”、“人工智能”和“GIS技术”等进行繁杂数据分析，从而为微区位研究提供支持，增强微区位布局选址的能力。在我国，自20世纪90年代，已经展开了城市日常生活空间结构分析，微区位得到了初步发展。近年来，城市社会空间结构、城市规划决策、公众与亚文化行为等成为城市研究的热点，而这些空间应用实践领域与微区位原理具有紧密的相关性，因此，未来这些领域将成为微区位原理的重要实践领域。近年来，有些学者采用抽样调查、问卷设计等方法对城市社会—生活空间中的微区位规律进行了调查研究，诸如运用微区位方法拓展了对旅游行为场所特征的分析，还为城市游憩、购物行为研究等提供方法支撑。

第三节　后现代主义视角下的微区位观

伴随20世纪60年代末期西方后工业化时代的到来，后现代主义成为城市社会学、人文地理学、经济地理学、城市经济学、城市规划学等多学科领域中的一种重要研究思潮，并引发了多学科的持续争论，后现代主义思潮对区位的相关分析研究也产生了影响，尤其是各学科对“传统区位观”的理论反思及重新评价。

一　理论渊源

20世纪60年代末期，后现代主义微区位观应用在建筑与城市规划学研究领域，建筑设计强调展现新风格，特别突出以复杂多样的艺术美感来取代现代功能主义结构单一的形态。后现代城市规划强调对城市进行多样性营造，一些学者把后现代主义的功能空间视为区位价值的空间集中体现。城市社会学者认为，后现代城市空间是社会—经济形态在文化场所（地点）中的揭示（李国武，2003）。新马克思主义城市学派认为，后现代主义是晚期资本主义即多国化资本主义的特征，表现为现代主义的深度发展及历史意识的消逝（唐小兵，1986）。

后现代主义思潮是后现代社会（后工业社会、信息社会、晚期资本主义等）的产物。后现代主义来自对现代主义的深化与变革，是超越现代主义的一种尝试。当整个思想文化领域经历“颠覆性转折”之时，后现代主义对传统区位观也必将会产生一定的影响，两者的相互认同始于前者对后者的特性之一——“文化区位景观”的关注。1984年美国杜克大学比较文学教授杰姆逊（Frederic Jameson）在《新左评论》（*New Left Review*）上发表的一篇论文中，强力肯定了社会及历史变迁中不同区位景观的价值，认为在20世纪60年代西方后现代社会中，影响人们赖以存在的日常生活空间、行为活动场所、生态文化景观是不同区位价值选择的空间再现；因此，传统区位观是时间效率性的，而后现代区位观则是关于“时—空”整合的。很多地理学者开始关注区位的社会文化特性，并从社会经济科学中吸取相关理念运用在地理学的区位分析领域。1983年，由地理学家主持的《环境与规划（D部）：社会与空间》（*Environment and Planning D：Society and Space*）期刊问世，该期刊的文章中有许多是关于后现代主义景观的研究，显示了学者们对后现代区位景观价值研究的浓厚兴趣。

二 哲学基础

在后现代微区位的相关领域，对后现代微区位景观的差异现象及后现代微区位观的价值阐释成为众多学者讨论的热点。后现代微区位在现代区位研究中究竟意味着什么？后现代主义对微区位研究又意味着什么，是对象的变更还是观念的演替，抑或有其他含义？这些问题来源于由后现代主义的哲学基础所决定的研究内容与方法，因而客观上构成了后现代主义微区位论存在的哲学依据。

美国南加州大学后现代主义城市规划理论学家迪尔（Michael Dear）教授认为，后现代现象极为广泛，特别是在文学、艺术、建筑设计及人的思维等各个方面。他认为后现代主义有三重含义（Dear，1986）：第一，后现代主义是一种新范式，反对功能较为单一的现代城市主义，诸如城市划定的功能板块、现代整齐划一的高层建筑形式等，迪尔认可城市的混合性，比如新旧建筑的混合布局可以让城市更具有活力；第二，后现代主义与现代主义相互融合，但是也存在“相互对立”，代表城市新时代的到来，到底后现代与现代主义之间对立到什么地步才会达到“决裂”的程度，目前尚无定论；第三，后现代主义城市空间是对现代主义城市功能空间的一种反抗，这对当代空间哲学思想体系冲击很大。基于此，后现代微区位观对传统区位观产生了更深层次的冲击，其反对空间实证主义的传统区位论，攻击学术界对传统空间区位理论霸权的忍让，试图用一种摆脱根源化、合法化意图的“区位景观文本叙事”方式来解释城市社会—经济空间结构的组成规律。据此，迪尔的观点对我们理解后现代微区位及其对应规划应用实践有所帮助，例如洛杉矶的城市解构就是后现代区位观诞生的标志。

本书认为，后现代微区位论产生的主要影响有以下几个方面：(1) 区位景观的文化尊严构成及区位价值的地点营造；(2) 后福特主义视角下微区位经济构成景观的阐释；(3) 微区位景观文本叙事的哲学理论争辩；(4) 微区位知识表达与区位意象地图的构成；(5) 后现代微区位的构成策略、女权主义地理学视角下的区位构成观等。

人文地理学者菲勒对现代与后现代主义之争进行了归纳总结，认为后现代主义空间哲学观存在两种普遍认识（Cloke et al.，1991)。一种是将后现代主义空间视为研究的客观物质对象，另一种则视后现代主义空间为“社会人文情境化”载体，或态度与价值。由于后现代主义对空间、城市、建筑、文学及其他社会文化表现形式的理论本质的关注，一些理论家自然地将 20 世纪晚期社会、经济、政治及文化领域的这一复杂现象等同于后现代性或后现代主义，包括后现代主义视角下有关区位的分析和研究(Lagendijk et al.，2009)。因此，后现代微区位观意味着后现代状态下区位的时空组织形式与其景观表达现象的变化。

按照菲勒的观点，后现代主义的空间认识论可以为微区位的认知提供一种表达形式，也是关于整个微区位组织结构认知的一种重要思考方式，其出发点之一是以情境化、人本化的价值和实际存在的现象行为活动代替试图囊括一切的空间实证主义大理论传统，强调微区位视野中的无秩序性、非连贯性、去中心性，同时强调各行为活动区位布局与选择现象、事件以及区位景观演进中存在的差异性机制问题。

后现代主义微区位观所揭示的不是区位现象的变更，而是区位价值的转变，例如后现代微区位研究特别重视不同性别、阶层、种族的差异及其对应的区位差异性景观格局问题，包含在社会时空作用中生产的“区位感知与经验”。总之，后现代主义微区位观是以反智性、反传统与反权威的眼光对区位进行彻底审视，它无意摒弃传统区位论研究中的对象与方法，更无意颠覆传统区位论的研究范式，但不可否认，它更关注传统区位论未曾尝试的方法和不曾触及的领域，并尝试建构后现代主义微区位的理念框架，这不仅体现了文化理论方法对传统区位论的渗透，也意味着对微区位研究视野的不断拓展。

三 核心观点

在后现代主义微区位研究领域，众多的人文与经济地理学者积极地参与了相关理论探论，并将这些面向景观、权力空间、文本阅读与叙事的研究方法广泛用于对微区位景观、结构组织过程的阐释上。

（一）现象文本的阅读

剑桥大学地理学家邓肯（James Duncan）教授在后现代文化地理学研究领域颇有建树，尤其致力于运用后结构主义方法对“景观”这一传统地理学概念进行诠释，为后现代微区位研究提供了一个崭新的视角。该研究可以综合文学理论家与文化人类学家的方法论范式，将“文本”的概念引入微区位的社会—经济空间建构层面，视文化产物与社会、经济、政治制度为可解读的象征习惯，进而建构微区位的“现象文本阅读”模式。

后现代微区位将不同“区位”看成一个叙事的文本，表现在以下几个方面：（1）区位在特定的地理环境中具有特定的文本含义，社会生活要素在特定的区位结构中具有特定的社会经济行为文化意义；（2）文本一旦形成便构成一种独特的地方景观，同样社会经济行为文化活动付诸实施后也会引致区位产生不同的社会经济行为结果，比如居民的搬迁行为会导致城市社会空间结构的重构，而这种重构过程本身就是居住区位过滤与选择的结果；（3）社会经济行为活动的表达形式同样需要连续的区位文本解释与再解释；（4）文本的内涵本身具有不确定性，对应在区位分析上，区位也存在价值认同的不确定性，依照对文本达成的不同共识可以揭示区位所具有的含义。在此基础上，区位作为一种存在的“现象景观”，同样被赋予了文本的诸多特征，如内在价值的多样性、功能的不完整性、社会阶层意义的象征性、多样性及不可调和的区位冲突等，对区位景观的描述也取决于具有不同行为文化背景的描述者的行为语言与知识认知框架，因而文本的方法可看作对微区位景观分析的形象表达。

在传统区位论中，景观是文化的反映，但很少成为区位分析中的建构元素（Jones，1997）。后现代微区位立足于区位的景观文本建构、文本解读方法及区位建成景观的构成如何影响城市的社会行为、经济行为以及文化行为等，揭示了微区位的景观构成在现代社会—经济—文化进程中的重要功用，提出区位文化尊严景观保护与传承的重要性，即将区位的景观文本式解读置于微区位原理的核心地位，从而建构出区位与文学理论对话的基础。

（二）权力结构的重构

自20世纪90年代初以来，现代城市空间理论成为后现代主义空间学派批判的对象。与之相对应的，在人文地理学领域，有关区位的现代与后现代性之争也已经开始（Shields，1989）。自20世纪80年代中后期以来，现代城市空间理论成为后现代主义怀疑与攻击的对象。后现代区位观关注西方正统的区位权力机制，尝试以“空间权力”为话语基础来审视那些代表权力中心的区位（Hanberger，2003）。诸如麻省理工学院的人类学家艾斯柯巴（Arturo Escobar）教授认为，经济权力的话语深刻地影响着空间的“社会—文化”结构。可以看出后现代区位观强调对区位权力结构形成过程的考察，对区位进入权力知识体系的方式进行描述，以此说明传统区位论中经济最大化效益并非真实进步的区位科学知识，而是一系列假设的经济政策模型，欲以某种规范的知识实现其空间的权力，结果不会弱化而只会增加区位获取的不公正性。20世纪90年代这一思想自然而然地进入了区位权力文本的研究范围，成为后现代微区位论的核心基础（Manson and O’Sullivan，2006）。

综上所述，解构是后现代微区位观的基本研究方式，尤其对传统区位论学者而言，解构的方法实现了对区位内在结构的否定，突出了行为主体的主观及集体意识形态。后现代主义微区位观旨在运用解构方法实现一种超越现代性的区位组织和重构（Mccann，2003）。希利从当代城市规划理论视角对后现代微区位观的构成进行解构，认为区位作为城市资源进行公平的配置与规划是发展的关键，以后现代规划理论为核心基础的观点强调集“功能—环境”“空间—社会”“可操作—不可操作”“社会控制—公正参与”等多维标准为一体的区位权力语言，并将重新建构当代城市空间规划理论的叙事体系（Healey，1996）。

四　焦点领域

在后现代微区位观的研究中，传统的区位构成要素被赋予了无定形，且具有主观色彩，并融入了社会文化与意识形态的元素，也就是说，区位被看作“权力—价值”的关系中心，因而区位内涵和价值的研究领域不断得到扩展，尤其表现在社会文化理论与区位结构组织理论的相互交融等方面。

（一）社会文化观建构

从后现代微区位观的“社会—文化”理论视角出发，区位的内涵与价值也在不断地被重构。

（1）区位的社会分异观，即关注社会群体与微区位之间的社会行为耦合关系，从区位视角分析社会不公平现象产生的原因（Hatuka and D'Hooghe，2007）。在此基础上，区位并非单一的某种“经济要素”，而是一种共享的文化意义地点（场所），因此，不同区位的文化景观也是具有差异性的。

（2）区位的自我重构观，即在不同区位条件下揭示行为主体的内在意识形态问题（Lagopoulos，1993）。在行为地理模式中，不同社会阶层的人（社群）自我重构着区位的客观存在地点，并对不同行为主体的主观性定义进行重新评价。

（3）区位的权力结构再现。后现代主义微区位观从西方主义、欧洲中心主义、东方主义及全球文化的角度进行“地点—地方—全球”尺度的权力结构再现（Zhao，2012），即后现代微区位观运用空间权力话语来解析不同区位的社会经济文化现象（Doel and Matless，2003），因此类似于东方与西方等空间权力的范畴也只是人为制造的名词（Bingöl，2014）。同样，政治地理学研究还借用了福柯的空间权力理论建构了“区位权力空间”的概念（Ley，2003），象征区位知识已经成为地域管理的权力策略（Landini，2010）。

（4）区位的社会建构。后现代微区位观从社会学角度分析区位构成要素是如何进入“社会—经济—文化”耦合的意义体系的（Richard et al.，1983），以及社会环境与区位的客观物质属性之间的相互作用机理（Yaklaşim，2011），重新阐释了人类对“社会区位论①”认识的本质（Barnes，2003）。

（二）空间地方观建构

后现代主义微区位重在探讨人在区位景观演变中的作用，并不断塑造区位的“空间—地方”的含义（Barcelo，1998）。自20世纪80年代起，几位西方学者就对此研究做出了很大贡献。英国著名社会学家吉登斯从区位的社会空间结构构成视角出发，试图分析地方的能动性与地方社会空间结构之间的耦合关系（Giddens，1979），并提出这一关系必须落实在一个具体的区位当中，因而强调了地方在微区位的社会演变构成中的重要性，提高了地方研究在微区位构建中的地位（Mireya，2010）。华裔地理学家段义孚也清晰地阐明了地点的重要性，它不仅为人们提供生活的空间，也是人们价值观念的汇集与体现（段义孚、志丞、左一鸥，2006）。此外，另一位美国地理学家普雷德也在20世纪80年代阐明了地点的重要性，指出人与地的不可分性（Pred，1981）。一定地方的人受当地自然环境、历史文化及社会制度的影响，其行动、思想被赋予了该地的价值取向，同时人也对地方发展产生影响，不断融入并成为该地方的一部分（Pred，2010）。

第四节　结构主义视角下的微区位观

英国著名的地理学家约翰斯顿在其《哲学与人文地理学》（*Philosophy and Human Geography*）一书中，将20世纪80年代以来的西方人文地理学派从哲学角度归结为实证主义、人文主义及结构主义三大思想流派（约翰斯顿著、蔡运龙译，2000）。基于此，结构主义对微区位的建构研究也有其独特之处。

---

① 区位问题是伴随人类生存与发展的根本性问题，区位既是自然界的客观实在，又是人类实践活动的对象和产物，认识和反思区位问题所包含的全部意义，不仅要从地理科学的角度去研究区位实在的位置属性，而且要从社会科学的视角出发考察区位的属人性与社会性。

一　理论渊源

哲学上的结构主义不是一个统一的哲学流派，而是一种哲学运动，是一种由结构主义方法论联系起来的广泛的思潮。它最初是以反人文主义的面目出现的。在人文地理学中，结构主义学派的形成较数学、逻辑学、心理学和语言学为晚（顾朝林，2009）。

（一）结构转换阶段

20 世纪 70 年代中期以来，伴随空间实证主义的衰落，传统的区位经济—成本—距离构成观日益受到批判。与此同时，西方城市经济社会问题的出现也使得关于区位的分析研究呈现多元化的区位价值论阶段性特征（Elshafei，1975）。

结构主义微区位的核心观点是“结构转换”理论，是把区位的建构过程看作结构转换过程的区位知识获取的研究（涂慧琴，2014）。结构主义学派认为，不同行为主体在不同的心理发展阶段会呈现不同的心理特征，并且在每一阶段新要素都与已有要素融合，所有的要素再统一和协调起来，与“格式”相匹配（而不是随意的信息），从而形成所谓的结构自律性特征。结构主义学派认为，不同行为主体对某些地点存在一种“优先表面”（Preference Surface）反应态度。另一些学者更多地注重对区位知识的获取研究（Gould，1973）。结构主义地理学者格里高利指出：在早期，结构主义区位认知强调的是实证主义观点，很少关注区位内部结构的组织特征和规律，也没有深入区位的认知地图层面（Gregory，1978）。

早期对微区位构成观影响最大的结构主义要算结构马克思主义地理学派，主要的代表人物是哈维、邦奇（W. Bunge）和卡斯特等。比如，哈维的著作《社会公平与城市》（*Social Justice and the City*）一书有助于我们对“区位的公平与城市资源的可获性”的理解（Harvey，1973）。根据哈维的思想可以看出：区位与资源分配问题是社会问题形成的重要原因，微区位要能够归纳出区位选择行为的普遍规律，还要寻求规定人类区位行为过程的经济—社会机制，并在特定的情形下去证明它。结构主义微区位观应强调经济活动与人类社会行为文化活动在区位组织构成上的耦合关系及相互的影响关系。至于人们选取哪一种方式则不可能从理论中直接得出，而只能在实例研究中去理解（Johnston，1986）。因此，可以看出，结构主义早期的发生心理学和结构转换思想对微区位观的建构具有直接的影响。

（二）多元深入阶段

20 世纪 90 年代以来进入了结构主义研究多元化发展的阶段。人文地理学者运用结构主义方法论进行空间重构研究，如艾米（A. Amin）、格雷厄姆（S. Graham）等有国际影响的地理学家进行的研究工作（Agnew et al.，1998）。这一时期形成了女权主义、后殖民主义等学派。按照女权主义学派的观点，微区位应关注性别作用于区位尊严空间构成的机理，强调性别在微区位社会建构过程中的作用和价值，用于揭示区位建构过程中的人的作用及其广泛的因果关联，进而更好地阐释城市社会空间差异中的区位组织规律，即女权主义微区位论用性别结构的变化来解释城市区位构成结构的变化，进而实现对城市社会空间结构变化特征的归纳。

二　方法构成

结构主义微区位观是在结构主义思潮影响下而形成的一种区位认知观。该理念认为：一切由人类行为构成的社会现象，表面上看来杂乱无章，其实隐含着一定的结构，这种结构支配并决定着一切社会现象的性质和变化。但是这种现象的内部结构并不是客观社会生活自身所固有的，而是由人类心灵的心理机制无意识地创造的，或者说是由人的心灵无意识地投射到社会文化现象之中的（夏基松，1998）。结构主义微区位观从上述基本哲学观点出发，在方法论上可归纳为如下几点。

（一）整体建构观

结构主义微区位观认为，任何区位的景观现象都是由许多社会经济行为要素（部分）构成的，这些要素互相依赖，孤立的各个部分本身是没有意义的。20 世纪 60 年代以来，先进的交通运输体系、远距离通信设备的完善对传统区位分析的影响很大，表面上看来，社会经济和文化活动越来越不受区位邻近及区位集中等条件的束缚，特别是在信息时代，一些技术决定主义者认为“地理区位将走向解散”，然而这些片面的解释，忽视了这样一个事实：城市是由众多“差异性”的区位构成的一种地域关系网络的整体。脱离区位构成的网络整体来谈某一区位的变化，从结构主义微区位观视角来说是没有意义的。

（二）内部构成观

结构主义微区位观认为，微区位应深刻揭示那些蕴藏在区位景观现象中的逻辑价值结构，区位表象虽然表面看来杂乱无章，但其内部的组织结构却由社会经济行为的统一法则支配。在进行区位价值构成研究时，应对社会行为文化活动的层次性、等级性等进行深层的表达分析。既要研究微区位所蕴含的外在“表层结构”规律，又要针对社会经济的“深层结构”逻辑进行分析，去寻找这种内部的区位组织关系。

三　核心观点

后结构主义一方面肯定结构主义关于人的移心化（否定人的主体性）的观点，同时又反对结构的客观化和绝对化，认为这是一种在场的形而上学观点，主张不同程度地消解这种客观、绝对的结构，从而从结构主义转向后结构主义（夏基松，1998）。

后结构主义微区位观与后现代微区位观在某些方面具有一定的共通性，诸如后结构主义倡导“现象文本”的研究，对区位特征的讨论与当代文学评论、女权主义空间结构以及后殖民主义等特定叙述风格紧密地结合在一起。通过运用空间隐喻的方法，如位置、地点、中心、边缘、地方、全球、间隙、边际等来彰显区位的身份特征、政治价值及权力空间，进而揭示出崭新的、更为积极的主体性的行为活动特征，并以此作为空间营造的新地点，有时也被称为“第三空间”视角下的微区位构成观（Gutiérrez，2008）。虽然后结构主义微区位观也遭到各种诟病和反对，但毫无疑问，这些讨论提出了有关区位价值、区位权力、区位的社会身份表征、区位的社会公正观等有代表性的学术观点（Sampson，1994）。但是这些散漫的、隐喻的区位文本叙事表达到底与社会经济空间结构存在多少相关程度到目前为止还处在模糊不清、模棱两可的境地（Price-Chalita，2010）。

后结构主义微区位观在当今的社会学中得到了很广泛的应用，具有很强烈的“语言”、“性别”和“殖民”的特点（Flax，1987）。区位的表达特征也同样受到了“后现代语言革命”的影响（Siegle，1995），它已经在前所未有的层次上使社会经济学家开始反思区位演变的方式，通过区位的表达，区位与传统的文本叙事、空间叙事、空间生产以及地方情结等联系在了一起（Ahmed，2010）。

四 应用评价

结构主义微区位观的核心研究主题在于“区位建构”与“区位主导”。前者代表结构主义微区位观的理论营建目标，即通过各种区位理论的构建，去理解不能被直接把握的推动社会发展的机制（Fisher，2011）。“主导”则反映了哪些机制对社会经济行为的影响。结构主义微区位观认为区位的选择行为被社会经济行为机制的大逻辑所控制着，而人文主义微区位观则通过“区位意义”或“区位意象地图”等方式来揭示社会本质；与结构主义微区位观的区别在于，人文主义微区位观不必弄清楚起决定作用的深层结构，就可以领会人的思想和行动。相应的主要研究内容则是“语言游戏”和“文本”，也可以理解为只要通过认知区位的表达方式（诸如景观），我们就可以领会与这个区位有关的人们要做什么，为什么要这样做；意义是通过区位的景观文化特征来揭示的（Meinig and Jackson，1979）。

第五节 空间社会学视角下的微区位观

一 理论渊源

为了讨论空间社会学微区位构成观的理论与方法，首先必须定义空间社会学的范畴。英国空间社会学学者琼斯（Emrys Jones）认为，空间社会学是以“空间—社会”耦合结构的观点去揭示社会要素空间分异规律的。不论社会构成要素是碎片化的还是整体化的，其研究都有一个共同点，即从社会群体视角去分析区位的空间建构规律。空间社会学视角下的微区位研究主要包括阐释社会群体是如何使用区位以及利用区位进行社会行为活动的，从而对构建与改变区位的社会形态过程进行系统分析。

20 世纪 70 年代末期，通过空间社会学的相关文献可以看出，空间社会学视角下的微区位构成观不仅研究“与区位相关的人”，而且把焦点放在不同社会群体占有区位的分布形态、不同社会群体的区位行为活动特征以及在这些区位发生这些社会行为活动的演变机制问题。琼斯（Jones，1980）认为，空间社会学主要以不同的社会群体为研究单位，以归纳法呈现其过程，通常探究有关社会过程的区位价值和意义。其他学者认为，区位的社会化建构过程应针对地点感进行系统分析……要真实表达城市日常生活空间中各类地点的情感，要以当地拥有者的“内部眼光”，去探析城市社会生活行为是如何建构区位意义和价值的（Hanson，1986）。琼斯的研究认为，空间社会学视角下的微区位构成观所关注的是日常生活空间中的场所经验，这是做出区位决策及产生相关行为的基础。他倡导采用“当地拥有者的内部眼光”来揭示城市日常生活空间结构中的区位组织规律问题（Jones，1984）。

综上所述，空间社会学视角下的微区位研究包含了分析社会生活的区位构成结构及不同社会群体使用区位的特征，并通过区位的组成揭示城市社会空间结构的意涵。

二　方法基础

（一）哲学观点

空间社会学倡导采用“外在解释”的研究方法，其所面向的是“空间社会的理论化和计量革命”，因此外在解释的区位构成观的哲学基础是实证论，深信以经验性的自然科学方法可以精确地针对城市社会空间结构的演变形态和过程做出科学化的阐释，并从中发展出区位布局的一般行为法则。

（二）形成基础

空间社会学者研究微区位大多集中在城市建成区内部。一般说来，中心城市区位和社会群体的异质性特征比较明显，不同区位和社会群体彼此重构、相互影响，使城市日常生活空间的社会异质性特征错综复杂，若要加以分析，则需要第三者提供完整的资料。这些资料主要是由普查单位提供的有关个人、家庭与住所等的调查资料。美国人口普查局在20世纪30年代就开始公开这些资料，其中既包括城市聚集群（Urban Agglomerations），也包括较小的人口普查区（Census Tract）。有些人试图把这些普查区（平均人口只有数千人的区域）视为“社会区域”①（Dewdney and Rhind，1986）。空间社会学在研究这些地区的空间社会特征时必须接受官方提供的社会因子分类资料，而且这些官方资料中很难包括全面的社会群体信息。在分析的时候更多的是以一种“外在解释”的方式进行。也就是说，只能利用这些二手资料来进行“外在解释”分析，因此很难呈现区位建成景观背后隐含的真实社会因素，即使是全面进行梳理，也不过是提供某一个横断面的印象。正如社会地理学者克拉瓦尔说：“空间社会学视角下的区位问题研究太偏向于众人沉睡时社会的区位选择形态”（Claval，1985），以至于无法研究一日或不同季节间的变化，除非是模拟资料（Taylor and Parkes，1975）。

（三）区位特征

使用这些二手的“外在解释”资料，也使得空间社会学家在分析区位规律时呈现两种形态：非空间性的微区位建构观与空间性的微区位建构观。

（1）非空间性的微区位建构观

非空间性的微区位使用区位的差异性指标和区位隔离性指标来研究不同的社会群体间分散的程度。舍夫基和贝尔就洛杉矶和旧金山进行“社（会）区（域）”分析时，提出一套城市社会结构变迁因子理论，即经济地位、家庭地位及种族地位（Shevky and Bell，1955）。通过这三个区位差异性指标可以揭示出城市不同地方的区位特色。后来这种社会区位因子分析方法成为众所周知的“因子生态学方法”，可以透过因子主成分分析的过程来确认居住区位的空间差异，并且根据人口特性来划分区域（王兴中，2000），这是地理性的微观区位研究方法（Johnston and Newton，

① 社会区域分析，即对城市内部居住空间结构进行研究的一种方法，从社会经济地位、家庭状况与种族状况三个侧面划分和认识城市中的社会区域（顾朝林、刘佳燕，2013）。

1976）。后来众多微区位研究学者依然在延续舍夫基和贝尔的“社会区域”研究方法，认为利用居民的社会经济地位（职业、收入）、居住状况、年龄、家庭形态以及种族特征可以有效地揭示城市社会空间（区域）的微区位特征。

（2）空间性的微区位建构观

空间社会学研究关心的不只是区域内不同的社会角色，也研究在城市体系中特定角色的区域分布。这种方法源于美国芝加哥城市社会学家的相关研究（诸如伯吉斯的同心圆模式），它提供了一套研究“谁居住在何处”的区位分析方法（Murdie and Peksen，2013）。

（四）存在问题

以上两种微区位研究方法均强调对使用资料进行定量化研究，以相对复杂的方法描述城市居住空间结构中的微区位特征，这与传统区位论研究方法极为相似。另外，这种微区位的研究结果完全依赖所谓的“二手资料”进行描述，呈现一种“外在解释”的特征。以史密斯的研究为例，他认为，普查无法对城市社会公共服务设施的区位布局以及城市日常生活空间中的区位品质做出足够的支撑分析，而只是利用各种类型的资料来描绘出“谁？在哪里？得到了什么?”，不能满足对社会福利区位及日常生活行为场所的深入研究，如犯罪的微区位和异常（偏差）行为的微区位研究等（Smith，1973）。

为了进一步完善“社会区域”微区位的分析研究方法，人文地理学领域引入了“行为地理学”方法。其理论基础为：即使社会群体看起来各有不同，对应的微区位特征千差万别，但仍有可能通过实证分析找出微区位布局的共通性法则。如同拉什顿的研究表明，所谓“区位行为”——实际人群移动的地点选择，未必能导出“行为区位”的共通性——替代（区位的价值评估及最终决策的规则）（Rushton，1969）。因为人群的移动，往往基于不同的情况，很难建立通则。找出这些“规则”需要谨慎地进行设计试验及采用合适的分析方法（Golledge，Rushton and Clark，1966）。

（五）方法特征

以“外在解释”为特征的微区位研究具有两个特征：（1）依赖第三

方收集的区位资料进行分析，受制于二手资料，微区位的研究结果所呈现的是一种外在解释的观点；（2）过度依赖空间实证主义和计量主义分析方法，对收集的二手数据进行分析，而不是特别设计来验证不同社会群体的微区位空间组织规律。

三 方法构成

（一）发自内省法

空间社会学在寻求区位环境认知与区位意象感知时，其目标就是揭示人们是如何生活在他们所创造的区位环境中的。微区位必须充分认知那些隐藏在亚文化社会群体背后的空间社会组织结构特征。因为这些区位知识能够给我们提供真实的城市日常生活场景。以当地拥有者的“内部眼光”去审视微区位是一种人本主义的研究范式，主要用以揭示不同行为主体的区位价值特征以及有意义的空间社会行为脉络。这种认知不能通过区位分析与区位主题相关的知识而获得，需要通过不同行为主体与区位进行长期的接触，并充分认知自己的环境行为价值，了解区位是如何被赋予人和地方的意义的。因此，以当地拥有者的“内部眼光”去研究微区位必须采取“发自内省”的方式进行分析。如果我们不能以当地拥有者的“内部眼光”去审视区位，意象地图和他们心目中的差别就会很大，就不可能将区位的完整社会文化意义揭示出来。所以最佳的微区位研究就是不断地去了解此区位使用者的行为信息，搜集个人记录，通过这些个人记录获知城市日常生活空间的微区位特征。

（二）城市民族志

城市民族志是由个人文献所提供的，能够细致地展现特定社会族群的生活方式，而且是基于野外调查和其他文件所进行的研究。民族志学者一般会使用各项社会科学家提供的特殊技巧，如样本调查、访谈、人口普查、历史文件、直接参与、第一手观察、叙述语言学、心理实验等。无所保留的折衷主义和方法论上的机会主义被认为是民族志学者的方法论基础（Jackson，1985）。在芝加哥大学，这种折衷主义和机会主义促使产生了一系列经典的有关微区位的社会学研究成果，如佐尔博（Zorbaugh）的《黄金海岸和贫民窟》（*The Gold Coast and the Slum*）、沃斯（Wirth）的《少数民族居住区》（*The Ghetto*）和斯拉舍（Thrasher）的《帮派》（*The Gang*）。

（三）参与观察法

为获得更为真实的“当地拥有者的‘内部眼光’”，可以采取参与区位的观察研究法，即通过不留痕迹地参与观察的形式探究区位使用者的行为文化特征。雷（Ley，1999）曾在费城 Monroe 区进行研究，通过对被调查者进行“嵌入式”的行为活动调查，获得第一手区位行为活动资料。在具体研究当中，雷还专门设计了一个具有“当地拥有者‘内部眼光’”的“调查问卷”，进而展现出不同被调查者的日常生活经验，反映与区位选择相关的问题，以及发生在他们街区周边的地方故事。运用这种参与式的区位观察法，可以审视当地居民对其所在区位的感觉，这种感觉就是一种“真实的资料”，从而有助于揭示区位背后的核心影响要素。寻找“当地拥有者”的研究方法还可以让城市中的弱势群体发出真实的声音，更加真实地揭示城市日常生活空间中区位剥夺的各种社会现象，有助于了解社会边缘群体对区位的感知与回应。

“当地拥有者”的参与观察方法针对的并不是漫无目的的“探险者”，而是带有真实感知、情境化认知的“日常生活经历的体验者”，即通过对社会生活的观察和组织可以有效地识别区位景观的微观行为机制。因此，参与观察法是获得“当地拥有者‘内部眼光’”的最佳操作方法，针对微区位景观建构来说，还可以借助个人报告、文献、小说作品、景观和其他信息来源等外在解释行为进行综合的区位特征阐释研究（Skocpol，1973）。

四　应用评价

空间社会学的两种类型研究：“外在解释”是站在社会之外去解构区位构成问题，“内部眼光”则是从参与社会行为活动的视角去思考区位的组织构建。有些空间社会学者认为，“外在解释”和“内部眼光”都有存在的必要，“外在解释”的存在并不是为了要替代“内部眼光”，而是为了改进对“外在解释”观点的研究方式（Buttimer，1974）。在许多经济地理研究中，不管是现在的还是早期的，区位通常被假设为孤立的，然后加以研究。因此，空间社会学者要打破传统区位分析传统，既获得“外在解释”，又了解“当地拥有者”认知区位的“内部眼光”。

综上所述，可以看出，空间社会学视角下的微区位建构观具有三个研究特色：其一是采取自然细致的文本叙述方式去解构城市日常生活空间中的各类区位；其二是单纯地对区位景观构成进行欣赏，运用社会解构的方法和原理认知区位是如何被选择以及如何被创造出来的；其三是对区位进行现实主义阐释，需要进行阐释是因为区位代表着不同行为主体的经验及行为活动的世界，而需要采用现实主义眼光是因为区位代表着人们完成他们世界的事情并非来自自己的选择。

第六节　马克思主义视角下的微区位观

一　理论背景

20 世纪 60 年代以来，对经济人文社会地理学来说，一方面，二战后的苏维埃地理学对他们产生重要的影响，与其说这一时期的苏维埃地理学是激进的地理学，还不如说是专家政治的地理学；另一方面，在“区位—空间—地方”的相关研究理念中，区位空间计量分析的缺点越来越明显，传统区位论的研究亦未能给城市研究带来重大突破，一系列的政治事件推波助澜，这些都成为马克思主义地理学产生的重要背景。传统区位论在二战后的经济地理学中一直处于统治地位，并延续到经济地理学的空间计量革命。这场革命以强调区位的空间计量分析的方法给传统地理学分析带来了“实证主义”的新范例。马克思主义地理学正是作为对这种处于新的支配地位的范例的批判形式而产生的。它追求的是把区位问题置于更广阔的社会和政治背景之中。

马克思主义学派认为，传统区位论存在两方面的缺陷。第一，当前的“区位景观现象”被无条件地划为“空间与经济”要素，而不是“社会行为文化”要素，于是占统治地位的社会行为文化要素得到进一步传承。例如人文地理学家可以根据社会阶层与民族特征绘制“区位异质性感知地图”，但是研究者却从来不去探究在“区位异质性感知地图”背后，这些社会不公正和区域不平衡产生的过程。第二，实证主义尽管自称在科学上是客观的，但这些区位分析却致力于提供“对社会有用的结果”，即为资本服务的“区位技术分析”。例如区位分析在为资本家寻找最有效率区位的时候，自然而然地接受了传统的“有效率区位”观点，以阶级观念为出发点，带有浓厚的经济色彩。

二 核心思想

（一）“现实—客体”构成观

英国唯实论学者安祖·赛尔（Andrew Sayer）指出：常识性的观点认为，区位的存在独立于客体，因此区位是空的，而客体位居其中。这是一种绝对的现实主义区位概念。这种概念并不一致，因为“空的东西乃是虚无，而虚无的东西不存在”，依此概念，作为虚无的区位，几乎不能说具有效果——我们所谓的具有“距离效应”或“空间效应”。相反地，依据相对的区位概念，区位是由客观地点所构成的，是由具有区位延展的地点、范围与空间等客体所构成的。像距离效应这样的词语，应该解释为构成区位之特定实体间的摩擦，而且就像我们从自然科学中得知的，摩擦系数随着实体的不同而改变。然而，一个重要而难理解的论点是，区位虽然由客体所构成，但不能等同为客体。换言之，虽然区位只能在客体中，并且通过客体而存在，但它是独立于客体的特殊类型。事物的种类与区位无关，虽然事物种类确实与因果过程及效果有关。正是区位关系相对于组成区位之事物类型的这种独立性，使得绝对的区位概念有存在的可能。但鉴于“区位本身”其实是没有内容的抽象，因此并没有某些地理学家相信存在“区位科学”。所谓的“区位的物神化”在于对本该归属于构成区位之特殊客体的因果力量，赋予“纯粹的区位”。有鉴于此，某些相对区位概念的支持者犯了相反的错误，假设区位能够完全化约为构成区位的客体，因而无法看到区位在任何意义下是如何造成差异的。

（二）“结构—表现”逻辑观

美籍西班牙裔著名城市社会研究学者曼纽尔·卡斯特的早期立场偏向路易·阿图塞（Louis Althusser）的结构马克思主义，强调社会的结构性逻辑（以政治、经济和意识形态三个层次来掌握），而区位的“空间—社会”建构观则是此逻辑（或结构、过程）的表现。他的这种论点以《都市问题》为代表。他于书中提道：都市空间是结构化的，空间是一种物质产物，与包括人在内的其他物质元素有所关联，而人自身则进入特定的社会关系，这种关系赋予空间存在的形式、功能和社会意义。通过对曼纽尔·卡斯特观点的透视可以看出，区位不仅是社会结构之匹配的某种场面，还是每个社会在其中被特殊化的历史总体的具体表现。也就是说，在都市空间中众多的“区位”不是随意组织起来的，而是在空间里运作的社会过程。而且区位分析的背后，有个一般性的社会组织理论，即一切区位理论都是一般社会理论的一部分，“没有特殊的区位理论，只有由社会结构理论引申而来的有关特定社会形式的解释”。总体而言，区位在此是被社会过程所建构的产物，因而偏向认为区位是社会运作的所在与反映。

伴随网络信息时代的来临，区位不仅是社会的反映，而且是社会的表现。换言之，区位的社会表现是源自既定社会结构与动态结果的形式与过程，反映了整体社会结构整合与重构的过程，其中包括不同社会阶层对空间地位的价值诉求、不同价值观的冲突等。再者，通过作用于社会—空间结构的营造环境，社会过程会不断影响区位的价值和内涵。事实上，区位是结晶化的时间。由于这种时间的历史性质及其结晶于区位存在形式中的过程，基于新社会趋势的新空间生产，由每个地方社会的区位价值所彰显，并因此不断地进行区位价值（特征）重构。此外，从社会理论的观点来看，区位是共享时间视域下社会实践的物质支持，任何物质支持都有其象征意义。所谓共享时间的社会实践，是指在时间范畴内将同时并存的实践聚拢起来。正是这种同时性的物质接合（articulation），使得区位具有更深层次的社会意义。

（三）“时间—空间”联系观

借鉴英国地理学家朵琳·马西（Doreen Massey）在《政治与空间/时间》一文中的相关论述，可以从“时间—空间”耦合视角去概述区位的典型特征：首先，发展一种替代性区位观应该尝试抛弃认为社会是一种在时间中移动的三维切片的想法。区位不是静态的，时间也有区位特性。当然，区位性与时间性不同，但也不能将之概念化为缺乏对方。其次，必须将区位概念化为由相互关系构成的，是一切空间尺度上社会的相互关系与互动的并存。一切社会的（以及物理的）现象活动关系都有其区位的存在形式，以及一个相对的空间位置。区位是社会的建构。“区位”是从地域到全球的每个层次中非常细密、非常复杂的相互连锁与不连锁关系，以及关系网络中创造出来的。社会关系的同时性，使得在特殊空间下这些社会关系是具有区位特性的。最后，区位同时具有秩序的要素与混乱的要素。社会关系与区位特性之间的关系，可能会存在于相当一致的系统（社会与区位存在的形式相互决定）中，正是区位所具有的混乱或移位的要素，使它成为不同社会现象在空间投射的重要地点。作为“地点”的区位存在形式具有影响后续事件生发的力量。区位存在形式可以改变并不断重构地点的新价值。时间和地点是不可分割的，区位通过现象之间的互动又继续塑造着自身的特性。

（四）“绝对—相对”组合观

著名的马克思主义地理学者大卫·哈维在《社会正义与城市》的导言里，也讨论了与区位相关的理念：有许多种方式可以思考区位。如果要理解都市现象和一般的社会，那么，设定一个适当的区位概念十分必要；不过，区位的性质对于社会探究而言，还是非常神秘的东西。如果认为区位是绝对的，它就成为一个“固定地点”，有独立于物质之外的存在。于是，区位拥有一种结构，可以用来表达现象分类或赋予区位个性。相对的区位观则认为，应将区位理解为不同地点之间的关系，其存在只是因为各种地点之间存在且彼此相关。还有另一种意义下的相对区位观，可称为“关系区位”。这个论点是存有论的，试图解释“区位是什么”的问题。因此，区位本身可能是绝对的、相对的或是关系性的，它可以视情境而定，成为其中的一种，或同时是全部。区位适当概念化的问题，是通过与地点有关的人类社会实践经验而解决的。换言之，关于区位性质的哲学问题，没有哲学上的解答——解答在于人与所属地点之间的社会实践。因此，“区位是什么”这个问题，必须代之以“不同的人类地点实践以及如何创造区位的差异属性”。要理解都市状态与社会—过程—空间—形式的主题，必须理解人类活动如何创造了对于特定区位概念的需要，以及在日常社会生活实践中区位是如何构建了空间性质和社会过程及空间形式间的关系，因此，区位问题似乎又是一个十分深奥的哲学难题。

总体来说区位有三个特征。（1）区位是绝对的坐标（或谓“地点”）。区位为一个场所或架构，而非“事物”，且可与占有其间的事物分离而独立存在。区位本身是一个独特的、实质的地点，而且显然是真实或经验性的地点。（2）区位反映了事物之间的关系。区位反映的是事件或事件的维度之间的关系，而且受时间的束缚。（3）区位包含于客体之内，即一件事物的存在与否，完全决定于它是否包含和表现了与其他客体的关系。我们从哈维的论述中得到的启示就是应该从传统区位论移转到社会微区位论分析上，换言之，重点不是进行区位的几何学分析，而是要针对蕴含于各种尺度的区位（建筑、城市、地景、区域）进行社会关系分析。

（五）“社会—空间”辩证观

美国人文地理学家爱德华·索雅提出了“社会与空间辩证”的观点，基于他的社会空间辩证观点可以导出区位的五个基本论题。

（1）区位是一种具体的、可辨认的社会场所，是“第二自然”的一部分，它被社会化且被转化为“物质与心灵”的融合。

（2）区位是社会行动与关系的中介与结果、前提与具现，社会生活的时空结构历程界定了区位的社会行动与关系（包括阶级关系）。

（3）区位的建构与具体化的过程，充满了矛盾与斗争，矛盾主要源自区位的多维性质，同时也是社会活动的结果。

（4）具体的区位——真实的地点形式——是关于社会生产与再生产的场域，是社会景观的维持和强化，是社会实践的竞争场域。

（5）社会生活的时间性——从日常活动的例行事件到长期的历史创造，都植根于区位的地方性，就好像社会生活的地方性植根于时间—历史的态势一样。

（六）“实践—再现”生产观

法国思想家亨利·列斐伏尔在《空间之生产》（*The Production of Space*）中提示了空间的基本分析架构：空间实践、空间再现，以及再现的空间观点，区位作为空间的一种重要外在表现形式，也可以引申出对区位构成的一些思考。

（1）区位实践

首先，区位实践包含了生产与再生产，以及作为每个社会形态特征的特殊地点和路径组合，确保了社会经济现象的连续性和某种程度的凝聚，蕴含了被保障的“能力”和一定的“操作”水准。

其次，区位实践以一种辩证的方式，重构且预设了社会空间网络，当它掌控与占有社会空间时，它缓慢生产了社会空间，因此社会经济关系网络不断对地点进行改造，进而被区位实践所揭露与展现出来。

最后，在感知的区位中，区位实践的特征展现了日常生活行为活动与城市现实之间的紧密关联。每个社会成员与所处特殊区位之间存在一种互动的社会实践关系，并以经验化的方式来评估所处的区位。

（2）区位再现

首先，区位再现与生产关系以及这些关系所安置的某种“秩序”紧密关联，象征着某些知识、符号或编码。

其次，区位再现是一种构想概念式的地点，是科学家、城市规划师、工程师与政府实践的场所，如同具有科学倾向的某些艺术家一样，他们都以构想的方式来辨识生活与感知。因此，区位就是被不同社会（或生产方式）所操控的地点。在新资本主义的区位实践中，“区位的再现”促进了“再现的区位”（嘉年华、浪费、花费）的操弄。

再次，区位再现通过地方知识而展现，即通过理解与意识形态而展现，这种地方知识总是相对的，而且处于变化之中。

最后，区位再现与社会和政治实践紧密连接。区位所处的地点与其中的人群形成一种既定关系、一种逻辑，如果它们缺乏一致性，那么这些关系迟早会被打破。区位再现通过有效的地方知识（抑或经济布局规律）与意识形态（地方政治经济形态）呈现于某些地点上，并形成一种模式，产生一种特殊的社会区位景观。

（3）再现区位

首先，再现区位观揭示了复杂的象征论，有时是编码的，有时没有编码，它联结了社会生活，也联结了艺术。

其次，再现区位是一种象征、意象或被直接生活经验过的地点，它是居民、艺术家、作家、哲学家等使用的地点，也是被支配的地点。

最后，再现区位无须遵守一致性或连贯性的法则。它令人想起想象与象征的元素，植根于历史（民族的历史与其中每个人的历史）。民族志学者、人类学家、心理学家经常很容易分辨出让他们感到有兴趣的“再现区位”，诸如童年记忆中玩耍的场地，洞穴、通道、迷宫的意象与感知。因此，再现区位是活生生的、能够说话的、具有情感归属的地点。例如自我、床、卧室、住所、房舍、广场、教堂、墓地。它包含了热情、行动的所在以及生活的情境，也包含了时间性、场所性、方向性、情境性、关联性等，因为区位本质上是质化的、流动的、动态的。

通过对区位的解构性分析，可以总结如下。

（1）“区位实践”是指与某个地方的人类行动相关联，以及这些行动的结果（区位的空间组织结构）及例行化，包括生产、使用、控制和改造这个区位的行动或结果。

（2）“区位再现”是指与某个地方的表达方式相关联，包括区位本身的特征与价值，以及我们利用与改造它的种种方式，比如模型、影像、文字、符号、概念、思维方式等。

（3）“再现区位”是指梦想、欲望、幻想、象征、潜意识、情感、日常生活中难以言说的感觉、身体、嘉年华、节庆、狂欢、人类交往沟通的地点。

三者的具体特征如表 3-1 所示。

表 3-1　基于三元空间分析架构的区位观诠释

学者	区位实践	区位再现	再现区位
Lefebvre(1991)	是一种感知的区位形式。以生产与再生产为特征，融贯时间和空间的特性，并展现在不同的地点中	是一种构想的区位形式，诸如与区位相关的概念、权力、知识和制度	是一种生活经历的区位，诸如与社会生活私密性相关的地点，艺术化的地点等
Soja(1983)	—	构想的区位：是知性的、抽象的、冷淡的	生活经历的区位：是热情的、炽热的，充满了感官的私密性

续表

学者	区位实践	区位再现	再现区位
Gottdiener(1993)	能够感知的区位(区位所处的外在物质空间形态环境)	企业、规划师和政客等经常使用的区位，包含抽象的符号、规律、知识等内涵	使用者与环境之间生发出来的社会关系，是社会生活经验在地点中的呈现
Gregory(2010)	商品化、官僚化和殖民化的过程和机制	抽象化、去除身体、视觉化、监控、区位布局与科学规划(抽象区位、交换价值等)	日常生活世界、节日与革命、哲学(象征价值)
Harvey(1989)*	人、事物、资讯、货币的流动；土地使用与人居环境营造；国家和地区的管理划分；基础设施的建设；社会组织	区位的地图再现；社会距离、社会心理；区位间象征；领域性；地缘政治学；民族主义与地域文化	吸引与排拒；距离与欲望；心与家；纪念性/仪式性；恐惧与压抑；乌托邦；诗学；神话；科幻小说

注：＊每一项都可以区分为“区位可及性与距离化”“区位的占有与使用”“区位的支配与控制”“区位的生产”。

资料来源：依据相关文献资料整理。

哈维在《后现代性状况》（*The Condition of Postmodernity*）一书中，受列斐伏尔启发，提出了比较完整的空间社会分析框架。基于后现代社会分析框架，亦可以构建不同的区位观点（见表3－2）。

表3－2　基于社会分析框架的区位构成观

类别	物质性的区位实践(经验)	区位再现(感知)	再现区位(想象)
区位的可获性与距离化	货物、金钱、人、劳动力、资讯等的流动性；运输与通信系统；市场与城市层级；信息的凝聚	社会距离、心理测量；地图表达；“距离之摩擦”的理论(最小努力原则、社会物理学、中心地理论等)	吸引与排拒；距离与欲望；接近与拒绝；超越性；媒体想象
区位的占有与使用	土地使用与环境营造；社会空间与其他“地皮”的占有；沟通与互助的社会网络	个人区位；被占用的区位心灵地图；区位层级；区位的象征再现；区位“论述”	熟悉；心与家；开放的地方；群众聚集的地方(街道、广场、市场)；图像学与涂鸦；广告

续表

类别	物质性的区位实践(经验)	区位再现(感知)	再现区位(想象)
区位的支配与控制	土地的私有财产权;国家和地区的管理划分;排他性的社区与邻里;排他性的土地使用分区与其他社会控制的形式(警察与监督)	禁忌的区位;"领域的必要性";社区;区域文化;民族主义;地缘政治学;层级	不熟悉;恐惧的区位;财产与拥有;纪念性与建构的仪式;象征性的障碍与象征资本;"传统"建构;压抑的区位
区位的生产	基础设施布局的区位;城市公共服务设施的区位;领域组织(正式与非正式)	制图、视觉再现、沟通等的新系统;新的艺术与建筑"论述";符号学	乌托邦的计划;想象的地景;科幻小说中的地方与存有论;艺术家的素描;区位与地方的神话;空间诗学;欲望的地方

资料来源：笔者自制。

本章小结

本章从人文主义、行为主义、后现代主义、结构主义与后结构主义、空间社会学等多维视角重新讨论区位尺度、区位等级、区位价值、区位意义以及与不同社会行为文化主体之间的关联性问题。把社会、政治、经济、文化因素结合在一起对微区位的构成观点进行多维阐释，并倾向于从宏观与微观角度结合起来进行区位分析。本章研究的核心结论有以下几个方面。

(1) 人文主义微区位观关注个人经验中的区位感是如何在日常生活空间中被获得的。其优点在于拒绝理性人的行为假设，在研究中重视行为主体的区位感知、区位经验、区位价值以及区位的决策能力。

(2) 行为主义微区位论所研究的行为是以地点感知为基础的，包括人的内在生理和心理的感知反馈行为，其研究的内容已广泛涉及人与区位的关系以及应用决策实践等多个领域。

(3) 后现代主义微区位观主要包含五个方面：其一，区位景观的文化尊严构成及区位价值的营造；其二，后福特主义微区位经济构成景观的阐释；其三，微区位景观文本叙事的哲学理论争辩；其四，微区位知识表达与微区位意象地图的表达方式；其五，后现代微区位的构成策略、女权主义地理学视角下的区位构成观等。

（4）结构主义微区位观是建立在经验存在主义空间哲学基础上的。该理论认为：一切由人类行为构成的社会现象，表面上看来杂乱无章，其实蕴含着一定的结构，这种结构支配并决定着一切社会现象的性质和变化。

（5）空间社会学的两种类型研究：外在解释的观点是站在社会之外去解构区位构成问题，内部眼光的观点则是从参与社会行为活动的视角去思考区位的组织构建。

（6）基于马克思主义学派的空间研究观点，提出了“现实—客体”“结构—表现”“时间—空间”“绝对—相对”“社会—空间”“实践—再现”的区位建构观。

第四章
微区位原理的哲学方法论体系

美国城市的郊区有地方性的购物中心，这些购物中心有便利店和快餐出售点，它们通常接近一些公寓集聚区……郊区的边缘通常也坐落着大型的“区域性”购物中心……它们被大量的停车场包围着。喜欢寻找廉价土地和低税率的工业园区，越来越趋向于郊区区位——特别是在那些接近州际高速公路的地方。园区既是制造业生产的场所，同时也是公司的办公场所。当到达郊区外围或者是城乡接合部时，土地变得十分宽广，曾经耕种过的土地已经荒芜，等待着开发商的投资。

——Hackworth（1996）

第一节　“存在—现象—空间”耦合的哲学方法论认知模式

现象地理学越来越成为当代人文与社会地理学研究中的一个重要分支，从现象地理学视角开展区位的认知构成研究有助于深化对微区位的理解和认识，从而推动人本化的微区位构成研究。现象地理学以探索行为人的“存在—现象—空间”的相互关系为主要研究内容，旨在分析行为人的空间情感（诸如快乐与痛苦、希望与恐惧等）在空间物质环境下的存在特征，以及不同特征的物质空间环境对行为人的情感认知影响。有关现象地理学的研究属于西方哲学的重要内容（Davidson and Milligan，2004）。

西方哲学在经历了经验主义、理性主义、实证主义、后现代主义等发展和变迁之后，仍然将“现象地理问题”的分析视为一种主观的、非理性的。直到20世纪中后期，伴随结构主义、解构主义哲学思想的兴起，现象地理问题开始进入学术研究的视野。各种各样的现象地理问题在人文—社会地理问题研究中的建构与重构作用日益凸显，人们重新认识到现象地理学对研究地理学问题的重要性（尤其在人文地理学领域）。进入21世纪，伴随多学科交叉研究趋势的形成，“非理性”的现象地理学研究迅速成为多学科研究的热点（Dixon，2003）。现象地理学是在社会地理学、文化地理学、行为地理学、城市地理学等传统地理学分支学科对现象与空间关系关注的基础上，逐渐发展而来的一个新兴的跨学科研究领域。

人文地理学家帕尔（Parr）认为，现象地理是带有“人文主义情操”，并影响情感认知的空间知识团，现象地理学重点关注行为人的情感与地理现象和物质空间三者之间的相互关系和影响模式。现象地理不是对传统地理学的取代或颠覆，而是作为对传统科学物质主义地理学的批判或拓展，更侧重对使用者行为与现象空间进行理论探索。现象地理学是人文地理学“社会—文化转向”的重要体现。尤其是进入后工业社会和信息社会，随着人们生活质量的不断提升，更加关注人文地理空间现象和对应的区位布局之间的关系。我国在推动以人为本的新型城镇化过程中，更应该强调现象地理、行为情感空间问题的研究。对现象地理学的探索对于提升居民幸福感、构建和谐社会意义深远。

一　存在主义思想特征与研究方法

存在主义产生于第一次世界大战之后。受现代文明的影响，人类进入了非宗教的发展时期。一方面由于工业机械化的发展，人类获得更多的空间自由和权力，也掌握了诸如文明、科技等现代手段，但是另一方面，由于工业化所带来的机械统一化和扁平化趋势，人类日益发现现代化的景观正在对传统的景观进行袭夺，人们变得无家可归，人的精神变得一无所有，空间变得支离破碎，赖以生存的家园被大规模建立的工厂、环境污染等破坏，人类缺乏自我归属感，认为自己是整个群体中的“外乡人”。当人类迫切需要一种理论来解构自身的异化感受的时候，“存在主义”就此产生了。

存在主义一般有两种特质指向，即“人创造自己”和“存在先于本质”。存在主义与现象学的差异在于其不相信有一般性的本质、纯粹的意识、终极知识等；没有先于或超越人类存在的本质（没有上帝，因此没有单一的人类本质），人类的价值源自人类的存在。存在主义者认为，现实是由人类通过自由的行动而创造的（魏金声，2014）。

人类的精神属性来自个人和外界事物的价值归属感，以及个人和他人世界的关联机制。就个人与外界事物的关系而论，会引发一种意识，即个人警觉到他孤身一人来到世界，是如此荒谬和毫无道理，并从混乱之中创造一种秩序，从虚无之中创造一个世界，而这个世界又如此摇摇欲坠，我在他人的眼光之下，成为一个客体，而非由自己造成，这会引发一种恐惧和羞耻感，进而会形成一种对抗心理（李天英，2015）。

存在主义预设了原子论式的个人主义，这导致了对于物理与他人世界的某些态度，存在主义的目的就是要探索这些态度，尤其是其荒谬与悲剧的面向。存在主义的重要性在于它对现代社会的许多面向提出抗议，试图提高自我意识，并向个人指出他们是自主的道德作用者，能够提出与解决有关如何做的一切问题。存在主义强调的是自由、决定和责任。但是，一方面强调人只有在能自由选择时才是真正的自己，另一方面又指出人身为社会和群体的一部分，会阻碍选择，产生绝望和异化（迈尔森著、巫和雄译，2015）。

存在主义者接受某些现象学的方法，但是他们不关心本质的现象学，而停留在存在的层次。他们的方法是要使个人脱离群体，脱离服从社会的压力，并且提升自己。这种方式导向了个人主义。存在主义的目标是要实现自我，而其方法就是不管使用什么手段（诸如精神分析、教育、文学、视觉艺术等），都在向人展示人的不真实性（Inauthenticity）。

二　现象学的思想特征与研究方法

（一）斯皮格伯格的现象学

现象学的基础和观念论一样，即一切知识皆是主观的，它试图分析与辨明主观知识的基本特质，其目标不仅是要理解人，而且要通过揭示生活的意义与价值而使生活本身更有意义。现象学的焦点在于通过研究个人生活世界里的各种元素的价值和意义，进而更深层次地理解人类的行动。这并非主观的经验论，因为它奠基于此信念：个人（包括科学家）赋予现象的意义，乃是存在于人类意识中的一般本质产物，现象学不仅要理解，并且通过理解增强人的自觉意识，进而不断丰富生活。通过对各派现象学的共同基础分析可以归纳出以下几个方面。

（1）关于人的研究，必须消除有关人如何行动的理论预定或推测。观测者对于世界的观点必须悬置，以免诠释被外在于主体的概念或潜在解释混淆。

（2）社会科学的目标应该是对于行动性质的理解，而非解释（“解释”这个词由实证主义使用，强调客观证据）。

（3）对人类而言，世界的存在是一种心灵的建构，在行动中被创造。当一个要素由于某种意象而被人赋予了意义，才进入了个人的世界。

另外，哲学家赫伯特·斯皮格伯格（Herbert Spiegelberg）也区分了五种现象学。

（1）描述现象学（Descriptive Phenomenology）——出现在所研究的个人生活世界中的材料（现象）。

（2）本质现象学（Essential Phenomenology）——辨认现象的本质。超越意义分布的表面现象，转移到潜在的过程，研究可以直觉分析现象本质的一般性经验，而非在自然世界中真实发生的经验。

（3）表象现象学（Phenomenology of Appearances）——研究随着意向性的操作以及意义的分派，现象本质是如何被塑造的。

（4）建构现象学（Constitutive Phenomenology）——本质和本质性的关系，发展成为意识中的一部分，而建构现象学研究这种意识如何发展。

（5）诠释现象学（Hermeneutic Phenomenology）——诠释潜藏在意识中的意义，即那些不能立即展现于我们的直觉、分析与描述中的意义。

有些现象学家认为后三种现象学是不可能的，因为观察者无法进入研究对象的心灵世界。

诠释学——最早是阐释神学的经文，现在用来诠释一切文本，目标在于理解作者的意思。它与观念论的相同之处在于：两者都要联系行动者的情境，理解他们的行为动机。现象学（尤其是胡塞尔的超验现象学）倾向于找寻意义背后的普遍真理，相信纯粹意识的存在，但诠释学只在现象层次上具有解说意义，比较局限于经验的层次。

（二）诺伯格－舒尔茨的现象学

以克里斯蒂安·诺伯格－舒尔茨（Christian Norberg-Schulz）为代表的现象社会学，认为在理所当然的世界中，互为主体具有重要的现实意义。

（1）现象学由研究“自然态度”（Natural Attitude）开始，即个人接受而不加质疑地生活其中的世界。在辨明了自然态度后，就试图联结潜藏在背后的一般本质，以及存在于意识中的绝对知识。

（2）重点在于现象（个人生活世界中各项目的意义）必须不经中介地传送到现象学家眼前，但是我们不能真的通过他人的眼睛来观看。

基于诺伯格－舒尔茨的观点之后，斯皮格伯格还提出两种近似的方法。

（1）想象的自我转移（Imaginative Self-transposal）：研究者想象自己占据了他人的真实位置，并且从那里观察世界，研究者尽可能地想象他人的心灵架构。可以用他人的第一手感知和他人的传记作为这种想象的线索。因此，要达成根本的共识，研究者要将自己转移到研究对象的情境中，然后在那个位置上重构研究对象的生活世界，这是一种沉思式的方法。

（2）合作的接触与探索（Co-operative Encounter and Exploration）：这种方法与弗洛伊德的精神分析有关，分析师和被研究者一起探索后者的生活世界，而其间的关系是相互信赖与尊重。被研究者将其观点托付给现象学分析师，使分析师可以利用被研究者的眼睛（但这毕竟不是分析者的眼睛）看世界。

三　存在主义现象学对微区位研究的思考

（一）微区位的“存在性”特征

区位的存在性是由存在现象学所强调的“存在空间”所构建的。存在空间即由“主体之人”的“自我中心”（egocentrism）作为空间的中心而向外扩展，并在此扩展过程中，“主体人”不断地投射赋予层层空间意义和价值。这也是费孝通“差序格局”的空间概念（传统社会结构的格局犹如一块石头丢在水面上所发生的一圈圈推出去的波纹，每个人都是他的社会影响所推出去的圈子的中心）。因此，区位的空间尺度可大可小，可具现，可想象，例如房间、家园、邻里、社区、乡土、聚落、国家，乃至于世界及宇宙的构成，皆是“主体人”向外活动的投射，进而创造的一种区位效应。

区位存在性是人通过经验的共享、日常生活体验、象征价值和符号意义所触发和建构的具有真实生活意义的一种地点。此地点包含了地方中的人要主动参与地方的社会实践，或者带有情感和价值痕迹的社会实践。在区位布局当中，人与人之间、人与客观世界以及使用者与地点之间形成一个相互作用、相互联系的价值网络或者场域。区位的存在特性构成是以行为主体的自我价值为中心向度的，通过区位的布局实践向外彰显态度、观点或立场，向内则展示情感和价值的归属与统一。一个“存在的行为主体”往往以连续性的脉络，区分他自己和外在的中心。向内，行为主体则以外界的客观世界作为参照进行识别主体性的中心；向外，以行为主体人的“主体性中心”来表达日常生活的“存在性世界”，通过文化网络系统建构主体的区位价值存在。这种内外建构的动力源泉在于主体人的意向性①。

意向性作用在于通过主体意向性的原动力建构“主体”与“主体”之间的关系网络，这种关系网络就是所谓的“互为主体性”。诺伯格－舒尔茨称这种关系为“我们的关系”（We-relationship），即由不同人群相互作为主体，构建类似社区共同感一样的向心凝聚的网络关系，通过内在建构关系网络，营造出一种文化内涵或者文化景观；另外，能动性（agency）在微区位的建构中也具有非常重要的意义，不同行为主体的共

---

① 所谓“意向性”指的是人存有于世界，以“主体”的身份进行行动时，经过直观思维的作用，对此世界抉择一个方向、一个目标，因而构成了“主体人”与“世界”两种“存有”之间的关联。经由意向的投射的行动，会表现在人的期望、价值判断，甚至显现在景观中，也就是通过塑造一个文化体的形式而被观察出来。因此，唯有追溯人的“意向活动”方可明白“人的本质”；而“世界”正是人的“意向活动”的创造，因此，也唯有通过对“意向”的探究，才能了解世界。

同意向需要通过能动性进行强化，从而塑造出文化系统，因此，在区位的存在性研究当中，通常使用文化系统的网络性或景观性进行微区位的组织建构探究。

（二）微区位的“存在性”构成

赋予微区位意义和价值的原动力即人的“主体意向性”，因此，探究人的存有的地点现象必由人群的“意向”入手，而“意向”乃是通过“文化价值网络”的内涵而塑造（这里彰显了“意向性”与“区位特性”之间的辩证关系，即一方面主体人的“意向”塑造是基于人群的“区位价值体系”，另一方面行为文化的“微区位”与“现象性”则由“意向活动”所创造），因此，微区位的探究应由“文化价值网络”来理解，方能了解“区位”的“内在性”（insideness）意义。区位的存在性是社会（企业、政府、个人等）的在世存有所创造与彰显的经济社会系统，而一个不同的行为主体与世界相联结的“微区位”是由人群的共同意向所构成的意义性网络，即由充满人文深层结构与内涵的空间性与文化系统所构成。所谓人的在世存有，存有的彰显是文化结构的，也是历史脉络的（存有不仅是一个空间的场域，亦是一个时间的场域），故“微区位”不仅是具有时间向度意义的人本化地点，而且越是在历史文化脉络结构中存在的地点，其符号象征性越强，即“微区位”诠释的基本价值取向是对历史脉络下的文化生态区位系统的整体探究。

可以看出，微区位是以“存在性”“现象性”的研究路向来诠释社会文化脉络下的区位构成规律的。微区位所关注的“区位特性”一般根植于过去，且导向未来成长，而且包含历史文化脉络的地方实体，也是企业经验与愿望的彰显。微区位的构成研究必须深入诠释各个阶段的经济—社会—人文活动的区位选择过程，即一个几何抽象的地点是如何转变成人文化的“区位”的，抑或“区位精华”的塑造过程。微区位特质包含了区位的客观物质、历史构成以及地方情感等属性要素。唯有如此，方能彰显微区位研究的经济社会特征以及所表达的行为文化价值。“诠释、理解、体验与创造”是微区位研究的重点，不仅强调区位的地方性，还强调经济社会行为主体的认知、感觉、意识和经验，以及人在日常活动中所构建出来的区位情感。

微区位经常伴随视觉化的意象，也就是区位文化景观价值意象的营造过程。将微区位的概念与近年来文化研究当中对于再现与论述的探讨联系起来就会发现：人文地理学将“区位景观”作为一种再现的研究可以较好地阐释微区位的视觉文化意象规律。在旅游业快速发展的背景下，当前许多地方都开始试图营造景区独特的空间文化意象，以便吸引游客，获得更多的旅游经济收入。也就是说，微区位及其意象可以转化成可以卖钱的商品，销售的产品当中包含着联结于此种意象和感觉的“符号价值”。另外，从文化遗产保护视角来看，文化遗产保护的态度与区位的文化想象也有着某种关联。因为，受到重视的古迹或文化遗产通常彰显了一个地方的主要面貌和形象，而文化产业的开发可以通过售卖当地的地方历史文化意象来获取收益，诸如当地的旅游业、文化产业、建筑景观等（值得一提的是商品化的区位意象在建筑广告中更为凸显）。

（三）区位情感的现象认知构成

西方有关“区位情感”的研究起源较早。早在20世纪50年代，就有地理学家意识到“神圣的地方常常有一种非凡的力量，它能引起强大的情绪反应”（Eliade，1959）。早期现象学视角的区位研究很大程度上受人文主义地理学、女性主义地理学和非表征地理学的影响（Bondi，2005），现象学下的区位发展整体上处于起步和探索阶段（蹇嘉、甄峰、席广亮等，2016）。

20世纪70年代，伴随地理学研究的空间“社会—文化”转向，人文地理学家开始探讨区位的情感关联性。人文地理学强调人的主观能动性，主张以有意义的“区位”取代抽象的“地方”概念，并探讨个人是如何感受区位，而区位又是如何被赋予各种社会情感的。人与特定区位的情感联系受到关注，描述区位情感关联的概念相继被提出，如区位情结、区位感知、区位依赖、区位认同等（Tuan，1974）。进入20世纪90年代，女权主义学派则反对过去将理性与感性、精神与身体、客观与主观二元对立的传统学术思维，进而从女性主义视角关注犯罪区位（Pain，1991）、疾病区位（Dyck，1999）、健康区位（Laurier and Parr，2000）等问题；20世纪末，行为地理学者斯里福特则提出“非表征”理论，主张通过人类非语言现象与日常生活行为现象来关注区位的情感。这一阶段的现象地理研究逐渐与区位建立了联系，现象情感被赋予了区位特性和色彩，基于人—地关系的现象地理研究理论体系雏形初显，但对现象区位的空间性和社会性的研究较少。虽然直到20世纪末，在学术研究中仍很少有地理学家明确提及的区位情感问题，但这些初期探索为现象地理学有效挖掘微区位的“现象情感区位”维度提供了重要动力（Widdowfield，2000）。

2005年，现象区位情感研究领域的第一部专著《情感地理学》（*Emotional Geographies*）则试图通过对区位“无地方性”的激烈批判，寻求地理学领域对区位情感研究的普遍关注（Davidson et al.，2005）。2008年，现象地理学领域第一本期刊《情绪、空间与社会》（*Emotion, Space and Society*）创办，为不同区位情感问题的跨学科研究提供了平台。这一时期的现象学问题研究主题较为广泛，学术研究与社会人文关怀紧密结合，区位情感研究日益受到重视。由于区位情感研究的对象是“身体”和“场所”，加上经济社会行为文化因素的影响，现象学对区位情感的关注与城市日常生活行为活动地点更加密不可分。区位伦理、消费行为区位、休闲娱乐区位、康体保健区位等与城市日常生活行为息息相关的微区位话题逐渐成为学术研究的热点。从女性视角切入的区位情感问题研究受到更多关注，如女性主义地理学领域的期刊《性别、地点与文化》（*Gender, Place and Culture*）中有多篇文章从女性饮食经历、周末生活等视角探讨情感与区位地点之间的相互作用，呼吁更多地从女性视角对情感生活与实践的微区位规律进行研究（Matthee，2004）。此外，受公共政策与文化体制的影响，女权主义学派则从区位情感角度探讨反种族主义，为微区位研究开拓了新的领域（Willis，2012）。这一时期的微区位研究多从微观人际互动层面探讨区位的情感关联，但大多停留在对居民日常生活表面的定性描述及原因的揭示层面，对情感与微区位的内在关系及其生成机理的探讨较少。

近年来，有关“区位情感”的研究已经开始跨越不同的空间尺度，涉及地点（场所）、居住区、地区、区域、国家乃至全球，区位情感与不同的空间层次实现了紧密结合。这一趋势也代表着区位研究的日益多元化，诸如教育设施地点的微区位（Brown and Pickerill，2009），老龄化居住空间的微区位（Lees and Baxter，2011），人口迁移的微区位，区位情感与幸福感的耦合，区位情感的品位，贫困的微区位，水资源的区位冲突（Tschakert et al.，2013），公共服务设施的微区位，阶级、种族、贫富等存在的区位差异（Willis，2012）等。日益加深的全球化使区位的独特内质和情感价值逐步被挖掘，区位情感问题被置于全球不同空间及地域的社会、经济、文化和政治背景中。

（四）区位情感组织的构成规律

（1）微区位情感的意义和价值

区位是连接物质空间与社会经济行为文化活动的枢纽，因此，不能简单地把区位归类为几何坐标或者抽象的地点（Urry，2005）。区位是“一个对人有意义的地点”，区位的情感价值联系着区位的客观地理属性、几何维度、行为规律等，因而微区位不但具有地理环境的功能价值，还具备社会行为文化地理景观的情感意义。例如，作为常见的微区位，“家”不仅仅被赋予舒适、隐私、归属感、安全感和避难所等积极意义（Case，1996），还具有消极意义（Milligan，2003）。女权主义学派认为“家是辛苦劳动的场所”（Domosh，1998），戴维森等认为有意义的微区位只有通过人与区位的互动才能建构（Davidson and Bondi，2004）。微区位的情感价值是行为主体与区位互动产生关联的中介，当行为主体接近某个区位时，该区位就会通过社会行为活动实践从抽象的几何物质空间坐标转化为具有情感和意义的地方。区位本身的特征与个性作用于行为主体，有助于社会经济行为活动主体与区位之间构成独特的建成景观，因此区位也便有了特定的意义和价值。毫无疑问，特定情感能够塑造区位的意义和精神，切实影响我们所处的区位，帮助我们了解世界的本质。

（2）微区位情感的空间特征

微区位研究倾向于优先考虑区位情感的“社会—经济—文化”耦合空间维度，对传统经济物质的区位空间并不感兴趣。一些研究者探讨了情感与不同尺度、类型区位的关联特征，其中既有对学校（Fielding，2000）、避难所（Philo and Parr，2000）、办公场地（Blumen，2002）、商店（Miller，2014）、监狱（Crewe et al.，2014）等实体地点区位的情感特征和价值的解构，也有对赛博空间等虚拟地点区位的研究（Wakeford，1998）。人在不同地点有不同的活动，所产生的情绪体验也必然有差异，由此地点便具备了独特的情绪特征。诸如，赫明定性地探索了儿童的情感价值和经历，并根据不同的情感态度在感知的手绘地图上表达健康或不健康的日常生活行为及其对应的区位特征（Hemming，2007）。

（3）城市建成景观对微区位情感生成的作用机制

城市建成景观是指与土地、交通设施、基础设施等多种物质景观要素相关联的空间组合，尤其指那些可以通过政策和人的行为加以改造的环境（鲁斐栋等，2015）。从城市建成景观来看，城市承载着多样化的物质与人文景观要素，具象的物质景观能够在多大程度上满足人的生理与心理需求，将直接影响居民的精神状态。从区位的空间尺度来看，建成景观在空间上有着多样化的尺度，小至房间、家、社区、城市，大至区域甚至国家均可成为微区位情感所依托的尺度单位。从微区位的组织结构来看，城市中交通出行设施、居住设施、公共服务设施、商业网点、生活娱乐设施、就业办公设施、户外体验设施等不同类型的地点及其对应的区位则承载着居民的日常活动，将直接作用于并体现出行为主体的微区位情感（Lüscher，2013）。伴随信息技术的发展以及智慧城市时代的到来，城市内不同景观要素的互动性日益增强，固定区位的地理特性将逐渐被削弱，并催生出新的区位情感。

（4）不同行为主体认知情感对微区位的作用机制

认知情感是不同行为主体对区位组织格局认知后的反应，认知情感的产生以地点为载体。因此，区位不只是纯粹的几何焦点，人们通过主观情感体验赋予区位以象征意义、思想感受、价值属性，并探究这些区位背后隐藏的实质性内涵。不同行为主体对区位的认知情感强度与对区位价值的判断密切相关，并随着行为主体区位感知的变化而改变。有学者通过对居民搬迁欲望情感进行区位分析，将基于城市人居环境建设差异而产生的共性认知情感差异直观地呈现在城市地图上，进而探索出规律性的住房搬迁区位特征，以便区分城市居住环境与居民生活品质的差异。在城市建成景观不同区位因子的作用下，行为主体会产生积极或消极的态度，并对城市建成景观所在的地点采取接近或回避的态度，通过进一步探寻不同情感的形成原因，进而推断出各类微区位的优化布局方向，最终提升城市人居环境的品质。

（5）特殊人群的微区位情感特征

微区位在一定程度上尤为关注“特殊”行为主体（如儿童、厂商、同性恋者、精英、男性、残障人群等）的行为活动区位规律（Mcgrath et al.，2008）。一方面，微区位研究试图寻找新的语言、符号和表达方式以参与到理解和解释世界的“认知情感”当中；另一方面，女性、老人、无家可归的精神病患者、焦虑症患者、艾滋病患者、低收入者等特殊人群急切寻求区位的认知情感表达。女权主义学派主张行为主体的情感与区位的感知在本质上是相互影响的关系（Kwan，2007）。出于社会公正和伦理关怀，特殊人群尤其是被社会边缘化的弱势群体正成为微区位不可或缺的研究对象。

（6）微区位情感的时—空耦合规律

微区位情感受各种行为活动和地点的双重作用，而活动行为和地点的时空路径又受到不同行为主体内在认知情感的影响和制约。微区位在与人进行心理互动的过程中生发的地点情感也不尽相同，社会经济环境的变化促使区位的价值与意义在历史中不断变化，微区位情感在时空间转换的作用下呈现多样的地理空间格局。情感具有瞬时性、动态性的时空组合特点，微区位所揭示的是一种时—空耦合的物质意象形式，行为地理学对区位情感的时空间特征尤为关注。关美宝等指出，将情感、感觉、伦理等引入时空路径，有利于解释人类行为与社会生活的多样性和差异性（关美宝等，2013）。基于不同群体的微区位情感研究，有助于系统把握区位的时空分异特征和地点组织规律。

第二节　“经济—地点—社会”耦合的哲学方法论认知模式

20 世纪 60 年代后期以来，人文地理学领域在批判实证主义区位论过分简化区位问题、忽视行为主体的感知和情感作用的浪潮中，强调行为主体和社会经济活动行为地点的微观机制的微区位原理应运而生，为揭示人类行为活动规律和空间环境在时—空区位上的组织规律和复杂关系提供了独特的视角（Johnston，1986）。在经历了半个多世纪的发展演变后，微区位学派不断壮大，并逐渐形成了强调区位的主观偏好与区位决策过程的人本主义与行为主义方法论体系（Golledge and Stimson，1997）、强调区位的物质形态属性与行为主体的时空行为文化活动规律的行为地理学（Hägerstrand，1970）、强调行为主体的社会文化行为与微观区位的选址与布局规划的应用分析（Ellegård and Svedin，2012）。随着行为学派的不断成熟（柴彦威等，2014），行为主义方法论（Hägerstrand，1984）、人本主义地理学（Jones et al.，1983）、时空行为主义（Pred，1981）、结构与后结构主义（Golledge et al.，1994）等理论与分析方法也在不断完善与融合，并通过与地点理论技术（Miller，1991）、行为模拟分析（Arentze et al.，2000）、交通行为分析（Shaw，2006）、叙事分析技术（Kwan and Ding，2008）、社会问题经济（薛德升等，2008）等相结合，实现了经济学、社会学、人文地理学、城市规划、交通规划等多学科的交叉。然而，现有研究多关注区位对行为决策的影响机制，但是对经济社会行为与区位相互作用的关注较少，尚未形成“经济—地点—社会”互动的系统理论。对这些方法论进行提炼、整合和提升，构建解释地点微区位组织规律与社会经济行为文化互动关系的一般理论，是微区位原理研究的当代使命。

中国经济社会已经进入“以人为本”的发展阶段，城市可持续发展的目标已由原有高速经济增长、物质空间拓展逐步转向城市日常生活空间质量与人居环境品质提升阶段，社会管理越来越趋向精细化与人本化（柴彦威等，2017）。目前，中国的城市规划管理与实践仍然存在“见物不见人”的现象，对使用者（居民、企业、厂商等）的行为地点诉求缺乏系统分析与解读，也难以应对城市快速扩张与空间重构所导致的职住错位与长距离通勤以及可达性下降、社会排斥与隔离、环境污染与出行健康等有关微区位布局与规划的问题（修春亮等，2013）。在此背景下，基于微区位视角来重构现有的城市空间体系，用以指导“以人为本”的城镇化建设，明晰社会经济行为文化活动与区位布局之间作用的耦合机制，结合中国城市微区位的现实特征总结“经济—地点—社会”耦合的概念模型，是当前中国城市转型发展面临的迫切需求（黄怡，2011）。人本主义、行为主义方法论引入中国30多年来，已经在不同类型的城市中得到了大量实证研究（司敏，2004），并逐步成为中国社会—人文地理学领域中的重要分支。然而，绝大多数研究只是证明了区位和社会经济行为文化活动之间的关联性，并没有有效地论证“经济—地点—社会”互动耦合中存在的因果关系，缺乏对城市空间结构重构中的微区位规律、城乡聚落布局选址、城乡各类产业布局选址优化、城乡社会文化区域的特征图谱建构、城乡日常生活空间规划布局及优化、城乡公共服务设施及场所布局规划、国土空间规划等相关问题的深化研究。因此，中国学者需要对国际微区位研究的前沿进行追踪、提炼、提升，从多维的方法论视角切入，探寻当代微区位研究的前沿模式，为中国微区位理论的建构提供参考。本书重在从认识论、方法论、实践指导三方面对微区位中的“经济—地点—社会”互动耦合模型进行阐释，基于区位和行为主体相结合的视角，对“经济—地点—社会”耦合的微区位观进行论证，建构“经济—地点—社会”耦合的微区位原理。

一　“经济—地点—社会”耦合的微区位设想

本书尝试从“经济—地点—社会”耦合视角构建微区位基本设想，以经济地理学、行为经济学、社会地理学、人文地理学、城市社会学等理论为借鉴，以时空行为分析法、人本主义分析法、地点行为分析法等为核心，建构“经济—地点—社会”相互耦合的理论基础；将区位与行为主体的社会经济活动规律进行结合，系统展开微区位对社会经济行为活动的作用机制以及社会行为活动对微区位的影响机理研究，建构“经济—地点—社会”相互耦合的微区位原理。

（一）理论基础

“经济—地点—社会”相互耦合的微区位观包含微区位对社会经济行为的作用机制以及社会经济行为对微区位的作用机理两个层面。在一定的社会、经济、制度、文化背景下，不同的行为主体对微区位形成了一定的认知与偏好，并受到来自时间与空间的各种制约，在区位的物质形态环境与区位使用者的主观决策行为引导下形成“经济—地点—社会”相互耦合的空间结果。在区位对社会经济行为的作用方面，侧重考虑区位的地点、方位、大小、尺度等形态要素，通过不同行为主体的行为空间透视规律揭示区位布局的可行性与合理性。在不同行为主体对微区位的作用机理方面，侧重考虑行为主体的主观能动性，以及对城市规划管理的作用机制分析。

（二）研究范式

行为地理学、行为经济学、社会地理学对主体行为活动规律的研究通常包括个体层次上的微观研究和汇总层次上的宏观研究两个尺度。对不同主体社会经济行为文化活动规律与区位关系的研究，是基于地点和行为主体人相互耦合的分析。20 世纪 60 年代末期以来，在行为主义、人本主义以及新经济地理学思潮的影响下，经济地理学领域也开始对经济行为主体人的区位情感问题展开研究。关注行为主体的社会微观行为规律，为经济地理学提供了基于“人本化”的视角和方法论。这些理论与方法突破了传统区位观的范式，使人本主义微区位研究成为可能。伴随现代交通与信息技术的日益发展，人类的时空行为活动范围与尺度不断加大，整个地球处于“时空压缩”的状态（Harvey，1990）。同时，现代生活方式使人类活动在时间和空间上更加破碎化、个性化和复杂化。在这样的背景下，以距离衰减定律为基础的“区位观”面临着巨大的挑战，而过去相对固定的人、区位与活动三者之间的关系变得越发复杂（Kwan，2013）。随着时间地理学等行为主义方法论的系统完善，个人行为活动数据可获取性日益增强，有关微区位的模拟与智能图示化表达使得基于“经济—地点—社会”相耦合的微区位研究范式逐渐被应用于城市规划、健康选址、空间隔离、商业网点布局、城市社区资源的可获取性等研究领域中（Wong et al.，2011）。不同于传统区位论的研究范式，基于人本主义和行为主义的“微区位”研究已成为人文社会生态区位研究的前沿。需要注意的是，城市经济空间、城市社会空间与微区位的互动关系研究既需要基于地点视角，也需要基于经济人和社会人视角。若不对主体的时—空行为区位规律在空间上进行汇总，则无法有效地理解和透视微区位的构成特征；若不从行为主体的地点使用效应角度出发，则无法认识微区位布局规律对行为主体的影响。

二 微区位中“经济—地点—社会”相耦合的验证性分析

（一）构成规律的多样性与共同性

已有的中国城市微区位模式研究在差异性地点观视角下呈现多尺度的区位响应特征，分别从城市总体层面、城市日常生活空间层面、社区层面出发，透视城市空间结构与区位格局的关系，理解城市空间重构的过程与模式（周素红等，2010）。大量实证研究为“经济—地点—社会”相耦合的微区位研究提供了基础，其核心在于是否揭示出不同规模等级、不同形态结构、不同经济发展水平的微区位特征及规律。即在城市尺度上比较不同区位的总体结构特征，揭示处于不同发展水平的城市微区位格局及影响机理，总结不同社区资源配置的微区位规律以及社区居民活动区位的差异性特征，从而揭示社会经济文化要素对微区位的影响机制。

（二）构成规律的阶段性与动态性

在不同时间维度下，微区位集中在通勤行为方面，以理解区位的时间可达性规律和区位匹配效率。近年来，一些研究集中在对居民搬迁行为的“社区过滤”① 机制分析上，用以揭示城市居住人口的变化规律及再分配机制，阐释社区人口在区位选择上的规律。在时间维度视角下，微区位的建构是通过控制居民对区位的自选择效应，有效地论证区位选择中的行为文化规律，从行为规律的响应视角对区位进行选择与改造，进而提升区位价值，重构城市经济—社会空间结构。

通过对不同时间尺度下城市微区位布局规律进行纵向对比，可以揭示微区位与城市空间结构要素之间的耦合关系，进而为城市规划提供决策依据。在一些较长时间维度的序列分析中，强调同一地点微区

---

① 过滤理论应用于城市社会空间研究始于 20 世纪，1920 年古典生态学说中最先提出这一概念，被称为生态过滤过程。Park 等提出，随着都市人口增长与收入增加，城市建成区内的中心区域住宅群都已开始老化，中心城区地带被低收入户占有或继承（这一现象说明高收入阶层向郊区外移）。随后，过滤理论被大范围应用于对城市住宅变化的研究当中。

位变化的总体特征规律以及比较同类型地点在城市区位景观构成中的变化规律，建立环境景观与微区位变化的解释模型以及建立微区位与城市空间要素之间相互作用的解释模型，可以揭示出城市空间结构发展与演变的机制，进而识别不同社会经济行为主体与城市空间结构的动态关系。

（三）构成规律的个性化与特殊性

微区位构成规律研究主要集中在区位构成的特殊性上，尤其是近年来的众多研究集中关注中产阶层的行为活动的个性化场所微区位规律（郑凯等，2009）。针对一些特殊的群体，诸如老年人、贫困人口和少数民族人口等还进行特殊行为活动场所微区位规律研究，分析个性化和特殊群体社区资源可获性、社会交往地点的差异性规律，并从微观区位差异视角揭示居民日常生活空间的质量（张艳等，2011），透视城市日常生活空间结构的公平机制问题（刘玉亭，2005）。

在个性化与特殊行为活动的引导下，采用不同城市、不同时期的多类人群的行为活动调查数据可以进行城市间横向比较以及同一城市不同时期的纵向比较研究，进而验证不同主体行为活动微区位的适用性与差异性，包括中产阶层、中低收入者和老年人在日常生活行为活动场所选择上的微区位规律，进而对城市日常生活行为活动的微区位规律进行比较研究，亦可以进行女性行为活动场所微区位规律、少数民族居民的行为活动场所微区位规律以及社会阶层差异格局下城市各类资源（设施）布局选址的微区位规律研究等。

第三节　微区位原理研究的学科向性

一　社会学对微区位的学科贡献

（1）综合特征突出：表现在研究区位的社会构成现象、区位的社会过程重构以及区位与社会问题的关联，总是联系多种相关的社会要素和自然要素来考察，借助较多社会科学的成果，涉及的学科比较庞杂，难以形成统一的视角和系统的观点。

（2）强调区位的文化特征属性：注重区位（文化）景观研究，多采用生态学的观点和文化景观要素来分析区位的社会问题，建立的区位（文化）景观尊严体系与文化问题进行对应，由于文化景观复杂多变，借助其观点对区位进行解读和阐释过于困难，区位组织结构的研究过于分散化，因而难以形成层次清晰的区位理念。

（3）社会特征明显：社会学家的研究建立在社会学的学科体系基础上，倾向于借助社会学理论研究区位的社会问题，研究社会生活各个领域的相互联系及其对应的区位布局规律。

二　地理学对微区位的学科贡献

（1）重视微区位的地点特征研究：其基础内容是由区位或地方（地点）构建的“社会空间的结构体系”，重点在“研究区位（或地方）的社会时—空过程”。

（2）重视区位的社会文化特征：新社会地理学重点在解剖区位并构建不同类型区位的自我调节系统，突破了“科学理性主义”地理对微观区位不可知的“本体论”界限，并提升到可认知的认识论高度（王兴中，2003）。微区位的社会—文化空间性为其他社会科学挖掘其学科内涵拓展了思路，并为它们指引出区位延伸的研究方向与内容。

第四节　“本体论—认知论—方法论”视角下微区位研究的指向性

无论是本体论、认知论还是方法论的视角都带有各自学科研究的特点。

（1）从本体论或认知论的角度看，微区位研究处在一个多元化的阶段。地理学、规划学等空间学科在向社会理论方向演化的过程中，出现了很多哲学观点，诸如马克思主义、人文主义、结构主义、新城市主义等。这些思潮（主义）驱动着区位研究转向与社会科学理论的融合。与传统的区位分析依靠经济学家、统计学家和区域科学家不同，现在的区位研究从社会学家和哲学家那里得到了支持，进而促使微区位研究变得可能。

（2）微区位原理的建构过程受三种哲学思想流派影响较大。一是人文主义学者用“文化生态单元”“区位感应认知”的方式来阐释社会空间、生活空间、经济空间的区位构成关系；二是以“地点理论思想”为基础，把地点（地方）当作社会行为文化相互作用的媒介与场域，区位成为社会空间关系再造的平台；三是从新经济地理学的“关系转向”出发，把区位看成“新”经济地理空间结构重构与演变的产物。因此，微区位是一个集“人类”“空间位置”“社会经济形态”等多元价值于一体的“新”区位。

（3）20 世纪 60 年代以来，“自从（旧）区位论被认为衰亡以来”，区位的社会构成理念成为“新”区位论（微区位）的研究核心。从研究方法论看，微区位研究存在以下倾向：“强调微区位的文本叙事研究，并具有城市政治经济学倾向”、“把区位作为一种景观进行解释的倾向”、“后现代流变的人文区位论倾向”以及“意向性的区位价值分析法倾向”。

本章小结

本章在微区位原理概念性认知的基础上，进一步展开延续分析，探究微区位原理的哲学方法论基础。

第一，对微区位“存在—现象—空间”耦合的哲学方法论认知模式进行研究。研究认为，“区位的存在性”是由存在现象学所强调的“存在空间”所构建而成。存在空间由“主体之人”的“自我中心”所建构，并形成一种感应认知空间的解构方法，在行为主体人对区位环境的感应认知过程中，“主体人”不断地赋予区位重大的意义和价值，即区位存在性是通过社会经验的共享、日常生活的体验、象征符号价值的投射等建构的，从而塑造出一个具有真实生活意义的区位。

第二，对微区位“经济—地点—社会”耦合的哲学方法论认知模式进行研究。研究认为，在一定的社会、经济、制度、文化背景下，不同的行为主体（企业、厂商、游客、居民等）对区位形成了一定的认知与偏好，并受到来自时间与空间的各种制约，在区位的物质形态环境与区位使用者的主观决策行为引导下形成“经济—地点—社会”相互耦合的区位关系格局。通过不同行为主体的行为空间透视规律揭示区位布局中的地点可行性与合理性。在不同行为主体对微区位的作用机理方面，侧重考虑行为主体的主观能动性，以及对城市规划管理与实施的作用机制分析。

第二篇
系统解构

第五章

微区位的“景观尊严构成观”解构

一幅区域的马赛克，由居民空间感知的许多均质区拼接而成。每一个这样的均质区中都存在网络结构，这些网络由点和从某些点出发的放射线所构成。每个群体都倾向于拥有自己独特的社会空间，从中能够反映其独特的价值观、偏好和追求。

——索雷

20世纪60年代以来，越来越多的空间社会学者认识到，为了在空间中生存，并理解其所处的环境，人们必须了解他们所面对的海量经验中哪些是最为关键的信息。区位作为空间环境中的关键要素，成为地理学家、社会学家、经济学家们关注的重要对象，他们感知、存储、记录、组织并使用大量的信息来阐释区位，从而更好地栖居在空间中。为了达到这样的目的，他们从复杂的区位信息中提取“对自己有用”的一类信息，并创造了基于这些信息的区位景观。这些景观在不同的社会文化群体中代表着不同的意义和价值，扩大了“区位”的内涵，并塑造出微区位的特征。

第一节　区位景观演变的历程

中国古代传统的微区位景观价值体系是以风水地理为主要特征的，彰显的是人对地理环境的一种空间选择意图。进入现代社会以来，人类对微区位景观的认知和理解发生了巨大的变化，现代主义视角下的区位景观价值强调地理位置的自然和经济属性，诸如微区位所在的方位、经济布局规律等，容易忽略人的个性价值，导致空间不公。这一时期比较著名的理论就是芝加哥住宅区位选择学派理论，如墨迪（R. A. Murdie）认为，城市居住区的区位选择与城市居民的经济地位、收入、职业以及文化教育程度等呈正相关，而后现代的微区位景观则表现出多样性的行为文化内涵（王兴中，2004）。

总结国外区位景观价值体系研究的阶段趋势，其特点主要表现在该领域探讨内容由区位物质景观体系向社会文化生态景观价值体系转化，根据其研究的内容和方法，可以划分为五个阶段：（1）20 世纪 20 ~ 50 年代的城市与产业布局的宏观区位选择阶段；（2）20 世纪 50 ~ 60 年代城市商业圈层宏观计量的区位价值选择阶段；（3）20 世纪 60 ~ 70 年代的宏观区位向行为主义微区位价值体系建构的过渡阶段；（4）20 世纪 70 ~ 80 年代为计量和行为主义视角下的综合探讨阶段；（5）20 世纪 90 年代以来为社会文化生态行为认知的微区位探讨时期，主要是后现代主义视野下的人本主义微区位景观价值判断阶段。从微区位景观理论的演化进程来看，文化空间的“地方价值”与“空间尊严”构成了后现代语境下人本主义微区位的新趋向，尤其关注城市日常生活空间质量观下的区位公正、区位价值等，强调地方文化生态空间和行为价值空间保护，并进一步诱发基于文化生态景观价值的行为文化区位尊严规划研究。

第二节　微区位景观的内涵与构成

一　微区位景观的内涵

景观从地理学科建立之初就成为其关注与研究的焦点。艾特肯（Aitken，1993）提出，景观总是经过文化价值和个人信念的过滤筛选才被观察和解释。景观多被看作一个系统的整体，是由不同地点和区域所组成的系统整体，是各种地理要素的集合。景观也被看作行为文化现象研究的一部分，是行为文化感知的对象。区位作为一种哲学现象学视野下的“存在”，其本身也是一种现象“景观”，诸如不同的区位会塑造出不同的

"社会景观"、"经济景观"与"文化景观"，所以景观不仅指那些可触及、可观察的具体景象，也指那些承载着社会经济文化意义的景象。洛温塔尔（Lowenthal，1975）考察了不同文化的人的价值观以及由此所形成的居住区位景观特征，阐释了区位景观需要赋予其文化体验与感知方面的含义。这种观点也揭示了文化价值观决定着人们如何解读区位景观、对待区位景观以及如何与景观进行互动。通常，景观不仅指某一地点，还在文化象征层面被区位所解释与重构。国外城市社会地理学派认为，区位研究不能仅停留在对其物质空间的形态要素（景观）研究层面，还应该关注区位的空间文化（行为）价值（景观）意义，因此，在后现代社会地理学语境中，微区位是一个有着行为意义的动态景观概念，是一种人本主义价值取向，区别于实证主义区位论研究。

美国华裔人文地理学家段义孚从人文主义地点微区位的视角出发，认为地点微区位包括位置以及社会、文化、自然等，是一个综合整体，在人和地点之间会产生很强的心理和情感联系，表达的是人与居住环境之间的一种情感依附；拉尔夫（Relph，1976）在其关于"地点感"的研究当中阐述过地点的价值体系，认为地点的价值在于它是人们真实经验的地方，具有特殊的身份价值、功能活动和地方意义三重属性，地点是区位的承载体，因此区位与人的情感、态度和价值不断地进行空间重组，进而产生"微区位景观"。人们会对意象中的区位产生一种"区位感"，除了对区位产生感觉和情感外，正是这种区位感使人们在不同地景中能够识别出个人的区位偏好，并回应自身的价值。区位感不仅包括位置和形状的概念，还包括归属、侵犯、神秘、美丽和恐惧等感觉。伴随时间的变化，文化会改变地景，区位感也会发生变化。这暗示着对区位的认知和感觉包括它的象征意义甚至边界都可能发生改变。这种区位景观的表达方式代表着一种"尊严"，目的在于彰显那些能够给予人类生活基础，能够为人们提供生活背景，并能够给予个人或集体以空间的安全感、身份感的地方，这些地方塑造了我们赖以生存的日常生活空间，诠释了"生活世界"的意义。而当代城市与区域规划的本质应在于如何满足人们的区位景观尊严，在于如何提供更多可共享的空间设施，形成区位共享景观。

二 微区位景观构成模式

微区位景观构成研究零星地散布于行为地理学、建筑学、设计学、游憩地理学、环境行为学等相关学科中，目前还没有一个统一的成熟体系。通过梳理可以归纳为以下几种类型模式。

（一）有形微区位景观模式

有形微区位景观模式主要是以现代主义为代表的景观学派、建筑学派和城市设计学派，强调形态景观要素的构成、布局与规划设计，核心是协调人与自然的关系。它通过对有关土地及一切人类户外空间问题进行科学理性的分析，为规划设计提供解决方案和解决途径，监理规划设计的实施，并对大地景观进行维护和管理。在城市的有形空间里，微区位价值具现了各类自然生态景观、商业景观、休闲景观、工作景观等各自的基本属性构成及组合关系；现代主义的微区位景观价值大都以空间布局最优化、经济价值最大化、景观组合生态化为代表，在现代城市与区域景观设计中占有主要地位。但是有形的微区位景观模式很容易从利益功能主义视角出发研究问题，容易忽视区位景观所蕴含的无形文化（行为）价值。

（二）无形微区位景观模式

无形微区位景观包括一些文化概念，诸如民俗、道德、语言等对应的景观特征，可能具有“美丽的”“神秘的”“宁静的”“紊乱的”“无场所性”“美学价值”“历史文化价值”等象征特质。无形微区位景观模式以地点（场所）的价值构成为基本理念，阐述的是区位物质景观属性与行为文化属性融合后的一种经验型的区位景观构成。在这种景观系统当中，特色的建筑物和隐含的商品文化意义成为决定微区位价值的关键；无形的微区位景观包含了人类的体验，不同的人或人群与环境相互作用的方式可以揭示出其中的社会、经济以及文化的道德和伦理价值。这种模式的一个重要假设是，区位景观的感知不能被局限在观看风景的审美层次，而是根植于一系列可以影响区位景观内涵的价值观众。

（三）意象微区位景观模式

景观一般会引导使用者把注意力放在与区位概念化相关的基本变量或

范畴上，从而形成“图式微区位景观意象”“视角微区位景观意象”“参照微区位景观意象”三种类型模式。

（1）图式微区位景观意象通过介词辅以指示词（如“这个”和“那个”）和名词（如使用原木相对于森林来描述树木，用水域相对于池塘来定义液体的数量或类型）来表达，图式微区位景观意象还利用几何的和其他的构思来表达区位特征，如汽车在空旷的草原上穿梭、小鸟在幽静的山谷中鸣叫等。图式微区位景观意象的构成通常包括“远”“其中”“穿过”“沿着”“在内”“这个”“那个”等语言。

（2）视角微区位景观意象通常包括“总体的”“局部的”“关系的”“远景的”“透视的”等语言，其区分了静态的全局视角和有序的、动态的局域范围视角，比如前者的表述“沙漠中有几只骆驼在行走”，后者的表述为“偶尔看到一两只骆驼在沙漠中行走”。

（3）参照微区位景观意象包括“景观轮廓”“参照物”“背景”“封闭性”“焦点”“在……上”“在……旁”“从……离开”“在……后面”“在……前边”“高于”“低于”“远离”“穿过”“沿着”等语言，既有景观，又暗示着景观所在的位置、参照物、背景或者环境。因此，在微区位景观的描述语言中，名词和介词的选择所传达的信息有时候是准确的，有时候却是模糊和不确定的。

第三节　微区位景观的价值取向

一　自然与人文生态交相呼应

一段时间以来，在城市规划、地理学领域大家更多关注的依然是“自然生态”。随着区位微观行为文化观点的介入，微区位景观强调区域自然与文化共融的生态价值取向，试图在维护自然生态的基础上，塑造文化的多元性与社会的包容性，注重社会文化谱系构建及其对应的空间（场所）规划配置问题。微区位景观的本质在于探究地方性亚文化景观背后的社会生态组织规律及行为价值，把城乡空间中不同的区位比喻成包罗万象的“生态”。微区位不仅依托于纯自然生态的地点，并赋予该地点丰富的历史文化内涵和意义；人们根据微区位的意象感知特征及规律来塑造其生活的世界，进而在城乡空间中创造出千差万别的地域性景观。

二 社会区域公正与公平塑造

微区位景观研究主张从社会目标、社会系统与区位关系角度探讨“不平等与区位的关系”“社会系统与区位的关系”，从区位效应和区位冲突角度探讨“区位规律”，从城市公共部门与社会平等关系角度探讨如何制定“空间和谐”的政策。微区位的核心理念是在一定发展阶段，在把握城乡空间系统构成的基础上，从提高空间发展绩效水平入手，探求“微观”社会空间区位因素与宏观“感应认知”区位因素的关系。

当区位模式能为某个竞争系统中的企业提供最大利润时，通常服务的供应就被认为是高效的。事实上，很多情景都存在差异，为寻找高效的解决途径，传统区位观热衷于运用成本最小化原则，容易忽视对个体利益的客观评价，导致看似高效的系统很容易违背公平和平等的原则。著名的城市社会学者哈维则把这些因素规整到社会区位的公平与公正研究中。当一个系统纯粹建立在经济效率的基础上或者为维持其地位而不惜违背社会信仰和价值观时，社会公正就遭到了破坏。

空间规划上的公平可以阐释为“区位布局”上的公正。大多数区位选址理论都缺少这样的模型，而过多注重经济效率分析。当社会成员认为其没有得到公平的产品或者服务（设施）分配（配置）时，就会产生一种被“剥夺”感。在空间规划领域，系统公平有时会从时间成本来考虑，然而在日常生活空间规划领域，更多是从社会意义上，而不是从纯粹的效率意义上进行解释。例如，以商品零售服务业的区位模式为例，一个人可能认为“公平”仅仅意味着只有极少部分人被排除在商品和服务半径之外，即最大距离界限（服务半径最大化）常被引入今天的区位分配模型中。当分布模式过多地将一部分特定人群置于不利状态时，不公平就会在城市服务中心产生。多中心的城市商业空间布局价值在于可以提高流动人口、郊区住户的福利，这些住在远郊的居民再也不必长途跋涉、跨越堵塞路段到“令人不快”的市中心购买所需的商品和服务。但是这些分散的中心往往只能服务于个人化的交通方式，即私家车。通过公共交通很难到达，就意味着分布于市区的其他人群还没有办法到达这些购物中心。因此，微区位景观的社会区域公正与公平观在于：（1）提升城乡公共服务设施的配置水平和质量；（2）改变某些公共服务设施的区位特征；（3）提高社区资源及公共服务设施的可达性，缩短到达设施的距离。

三　人本微区位景观价值取向

在西方，可持续性城市空间规划往往强调空间的多样性特征，注重满足城市中不同群体的多样性需求。因此，微区位景观的塑造具有复杂性、矛盾性和不确定性，这完全是人的多元化需求的结果，但本质和规律在于人们对区位价值的选择。在西方现代工业化城市中，人的微区位尊严和价值往往让位于经济效益的最大化，自我、个人价值在现代都市中渺小到可以忽略不计，一些边缘化的弱势群体（农民、妇女、残障者、同性恋者等）的区位价值得不到充分的尊重，往往成为诱发社会危机的导火线。可持续性的空间规划要求人的精神和欲望能在区位价值尊严中得到彰显，区位尊严是各类人群精神价值的空间依附，也是空间生产和消费的象征。城市与区域规划应从城市区位景观尊严价值体系中找寻设计灵感，用“复兴区位景观尊严”的方法为空间规划提供素材。因此，“微区位景观尊严规划”应成为重新思考人本性城市空间规划的理论来源。

第四节　微区位景观的尊严构成

一　行为文化尊严价值构成

在当代空间规划领域，微区位景观是与人类日常生活行为发生密切关联的场所，如商业性场所、娱乐性场所、游憩性场所等，其包含抽象的价值理念，具有无形的行为文化价值。社区（型）生态（基因）区与地方（型）生态（基因）区构成了微区位景观的基本单位。行为文化尊严尤其关注购物、游憩、教育、康体、娱乐等城市多维的公共服务设施配置问题，研判这些设施所在区位的价值构成以及能否满足社区人群的个性化需要、文化需要、身份需要、生活需要等。从微区位景观的构成上来看，包含人的日常生活行为要素，其根本在于各类行为文化（亚文化）在景观具象空间中的显示或植入，是以人的行为价值标准作为判断景观抽象价值的根本。而在微区位景观研究的过程当中，景观的价值标准又受到了行为文化价值多元性的影响，从而呈现异质性的景观文化区，因此，微区位景观具有行为亚文化的特性，对人而言具有不同的尊严价值感。

二　环境生态尊严价值构成

自然生态环境的优良性能是彰显区位基础功能价值的先天条件，也是微区位景观塑造的基底。面对城市化的飞速发展，当前城乡区域的生态环境日益遭到破坏，而从微区位的价值构成视角去分析环境的地方性特征及其规律则是营造和谐城乡空间的基础。从西方可持续性城市生态空间规划的演变趋势可以看出，越来越多的学者开始关注环境的“地方性”与人的“地方感”之间的关系，从而彰显一种基于“地方（点）理论”的生态和谐发展观。人文地理学者拉尔夫（Relph，1976）研究认为，经验的地方是一系列行为价值构想的结果，或者是对多元景观的一种连续性的感受，而经验的地方又是文化微区位景观构成的核心元素，是一种“行为空间艺术”。凯文·林奇也在城市形态景观设计研究中提出，人们主要是通过“边界、地区、节点、地标、道路”五个关键景观元素来判断微区位的价值，强调微区位景观要素的连贯性、文化性和行为性，呼吁创造具有“地方感”的环境景观（Lynch，1976）。建筑设计师摩尔在《身体，记忆与建筑》一书中也认为，建筑师的基本任务在于不断地创造具有不同行为文化价值的“地方”，从而帮助人们找到自我身份的认同感、存在感。景观设计可以结合人的历史文化经验和其他类型的空间设计手法彰显微区位的价值和尊严。

三　人本空间尊严价值构成

20世纪60年代以来，西方发达国家的城市空间规划研究经历了从“物质形态景观”向“行为文化景观”的转变过程，现代城市功能主义的规划思想受到了社会学家的批判和质疑。现代功能主义视角下的居住社区隔离了人群和社群，缺乏情感交流和文化沟通。人们希望通过社区人本主义空间的营造来复兴社区的价值，因此出现了一些人本主义规划学者。如凯文·林奇就曾在进行城市与社区规划时倡导采用居民参与问卷调查的方式搜集问题，从而作为制定规划方案的依据。规划师除考虑物质环境的设计要素外，还应该考虑人的普遍价值和特殊价值，搜集多方的价值观点，用以指导规划的编制。另外，一些社会学者也把矛头指向了功能主义的现代城市规划，认为在功能主义思想指导下建构的社区缺乏生活邻里气息、社会公正，导致空间剥夺现象严重，从而造成社区感的消失，人与人之间也变得异常冷漠和孤立。因此，以人本主义为特色的微区位理念可以为社区规划提供崭新的思想，代表着参与日常生活实践的行为景观概念。诸如在社区规划中，应充分考虑社区资源的可获性、社区空间的包容性、社区文化的多样性、社区环境的生态性等，从而基于地点视角营造出“位置便利”“尺度适宜”“设施充足”“生态宜居”“形态多样”“交通可达”“健康文明”的和谐环境。

四　历史景观保护尊严构成

在可持续性的城乡空间规划中，应加强对历史文化景观资源的整理和保存，延续地方文脉；同时，用时空演化的观点来解释区位的历史脉络和价值，也有利于稀缺资源的保护。20 世纪 60 年代，美国历史保护运动蓬勃兴起，该运动主要倡导对城市中具有重要意义的建筑物和场所进行保护和管理，加强历史文化景观的普查登记，恢复城市景观文脉。在英国，关于历史文化景观资源活化的理论和实践研究也比较流行，如《大伦敦发展战略规划（2008—2020）》中就特别提出要通过历史文化遗产的保护和旅游文化价值的开发来复兴伦敦中心城区，从而成为城市更新发展的一种重要途径。通过历史文化景观的活化不仅可以振兴城市经济，同时也是对一个城市生活行为文化生态保护的重要措施。因此，历史文化景观保护以及对其进行区位价值构成的阐释是传承地方脉络、维护地方尊严、彰显文明价值的重要手段，也是微区位景观保护尊严构成的核心。

五　阶层行为文化尊严构成

社会经济地位的差异性会导致区位景观营造类型及设施配置的差异

性。不同阶层之间的社会行为文化距离会造成地方文化景观的差异性，从而形成不同的文化景观亚区，这是微区位景观构成中“社会阶层文化景观构成”的普遍规律。具有相同社会区位和距离的居民会形成一种默认的“共有景观”意识，即“我认同我所在的社区景观、我认同我所在的社区行为”。阶层行为文化尊严构成的关键在于对不同类型“社区—场所”的景观资源进行优化配置和设计，这些行为文化景观要素的配置不仅包括对建筑文化景观、场所设施景观、交通景观资源等的可获性、类型标准、新旧状况、保护状况、规划配置等级等进行统筹考虑，而且还应包括对不同社会阶层行为心理接受程度的考虑。因此，维护阶层行为文化尊严的关键在于建构不同类型、不同等级的设施体系，来满足不同社会阶层的行为文化诉求。

本章小结

微区位的“景观尊严构成观”是后现代视角下城市社会学、文化生态学、经济地理学、景观学等学科研究的焦点。不同等级的居住空间可以看作对不同居住区位进行选择、过滤的结果。微区位不仅具有地理、方位、经济的内涵，还具有社会经济文化价值的特征，能够彰显不同亚文化群体对区位价值选择的响应。在宏观应用层面，不同区位景观的相互作用机理、功能、结构和整体调控的途径及对策能够为有效地开发和保护人类生存环境、制定正确的空间规划而服务；在微观应用层面，区位景观价值的作用机理能够彰显出不同的地方意义，能够为社会空间规划、日常生活圈规划、历史文化遗产保护研究提供基本透视原理。微区位景观社会区域公正与公平设计的价值理念在于对不同行为文化价值的区位进行判断和重构。微区位景观尊严构成的核心在于对不同城市情境文化景观的认知判断，并做出积极的响应。

第六章 微区位的“可获性构成观”解构

城市的社会真实性不是被简单赋予的，它是被构建的，并在交流和共享符号化的半封闭世界中保留着相互主观性。日常生活的惯性创造了一个观察世界的特殊视角以及行动的指令。正是生活世界非自我意识和一切想当然的特点，使得它如此依赖其成员，并保证了它的真实性将延续下去。

——戴维·雷

自20世纪70年代以来，西方发达国家先后进入了后工业化社会及后现代社会阶段。城乡规划学界对人居环境问题的关注已逐步转移到提升城市人居环境品质阶段。城市中各类公共服务设施及相关资源的配置水平、质量、等级以及对应的“可获性水平”成为准确诊断及识别城市人居环境质量的重要测度指标。城乡规划学者倡导通过各类服务设施的微区位布局与选址来提升（优化）城市人居环境空间的质量与水平，其最终目的就是营造“以人为本”的城市人居环境，满足社会区域行为文化的基本诉求，提升区位的可获性。对以上问题的探索已经成为当代城乡规划领域关注的热点和前沿。

第一节 微区位可获性的概念认知

微区位的可获性是指承载着各类城市公共服务设施（包含各类城市资源机会）的地点满足城市居民日常生活行为需求的可接近性程度或机

会获得的情况。微区位的可获性是衡量城市人居环境空间品质与水平的基本指标。

一 区位剥夺性

区位剥夺是指区位所承载的各类物质或服务不能够满足广大社会群体的需要，即该区位所承载的各类公共服务设施或资源缺乏或者不能有效满足社会需求，抑或城市日常生活空间中的各类场所较难接近。通过文献梳理可以发现，区位所承载的资源的分布、等级、规模、形象与质量的状况能够反映出其所服务人群的日常生活行为文化特征，这些差异性规律也会揭示出使用者对区位的可获性程度，因每个社会群体的行为文化差异，这其中也必然会存在不平等的获得模式，对此可称为“微区位的剥夺模式”（Tobias，2000）。

二 区位机会性

首先，从人本主义视角来看，机会是指人获得某种需求的可能性。在城市中不同地块的差异往往通过价格来彰显。在城乡规划布局当中，区位的等级及质量与社会经济力量的投入呈正相关关系，所在地点的各类资源和服务质量也会影响区位的特性。其次，在社会区域空间中，不同区位与可接触的各类城市设施资源之间存在密切的关系，即居民日常生活行为活动与潜在的设施资源之间的距离构成了微区位的时空机会结构（Sooman，1995）。因此，居民城市日常生活空间质量的感知水平往往与居民对这些资源所在区位的社会生活的满意度有关，它们构成了城市微区位的机会模式特征。

三 区位可获性

区位可获性指依托区位所承载的客观物质要素或公共服务设施的可获性水平。微区位的剥夺模式及其可获性模式为人们提供了诊断城市日常生活空间健康情况的可能性，这种可能性的大小能促进或者降低居民的健康水平。因此，微区位的可获性可通过机会结构原理，对各类城市公共服务设施所布局的区位进行客观的调查与测量，并可对区位的不均等性进行空间量化分析（王兴中等，2008）。

四 区位补偿性

区位补偿性是相对于区位剥夺性而言的，强调的是微区位的人本性布局规律。即从城市日常生活空间质量、规划与提升的视角切入，通过改善城市各类公共服务设施配置标准，抑或通过完善各类城市公共空间设计（或至少通过补偿性布局），优化提升人居环境品质，改善区位质量，从而提高人对某些地点的可获性水平。这种方式也是新时代城市空间规划的重要手段，从而达到提高城市居民生活水平与提升城市日常生活空间“人本化”质量的目标。

第二节 微区位可获性的构成观点

一 社会本质论

城市人居环境品质是人—地关系及人居环境科学体系所要探索的核心话题，是反映人们一般需求的“自由、民主、机会与平等”的构成特征与水平的指标（加尔布雷思著，赵勇、周定瑛、舒小昀等译，2009）。国外对城市人居环境质量的研究可以追溯到1958年美国经济学家加尔布雷思撰写的《富裕社会》[①] 一书。此后，雷蒙德·鲍尔在其所著的《社会指标》一书中将城市人居环境品质单独作为社会发展的指标进行研究。经济学家沃尔特·罗斯托在《经济成长的阶段》一书中，将社会经济发展划分为六个阶段（传统社会阶段、起步阶段、起飞阶段、持续发展阶段、大众性高消费阶段、追求生活质量阶段）（Rostow，1960）。20世纪80年代以来，公众和学术界对城市人居环境品质更加关注，近年来城市人居环境品质的研究更侧重“宜居性”问题（Rogerson，1999）。

---

① 《富裕社会》由美国著名经济学家和新制度学派的领军人物约翰·肯尼思·加尔布雷思撰写。二元体系论是加尔布雷思剖析现代资本主义的主要理论。他认为二元体系是导致现代资本主义这样的“丰裕社会”仍然存在贫困、资源配置失调、生活质量不高等各种矛盾和社会冲突的根源。他认为，在社会中，私有资源通常干净、有效率、维护得很好，而且质量不断提高，而公共空间则肮脏、过度拥挤，而且不安全。

20 世纪 90 年代中期以来，从人本主义角度出发，国外对如何理解城市人居环境质量与微区位可获性关系的定性与定量研究（Dalgard，Bjørk and Tambs，1995）证明：城市人居环境品质由微区位的可获性水平决定，即构成城市人居环境品质的各类公共服务设施及资源是居民获取健康生活的决定因素（Kawachi，2000）。城市人居环境存在“差异性”的本质在于微区位的可获性。不同品质的社区（或邻里区）在空间上除住宅质量差异以外，其环境构成也有差异，结果就表现在其所在的地方能否提供各种“满意性”的“区位机会结构”，它决定了城市人居环境的品质（见图 6－1）。

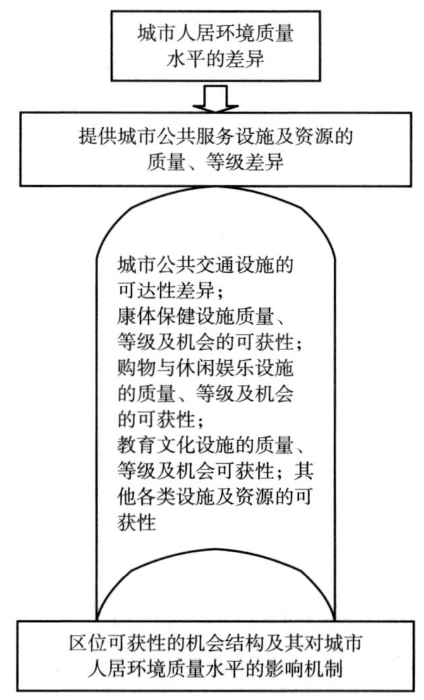

图 6－1　城市人居环境质量差异的社会本质

资料来源：笔者自制。

二　地点差异论

微区位原理中的区位感知和区位特性思想强调的是区位与城市人居环

境品质之间的耦合性作用机制，其目的则体现在对城市人居环境质量的追求上。微区位的特性是区位与所处人居环境之间的一种反馈性的作用机理，不同行为主体通过各种经验以及价值行为活动的积累而产生一种互动的情感关联，进而形成区位的特性。微区位特性则是一个地点区别于另外一个地点的根本，正如“此处”与“他处”的差异一般，是在不同地理环境、社会环境、文化环境下形成的一种地点区位特性差异机制。微区位视角下的人居环境品质不仅涉及整个城市（把整个城市当作一个综合体），而且涉及人类生活的区位，即我们日常生活中的各类场所。这些微区位则由使用者（游客、本地居民、企业家等）的区位感知和区位特性所建构，城市空间资源与设施则是支撑。微区位原理创造了对城市人居环境品质进行解构的新理念，即形形色色的微区位透视着城市人本性居住环境的“最真实”本质，是解剖人本性、可持续性城市的基本方法和维度。

城市人居环境空间由不同类型的社（会）区（域）单元及其对应的社会亚文化群体所构成。微区位将城市人的社会行为文化要素与城市日常生活空间单元耦合在一起，即不同的社会阶层对应着不同的行为微区位特征，并代表着不同的城市人居环境品质。不同社会群体的行为文化差异则直接透视着微区位景观的组织结构特征，即不同的社会亚文化群体都应有与其相适应的区位文化景观。因此，运用微区位原理透视城市人居环境空间的真实目的是构建社会公平与公正的空间规划体系，从而指引城市人居环境景观（场所）的适宜性营造，在城市空间规划中彰显微区位的价值（见图6－2）。

三 认知评价论

用行为和人本主义分析方法对微区位的机会构成结构进行评价，称为微区位的认知评价方法（王兴中，2000）。客观指标只能对区位的客观物质性指标进行“描述”，却不能真实揭示城市人居环境空间所包含的社会行为文化品质的“诉求”。因此，用行为和人本主义分析方法可以从区位的人本体验感知和时空行为地理角度切入，探求城市人居环境空间营造背后的微区位特征规律，这样不仅能够清晰地描述城市人居环境空间的客观

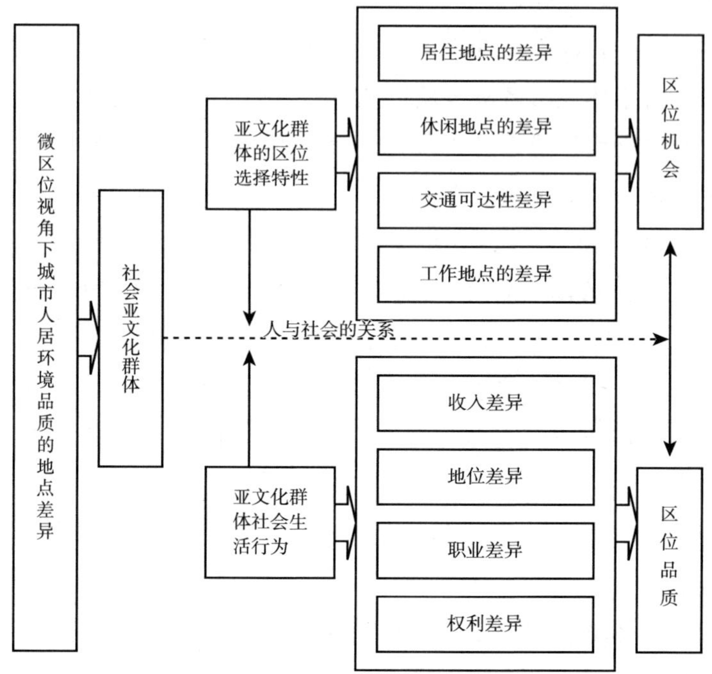

图 6-2　微区位视角下城市人居环境品质的地点差异

资料来源：笔者自制。

物质属性结构，还能揭示不同社会群体对城市人居环境空间（场所）的行为文化心理诉求。同时，借助 GIS 与时间地理学的“时空行为路径分析法”还能够更精准地诠释城市日常生活空间的行为规律，这也是对人居环境空间物质环境评价指标的补充和深化。

（一）微区位可获性认知评价的主要方面

（1）微区位可获性水平的差异性可以形成城市间的人口迁移。国外不少城市用区位的价值差异评价来揭示不同区域的人口流动及其迁移规律（诸如城市中不同居舍的搬迁与置换规律），得出人们对城市不同区位的偏爱态度和情感依赖特性，这与城市人居环境品质的地点营造特性有着很强的相关性，也就是说，区位的偏爱态度决定着人们在城市间的迁移流动规律。

（2）微区位可获性水平的差异性会反映在城市不同人居环境空间的

品质感应认知评价的差异性上。行为认知评价对关于就业、教育、安全、收入、消费、行为动机以及居民的行为文化参与能力等的研究能提供一个更加真实、更加人本化的结论。开展就业空间、产业空间、交通组织、居住空间、游憩空间、文化空间等功能空间的“意向认知评价”与“建成后认知评价”研究对城市人居环境的质量提升规划研究具有重要的引导作用。

（3）微区位可获性水平的差异性认知评价对应着不同的人居环境品质，它能深刻反映城市人居环境空间形成的社会、政治、经济与文化原因，并说明人居环境的客观属性条件并不能完全代表人们对城市人居环境质量的真实认知评价水平。因为有的人居环境质量的恶化往往与社会环境的变化有着密切的关联。微区位可获性水平的认知评价能为城市人本性规划提供决策支持，使城市人居环境向更有利于人们和睦相处的方向发展。

（二）微区位可获性认知评价的主要影响

（1）微区位可获性影响城市各类业态开发与功能服务场所的选址模式，诸如房地产的开发模式、公园微区位的布局选址、公司微区位的布局选址、公共服务设施的布局选址等。社会对城市人居环境品质的评价影响着各种功能性场所及设施的“区位声誉”，并成为城市土地售卖的重要参照因素。人们常常认为城市人居环境品质较高的地点必是住宅开发的热点区位，诸如，郊区开发一直是房地产开发的一种趋势。

（2）由于人们普遍追求城市人居环境的高舒适性以及对具有较高声望的区位有某种依恋性的偏好，因此微区位的可获性评价就成为城市空间规划布局与建设选址的重要依据，较好的区位常常被政府与投资者们所推崇。优质的区位环境已经成为社会中上等阶层彰显“声望”“价值”“身份”“尊严”的主要标签，即力图用某些优质区位来彰显其所具有的较高的生活质量、生活标准、环境品质以及独特的行为方式等。为体现优质区位的特殊性，开发商们通常会嵌入单元（独院）住宅、邻里的适度距离、良好的公共设施、优质的配套教育、高品位的社会文化等要素进行开发建设。但是，这也很容易忽视普通社区规划与适居住宅，使城市不同社区的生活空间质量差异扩大。人们对优质区位的迷恋，引导着城市土地开发与建设的方向，促进城市空间结构不断重构，并影响着城市不同地段人居环境品质的变化与发展。

四 公正价值论

公正价值论主要围绕区位所承载的社会亚文化特性，从经济—社会—行为文化耦合视角出发，目的在于建构草根式、民主式、公正式的微区位选址与布局的结构体系，进而揭示城市各类资源布局与选址中的“机会公平”① “文化尊严”② “公正价值”的发展理念（童世骏，2005），并用以引导当代城市空间规划理念产生革命性的突破，彰显空间规划的“人本主义”价值取向，满足城市人居环境空间营造对微区位可获性价值构成的基本诉求（见图6－3）。

五 规划引导论

城市人居环境空间的塑造离不开城市中各种功能空间、功能亚空间以及功能性场所的科学化建构。这些功能性的空间体系本身就是组建微区位的核心载体。因此，要提高城市人居环境品质，就要提高城市中各类资源区位的可获性，而提高区位的“可获性”只能从城市空间规划与设计，抑或城市空间治理的视角入手进行布局选址引导。从城市空间规划与管理的政策角度来看，利用承载着多元社会行为价值诉求的微区位进行选址布局可以改变“空间进入机会被剥夺”的状况，提高城市空间的社会公正性，减少社会不平等性（见图6－4）。

---

① 美国著名学者约翰·罗尔斯从如何实现社会正义的角度来分析社会公平和自由问题，在其1971年出版的《正义论》中，他论证了两条“正义原则”：“第一，确保每个人具有与别人同样的自由相容平等权利。第二，即使认可社会经济方面的不平等，也必须以机会平等、最差境遇的人的状况在这一格局中比在其他可选择格局中为好作为前提。”罗尔斯的“正义原则”所包含的对社会公平的理解强调了机会公平，尤其是社会弱势群体享有机会公平的重要性。

② 文化尊严就是文化所应有的纯洁性、独立性、严肃性、多元性、先锋性等特质在一定的社会条件下应当受到的肯定、尊重与保护。文化尊严说到底就是民族尊严、人类尊严、历史尊严。民族文化有尊严，整个文化才有尊严，民族才有尊严，维护文化尊严就是维护人类尊严。人类尊严包含人格、道德、经济与政治尊严等。同时，维护文化尊严也就是维护历史尊严。

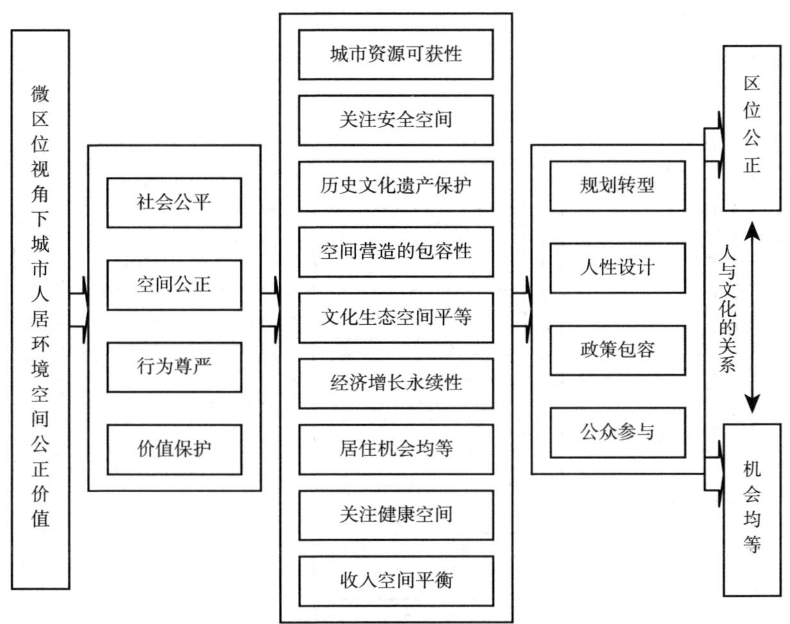

图 6－3　微区位视角下城市人居环境空间公正价值

资料来源：笔者自制。

第三节　微区位可获性的规划响应

一　微区位可获性营建的基本要求

微区位可获性指居住在同一个地域的居民不分年龄、性别、民族、职业、健康状况等都应该平等地享有这个区位及其周边的各类资源，不仅有能力的居民在地域内能够得到就近服务，老人、婴幼儿、残障人士、妇女等弱势群体也能够在地域中得到良好的照顾，即能够依托区位所属资源的共享模式，这不仅是现代化城市人居环境营建的要求，也是城市可持续发展的前提。

（一）微区位可获性营建的内涵

微区位布局规划及营建是指在充分利用区位的物质结构属性与经济社会结构属性的同时，尊重区位的社会文化功能，突出区位的主体性价值与

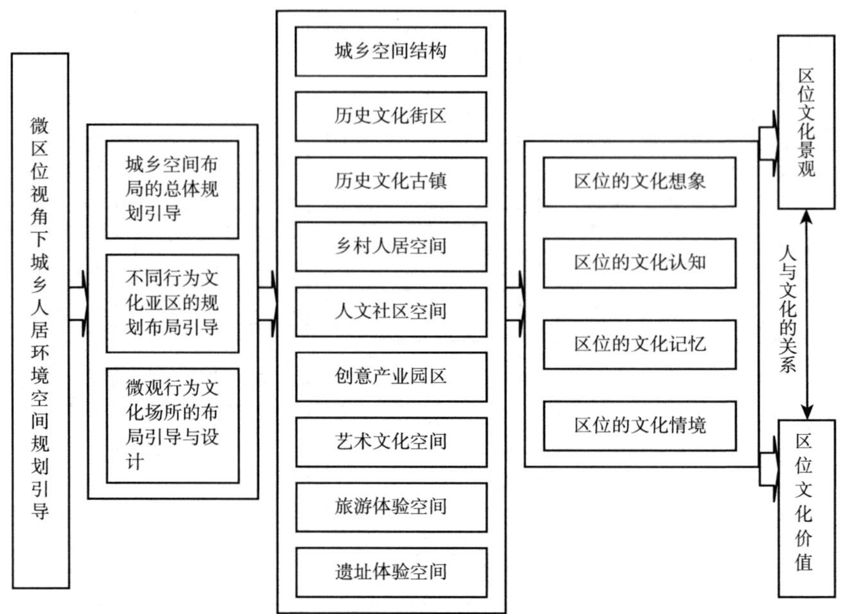

图 6-4 微区位视角下城乡人居环境空间规划引导

资料来源：笔者自制。

社会地位，形成以人为本、具有强烈归属感与凝聚力的场所，最终实现城市人居环境品质优化提升的目的。微区位可获性营建是一种基于人文精神、关注人及社会持续健康发展的场所营建活动，能够体现“以人为本”的地方价值取向以及社会文化、技术经济与形态空间环境相互协调发展的规划设计走向，是对传统人居环境空间规划设计的重要开拓与完善，是中国城市人居环境空间发展的客观需要和历史必然。

（二）微区位可获性营建的准则

（1）系统性原则

微区位可获性营建必须坚持系统性原则。这既体现在影响微区位的各构成要素（人群、地域、生产生活设施、组织结构和共同的社会文化）的共存性上，又体现在地域社会结构、生活活动结构及形态空间结构对区位影响的层次性与复合性上。微区位的选址不能仅局限在经济效率最大化的指向上，还应对与区位相关的社会结构、居民生活、交往行为、文化观念等进行多层次的关注与探求。在复杂的微区位塑造与营建系统中，“人”是整个微区位组织结构单元的中心，要体现出对人的关怀，充分满足人的各种区位价值诉求，提高居民对微区位的地点认同感。此外，在微区位的选址与营建中要充分注重人的生存与发展、资源的配置与利用、社会文化的传承与影响，这三者之间的有机统一与协调是微区位营建系统的基本内容。

（2）适宜性原则

适宜性原则强调不同区位对不同人群为追求生活价值、社会价值、经济价值所进行的布局与选址活动提供的支撑，具有适应性、可行性原则。从微区位构成的地点特性而言，适宜性原则要求区位所属的地点空间环境及相关附属条件（诸如交通条件、自然地理基础等）要有“较好的”品质特性，满足不同社会行为文化主体的多层次需求，即具有微区位可获性营建的物质基础可行性。因此，微区位可获性营建不仅涉及区位所处地方环境的尺度、形态结构、服务设施、道路交通、环境绿化等物质环境要素，还涉及与区位布局选址有关的当地社会文化民俗、道德伦理价值、使用者的态度情感、地方规划管理模式以及社会结构属性等多维影响要素。宜居性要求区位的布局与选址应具备灵活性和弹性，这主要是由于区位所处的环境是一个建成景观不断变化的动态环境，不同的使用者、不同的社会群体、不同的管理者、不同的规划师都会对同一区位产生不同的认知价值，再加之不同使用者的社会收入、文化观念的差异性影响与干扰，因此要根据阶段动态评估不同群体关于微区位的价值认知，进而营造适宜的微区位布局模式。这就要求具有相对固定性与恒常性特征的区位结构形态适应变化的环境（社会结构及日常生活交往方式与需求等）（王彦辉，2003）。

（3）公平性原则

微区位的可获性是社会区域公平发展的重要参考指标。“区位公平”意味着不同社会行为文化主体均对某些区位享有公平使用、有效参与的权利与义务。“区位共享”是实现“区位公平”的重要途径之一，“区位共享”不仅是指对微区位所提供的各种服务设施与资源的共享，也包括对城市环境景观、城市规划公众参与权利的共享，还包括对该区位所能提供的各种服务体验、投融资等义务的共享。公平性原则的另一个重要的意义则在于通过“共享”与“参与”的机制，增强不同行为文化主体之间的互动，从而提升微区位机会获取的公平性，促进各种社会网络的形成和社会资本的充分利用，代替传统型由邻里交往实现微区位可获性的功能。

(4) 可持续原则

区位的自然地理条件是建构微区位的首要条件，也是实现优质区位价值的本底条件，自然地理条件优越的地点或地段自古以来就是人类进行风水堪舆选址的重要依据。可持续原则不仅要维护好优质微区位的自然生态本底条件，还要彰显区位所属位置的自然生态环境的可持续发展能力，尊重自然生态规律，避免对区位自身及周边生态环境的破坏，从而将区位与周边生态环境作为一个整体，促进协调发展。一方面，优质微区位形象的打造要充分考虑自然地理、物理气候及人文地域等因素，在材料与技术的选择、环境的保护、资源的利用、微气候的改善、污染与废物的控制利用等方面进行科学的决策；另一方面，优质微区位形象的营造还要充分考虑区位社会行为文化的生态可持续性，如保护传承区位及其周边的历史文化遗产，充分尊重地方的社会行为文化传统，构建社区及邻里区的和谐文化氛围，加强城市社会区域单元管理等。

二　微区位可获性营建的空间规划策略

(一) 城市公共服务设施微区位可获性的布局引导

城市公共服务设施的布局引导是强化微区位可获性的重要内容。公共服务设施区位布局与选址的合理性，直接影响到城市人居环境空间的品质与健康水平。不同类型城市公共服务设施的微区位布局应充分考虑这个地方的社区人口规模、不同社会阶层的行为文化特征、产业经济规模，从而综合研判设施的可达性半径，划定城市日常生活圈层结构。城市公共服务设施布局选址的微区位条件还包括充分考虑社区居民接近区位的可能性，不是简单地均衡配置，应考虑居民的生活成本、经济收入、行为文化等特性。诸如，城市教育设施的微区位选址应充分考虑所选地点的安全性、便利性，还需要重视步行、休闲绿地等系统的综合布局；城市营业性的商业服务设施的微区位布局应充分考虑社区居民的便利性，遵循微区位市场要素规律，从而灵活布局。

每个城市都有大量城市公共服务设施：公园、学校、饭店、剧院、图书馆、消防站、商店、诊所、医院、幼儿园、邮局、河边小径等，它们是特定地方的服务（依赖特定的微区位），并且呈现分布强度随与某一固定地点距离的增加而减少的特性（见图6－5）。我们必须认识到有些设施（例如学校、足球场、医院等）对一部分人来说是有利设施，但对另一部分人来说可能是不利设施。从另一个角度看，很显然，某些外部性仅向特定使用者提供，而另一些却能够向整个邻里提供。另外，我们必须认识到，每种单独的服务设施都会产生几种不同类型的外部性，例如足球场。最后，还必须注意到，外部性的强度会随人们与特定服务业和便利设施的最短距离的变化而发生变化。因此，公共服务设施微区位机会可获性不但会刺激不同家庭在不同住房供给市场中的竞争和冲突，而且会加速集体政治策略的制定：包括不同机构和组织形成联合以及社区数量的增加。

（二）城市公共空间微区位可获性布局选址的引导

城市公共空间指人们有目的地创造的室外空间环境，它由住宅及其他建筑实体、构筑物围合而成，并结合各种环境小品、绿化、水体等实体要素形成供居民进行各种生活活动、交往集会、休闲娱乐的广场、庭园、绿地及街道场所。城市公共空间是影响城市人居环境质量的重要空间载体，也是促进城市人群交往的开敞空间，其布局及选址与城市居民的生活质量和水平直接相关。公共开敞空间影响着我们赖以生存的人居空间质量，能够影响我们对城市发展满意度的认知（Calthorpe，1993）。城市公共空间在培养居民的地方感方面发挥着重要的引导作用（Talen，2000），城市公共空间不仅是许多社会交往和日常活动发生的场所（Madanipour，2010），还是邻里之间相互熟悉与沟通的地点，它还可以是不同行为文化主体进行休憩娱乐活动的中心、照看幼儿的园地，甚至是聚餐的场地等，因为它的最基本功能是容纳“公共活动”（Hall et al.，2010）。城市公共空间微区位可获性的营建要做到以下几点。

（1）城市公共空间微区位可获性的营建要综合考虑不同的影响要素，凸显城市公共空间微区位布局的“公共性”“便利性”“场所性”特征。不同类型、不同等级规模的公共空间布局选址要结合社会经济发展的现状以及社区居民的行为文化特征进行差异化组合配置，既要照顾“开敞性”诉求，也要照顾“私密性”诉求。同时，公共空间布局选址还要充分考

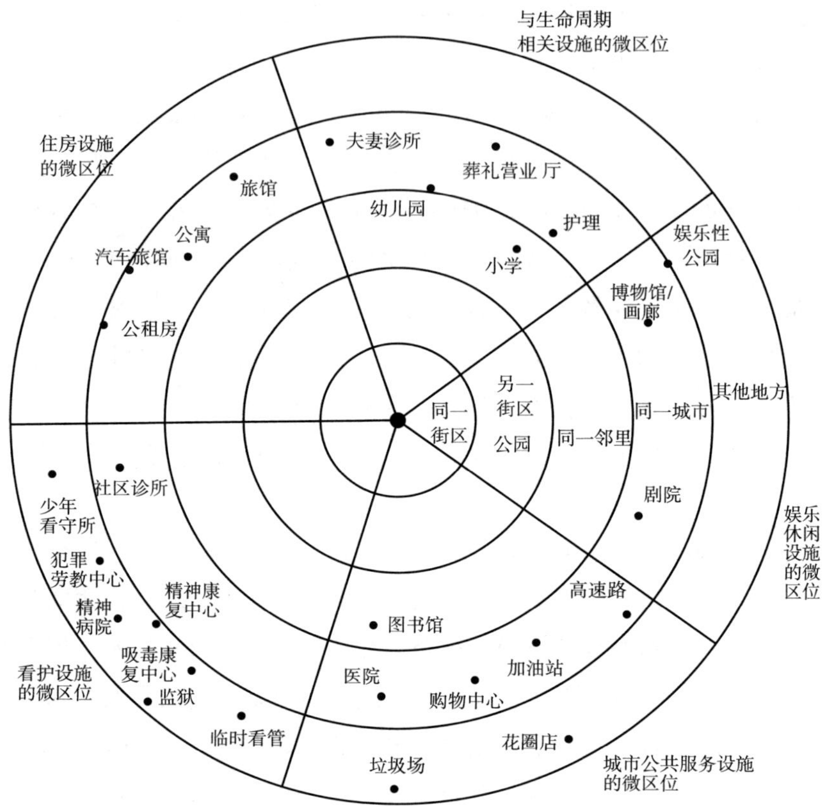

图 6-5　不同公共服务设施的理想微区位示意

资料来源：Ivert（2009）。

虑周边环境的氛围和状况，要营造景观优美、文化氛围浓厚的公共开敞空间。

（2）城市公共空间微区位可获性的营建，应凸显其公共性，倡导社会公正与公平，注重场所“共享”的价值内涵，即城市公共空间微区位布局要为广大居民（包括老人、少年儿童与成年人，健康人与残障人士及不同阶层的社区成员）提供获得的机会，而不是仅仅成为少数社会权威或精英的私有领域，剥夺其他社会群体成员的机会可获性。

（3）城市公共空间微区位可获性的营建，要满足社会伦理、文化风俗、地方智慧、阶层需要、个人诉求、经济发展、空间品质等多方面的价值原则。社区居民和外来游客之间、相邻区位居住单元与其他城市功能单位之间不会因为公共空间的营造而产生“区位冲突”，不同城市要素因公共空间选址的“正确性”能够和谐相处。

（4）城市公共空间微区位可获性的营建，既要对不同社会群体各种类型的日常行为活动规律予以极大关注，又要对所属区域的社会阶层差异属性、历史文化风貌、景观及艺术特色、安全与便利性特征等要素进行高度的识别与映照。

（5）城市公共空间微区位可获性的营建，既要保持一定的地方性，又要适应社会生活的变化。地方性有利于城市形象、城市历史文化传统的保护与传承，并形成自身的特征与脉络；而适应性则是城市人居环境空间可持续发展的必然保证。

（三）城市交通优化支撑微区位可获性的规划引导

城市各种尺度的交通组织类似城市的骨干与脉络，其存在的根本理由，就是链接城市各类功能要素。形形色色的地点或场所在交通线的串接下建构了不同的领域，并塑造出了微区位的基本特征。因此，越来越多的学者认为，城市优质区位的营造、区位声望形象的感知、区位历史文化特征的彰显等都与城市各类交通线网的组织有着密切的关系。地点正是因为有了交通行为的参与才被塑造成微区位，日常生活中那些不同的时空行为路径以及偶然相遇的活动轨迹都与交通网络密切相关，并引导这些行为与地点发生关联，进而重构着区位的特性。城市不同等级的道路体系越完善、越健全，这个城市中不同功能地点之间的区位邻近特性就越明显，区位可获性就越大，城市中的人群在某些区位地点接触的机会就越多，不同社会群体就会无意间相互熟识，进而发展起相互交往、相互帮助的关系，促进健全的城市社会关系网络形成。因而，城市不同道路的组织结构特征（诸如道路的结构形态、道路等级、道路尺度等）对城市社会亚文化群体“区位共享交往”的形成具有重要的影响。

（四）城市居住生活空间微区位可获性的规划引导

首先，针对用地可以采取基于“区位混合效益”的措施。可以考虑从“用地混合”角度进行“精明化”的营造，再充分考虑交通组织的可达性，这样有利于不同“社区”中心的组建，从而营造不同等级、不同功能的“社区—邻里”中心，提升城市的区位活力。

其次，采取“小聚居”和“大混住”模式。“小聚居”对应的是亚文化集群居住结构，即促进相同阶层人群的空间集聚，既保持了社区的同质化，又能增强居民的认同感以及加强居民的凝聚力。“大混住”则是不同阶层人群混合居住，既保持了社区的异质性，又可以促进不同阶层的居民相互理解，有利于消除社会隔阂。中高收入群体对社区环境施加的影响，某种程度上可以改变低收入群体的居住行为模式。

最后，在社区资源规划配置的区位选址方面，社区可以根据低收入阶层的生活需要，设置沿街式的公共配套设施，其余的公共服务设施则集中于社区（或邻里区）中央布局。对于那些大杂居的混合居住的均质化社会区域，在配套规划上应注重适应社会多阶层的不同需求，配套构建高中低档设施，形成丰富多样性的社区资源体系，满足不同主体的需要。而对“小聚居”形式的阶层化社区的存在，社区资源规划配置要营造出区位选址的“差异性”，依据社群消费能力的差异性进行相对应等级的设施区位选择。

三 微区位可获性营建的社会组织保障

首先，微区位可获性面向的是不同的区位使用者（社会群体或个人）。因此在微区位可获性营建方面要突出不同区位使用者在城市各类空间景观营建中的主体性地位，实现人人参与区位景观建设，培育发展微区位可获性的社会文化网络，促进不同社会阶层进行交往，满足不同社群的多样化需求。不同社会群体对区位的感应认知水平及接受能力是微区位可获性营建过程中不可忽视的一部分。

其次，微区位可获性营建是城市空间内部与外部各种社会力量相互作用的景观化反映。尤其在市场经济条件下，没有一种单一的力量可以完全决定城市空间的发展，否则这种发展必将是畸形的、不可持续的。无论国家计划还是市场机制均有其各自难以克服的局限性。因为，政府的行为常常以扩大或维护自身权力为导向，而市场、私营部门则往往以增加和维护自身的利益为目标。很多情况下，规划的结果都与大众的真正需要相悖。所以，只有人们相互帮助从而改善人居环境，才是最好的办法（何兴华，2001）。

最后，应建立微区位可获性营建的公众参与机制。促进公正参与早已成为欧美众多发达国家城市空间规划体系中一个重要的环节。近年来，公众参与也引起了我国各级政府及规划、设计部门的重视，并展开了相关研究和探索。基于此理念，在微区位可获性营建中，应充分考虑不同“区位使用者”（本地居民、外来游客、企业等）的“公共参与”表达，建立政府、市场及社会相关组织力量“广泛参与”的模式。区位参与活动的广泛性是指区位使用者不仅要参加区位所属人居环境质量的优化提升过程，还应参与区位相关行为文化活动植入的过程，并积极参与规划设计、开发营建以及长期的维护改造等，从而有效提升微区位可获性的水平，保持区位营建的活力，促进人居环境质量的提升。

本章小结

“区位可获性”强调的是区位所承载的客观物质要素或公共服务设施要素的可获性水平。本章通过对西方发达国家城市不同（社会）等级的社会区域的微区位营造规律分析，发现区位所承载的设施或资源的数量与质量对人居环境的质量有很大的影响，进而使人们对区位的可获性产生差异，形成“区位剥夺”的状态。城市公共服务设施的区位布局选址是城市人居环境空间规划领域的重要内容。城市公共服务设施微区位布局选址的合理与否，直接影响到每一个使用者的生活质量和健康水平。微区位可获性营建是一种基于人文精神、关注社会群体及人居环境健康可持续发展的场所营建活动，能够体现出“以人为本”的地方价值取向以及社会文化、技术经济与形态环境空间相互协调发展的规划设计走向，是对人居环境空间优化提升研究的重要开拓与完善，是中国城市人居环境空间发展的客观需要和历史必然。

第七章 微区位的“文化认知观”解构

新型城市中心的标志并非歌曲和故事中流传的纽约人行道，因为这里往往很少有人行道，而是在极具特色的公司园区中围绕着小山和池塘的慢跑道。这些新中心通过喷气式飞机、高速公路和屋顶的卫星接收器来与外界联系，而非火车或地铁。它们的标志物不是骑在马背上的英雄，而是位于公司总部、健身中心和购物广场中心的阳光和常青树。这些新的城市中心既没有过去城市富裕阶层留下的屋顶公寓，也没有过去城市穷人居住的廉租房。相反，它们的景观结构是大名鼎鼎的独户分离式住宅和被草坪环绕的郊区家庭……

——Gurreau

第一节　微区位的行为文化内涵认知

一　文化功能意义认知

城市是文化产生的空间载体，也是文化现象发生的容器。城市的地理环境、形态结构、景观构成、社会形态、产业形态等都会对人的感应认知体验产生复杂影响。城市的自然地域特性和社会环境结构特征与微区位的建构有着密切的关联。不同城市的区位文化特征有极大的差异性，而且区位的文化特征有可能随着全球化的发展而出现衰落的趋势，从而使人们对人居环境空间的体验感下降。西方国家对城市微区位的研究已经深入如何识别及诊断城市的“区位病”，并试图提出“区位病”的解决措施这一层面。

微区位的文化认知观具有两重意义，其一是微区位的景观形态意义，即区位的物质景观实体，它们构成了城市微区位的“客观”具象景观。其二是微区位的行为文化意义，即区位之于城市社会空间结构的行为文化要义。微区位作为城市人居环境空间的重要组成部分，既可以被看作客观的物质景观，也可以被理解为引起人们产生“地方感”的关键要素。人与周围环境构成了一种基于“区位平台”的“空间融合系统”，不同的行为文化主体对区位具有不同的认知情感，并身处区位环境中满足自身的价值需求，即微区位文化认知功能的意义不仅反映在城市居民的基本物质空间需求中，而且体现于城市的形象价值空间中。

二　行为生态文化解析

从行为生态文化视角分析，微区位与城市不同社会亚文化群体的日常生活行为活动密不可分，城市生活行为作用于区位（地点）环境（包括城市自然环境和城市社会环境），城市区位环境再塑造城市人的生活行为，两者相互作用、相互影响。大多数的城市微区位从形态的角度讲，只是以地点（内容或）的形式存在，从人本主义文化认知的角度讲，区位的使用者为区位附加了情感和意图，这时的区位才具有文化功能意义。人们可以对微区位所在的物质空间环境进行改造和设计（自然方面和社会方面），设计的效果如何取决于设计人员对区位潜在使用者的特点了解到何种程度，取决于人们在做出区位决策时所持有的价值观，以及人们在这样的环境中期望获得什么类型以及何种程度的体验（原欢祥等，2002）。

三　行为文化认知类型

（一）现象文化认知类型

加拿大人文地理学者戴维·雷、美国城市学家凯文·林奇等已对一些微区位的感知类型与结构进行了系统的探讨。核心的观点是，不同的行为文化主体受感知体验规律的影响会对不同的区位产生差异性的认知评价，大脑中客观存在不同类型的区位特征（或意象区位、区位意象认知面），这些感知的区位称为现象文化认知区位，或称为区位意象。因此，区位的“现象文化认知”概念，不断地确定城市日常生活空间中人们的行为文化区位及与其对应的尺度和界限问题（易峥等，2003）。

（二）功能文化认知类型

城市具有不同的功能结构，居住、办公、游憩、交通等功能建构了城市空间的功能结构体系，并影响着城市不同地点、场所的微区位功能构成，不同的地点，其区位功能特征可能是符合办公选址的、居住选址的、休闲娱乐业态选址的、商业布局区位选址的等。城市中不同的业态布局都有其对应的区位类型。从文化的构成来看，区位本身乃是人们创造的“选址”行为文化结果。中国传统的风水地理思想本质上也是一种“选址”文化行为，因此就会存在“区位氛围”“区位价值”“区位优劣”等复杂的区位情境问题。

第二节　微区位的文化功能感知要素

不同行为文化主体的微区位文化感知功能是指与特定的人或社群紧密相关的对于某一地点产生的行为文化认知反映。这种地点可以被称作真正的“区位”。因为这种类型的区位具有明确的社会文化和身份特征，把有关区位使用者的文化价值属性及与其对应的行为文化生活气息信息传递给不同的使用者。不同行为文化主体的区位文化感知和其他类型的环境一样，有助于满足使用者的基本社会生活诉求，特别是涉及区位的有关个人安全、身份、社会联系和成长需要的满足。

一　微区位感知的积极面向

（一）微区位安全特性的感知

不同行为主体区位感知的一个明显特征是寻求某些安全的区位环境，这种环境有助于个人保护或避免周围环境所带来的威胁。研究发现，即使是在精神病院里面，也有专门的“自由区位”供精神病患者暂时摆脱医护人员的看管。在家庭内，家庭成员也会把某些领域作为自己的专门范围（如，妈妈在“她”的厨房里，爸爸在“他”的工作间里等）。而居住在狭小空间中的家庭，由于不具备这些个人的区位尺度，与那些具有这方面条件的家庭相比，其分离和发生各种冲突的可能性要高很多。

（二）微区位身份特性的感知

身份特性是彰显一个人社会身份感和社会地位的重要标志，是第一个用来界定行为主体微区位选择的功能要素。不同行为文化主体的微区位选择观可以被看作一种象征物，行为主体通过微区位选择彰显身份定位。如一所房屋可以同时有几种功能，家庭、办公室、陈列室等，这些微区位信息可以在一定程度上显示出主人的职业、兴趣爱好等特征。个人的办公场所是一个很好的例子，办公人员对自己的办公室进行特别设计，里面摆放着一些个人兴趣的象征物（家庭、喜好、艺术、植物等）。当然，从环境中寻找个人身份特征方面的线索时，应该清楚进行选择的人是谁。例如，许多为名人修建的纪念碑都反映了组织者的观点，他们的思想影响了该环境的微区位布局特征，有时甚至把许多名人从未使用过的要素添加进来，使行为主体微区位布局规律违背了事实。

（三）微区位社会特性的感知

微区位通常的组织建构方式可以帮助不同的行为主体在某些地点控制与他人的联系模式。例如，办公室的主人对其办公室进行特别设计，借此限制来访者的活动范围。同样，也有相反的情况，有的办公室的陈设和灯光经过了精心设计，营造出一种特殊的氛围，有利于产生融洽亲密的感情。

（四）微区位成长特性的感知

有些行为主体人会把微区位作为其成长和发展的激发性条件。微区位应该具有动态性，而不能是静止的，这样能更好地激发人的成长。一个人不可能从开始就完美地设计好自己所属的区位领地，从此不加任何改变。作为个人成长的一个激发性因素，自由地对区位领地进行改善或者加以特别的营造是微区位设计营建价值的关键所在。

二　微区位感知的消极面向

微区位并不总是能起到正面的影响，有时会产生消极的功能面向，主要呈现为交流障碍功能，表现在以下三个方面。

（1）不同行为主体能够从微区位所在的环境中获得一种安全感，但有可能会成为与其他人进行交流的障碍。

（2）不同行为主体如果对某一个微区位迷恋到一定程度，有可能会丧失理性，也就很难创新微区位。

（3）微区位如果过于个性化，对其他人就几乎没有可利用价值。因为众多的行为主体，尤其是经济的理性人更多的时候是遵循区位布局的一般性法则。

三　微区位感知的构成要素

任何一处微区位的氛围均由若干情境要素组成：微区位的本体形态及其实体构成、自然地理环境、区位使用者、行为主体的使用或活动方式、文化生态。社会、地方、时间、设施、文化、情感是微区位特征的六大构成要素，正是通过这些要素，我们可以在时空大坐标下描绘出一个地区的人群在特定的人文区域中形成的特定的亚文化社会生活特征。微区位是不同社会行为文化主体日常生活行为（及需求）和城市地点环境之间相互作用的空间选择结果。日常生活行为与环境两者之间的作用过程大致上可以分为两个部分：（1）个人对环境中的存在物进行感知，并把它们组织成可以使用的区位认知信息类型；（2）在初步形成认知的基础上，个人逐渐意识到在某一特定时间内，该地点的环境特征状况以及各种特征的组合状态。

四　微区位感知的结构分析

微区位是人们的日常生活行为得以实施的区位聚合体，也是一个有复杂结构的社会生活体系，一方面构成微区位社会功能认知的社会、地方、时间、设施、文化、情感六类要素其本身内涵丰富，自成体系；另一方面，不同要素之间存在复杂的互动和组合关系，从而使微区位体现出丰富的结构特征（见图 7－1）。

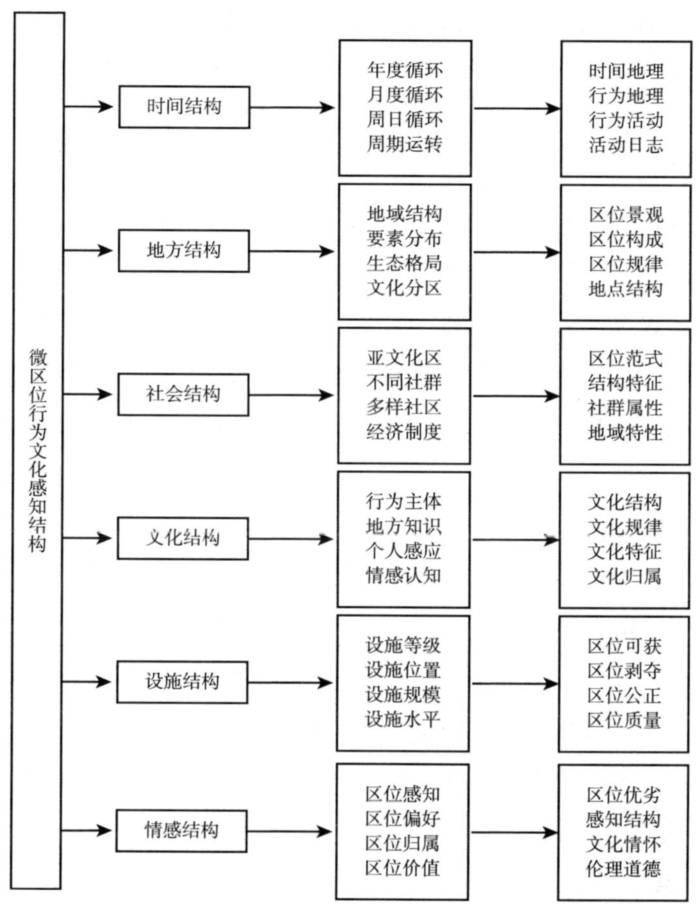

图 7－1　微区位行为文化感知结构

资料来源：笔者自制。

（一）时间结构

从微观的角度看，微区位表现出明显的日周期和星期周期的运转特征。从中观的角度看，微区位表现出明显的阶段性特征。分析微区位的时间性，有助于我们从整体上把握微区位的发展规律，从微观的居民生活规律，到中观的地域结构完善、设施设置、人口聚集及生活方式变更等规律。

（二）地方结构

微区位的地方性概念本身内涵丰富，包括环境的自然特性和社会特性两个方面，这就使微区位的地方结构分析包含两个内容：一是指微区位的地方诸要素本身的结构特征，如地形结构、生态结构、地质结构、资源结构等；二是指以地方为平台展开的各种生活行为文化要素的分布状况。

（三）社会结构

笼统地讲，所谓微区位的社会结构，就是区位使用者的社会阶层文化特征分异状况。人具有生理、经济、文化、政治等多重属性，这就使得微区位的社会结构包括年龄结构、性别结构等内容；微区位的社会结构可以用收入结构来反映，即以文化、政治特征为依据进行社会结构分解。

（四）文化结构

文化是一个宽泛的概念，包括教育素质、心理状况、制度安排、历史传统、习惯风俗、价值取向等多个方面。微区位的使用者是区位行为文化活动的主体，也是区位文化作用的主体，因而所谓微区位的文化结构就是指上述诸文化要素在区位使用者中的分布状况。通常可以从微区位使用者的职业结构、文化素质、心理结构、制度结构等方面考察区位的文化组织特征。

（五）设施结构

一个发育成熟的微区位通常拥有一整套相对完备的城市资源及公共服务设施，是保证人们进行个体活动和交往活动的必要载体。城市公共服务设施的数量和质量如何，是衡量区位品质的一个重要因素。区位周边设施和环境的完善程度是区域经济社会发展成熟与否的重要标志，决定了这个地方的生活水平。

（六）情感结构

情感是指使用者对区位环境进行体验后产生的在感情上和心理上的一种归属感和认同感。区位使用者在特定的时间和地点中，对区位及周边环境有不同程度的感知和利用，会产生情感上的归属感。“情感归属”是微区位特性类型的一个相对普遍的类型。情感归属感的强弱与区位的利用强度、利用时间长短以及区位的文化联系和社会经济利益相关。

第三节　微区位的质量评价体系构成

一　微区位质量的认知评价

随着后福特主义和后工业化主义的到来，城市居民生活方式的异质性、差异性、个性化趋势日益显现，因而创造出多样化的微区位，满足不同行为主体的区位选择需求成为城市规划的主要目标之一（田银生等，2000）。同时，具有不同行为文化背景的主体对城市微区位的评价亦成为城市人居环境空间质量评价的核心内容之一。

对于区位的质量评价，目前国内大部分研究集中于城市人居（宏观）环境、城市产业布局的相关区位评价体系上，部分研究涉及了主观因素（区位满意度）的评价，已形成了相对完善的指标体系、量化方法和评价准则（宁越敏等，1999）。但对于区位质量的评价，经常容易忽略以人为本的主体变量因素，把区位当作“无人”的地点。而微区位的质量评价应从“新人本主义”的角度出发，运用其综合表达主体变量的功能，包括重视女性、儿童等人群的需求，采用结构主义和行为地理学方法，以区位的地点行为文化生态模式构成替代传统区位评价中的“成本最小化—效率最大化”结构，并进行感应认知分析。

二　微区位质量的评价单元

西方国家有关城市形态空间、经济空间、社会空间评价方面的著述很多，而且各自都有其评价侧重点和评价要素的选取标准。从物质形态与人本主义角度来看，区位质量评价应包括两个方面因素，这两个因素是“区位自身的构成特征”和“使用这个区位的社会评价”。区位自身的构成特征和使用这个区位的社会评价两者从整体上为我们对微区位评价提供了大致的思考方向，同时也为我们营造、改善或剔除某一个特定的区位提供了参考标准。从不同行为文化主体对微区位的文化功能感知角度讲，微区位建构了城市社会空间结构的内容，进而构成城市日常生活空间规划的基础。

三　微区位的功能评价体系

(一) 微区位的功能性认知

微区位的功能既受区位自身关系结构的制约，也受区位与外界社会环境关系结构的影响。微区位的自身结构决定着区位的性质和方式，是微区位功能得以发挥的内在依据。社会环境影响微区位功能的导向和规模，是微区位功能变化的重要依据。微区位的功能主要包括：业态布局选址功能、居住布局选址功能、交通引导发展功能、健康环境引导功能、文化教育引导功能、社会形象引导功能等（杨贵庆，2000）。对微区位的文化功能质量进行评价除了包括物质环境、社会环境和感知行为环境方面的多重评价要素外，还应该包括以下方面：（1）微区位类型（多样性程度）；（2）微区位配置（聚集与分散程度）；（3）微区位的等级结构；（4）微区位功能—效用；（5）微区位安全性；（6）微区位可获性（经济条件）；（7）微区位的管理和效率；（8）微区位与社会公正性。

(二) 微区位功能评价体系

微区位的类型划分与评价方法多种多样，对其进行质量评判也存在多学科研究领域的区分，而从微区位的空间功能角度进行分析与评判可以很好地揭示城市社会空间与城市生活行为两者之间的作用关系，有利于辨识在空间上具有重合性、叠置性，在时间上具有序列性的城市社会—经济空间的本质特性。对微区位的功能评价将会因城市形态空间演替、居民文化价值观念转变、城市居民生活方式变化而出现大量新的特征（见图 7 - 2）。

第四节　微区位建构的社会需求动力

一　基于马斯洛需求层次论的整体建构

美国心理学家马斯洛将人的动机需求分为“五个层次”，分别为生理需求、安全需求、社交需求、尊重需求、自我实现需求，并由低到高形成阶梯。

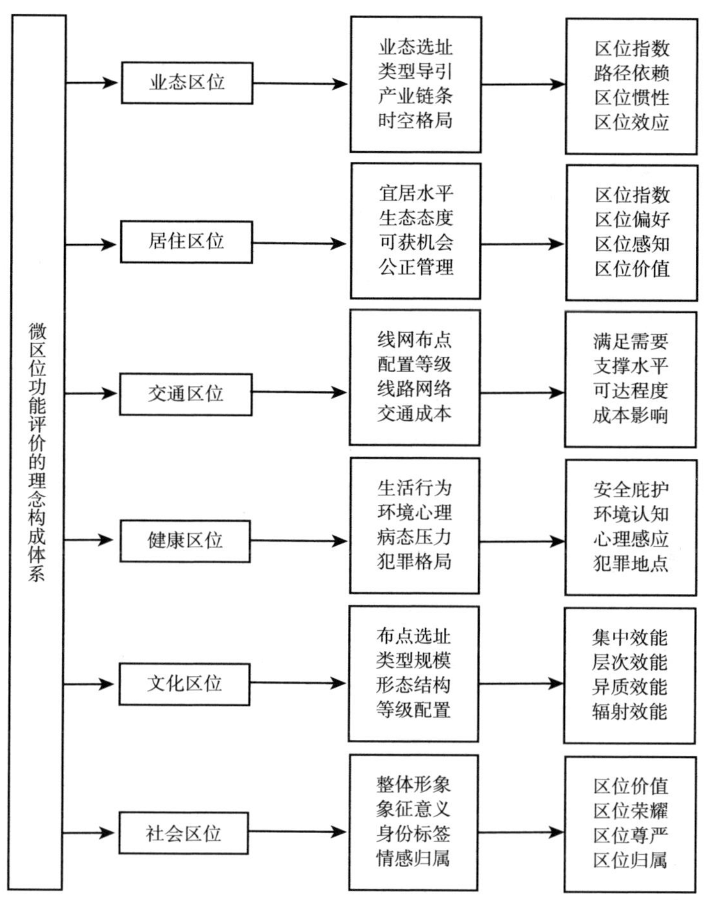

图 7－2　微区位功能评价的理念构成体系

资料来源：笔者自制。

生理需求是人们维持生命的基本需要；安全需求要求职业安全、稳定、劳动保障、职业保障、社会保险等；社会需求是指在感情、友谊、爱情、归属等方面得到关心与照顾；尊重需求包括自我尊重，如独立、自主、自由、自信，以及社会尊重如地位、名誉、推崇等；自我实现需求是最高层次的需求。

丹麦心理学家英格丽特·格尔在《生存环境》中，将人的生存需求分成三个部分：一是生理需求，休息、卫生、食物、阳光等；二是安全需求，安全防卫、污染控制、交通安全；三是心理需求，交往、体验、私密、美感、正名（在环境中表现自己的某些东西）。

从需求层次角度来看，以地点空间方位形式存在的区位及其对应的行为文化景观特征也是满足人们需求的现实景观形式，它不仅为满足人们的尊重需求提供物质空间，而且也为满足自我实现需求和心理需求提供社会—心理空间。人的需求是由低到高的，同层次的需求可能在同一时间共同发挥作用，但依据具体情况总有某一层次的需求在其中发挥主要的作用，因此人们对区位的需求也在不断提高，进而发生动态变化。

二　高级需求行为活动的价值推动

20 世纪以来，社会学认为，发达国家（特别是城市）逐步进入了后现代的消费主义时代，社会鼓励大众消费，鼓励大力发展休闲娱乐产业（王雅林，2003）。为此，人们一系列的行为文化活动方式也发生了变化，如表 7 - 1 所示。

表 7 - 1　高级需求行为活动方式转变模式

乡村	城市
户外	室内
多有宽阔的场地、河流；户外游戏	多在特殊的建筑或在家里；室内游戏
参与	观察
更多地依靠自己实现休闲目的，更多地谈话和交流	更多地依靠专业演艺人员，更多大众传媒，更多地阅读
非商业性的	商业性的
很多在学校、家里和公共建筑中的活动	主动为娱乐场所、剧院、商业机构付钱
以群体为中心	以个人为中心
家庭活动；教区	尊重个性；家庭约束力小
选项有限	选项丰富
居民的兴趣范围相对很小	个人的兴趣爱好多；休闲活动非常丰富
普及性的活动	专业化的活动
很少有机会发展或运用特殊的游戏技巧	需要更多的专业化训练
源于实际生活	源自“文化”
休闲是家庭生活和劳动技艺的派生物	兴趣在艺术性的活动中迷失

续表

乡村	城市
自发性	组织性
几乎不需要对游戏活动进行正式组织	依靠娱乐专家
以身体为主	以智力为主
体力游戏;从体力劳动中演化出来	更多地阅读,创造性地活动
无阶级性	阶级性
与阶级地位无关	休闲是地位的标志
保守	时尚
游戏方式改变缓慢	紧跟时尚

资料来源：Shank（1986）。

综上所述，消费主义时代的到来导致人们的行为文化活动呈现商业化、个性化、益智化、阶层化、专业化以及时尚化的特征。不同层级的行为文化活动已经成为显示身份、地位的标志，因此探究消费行为文化活动及其相关业态的布局选址规律已经成为消费主义微区位研究的核心任务。

三　健康消费需求活动的日益增多

城市社会地理学认为，生活的本质是阶层性、生命周期性与亚文化特性。而最能代表其特性的空间因素则是各类行为文化活动的微区位，尤其是商业微区位。伴随社会经济的快速发展，人们的工作、生活方式发生了阶段性的改变，人们的闲暇—娱乐的价值取向也发生了阶段性变化。首先，从“金钱密集型”（剧院、私人俱乐部）向“时间密集型”（参观博物馆等）转变，休闲、游憩已经逐步从富裕阶层特有的消费转向大众化消费，游憩已经成为普通大众生活的主要组成部分（Pinnell，1996）。其次，20 世纪后期，大众对娱乐场所的需求与日俱增（见表 7－2）。最后，随着文化媒体与科技手段的介入以及城市的发展，对区位的时空行为特征也在不断重构。由于人们对健康与环境日益关注，对营业性休闲娱乐场所的区位布局的关注度日益提升。现代城市中一系列创新型的场所区位开始出现，整个现实社会被构建成为一个“自由的需求和潜能赖以解放的生活世界”（赵多平等，2008）。

表 7-2 20 世纪 90 年代休闲、游憩行为活动的变化趋势

重要性提升	重要性下降
工作与闲暇时间转换的灵活性	传统的工作模式
兼职工作	全职工作
志愿者工作	昂贵的专业性强的娱乐
生产性、创造性休闲、游憩活动	到饭店就餐
学习性活动	有严格时间限制的旅行
时间自由的活动	"昂贵"的活动

资料来源：参见 Sirvent（1983）。

四 基于社会发展特征的区位决策耦合

国外经济学研究认为，生产的最终目的是满足人们的消费需求。随着人均收入的日益增长（用人均 GDP 表示），消费结构也随之变化，其趋势是恩格尔系数逐步下降，非食品消费支出和储蓄的份额相应上升。消费结构的变化必然引起产业结构的变化以及对应产业区位存在形式的变化，诸如在追求生活质量阶段，某些产业进行区位决策更加看重的是区位自身及其周边的文化氛围、交通可达性、生态环境质量与形象价值声望等；相反，在传统发展阶段，不同行为主体追求的是区位的经济集聚效应，而较少关注区位的社会文化形象。

第五节 微区位塑造的社会形成机制

一 微区位的文化生态机制

（1）社会经济产业布局的微区位建构机制。该理念认为，城市首要的发展任务应该是经济的集聚性，不同城市功能业态讲究集聚性和成本效应，在土地利用布局上讲究功能结构的系统性（Gandhi，1993）。由于微区位的形成与空间经济行为活动有关，并影响着土地利用状态（帕克等著，宋俊岭等译，2012），所以该观点认为，微区位的营建机制总体表现为城市空间结构形态，并以土地利用类型为主导。

（2）基于人类文化生态原理的微区位机制。该理论具有文化的社会功能决定论色彩。微区位的形成与占据该区位的社会行为文化价值属性密切联系，区位的象征价值使有某种相同文化价值的个体和群体在这个区位上聚集。区位的物质环境属性建构了微区位的文化特质，文化在城市中的功能变化导致微区位类型及其结构的变化，并表现为以土地利用差异性为主导的关系。

二　微区位的生活响应机制

伴随社会发展、城市日常生活的多样化以及社会不同亚文化群体的形成和发展，微区位的地点组织结构也在不断进行适应调整，从而针对城市日常生活行为文化规律进行适应性建构。由于不同的行为文化主体能够表现出不同的社会阶层等级性、生命周期性及亚文化特性，因此，微区位空间组织结构呈现了等级化、类型化、消费化和体验化趋势。同时，区位的内涵进一步分化，并衍生出对休闲购物、康体保健、刺激愉悦和休闲娱乐行为微区位的认知诉求。

三　微区位的经济响应机制

随着全球经济一体化的快速发展、信息技术的快速更新，区域经济空间与地点空间结构也不断进行重组和调整（Rogers and Larsen，1984）。随着城市经济、政治的重构，微区位的地点承载形式也在发生一系列重构性的变化，从而形成了以技术、劳动力、资本和政策为取向的全球化流动空间网络，最终促使新类型微区位产生和聚集（Foster，2006）。

本章小结

从行为生态文化视角分析，微区位与城市不同社会亚文化群体的日常生活行为活动密不可分，城市生活行为作用于城市（区位的）综合环境（包括城市自然环境和城市社会环境），城市综合环境再塑造城市人的生活行为，两者相互作用、相互影响。大多数的城市微区位从形态的角度讲，只是以物质的（内容或）形式存在，从人本主义文化认知的角度讲，使用者为区位附加了情感和意图，从而使区位具有微观的文化功能意义。人们可以对微区位的物质空间环境进行改造和设计（自然方面和社会方面），设计的效果如何取决于设计人员对微区位潜在使用者特点的了解，取决于人们在做出区位布局与决策时所持有的价值观，以及人们在这样的环境中期望获得什么类型与何种体验。

本章研究得出以下一些结论：(1) 微区位具有不同类型的构成要素，在时空大坐标下，正是通过这些构成要素，一个地区的人群在特定的微区位中形成特定的亚文化社会生活特征；(2) 不同行为文化主体对微区位的文化功能感知要素包括安全特性感知、身份特性感知、社会特性感知、成长特性感知等多维方面；(3) 微区位是不同社会行为文化主体日常生活行为（及需求）和城市不同区位（地点）之间相互作用的空间过滤结果；(4) 微区位的质量评价则以“新人本主义”为出发点，运用其综合表达主体变量的功能，包括重视女性、儿童等人群的需求，采用结构主义和行为地理学方法，以居民生活方式的空间构成为出发点，对微区位质量的认知评价进行探索性分析；(5) 构成微区位社会功能认知的时间、地方、社会、设施、文化、情感这六类要素本身都内涵丰富、自成体系，不同类型要素之间存在复杂的互动和组合关系，从而促使微区位呈现丰富的结构化特征。

第八章

微区位的“中产阶层观”解构

……贫穷将个人限制在特定的建成环境下；最糟糕的是将其限制在最差的住宅类型中，而最好的情况也只是将其限制在地方公共住宅中；但二者都意味着对设施区位可达性的缺乏。

非个人社会环境的缺陷还可能与穷困的个人社会环境相混合，而对于后者，“不受欢迎”的价值观和态度的蔓延可能会产生毒害作用。

——赫伯特·斯皮格伯格

第一节　中产阶层化的概念和内涵

一　中产阶层

对“中产阶层”这一概念迄今为止仍缺乏一个明确统一的界定。“中产阶层”拥有“中间阶层”“中等收入者”“中等阶层”等称谓（李培林、张翼，2008）。按19世纪英国法学家亨利·萨姆纳·曼恩的看法，在不同的社会发展阶段，人的社会地位也在不断变化（周晓虹，2005）。尽管按马克思的观点，阶级现象古已有之，但在前农业社会，社会分层常常是由先赋因素决定的，即曼恩所说的“身份”；只是在工业社会，由后天的经济社会和自致因素决定的社会分层，才是我们现在常说的“阶层”（毛蕊，2006）。事实也是这样，在18世纪中叶欧洲重农主义者使用class

一词之前，人们通常使用的是 status，estate 或 order：前者强调的是各个不同群体的经济功能，以及与此相关的职业因素，而后者强调的则是身份的差异（Rubinstein，1991）。因此，可以说阶层是一种动态观，在现代社会的演化潮流中，人类的分层结构不断发生转变，并对传统的社会结构进行重构，从而改变了那些影响社会阶层地位的因素。于是社会阶层化成为城市社会空间分析当中的一个重要参考因素，中产阶层也作为社会阶层结构体系中一个最为典型的社会阶层而出现，因为中产阶层代表着一种生活潮流和生活范式。

马克思、恩格斯较早地探讨了“中产阶级”问题，其在 1848 年的《共产党宣言》中就描述过资本主义社会的阶级斗争与社会流动。在马克思的多种著作的中文版中，那个被称为“中等阶级”或“中间阶级”的群体在德文版中为 Mittel Klasse，在英文版中被译作 Middle Class。也有人在重译《共产党宣言》时，将中产阶级的英文译成 Intermediate Strata（周晓虹，2005）。对社会结构的变化怀有高度的敏感，并且最早关注到中产阶级出现的人还是马克思。马克思不仅提出了现在仍然常为人引用的阶级分析方法，而且也是最早论述阶级及社会分层的代表性学者之一。尽管马克思在单纯论战性的文章中大多持二元化或极化的资本主义分层模式，但他在其他许多文章中也使用过更为复杂的包括其他阶级在内的分层模式。尤为重要的是，马克思不但使用过“中产阶级”的概念，而且可以认为他本人就是这一概念的创用者之一。因此，可以认为在马克思和恩格斯著作的中文版中使用的“中等阶级”“中间阶级”的概念就是我们这里的“中产阶级”。据不完全统计，在《马克思恩格斯全集》（1～39 卷）中，直接论及中产阶级或中间阶级的地方就有 83 处之多。在马克思那里，中产阶级的基本构成包括小工业家、小商人、小食利者、富农、小自由农、医生、律师、牧师、学者和为数尚不多的管理者。而中产阶级的划分依据，基本上是这一群体对生产资料的占有关系。

社会学家马克斯·韦伯则把中产阶层理解为：“中产阶层为有半职业化的或者与自营者相类似的收入水平，沉浸于家庭生活与城乡的共享文化，并且因为拥有社会所需要的技能和财富，而具有抵御社会危机的相对保障，95% 的美国人把自己看作中产阶层，使用社会学的测度方法看起来就会有所不同。事实上，这些人中有些明显可以归纳为上等阶层或者低等阶层。”

英国大百科全书网站对中产阶层的定义是指那些在社会阶层中既不是处于最高层也不是最低层的人。但是它是与顶端和底端相对应的社会阶层。人们通常把那些具有一定程度的经济独立性，但是在社会中的影响或权力都不大的人群主体部分称为“中产阶层”。如在美国，一个拥有自己住房且自己亲自打扫清洁的小业主就可被称为中产阶层。对中产阶层的界定可以从行为方式、历史背景或经济关系、资产和历史地位等方面来进行（胡玲、陈祖洲，2010）。

中产阶层的规模取决于它如何定义，是根据教育程度、财富、成长环境、遗传关系、社会网络、举止礼仪还是价值观等来划分，还是有其他可以考虑的因素，目前尚未达成一致见解。在西方，以下因素在现代语义上经常被归属为“中产阶层”（夏业良，2006）。

①拥有较高的学历，包括所有的金融投资家、律师、医生和牧师，而不论他们的闲暇和财富如何。

②信奉资产阶级的价值观，比如说有很高比例的自有房产或者长期的租赁使用权，以及被认为是安全稳定的工作。在美国和英国，政治家们通常会瞄准中产阶层的选票。

③生活方式，在英国，社会地位一直是比美国更加直接地与财富联系在一起的，并且还可以通过口音、举止礼仪、接受教育的机构和地点，以及个人的朋友和交往圈子所属的阶层等方面来判别。在美国，中产阶层最热衷于参与流行文化，新移民的第二代子女则往往迫不及待地抛弃他们传统的民族文化，作为一种已经跻身中产阶层的标志。

④一个人的总物质资产的市场净值（减去债务后的价值），大多数经济学家把中产阶层定义为那些净资产在 25000 美元（即中产阶层中的低端）到 25 万美元之间的财富所有者，而 50 万美元以上的资产拥有者被归类为中产阶层中的高端。

西方发达国家自二战以后，许多大城市贫困和犯罪四处蔓延，受郊区化的影响，中产阶层逐渐移向郊外居住，城市中心形成了黑人和移民等弱势群体的居住区。以工资和住宅等经济问题为争论点的城市社会运动也接连不断。芝加哥学派的城市生态学对这些尖锐的社会矛盾已经无法做出解释和回答。相比之下，马克思主义城市社会学着眼于由阶级和人种等导致的社会不公，从构造的视点解释新出现的城市问题，逐渐成为城市社会学理论的主流（任雪飞，2005）。然而，1990 年以后，美国的大城市圈又出现了新的转机，中产阶层回归市中心，带来了城市的再度繁荣。这些新的现象引起了城市社会学对中产阶层的再次关注（毛蕊，2006）。城市地理学家戴维·雷在其著作《新中产阶级与中心城市的重构》中对加拿大的新兴中产阶级进行了评价。他详细分析了自 1970 年以来加拿大城市中心的社会变化及加拿大内城新兴中产阶级的审美变化历程，认为中产阶级对城市的社会空间重构具有重大影响，中产阶级重新回到城市中心与服务业的专业化和从事管理的职业人员的增加以及政府制定的政策有关（吴启焰等，2007）。

美国区域经济学家弗罗里达的《创造阶级的兴起》是又一部城市学者研究中产阶级的著作（任雪飞，2005），弗罗里达教授认为随着经济全球化和向知识经济的转变，美国社会阶层发生了重要变化，在劳动阶层和服务阶层之外，兴起了一个新的创造阶层，他所定义的创造阶层包括科学家、工程师、建筑师、教育者、作家、艺术家、演艺者，作者估计在美国创造阶层有 380 万，他们深刻影响着美国的就业结构和生活方式，对城市和区域的未来有着深远的和决定性的影响，聚集了创造阶层的城市，将因越来越多的人力资本和吸引更多的企业而实现发展，其他城市则将因人力资本流失而趋向衰落。其实，弗氏的创造阶层完全可以归为新中产阶层之列。实质上，他是从人力资本论的角度出发，探讨人力资源（新中产阶层）对城市的可持续发展的重要作用（Boterman and Bridge，2015）。城市发展历史证明，城市需要中产阶层及中产以上阶层的人（Butler，2011），这也是为什么最近几年，在美国及西欧国家，如何吸引并留住中产阶层成为政府部门、规划部门及城市问题研究人员日益关注的问题（Robson and Butler，2001）。

二 中产阶层化

社会学家鲁思·格拉斯（Ruth Glass）在 1964 年杜撰了中产阶层化（绅士化、贵族化）这一新词。他认为，中产阶层化具有社会空间演化的特征与趋势，一旦中产阶层化在一个“区位”开始，它便迅速扩展开来，从而在社会区域空间上形成一种“空间过滤”迁移机制，最后这个区位所属的社会空间结构属性将会发生彻底的变化（Glass，1964）。经过若干年的发展演化之后，中产阶层化的相关研究变得更加复杂，地理学者们开始关注中产阶层的社会生活行为方式及其对应的场所特征；社会学者将中产阶层化定义为在某一个具体区域中，某些人群因政策、机会、学历等多种因素而获得高额收入，从而在这个区域中形成一种中产阶层化特征（Marcuse，1985）。经济研究学者认为，中产阶层化代表着城市经济的演替过程，即传统看似衰败的地区由于环境的改善及地点的重造，区域商业经济不断被活化，地区人群收入水平不断提升的过程。也有一些学者认为中产阶层化导致了城市社区冲突，并引起了不同阶级或种族之间的紧张与隔离，从而不断产生社区过滤（Kennedy and Leonard，2001）。

社会学者史密斯将中产阶层化解释为，贫困衰败居住地区（社区）经过不断的改造和提升成为环境良好地区（社区）的过程，其结果是城市贫民被迁出该区，导致该区的人口结构与物质环境在较短的时间内发生剧烈的变化。当这种替代的规模达到一定的程度时，中产阶层化就发生了（Smith，1996）。英国大百科全书网站对中产阶层化的定义是：中产阶层化是一种自然的、社会的、经济的和文化现象，它是指通过建筑改造和景观美化，工人阶级社区和（或）内城区转变为较为富裕的中产阶层社区甚至是上流社区，从而导致该区房地产的增值和较为贫穷的居民外迁，外迁的方式有两种：房屋置换和自然演替（毛蕊，2006）。社会地理学者祖肯认为，中产阶层化是城市中心的社会边缘地带及工人阶层区域转化成为中产阶层居住区的社会现象，这种现象反映了始于20世纪60年代的私人资本投资于大城市中心某些区域的运动（Zukin，1987）。中产阶层化表现在城市中心破旧建筑迅速得到修缮及大量新的文化娱乐设施在城市中心集聚。

通过以上分析可以看出：中产阶层化是一种社会潮流趋向，反映出城市高收入群体的亚文化生活行为特性，尤其在居住区位的选择上，中产阶层进入城市中心区并改造了城市中心的人居环境，使城市中心区的居住品质、景观质量、基础设施、公共服务等得到改善和提升，进而置换出内城中的低收入者，迫使低收入者不断迁出城市中心。经过中产阶层化后，城市中心区的社会结构特性发生了根本变化，社会人群的生活方式及物质空间诉求也呈现高级化的趋势。

三 中产阶层化下的城市微区位特征

社会与行为地理学者认为，某些地点在经历中产阶层化的前后会发生区位特性和功能结构的变化，地点的人居环境质量及各类设施、场所的等级也在发生变化（Kennedy and Leonard，2001）：①中产阶层化的区域出现了大量的高等级社区；②中产阶层化区域人口日益增多；③中产阶层化区域人口拥挤度日益升高；④中产阶层化区域的人居环境质量及其景观品质不断提升；⑤中产阶层化区域中高等级社区周边布局大量服务于高收入阶层的娱乐设施、公共服务设施，如音乐吧、艺术馆、酒吧、停车场、博物馆、电影院等；⑥中产阶层化区域社区的住宅由出租转为购买；⑦相对于城市的其他片区，中产阶层化区域拥有良好的教育设施；⑧中产阶层化区域公共停车场的数量日益增多，这些停车场的可进入性比较强；⑨中产阶层化区域出现了许多新建的商业购物中心，这些购物中心拥有良好的可达性、可视性。

客观判断中产阶层化及其对应的区域（区位）特征的变化需要建立一套较为客观准确的评价指标体系，这并非一件易事，至今尚未形成统一的认识，但通常可以分为短期指标和长期指标两种（朱喜钢等，2004）。短期指标包括中产阶层化区域城市公共服务设施及相关资源布局选址的区位变化特征；长期指标主要是中产阶层化区域社会人群的行为特征（包括居民构成、流动人口状况、人均收入、消费行为、休闲娱乐行为特征等）。

第二节 中产阶层化背景下城市微区位的生成演化机制

一 地租—资本机制

史密斯针对中产阶层化的区域特征进行研究，认为中产阶层化会促进区域服务设施及体验性休闲娱乐场所呈现聚焦布局的区位特征，这种趋势将对区域景观起到重构的作用。史密斯还认为，理解区位的地租级差理论是理解中产阶层化背景下区位价值重构的前提，他认为当地租差异达到一定程度，开发商、房产持有者及经营房地产的特权阶级会预见到对市中心被遗弃的房产进行重新投资的潜在利润，他们会重新开发这些区域进而吸引新的住户（Smith，1979）。20 世纪 50 年代以来的美国中产阶层郊区化现象使得各类业态的投资区位偏向于郊区，市中心区位出现贬值，也使人们的居住区位选择上倾向于郊区（宋伟轩等，2017）。因此，资本成为中产阶层化的主要驱动力，比如资本会追随艺术家进入中产阶层化区域，改变这一区域的文化资产并置换出先前的艺术家，从而使这一区域的“区位向性”也发生改变（Coaffee，2005）。

二　创意—消费机制

工业郊区化的趋势使得城市中心区成为“第三产业”集聚的中心，第三产业在区位选址上的“特殊癖好”使得内城开发出遵循资本特征的产业集聚模式，服务业态更倾向于“可进入性”“空间集聚”“最少的决策时间”（吴启焰等，2015），于是城市中心区成为“中产阶层”或“创新创意阶层”聚集的地方。按照消费理论的规律，一部分新兴的中产阶层在审美与消费特征上的“特殊癖好”（诸如特殊的地点消费偏好、特殊地点环境氛围、特殊服务体验偏好等）使城市的微区位特征（区位的社会行为文化属性）更加明显（Eckerd and Reames，2012）。城市地理学家戴维·雷认为，作为新兴中产阶层的代表——文化艺术家是塑造内城场所微区位特征的重要力量，他们发现了那些被认为是贬值、灰色、衰败的场所，用艺术审美的眼光去审视那些看似衰败的历史街区，进而通过“新行为价值植入”“创意再生”“地方再造”“空间集聚”等方式将丑陋转化为美好，将“内城的拥挤居住区”、“工业废旧场地”、“灰色凋敝地带”抑或“自然生态之地”等转变成为“人居环境宜人之地”“新型产业集聚之地”“休闲体验之地”“特色行为集聚之地”等，而这一切不断在改变与重构着城市某些区域或地点的区位结构属性（Nissanov and Pittau，2016）。新兴的中产阶层在价值观、消费观念与生活方式等方面具有典型的特征，代表着后现代新兴社会阶层的亚文化意识，正是这种正在崛起的社会行为“范式”使得对微观区位机制的探讨变得更加有意义。

新兴社会阶层的兴起引发了城市社会空间、经济空间与日常生活行为空间的变化，劳动阶层多集中于老工业城市，服务阶层多集中于旅游城市，创新阶层多集中于娱乐性强的大城市，如纽约、西雅图、洛杉矶、旧金山、伦敦、巴黎、维也纳、雅典等（Hackworth et al.，1996）。新兴社会阶层拥有强烈的地方归属感以及区位认同感，首先，他们认同的“区位”必须具有“便利性”“宜人性”，使他们可以有多种生活方式选择，能够在城市中彰显他们特殊的身份尊严或获得某些形象的标签。其次，关注个人居住社区的位置选择以及注重参与社区建设。这些新兴的中产阶层还特别注重地方的体验质量，更愿意参与体验性的休闲娱乐活动，这种体验性的消费活动及其区位选址标准为探究中产阶层化趋势下城市微区位规律提供了一个新的视角。中产阶层的消费娱乐行为及其耦合的场所选择规律成为城市诸多“第三产业”区位布局考量的重要特征因子（Zukin，1987）。

后现代社会的城市消费行为特征与体验性消费场所之间存在“相呼应”的关系。不同年龄阶段的新兴社会阶层对体验性消费活动的感受具有明显的差异性特征（Hamnett，2005）。诸如年龄在18～34岁的高收入者比一般人更喜欢参与性、刺激性活动，如潜水、滑雪、旅游、打网球等；年龄在35～44岁的高收入者喜欢主动性、高尚性活动，如旅游、潜水、打高尔夫球及品酒等；年龄在45～64岁的高收入者则更倾向于参加静态性、文化式的活动。总体来说，新兴社会阶层聚集于那些流行户外活动的社区，不仅仅因为他们喜欢这些活动，还因为他们的出现是一种创新生活方式存在的标志（王兴中等，2008）。艺术家频繁出入的场所被赋予了特殊的含义，这些地方对于开发商而言是有价值的（Badcock，1993）。不仅如此，新兴的社会阶层还向往街区时尚（商娱）文化，这种文化场所往往沿着一定的街道聚集，常常有特征鲜明生活的咖啡厅、饭店、酒吧、艺术画廊、书店、放映电影和进行现场表演的中小型剧院，还有许多综合性场所，这些非餐饮场所还会提供食物与饮料等（Florida，2002）。

三　人本—布局机制

（一）人本主义区位布局规划思潮的演变逻辑

20 世纪 60 年代末以来，以捍卫纽约城市街坊、反对郊区化而著称的美国著名城市社会学家简·雅各布斯（Jane Jacobs）在《美国大城市的生与死》一书中针对美国城市规划及因此所导致的城市问题做了最为尖锐的批判。该书在整个欧美开创了一个对现代城市规划进行反思的时代。简·雅各布斯对现代城市规划的犀利批判及其提出的补救措施在美国掀起了一股规划改革热潮。其中政府改革所涉及的一个关键问题就是保护历史悠久的城市中心区（方可，2009）。

在加拿大的许多城市，新兴中产阶层追求城市场所的欢乐与祥和，追求环境场所的品质。简·雅各布斯鼓励人们返回城市中心，倡议社区居住混合，促进城市中心的多业态混合发展，同时也使得中产阶层加入了社区再造行动中，如加拿大城市温哥华的 Kitsilano、埃德蒙顿的 Oliver 和 Garneau、多伦多的 Donvale Annex、渥太华的 Sandy Hill 及 Centretown、蒙特利尔的 Milton-Parc 等社区。捍卫和保护市中心社区的工作由一开始的时断时续的试探到后来政府的坚信不疑，并充分肯定了这种做法。此后，在加拿大、美国及欧洲一些国家掀起了保护传统社区的运动。在加拿大，该运动将斗争的主要矛头指向城市更新过程中对旧的都市社区的毁灭、规划都市高速公路及私人的再开发。商人、社区艺术委员会、古董商、中产阶层等结成联盟将大量资金投入社区的遗产保护及更新中，这些行动促进了社区文化氛围的营造，并吸引相关业态及设施在传统社区周边聚集，从而加速了社区中产阶层化过程，街道及邻里周边的零售店、咖啡厅、街边公园等迅速增加，有些地方成为著名的旅游目的地（Ley，1996）。

20 世纪 70 年代以来，强调“以人为本”的地方社区规划逐渐成为美国及加拿大旧城更新的主要形式，试图通过人本化的社区规划来提高社区的适居性并阻止社区转型、保持住房的可支付性、解决无家可归者的住房问题（王慧，2002）。人本主义城市规划学者提倡“以人为中心”的布局设计思想，强调社区资源布局的可获性，注重休闲娱乐场所集聚布局，进而重塑多样性、人性化、具有社区感的城镇生活氛围。这些规划设计举措无疑符合部分新兴中产阶层的利益与审美取向，从而使社区人本主义“邻里单元”式的区位布点模式为城市微区位机制研究提供了平台。

（二）人本主义思潮对城市微区位建构的影响

人本主义者倡导城市体验性场所的功能多样化、类型完善化，从而不断构造城市的有机单元。总结人本主义的城市区位选址观主要有以下几个方面。

（1）土地利用的紧凑性有利于营造微区位：区位的布局与选址要充分考虑建成地区的社区活力，拥有足够的人口密度、容积率与紧凑度则是微区位布局规律得以彰显的基本前提，各类设施的区位选址要以提高土地与基础设施的利用效率为基准。

（2）适宜步行的地点（场所）有利于营造微区位：步行设施对城市生活非常关键。为了支持步行与采用公共交通出行，减少私家车出行，应该将各种公共活动空间和公共设施布局于公交站点较近的区域，适合步行通达，而公交站点与住宅区中心点之间的距离也应该在适宜步行范围之内从而减轻对汽车的依赖，促进消除私家车频繁使用造成的种种负面效应。

（3）环境的功能复合（多样性原则）有利于营造微区位：要在邻里街坊内或公交站点辐射的适宜步行通达的范围内，布置商店、服务、绿地、中小学、活动中心等，支持市民绿色出行。

（4）保护区域生态环境资源与历史文化遗产有利于营造微区位：区位的选址要考虑环境的功能复合，注重对社区历史文化资源的保护与传承，并力图将杂乱无章的旧区改建成丰富多彩、功能完备的引力中心。

（三）中产阶层化对城市房地产微区位的重构

研究表明，房地产行业的发展对城市居住区位的影响非常大。我们甚至可以这样理解，房地产行业的区位重构机制在某种程度上直接参与了中产阶层化的过程，因此，了解房地产行业的区位运作过程对理解中产阶层化的过程至关重要。城市的住房供给结构对城市社会空间来说是重要的，这种重要性很大程度上与住房作为商品的自然特性密切相关。哈维认为，住房在某些“位置”上以一种固定的产品形式而存在，受市场投机行为影响，是财富储存的一种象征，是城市日常生活空间中各种“区位关系”

的枢纽平台（Harvey，1973）。简而言之，在每个城市中都存在众多社区住宅，它们当下的分布位置抑或建造之初的位置选择是城市居住空间结构的一个直接反映（保罗·诺克斯、史蒂文·平奇著，柴彦威、张景秋等译，2005）。同时，不同类型、不同品质的住宅区位的分布与市场中主要决策者的意识、土地级差地租、购房者的居住偏好、城市交通网络、地区环境质量与社会声望等因素关系密切，例如房地产开发商、建筑商、房产经纪人以及物业管理者，其动机和行为都在一定程度上影响了住宅的区位选择与质量，也会影响消费者的住房区位选择。

（四）中产阶层化群体微观行为区位选择偏好

中产阶层是城市中最富有创造性的力量之一。在消费行为日益个性化的今天，中产阶层的“品位文化”也呈现多样化特征，不同群体的行为模式及其生活场所也在发生变化。根据布迪厄的社会场域与阶层关系理论，不同领域的中产阶层会有亚文化行为与区位选择观。经济资本占优势的新富阶层，注重有一定品位的高消费，相应应考虑区位的可达性、宜人性、品质以及尊严声望等因素；文化资本相对占优势的专业阶层注重的是区位的可达性、区位及周边的文化环境氛围等因素；经济资本与文化资本都并不占优的白领阶层更注重体验性消费（王兴中等，2008）（见表 8－1）。

表 8－1　国外中产阶层消费行为与对应微区位的特征

<table>
<tr><th colspan="2">中产阶层不同群体</th><th>生活行为模式</th><th>行为微区位偏好</th></tr>
<tr><td rowspan="2">经济资本占优势的新富阶层</td><td>中上新富阶层</td><td>住别墅，坐豪华汽车，穿名牌服饰，常以有生活秘书作为身份象征</td><td>休闲娱乐区位偏好城市或郊区中拥有高尔夫球场或各种俱乐部、高级美容院的地方；居住区位偏好城市中能够彰显身份的场所</td></tr>
<tr><td>中等或中下新富阶层</td><td>住连体别墅，开中档汽车，穿名牌服装</td><td>休闲娱乐区位偏好城市繁华地段的健身房；居住区位偏好城市郊区的连体别墅；商业游憩区位偏好大型购物中心</td></tr>
<tr><td colspan="2">文化资本占优势的专业阶层</td><td>住拥有现代或后现代装修风格的建筑，穿着有品位，是具有文化品位的群体</td><td>休闲娱乐区位偏好咖啡厅、酒吧、音乐会所、画展等场所；对境内外能够彰显其个性化旅游品位的地点比较着迷</td></tr>
</table>

续表

中产阶层不同群体	生活行为模式	行为微区位偏好
经济资本与文化资本兼有但并不占优势的白领阶层	住都市白领楼宇，以名牌折扣服装或仿制品为自己的选择；了解时尚潮流，并以去快餐店作为身份标识	休闲娱乐区位偏好精品屋、美容院、保龄球、高尔夫球练习场、连锁快餐店等场所
新兴文化阶层	住在SOHO社区，分期付款购车并模仿时尚名流，追求个性化的装饰	休闲娱乐区位偏好酒吧、流行音乐会所、娱乐休闲等场所

资料来源：整理自王兴中等（2008），有所修改。

四　社区—重构机制

中产阶层化对社区区位选址影响深远，这种影响可以是积极的也可以是消极的（见表8－2），这主要取决于参与者的视角（Durand，Petit and Tremblay，2015）。社区居民可能在依赖街角某一个小餐馆的同时，对新进入的连锁店如星巴克也表示欢迎。在很多国家，一些拥有房产的居民害怕房产价格的升高导致相应的税额提升，而另一些人则对房产价格及资产净值的提升欣喜不已，他们甚至会卖掉房子而搬迁出去。因此，一部分人强烈地反对中产阶层化，认为它破坏了穷人的社区，而另外一部分人认为中产阶层化使城市朝更加健康、有活力的方向发展。概括起来，中产阶层化对社区的影响包括以下几个方面。

表8－2　中产阶层化对社区微区位选址的影响

正面影响	负面影响
区位的地租与房产价格升高，更高级别的商业业态将选择该区位	租金或价格升高导致零售业态对区位选址的重新考虑，即发生所谓的区位置换
社区绅士化运动明显，新兴中产阶层不断寻求能够彰显自身价值的地点居住或者从事休闲娱乐活动	置换将给贫困阶层带来间接的心理问题，有些地点将会发生更加严峻的贫富阶层分化，与其相对应的社区资源配置也将出现等级分化，空间的不公平问题有可能会加剧
原来衰败的区位将成为复兴的区位	区位的置换与过滤将会导致不同社会阶层之间的矛盾
资产的升值促使区位经济价值提升	对弱势阶层来说，保障性住房的区位价值将会降低，不得不寻求新的保障区位

续表

正面影响	负面影响
增加地方财政收入	低收入者无家可归
成为第三产业优先选择的区位	低等级的商业与工业将被置换出该区位
旧城开始更新,城市中心区的区位价值日益提升	不同社区公共服务设施差异明显
社会阶层的混合度增加	对周边贫困社区的置换及住房需求的增加
区位的声望与形象得到提升,由于安全防卫加强,该区位的犯罪率明显下降	没有实现中产阶层化的社区犯罪率不断增加
尽管中产阶层化是一个社会问题,但与城市衰败及放弃内城区这些问题相比,它就显得不是那么严重了,诸如提升了地区声望、刺激了高等级产业的植入、提升了城市环境的品质	中产阶层化加剧了社会分裂,对城市中的低收入阶层造成了伤害,一定程度上加剧了空间的不公平

资料来源：整理自 Kennedy 和 Leonard（2001），有修改。

（1）社区中产阶层化改变了社区的人口构成，在某种程度上使社区不同收入阶层混居，贫困程度降低，以及社区租户、房主及商业形态的置换。对于置换，格瑞尔将其定义为：当原来的居民家庭在违背自己意愿的条件下被迫移出社区时叫置换，所谓“被迫”是指在“中产阶层化运动”中，环境的变化使得原来的居民无法再在该社区居住。自愿的置换是指居民出于经济利益的考虑而主动卖掉房产搬迁出原有社区（Grier，1980）。

（2）居住社区资源配置日益丰富，社区环境不断改善。中产阶层的涌入，使得社区的形象和品质不断优化，社区房产价值升值，社区周边也会出现众多与中产阶层偏好有关的高档休闲娱乐场所。伴随社区周边商业租金的提高，一些零售或者规模较小的商家将被迫置换出该地区（Kennedy and Leonard，2001）。

（3）中产阶层化改善了区域的人居环境，这包括基础设施的完善、住宅品质的提升、邻居层次的提高、新的商业业态的出现、休闲娱乐场所的建设等，从而促进地区经济发展、增加就业机会、复兴城市等。但是也有学者认为，社区的中产阶层化导致了社区居民的“被过滤”和“被置换”，从而对低收入家庭造成了伤害，一定程度上加剧了城市空间资源分配的不平等。

五　保护—创新机制

中产阶层化注重对地点环境的改造以及地区资源的挖掘与保护，尤其强调对地点周边历史文化遗存遗产的保护。这些历史文化遗产资源是一个地方区别于其他地方的根本差异，也是塑造高品质区位形象的支撑点。在中产阶层化的过程中，规划师、建筑师、艺术家等是重要力量，他们拥有专业知识，能够运用审美的眼光审视地方的资源与价值，进而对历史文化街区进行保护性规划设计，彰显地点的历史文化形象价值。一个好的地点或者优质的区位需要保护和延续这种区位惯性，而区位惯性的延续需要空间的支撑，历史街区由于保存了城市的历史风貌，最能集中反映某些区位的特色和历史文化价值，因此如何在保护和发展之中寻求平衡是区位布局与营造中要注意的问题。在中产阶层化过程中，建筑师、规划师、艺术家等新兴的中产阶层凭借对历史文化区域的审美偏好及怀旧情结，在保护和维护城市中心区的区位价值方面起到了积极的作用。历史街区中的原居民在这一过程中有可能被动迁出，得到货币补偿和安置，富裕的中产阶层进入这些街区，展开建设和规划，提升这些区位的品质。

然而，需要指出的是新兴中产阶层所进行的中产阶层化运动也有可能会导致某些地方区位价值的毁灭。因为，某些社区的房屋被置换，原有的建筑结构被重新定义以适合新兴中产阶层的审美需要，进而可能会使某些具有历史传统的社区遭到破坏。因此我们可以说，中产阶层化对历史遗存的保护具有阶段性特征。在第一阶段，艺术家积极保护具有历史文化遗存的地点，创建出适宜进行艺术创作的区位环境；第二阶段，艺术环境的商品化及个人在艺术环境中的消费使该地点具有更大的使用价值，强化了区位的使用价值；第三阶段是艺术的大众消费阶段，即一些政策得以制定从而促进城市的复兴（Easterly，2001）。

第三节　中产阶层化背景下城市微区位的社会空间重构机制

一　社会空间分异机制

城市社会空间是“社会与空间辩证统一”的产物，反映了居民与城市空间的“连续相互作用”，即居民打造并重塑城市空间，同时被城市空间以各种方式所规囿（Soja，2015）。社会经济过程决定城市物质空间是怎样转化为“社会空间”的，换句话说，社会变迁、经济发展等赋予了城市物质空间以“社会意义”。约翰斯顿认为社会空间是指“社会群体使用并感知的空间”（Johnston et al.，2002）。格斯姆直接将“空间”定义为“塑造社会活动并指导社会行为的社会架构”，社会关系建构空间，空间表征社会关系，甚至“空间”就是社会关系本身（Gotham，2003）。曼纽尔·卡斯特认为“空间是社会的表现”，甚至“空间就是社会，其形式与过程是由整体社会结构的动态演进所塑造的”（Castells，1983）。社会经济状况分异对人口的空间分布的影响表现为，发生社会分化的人口会产生“分化了的住房需求（包括区位）”，而不同的住房消费导致了居住空间的社会空间分异，进而会产生不同的区位差异机制（见图8－1）。

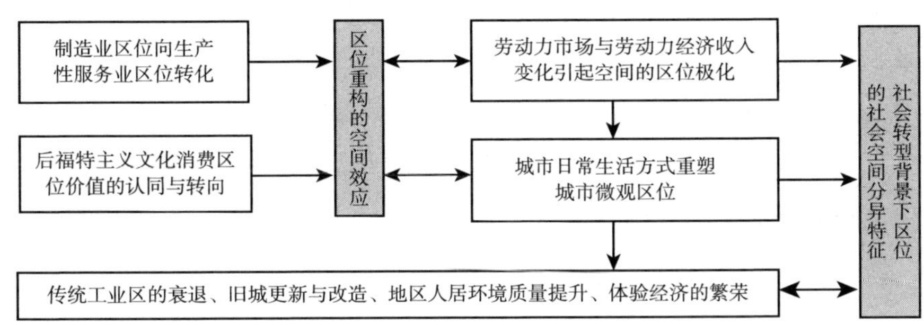

图8－1　社会转型背景下区位的社会空间分异特征

资料来源：笔者自制。

中产阶层化进程通过改变社区的人口构成对区域各类设施与业态的布局选址提出了新的要求，而消费者、零售商的特殊区位选址偏好也促使区位实现了价值重构与再造，区域的体验性商业类别构成、各种服务设施、建成环境景观结构等的差异化特征日益形成，城市社会空间分异特征更加明显，并体现在微观的区位价值上。

二　服务业态集聚机制

后福特消费主义时代的到来使得各种服务性产业遍及城市的不同角落，特别是在已经建立的城市中心商务区、创新创意产业聚集区以及各种交通干道周边地区，娱乐活动更是主要集中在中产阶层化社会区域。这些娱乐产业主要是服务性产业，布局时对区位的选择较为敏感，但是依然遵循空间集聚的法则。然而还有一个非常有意思的现象，中心城区许多中产阶层化的区位均是休闲娱乐业的聚集地。这些区位有些经历了场所衰败—复兴的过程，中产阶层化促进了这些地点进行区位价值的再造，重新恢复它们作为城市商业娱乐中心的区位价值。理论界认为，区位如同商品一样，具有生命周期规律，受不断变化的社会经济所驱动，部分受地租的影响，城市商业性服务业的区位生命周期也分为五个阶段，起始期、增长期、成熟期、衰败期、复兴期。中产阶层化发生在区位的衰败期，房产价格较低，商家不愿意在此冒险投资。但是这些区位往往具有潜在的再生魅力，如这些区位中拥有历史悠久的建筑，交通便利，从而吸引不同行业的人尤其是艺术家运用他们的审美及创新能力改造这些场所使之成为充满艺术氛围的适居场所，或成为娱乐中心等，并渐渐地吸引越来越多的消费性服务业聚集于此，使区位进入服务产业集聚的增长期。可以说，中产阶层化是服务业区位价值再生的催化剂。

三　微观布局指向机制

新马克思主义学派认为，经济社会结构是一个动态化的过程，经济社会结构的重构导致中产阶层化现象的出现，而中产阶层化又会反过来引起与其对应的城市区位布局发生变化（Castells，1983）。城市地理学家戴维·雷通过对加拿大城市中产阶层化的研究，认为中产阶层化引起了城市区位结构的重构，产生居住区位的选择、过滤与分异，消费娱乐行为场所的区位特征也在不断发生转变与变异。这一系列变化首先开始于中产阶层化社区，中产阶层化导致社区人口结构变化，低收入群体被年轻的高收入群体取代，人口的变化改变了社区的文化及特征，尤其是当社区具有独特的种族特征时，这种变化就会更加明显（Nyden，Edlynn and Davis，2006）。社区内的宗教机构、社区组织、零售商店、住房景观、街道景观、零售业、学校均会有所改变，如原来服务于低收入居民的个体零售商店会被全球化的连锁店及其他面向高收入人群的零售休闲娱乐产业取代，以满足社区内中产阶层的消费需求。因此，中产阶层化社区内部的区位重构现象是该区域内人口结构、收入结构、产业结构、消费结构以及生活行为方式等共同作用的结果。

（一）中产阶层化下城市空间消费的特征趋向

中产阶层化后，社区居民的购买行为及消费文化发生了变化，从过去的满足生活基本需要转变为满足精神享受以及追求自我价值、自我意识的实现，这是后福特式消费文化的典型特征。为了迎合消费者的这种需求，商业服务业的区位布局选址也会发生变化，倾向于满足顾客自我意识实现的需求。同时，随着时间的推移，中产阶层化区域内的人居环境景观特征也会发生改变。城市中的某些区位过去是咖啡馆所在地，或者是街头艺人和嬉皮士流连的场所，现在有可能是城市中心的一个时尚消费场所，聚集着来自世界各地的精美商品，周边分布着艺术馆、高档餐厅、时装店以及一些典雅精致的小店。

（二）中产阶层化下城市业态布局的区位指向

经历过中产阶层化的城市街区或社区，将会形成一个以“邻里”为单位、辐射周边区域的商业服务业中心，诸如伦敦西区的Soho及旧金山的米申区等。中产阶层化社区及邻里最为明显的一个标志就是体验性商业消费服务业区位的布局。通常，大量咖啡馆、书店及酒吧进驻社区表明这里正在经历中产阶层化过程。一般情况下，中产阶层化社区周边的展览馆、艺术机构、咖啡店、餐馆、酒吧、书店、花店、家用产品及礼品店等商业性服务机构会增加，相应地，一些商业如成人书店、音像制品店会大幅减少。多数情况下，通过商业类型目录能够确认城市微观区位的变化特征。事实及实证研究都证明，很多中产阶层化的社区周围是休闲娱乐产业的聚集地点。克勒莫尔对美国波特兰一些中产阶层化区域的区位布局进行研究后，将中产阶层化社区内及周围的咖啡店、酒吧、花店按照它们所处的地点区位分别编码绘制在地图上，从而能使我们更深入地了解中产阶层化社区周边区位布局变化的特征（Clemmer，2000）（见图8－2）。

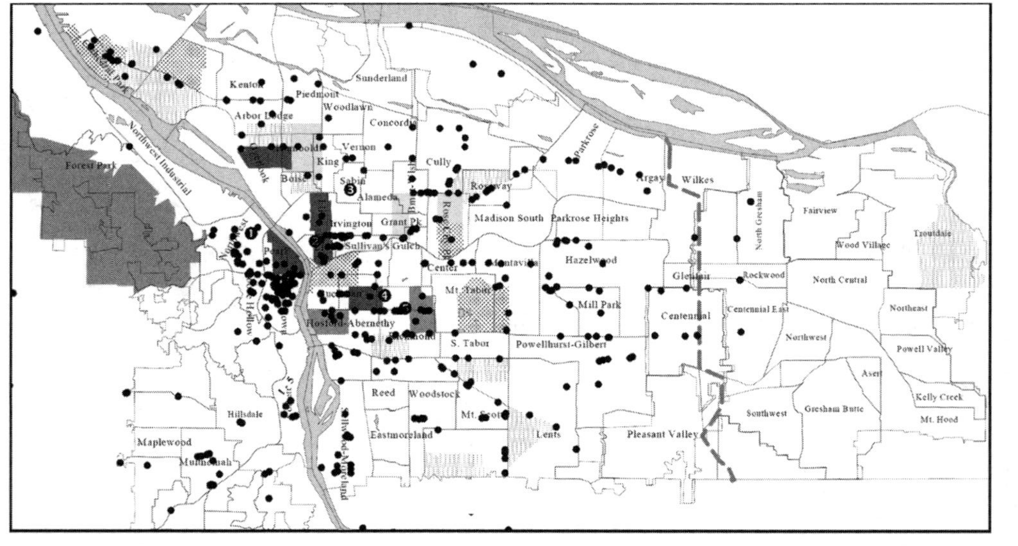

图 8－2　波特兰中产阶层化服务业微区位分布模式

资料来源：Clemmer（2000）。

注：■ 中产阶层化 1 级区，程度最高，阴影区在以下几个方面增长速度很快：中等收入家庭数量，职业人员比例，受过高等教育的成人比例，资产价值，出租率，居民搬迁率，中等或中等以上收入家庭购买房屋的数量。

■ 中产阶层化 2 级区，阴影区在以下几个方面增长速度很快：中等收入家庭数量，职业人员比例，受过高等教育的成人比例，资产价值，出租率，中等或中等以上收入家庭购买房屋的数量。

■ 中产阶层化 3 级区，阴影区在以下几个方面增长速度很快：中等收入家庭数量，职业人员比例，受过高等教育的成人比例，中等或中等以上收入家庭购买房屋的数量。

■ 中产阶层化 4 级区，阴影区在以下几个方面增长速度很快：中等收入家庭数量，职业人员比例，受过高等教育的成人比例，资产价值，出租率。

■ 中产阶层化 5 级区，阴影区在以下几个方面增长速度很快：中等收入家庭数量，职业人员比例，受过高等教育的成人比例。

图中带黑色阴影的数字序号①②③④⑤是人们公认的中产阶层化社区，黑点表示娱乐业如咖啡馆、酒吧等的区位分布。①在波特兰西北部，是该市最早经历中产阶层化的区域，始于20世纪70年代早期，很明显也是娱乐业最集中的区域；②代表Lloyd Center社区，得益于玫瑰园运动场及购物中心的修建，该区经历了快速发展；③指图中Sabin社区的核心，正处于中产阶层化的初期；④指图中Sunnyside社区，处于中产阶层化的中期；⑤代表Hawthorne社区，处于中产阶层化晚期。由此，我们还可以得出这样的结论，城市体验性服务业的微区位布局特征与区域中产阶层化的阶段具有很强的相关性，中产阶层化程度越高，体验性服务业的区位集聚程度也越高。

第四节　中产阶层化下城市区位价值再生策略

通过以上分析可以看出，中产阶层化对城市衰败地区的更新发展具有积极的引导作用，中产阶层化加速了城市商业服务业在内城的不同区位进行重构，从中可总结出一种微观的区位布局规律。然而中产阶层化的负面影响也是明显的，诸如对弱势群体的区位置换以及由此加剧向更陈旧的区位聚集的趋势，导致城市社会空间隔离加剧以及空间不平等问题的出现。有学者认为，置换并不是中产阶层化的本质，它在很大程度上是政府机构及官员的区位布局政策，抑或个人对城市不同功能区位满意度的选择、过滤的结果（Atkinson，2003）。如何带动社区的复兴而不发生区位置换现象是政府机构及相关研究人员努力的方向，也是对传统区位布局理论的一个极大挑战，因为区位置换是判断一个地方是否发生中产阶层化的标准之一，没有区位置换现象，是否还能被称为中产阶层化有待论证。事实证明，中产阶层化现象是随时空的变化而变化的，尤其是在全球化影响下，这一过程在表现形式及内在动力方面均发生了变化（Coaffee，2005）。

很多城市的复兴往往与中产阶层化的“区位价值再生”策略有关，如某些长期落后的社区，具备一些吸引人的要素如交通便利、拥有历史遗存等，但这些优势长久以来不被重视，这样的社区如果通过形象再造以及环境更新很有可能变成“崭新区位”，还会吸引一些创新业态来此集聚。

然而对于决策者、投资商及社区居民的最大的挑战就是如何确保“区位价值再生”是公平的，即所有的居民均能享受到区位形象提升所带来的好处（Eckerd and Reames，2012）。一些城市也在积极探索可行的模式，诸如芝加哥赞同通过调整税收政策、房产抵押政策、区化政策及住房供给政策来降低中产阶层化所产生的“区位置换”的负面影响。不仅如此，还提倡进行合理的城市策划与规划，保护现代建筑及历史文化遗产，对公共艺术实施保护，从而提升芝加哥作为世界城市的地位（Kennedy and Leonard，2001）。

美国政策顾问莫林·肯尼迪与保罗·伦纳德则从政府政策制定者的角度出发，对中产阶层化下的区位置换效应进行分析，认为公平发展的区位是创造和保持经济和社会可持续发展的动力，因此可以通过监控区位变化情况、加强区位再生管理来消除区位置换可能带来的消极影响（Kennedy and Leonard，2001）。

（1）监控区位变化情况：管理者必须了解城市土地的供应情况、不同阶层人口的分布情况、职住空间的关联情况、城市交通的可达性条件等，并对有可能发生中产阶层化的区域进行趋势预测，从而研判区位置换发生的可能性。

（2）加强区位再生管理：制定应对区位置换的计划；针对城市住房的区位供给制定详细的规章制度，以维护制度的公平；积极发展城市经济，制定城市经济发展策略，不断缩小不同社会阶层之间的收入差异。

（3）提升设施资源区位的可获性：中产阶层化社区内的公共服务设施与资源应满足不同社会阶层的需要，提升可获性与可达性，从而为社区原有居民提供选择机会及提升生活的能力。同样，整个城市范围内公共服务资源的优化配置也有助于中产阶层化家庭选择不同的社区，减轻区位置换的压力。

本章小结

中产阶层化是后工业化时代城市发展中的一种常见现象。有些学者把中产阶层化现象又叫作“绅士化运动”。本章主要得出以下结论。

（1）中产阶层化对城市的微观区位建构产生深刻的影响。中产阶层化能够引起城市区位布局指向的重组，进而导致城市社会空间结构、城市经济空间结构、城市生活空间结构的不断重构。中产阶层化区域与其周围体验性商业消费服务业的区位聚集具有较强的相关性，而且区域的中产阶层化程度越高，商业服务业的区位聚集度也越高；中产阶层化的社会影响是多面的，既有积极的一面，也有消极的一面，可以通过政策的调整来降低中产阶层化的负面影响，使之服务于城市的可持续发展。

（2）中产阶层化会引起城市人居环境的变化从而具有不同的区位空间特征。诸如城市中心区出现大量的高端社区；城市中心区的人口日益增多；城市中心区拥挤度升高；城市中心区人居环境质量不断提高；城市中心区高端社区周边休闲娱乐设施、公共服务设施等增多；城市中心区出现了许多新建的购物中心，这些购物中心拥有良好的可达性、可视性等。

（4）中产阶层化区域的区位特征呈现不同的建构机制。诸如微区位生成演化中的“创意—消费”“地租—资本”“人本—布局”“社区—重构”“保护—创新”等机制；中产阶层化进程中区位的消费特征呈现可达性、可获性、尊严性、品牌性等指向；城市中产阶层化的消费方式不断影响着区位的特性，有助于更加清晰地发现微区位演变的特征规律。

第九章
微区位的“消费行为观”解构

> 受制于那些可以步行到达或需要利用公交设施的机会……即使是日常购物也成为家务杂事。社会化使她们被局限在所居住的社区内……由于婚姻制约和社会对于她们家庭角色的期望，使得有学龄前孩子的家庭主妇的日常生活完全被限制在一个非常有限的物质空间世界中。从时间地理学角度看，家庭主妇有最多的休闲时间，然而将休闲时间用到个人实践中的机会却是微乎其微的。
>
> ——Fred and Palm

消费者行为曾经是地理学中一个很发达的研究领域。因为消费者购物行为活动的微区位特性——消费者愿意去哪里购物将直接影响零售市场体系的空间结构，反之亦然。因此，许多研究者都将研究重点放在检验消费者行为与零售地点的微区位布局结构之间的关系上。

第一节　消费行为微区位研究的现状

赖利利用“零售引力”定律定义了市场区（Reilly，1931），克里斯泰勒提出了“中心地理论”（Dennis et al.，2002）。在早期消费者行为区位布局的相关研究中，有两个并行的流派。一个流派是非行为的，源于标准的“社会引力”模型和威尔逊的“区位熵”模型（Lakshmanan et al.，1965）。另一个流派由消费者选择和决策行为模型构成。该流派用决策行为中的主观距离、概率表面、行为矩阵等来描述区位特征，并改变人们对区位的确定性认知（Waxell，2014）。拉什顿提出了一种“重力模型”的区位样式，用建立在经验基础上的“显示性偏好”来替代利用传统客观变量表达城镇的区位吸引力（Rushton，1969）。戈列奇则基于连续行为的变化，从消费者与生产者的双重角度提出区位的选择模型，强调在区位决策过程中，搜寻与学习都很重要（Golledge，1967）。

第二节 消费行为微区位的特性与功能

一 消费行为微区位的特性

任何消费性商品的设计与生产都会被赋予文化意义，消费场所作为一种“商品”，也被赋予了经济文化要义。人们所做的购物消费选择，背后都有一套行为选择标准，正如个人的消费文化会受到许多因素的影响，特别是年龄、社会阶层、居住地、宗教信仰、家庭背景以及偏好。同时，消费行为活动与城市日常生活空间中的场所特性息息相关。一方面，通过对消费行为场所外在空间分布特征与内部环境氛围特征的诊断可以清楚了解个人的生活方式；另一方面，从消费的区位差异中可以看出不同群体的角色定位或价值取向的差异，也可以看出不同消费群体的心理需求。

（1）消费行为区位的承载性：消费行为具有地点上的承载性，因此消费行为区位本身也会伴随消费活动表达某种意义或价值。

（2）消费行为区位的可视性：消费行为区位需要迎合广大受众的需求，从而使其在空间上呈现一种集中化的趋势。广告和传媒等中介手段能够实现不在场的可视化，使消费行为区位在布局选址上具有间接的可视性。

（3）消费行为区位的结构性：消费行为区位本身的分化，如商业、居住、餐饮、休闲娱乐等行为导致了区位在空间组织上的结构特征。不同消费行为区位能够彰显不同消费行为对空间、环境、场所的物质诉求，这使消费行为区位具有时间上的层次性和空间上的结构性。

（4）消费行为区位的重心性：消费行为区位不但因人的活动的日常性和非日常性而分化，而且因人们的经济属性而发生不同程度的重心倾斜，诸如高级消费区位向城市中心倾斜或向购买力旺盛的地点倾斜。越高端的居住场所越具有更高等级的消费行为特性。

二 消费行为微区位的功能

（一）娱乐功能

随着消费自主性的提升，消费行为呈现多元化趋势。这种趋势逐步改变了消费场所内部的空间组织结构以及外部区位选址的方式，使“传统区位选址”与社会关系、地点文化以及城市公共游憩空间价值耦合在一起（Berg and Clifford，1999）。后福特主义的行为消费方式对扩大社会阶层之间的交往，推动社会信息的传播，引领消费时尚，促进商业和服务业的发展等起到了重要的引导作用，从而改变了人际交往和文化传播的方式，为消费文化由私人空间进入社会公共空间提供了很好的载体。

（二）文化功能

交往功能导向下的消费行为不仅受消费地点的影响，还受社会行为范式影响，不同的社会亚文化群体所偏爱的消费行为及对应的区位会因收入、年龄、性别、偏好等而发生变化。娱乐性地点因能彰显社会阶层的行为特性，成为探究消费行为微区位规律的重要领域。区位蕴含的消费文化特性暗示着人们对地点的价值诉求和期盼，更能呈现“此地点”与“其他地点”的差异（迈克·费瑟斯通著、刘精明译，2006）。

（三）社会功能

个人的消费行为大都由其在整个社会阶层中的位置所决定，普通人会模仿高端群体的消费行为。消费行为区位也具有一定的阶级性。去哪些地点、使用哪种级别的场所已经成为判定社会地位的依据。区位蕴含着“社会距离和场所的排外性”。因此，那些优质的区位环境成为互分不同社会阶层的一个标识，人们往往通过有意识地选择某些固定消费地点来确立群体的认同感。

第三节 消费行为微区位研究的焦点

一 消费行为微区位的“引力”特征

以生态学观点来看待城市的生命周期，一个城市会经历产生、成长到衰败的过程，并逐渐从城市中心区分离出新城，形成一种郊区化、边缘化的演变过程。城市中的人皆分布于自己所属的领域中，在发展的过程中，城市边缘地带的新城渐渐形成，而城市中心区的吸引力也逐渐减弱，促进人群转向城市边缘的新区。城市中心由于聚集了各类商场、电影院、酒吧、咖啡屋等商业设施，对于消费者而言是一个具有特别吸引力的中心，形成了“区位引力中心”。

从行为角度看待城市中心区位，行为活动在社会空间结构中的具体表现可以使“区位引力中心”稳定地存在于每一个城市当中。因此，城市中心的行为微区位及其影响效应成为决定城市边缘区位层级性的重要指标。中心与边缘的区位组织结构关系基本上是一种动态的关系（尤晓瑛，2008）。城市消费行为的微区位组织结构并不是一种简单的中心—边缘关系，而是一种多功能并存的结构关系。这种中心的形成与消失取决于中心的性质与功能以及和其他服务地区的特性、相关条件（如人口密度、所得、教育程度、职业结构等）之间的关系。

二　消费行为微区位的“文化”特征

文化有主文化和亚文化之分，占据主导地位、为多数人所接受的消费文化是主文化，主文化对大多数成员的消费观、价值观、消费行为、消费思维影响极大（洪涛，2005）。亚文化是指不合主流的或某一局部的、某一群体特有的文化现象。根据人口特征、地理位置、宗教信仰等可以将一种文化分成几种亚文化。一种亚文化可以代表一种生活方式，它不仅包括与主流文化共通的价值观念，还包括其独特的价值观念。每一个亚文化群体都有彰显其独特生活行为方式的价值观（户思婕，2016）。在同一个主体文化范围内，亚文化的差异可能导致消费者在购买什么、怎样购买以及在哪购买的区位选择等方面存在较大差异。

从宏观层次来看，亚文化的存在，可以促使主文化创新、群体整合、社会的协调和稳定，从而促进经济的发展。从微观层次看，亚文化的存在有助于满足个体的需要，形成多元化的消费文化，同时凸显亚文化的自主性。理解亚文化消费行为区位，可从以下视角入手：连续性和不连续性、历时与共时、主从关系、开放性和封闭性、冲突性与和谐性，这是一种辩证式的多层次的视角，涉及经济社会整体脉络下动态分散与集中的过程（唐茂华等，2007）。

影响亚文化消费行为区位特征的因素主要有消费者的年龄、性别、种族、民族、宗教、收入、职业以及地理区位因素等（张松林等，2010）。这些因素使城市服务设施存在配置差异，并使亚文化消费场所（地点）在区域层面存在差异性特征，有些区域成为“区位引力中心”，有些属于偏远地带（陈志峰，2015）。然而，城市商业圈的分化与零散式的地点消费模式使消费行为区位也不再局限于特定而集中的商业圈，为创造多元的亚文化消费行为微区位提供了可能。因此，在探讨亚文化消费行为的过程中，亚文化消费行为的“在地化”特征是重点，研究者通常采用实验方法、测量技术和观察方法来阐释消费行为微区位的特征（张延燕等，2004）。

三 消费行为微区位的“结构”特征

随着工业化的不断推进，西方社会开始向后工业化社会过渡，与之相应的是城市由生产中心转变为消费和服务中心，其生产空间很大程度上被消费服务地点所取代。大众构成了城市消费的主导力量。全球化进程的加速，使西方的消费主义文化及生活方式加速扩散，给发展中国家带来日益重要的影响，城市越来越倾向于成为“超级商场似的消费中心”（王宁，2001）。这些公共消费地点既是物态空间，也是象征空间，亦是情感与体验的空间，同时还是自我表演的剧场，并且具有以消费区域和消费阶层为区分条件的结构分化特点，可视化、情感化、剧场化、结构化与重心化成为公共消费空间的特征。消费者通过对物的符号元素和行为符号元素的选择和组合来表达和交流某种主观意义和客观信息。消费文化作为一种象征秩序，成为结构因素和主体能动因素互动和相互建构的产物。无论是表达性消费抑或象征性消费，一方面消费者要受制于既有的社会意识形态、价值规范与经济条件，通过商品与商品的符号消费获得社会认同与自我认同，另一方面消费者在对类型化商品的选择过程中，实现了以其主观认识和需求为前提的个性意义的再创造，两者共同构成了现代城市消费行为的实质性内容。

消费成为社会用来控制文化、政治、个人及社会认同以及经济的形式，亦被看作一种文化及社会现象，而城市消费场所则充满了文化及社会意义。换言之，区位是社会建构的实践场所，既是工业文明的标志和象征，又是集体意识与消费行为表达的特殊意义载体。人们对于消费场所的使用、消费，建构了一种城市社会空间结构的沟通系统，通过消费区位的营建彰显社会结构关系中消费行为文化规律。

20 世纪 70 年代末，西方进入以体验性、服务性经济为主导的“后工业社会”，区位的功能特征更加明显，其所具有的可视化、情感化、剧场化、结构化和重心化的空间特性使城市空间成为一个新的社会建构的实践场所，也为探究微区位规律提供了基础（王宁，2001）。因此，对消费行为微区位问题的探讨有助于我们更好地认识现代城市的消费功能、特征以及经济规律。作为自然环境和人造环境的结合体，城市既是“经济区位秩序”的核心，也是“社会区位秩序”的核心，而微区位结构组织则是人类在特定的文化、社会、经济和技术背景下活动的结果（顾朝林、甄峰、张京祥，2000）。

由此可见，城市消费行为微区位的文化意义主要体现在以下两个方面。

（1）作为一种结构化的存在，微区位既是物质性的地点环境，也是行为地点的关系综合，既是人类消费行为实现的地点，也是引导人类消费行为的路径，还是对现有社会结构和社会关系进行维持、强化或重构的社会实践场域。社会空间结构系统的演变促使微区位成为人类活动及社会行为文化变迁的地点。微区位作为一个可重构的结构体，展示的是人类文明不断进步的历程和社会生活的多重意义。

（2）作为文化诉求的展示方式，微区位也是一种心理意义上的位置，其作为人类文化共时性的展现和历时性的再现，是不同时期社会制度、行为模式以及观念与习俗等在空间上的表达。因此，区位选择行为同人类其他行为一样，只能在与文化的联系中表达出来。区位选择的文化意蕴主要通过地点的象征意义和人的体验感知得以展现，而感知作为一种主动行为，是人与地点进行交互的一种情感活动。

城市消费行为微区位观念在于强调社会行为文化品位与所在地消费场

所的选址匹配关系，人们选择符合自己品位的消费场所，这种选择的关键在于社会地位。品位、消费偏好、阶层、生活方式均与职业有一定的对应关系，从而使人形成自我意识（王晓娟，2007）。微区位论可谓与生活方式、消费形态和地点选择关联最密切的理论。

第四节 消费行为微区位的认知研究

一 消费行为微区位的差异认知研究

体验型商业消费行为微区位的特征体现出不同个体、群体的社会文化差异，建立在这种差异基础上的区位感知能够反映出不同城市亚文化与商业消费文化结合的空间特征。不同地域的居民因收入、职业、社区的差异而在“消费购物目的”“消费场所环境”等方面呈现显著差异，体现城市社区与消费行为微区位布局之间的对应关系。

（一）感知距离差异

城市的经济状况以及社会文化因素影响着城市社会空间结构，并会加剧城市社会空间的分异，从而制约使用者对体验型商业消费区位的选择。也就是说，体验型消费场所的类别、等级体现出该地域社会群体的阶层和社会地位，高端社区总是与高端体验消费场所对应，居民对“消费地点的距离感知”反映着城市内部消费行为的时空行为规律，这也是微区位建构的显著特征之一。

（二）活动目的差异

体验型商业消费行为微区位的布局规律除了体现消费者认可区位的功能、价值或意义外，还体现他们通过各种体验性活动（如运动、健身、康体保健、购物、娱乐等）展现个人风格的特点，从而揭示人与区位的社会文化关联。

（三）花费认知差异

体验型商业消费行为微区位具有阶层消费和空间消费的特质，不同区位特征蕴含着不同的意义与价值，区位成为一种商品，抑或紧跟流行趋势与凸显社会身份、满足身份感的场所，而非出自单纯去某个地点消费的目的。

二　消费行为微区位的感知要素构成

（一）消费行为微区位要素选取的实践

国外学者认为消费行为微区位作为一种新的含有附加价值的体验性消费场所，除了集中在城市核心地带外，还布局于一些新的区位空间（Szutowski，2016）。如有的聚集于城市传统商业中心，与娱乐场所、教育场所、零售场所等集中在一起；有的位于城市的次级商务中心节点处；有的位于休闲娱乐设施集聚的区域，这些场所一般占空间较大，如体育馆、博物馆等。

西方学者通常把某个地点的“可视性”“易接近性”“区域展示性”“操作便利性”“安全性”和所选地区的“人口密度”“地区发展”“足够的停车场”并称为商业微区位布局的八大基本要素（孙鹏等，2002）。有些学者认为“可进入性”、“可获性”、“产业拷贝性”及“‘命令—控制’技术”是商业微区位布局的四大基本要素（张波等，2005）。

（二）消费行为微区位要素建构的基础

城市社会地理学认为，消费行为微区位是城市日常生活空间结构中的区位类型之一。微区位是主体性行为意义的承载空间，属于体验型商业消费行为的具体承载地点，对微区位要素的研究需要从地点的空间特质、行为活动涉入及地点的感知视角入手进行透视。微区位要素建构的理论基础是城市日常生活空间结构理论（见图9－1）。

城市体验型商业消费行为微区位是城市地理学与社会地理学的交叉研究方向之一，也是城市（社会）区位与商业（消费）区位交叉研究领域的前沿方向。该方向体现了城市“空间—社会文化转向”研究的总体趋势，并引起了越来越多的关注。微区位是城市、社区以及城市经济布局规划管理的基础理论之一，也是城市生活空间质量评价研究的方向之一（王兴中，2009）。微区位原理探讨的就是在一定发展阶段的城市宏观经济环境与微观社会文化背景下，与体验型商业消费地点具有和谐关系的“微观”社会空间区位因素与宏观（感知）区位因素的关系规律。

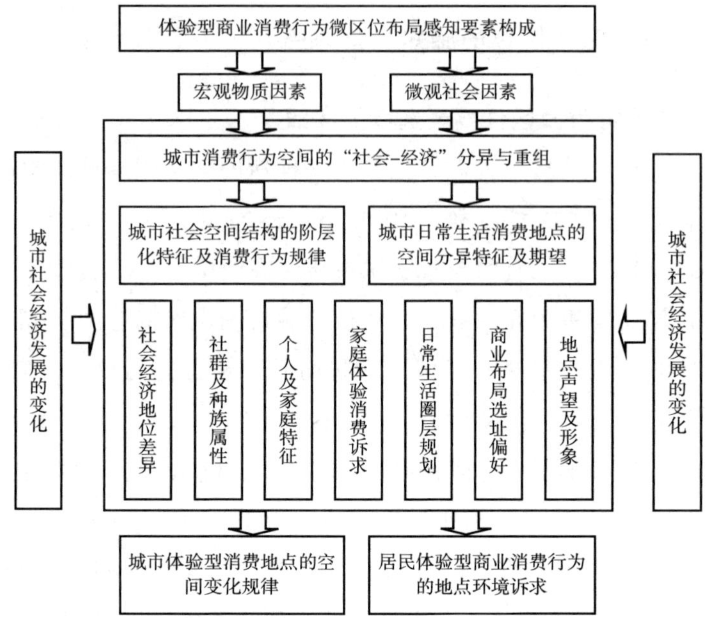

图 9－1　体验型商业消费行为微区位布局感知要素构成

资料来源：笔者自制。

（三）消费行为微区位的要素选取理念

消费行为微区位具有消费地点选择、空间消费体验、社会身份彰显、阶层消费体验等典型特征。伴随城市日常生活空间结构的异化与变化，消费地点的区位布局表现出从城市中心向城市边缘的迁移，在地域上形成一个或多个集聚中心；或在城市内部分散化布局，从而形成多类型的区位组合特征，以适应市场及消费者的需要。微区位要素选取总体上应遵循以下理念。

（1）消费行为微区位的空间分布特征，在选取时不仅要关注各属性因素对消费者行为感知的影响，同时还强调对属性整体影响因素的分析，尤其注重对人的内在和外在属性因素的综合考虑。

（2）消费行为微区位的建构过程不仅包含经济行为，也包含情感的表达，两者共同影响微区位的生成与演化规律。因此，针对微区位的建构既要对区位中所蕴含的“社会—文化”因素进行“人本主义”的感知要素分析，又要透视微区位中“社会—文化”耦合互动的意义、价值以及人与地点之间复杂的情感关联。

(3) 消费行为微区位包含个体或群体对区位的情感认知。因此必须在一定发展阶段的宏观与微观条件下，把握城市社会空间系统构成的基础，从提高城市日常生活空间质量入手，探求与消费行为微区位具有和谐关系的“微观”社会空间区位要素与宏观“感应认知”区位因素的关系规律（见图9－2）。

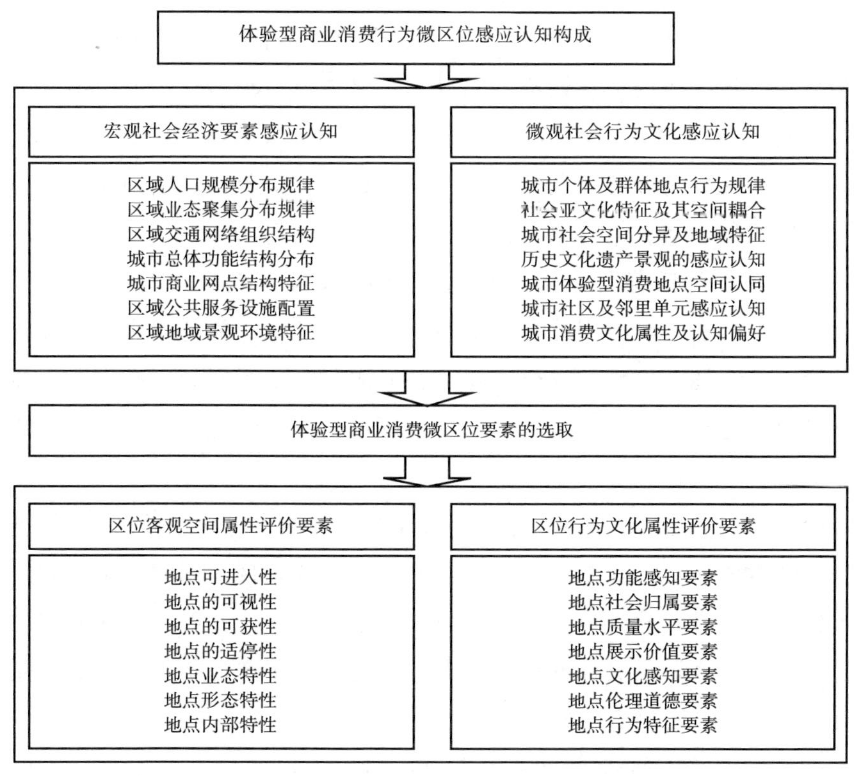

图9－2　体验型商业消费行为微区位感应认知构成

资料来源：笔者自制。

（四）消费行为微区位的要素构成分析

1. 区位客观空间实体属性评价指标

(1) 地点可进入性。基本要素指标表现在两个方面：①经济可进入性，影响因素主要为该地点的土地价格、地租、闲置土地以及交通条件；

②社会可进入性，主要由地点的聚集水平、地点的舒适度、地点的阶层性以及消费者的消费行为态度决定。

（2）地点的可视性。指把消费购物场所布置在一个让尽可能多的顾客看见的地点，而且顾客很容易接近它，即在不同的交通方向都有醒目的入口，无论是步行者还是驾车者都能很快克服空间阻力，抑或空间阻力最小。还需要考虑“有小孩的父母及其照料者”家庭人群和老年人群。基本要素指标包括：①标示性；②方位性。

（3）地点的可获性。地点可获性要求使用者能最大限度地、均衡地接触消费行为场所的环境设施。因自然距离与社会距离的影响，不同使用者在不同地点可获性有很大差异。可获性包括四方面：①设施可获性；②环境可获性；③服务可获性；④身份可获性。由此确保不同亚文化类型和不同层次的消费者均可以获得到达他们理想的场所。

（4）地点的适停性。随着社会经济的发展，汽车成为人们出行或购物的主要交通工具。因此在评价某个区位对象时，应把停车性能排在靠前位置。停车场适停性的核心是舒适、方便、安全和便利，有辨识度高的出入口以及充足的停车位。基本要素指标包括：①交通出入口方位；②停车位。

（5）地点业态特性。地点业态的规模、数量与水平是衡量消费场所竞争力的重要指标，也是地点可持续发展能力的表现。同时，可以利用消费者的集中需求，建立体验性消费场所的聚集中心，并鼓励多元业态在此区位进行空间集聚。具体的地点业态特性包括：①产业衍生性；②产业互补性；③产业竞争性；④产业共生性。

（6）地点形态特性。主要指商业性消费地点的外部形态特征，外部形态越有特色，地点吸引力就越强，如景观环境氛围、格调、建筑特色、整体规模与尺度等。基本要素指标包括：①地点及周围的环境景观特征；②建筑形态特色；③整体规模与尺度。

（7）地点内部特性。主要指商业性消费地点的内部形态与空间结构组织特征，内部形态越有特色，其地点吸引力也会越强。基本要素指标构成包括：①内部空间规模与尺度；②内部空间组织流线及造型；③内部业态组合布局特征；④内部整体景观环境氛围等。

2. 区位主观行为文化属性评价指标

（1）地点功能感知要素。微区位强调从身体、情感、美学、教育、社会和知识的角度阐释区位特性，因为这些要素影响每个人对区位功能要素的感知，会产生不同的结果（Hendee，Gale and Catton，1971）。弗瑞兹·斯蒂尔提出了个人对区位感知的功能要素。①个人庇护和保障居民安全：地点对个人的安全庇护功能（Fritz，1981）。国外对城市心理安全区位的行为认知调查结果显示，绝大多数人认为内城区位最不安全，城市各区亚中心其次，郊区最安全（王兴中，2004）。②安全感：从人类的领域行为角度来说，领域具有安全作用。商业消费场所属于公共开敞空间，往往具有独特的场所氛围，为人熟悉和认同的场所通常被认为是安全的、惬意的。③社会联系：某个地点是社会事件的发生地，代表着某些社会情境。④成长激发：某处能让使用者充满希望，并能够获得地方认同，如文化场所、历史遗址区、校园等。

（2）地点社会归属要素。地点社会特性感知要素是指从使用者的社会属性差异入手，分析该类要素对区位布局的影响。如对不同性别、年龄、职业、学历和家庭结构的使用者来说，其感情、情绪、反应、成就、生存等要素会影响其区位价值判断。

（3）地点质量水平要素。消费者在某些场所进行消费时，不仅能体验功能性空间，还包括其所感知到的与自己身份、地位、偏好、情绪、价值观等相对应的“质量水平”，即要求该区位具有被感知的舒适的地点特性。这也说明了可以从“服务质量”“设施等级”“环境水平”“安全水平”等角度来提升地点的吸引力。

（4）地点展示价值要素。消费行为微区位的消费特质决定了该类区位的布局需考虑：①地点展示性，微区位除了是一个被感知的、被感觉的地点之外，还可以通过地点的内外部结构、材料、空调、灯光、色彩、景观、小品等营造适宜的地点氛围，以提升区位的环境品质；②地点象征性，消费行为微区位除了具有购物、休闲娱乐等功能外，还蕴含了更加丰富的象征价值与身份标签意义，这成为许多参与者前往进行购物休闲娱乐活动的主要需求。另外发现，在人的心理认同层面会有某些“炫耀性”的象征意义。

（5）地点文化感知要素。消费行为微区位使用者通过对地点形态的宏观和微观因素的“理解”，确定其社会区位与社会距离，辨识对自己生活行为选择的“文化意义”，并将城市日常生活景观划分为不同的“存在主义区域”。因此文化性要素与微区位具有紧密的联系，人们对于城市区域的文化感知差异将直接影响人们对消费行为微区位的感知水平。地点文化感知基本要素包括：①地域亚文化；②文化遗存；③休闲文化氛围；④消费文化特征。

（6）地点伦理道德要素。微区位具有“道德场域”的内涵，能够反映城市不同阶层与人群的价值观（Hollows et al.，2014）。罗丽（Rowley）曾指出：城市贫民地带的发展归因于“道德象征主义”，并把该区域当作城市内部的一种特殊地带，与之对应的则是一些低等级设施（Tiesdell，1998）。高等级服务设施的地点聚集效应对地区声誉与形象的提升会存在某些影响，某些地点“不合时宜”场所的聚集也会放大其他阶层居民的不安感，从而引起对区位价值的否定（Pain and Townshend，2002）。地点伦理道德的基本要素构成包括：①道德观；②地方性知识。

（7）地点行为特征要素。消费者对区位价值的评价是与消费产品满意度联系在一起的。不同的消费行为以及消费偏好对不同的区位价值会产生不同的评价结果。某些消费地点所提供的产品（服务）的质量将会影响消费行为的区位认同。区位选址的过程并非仅是对经济行为规律的遵从，还包含着行为情感的认同，两者共同影响着微区位的客观特征与社会属性结构（Cornescu and Adam，2014）。地点行为特征基本要素构成包括：①行为偏好；②满意程度；③消费行为类型；③消费（体验）层次。

结合以上的分析，本书参考区位相关要素文献的分析，遵循科学分层的原则，尝试性构建消费行为微区位的要素指标体系。该指标体系包含层次要素指标、类型要素指标以及基本要素指标三级指标，其中一级层次要素包含3类要素、二级类型要素包含14类要素、三级基本要素包含46类要素（见图9-3）。

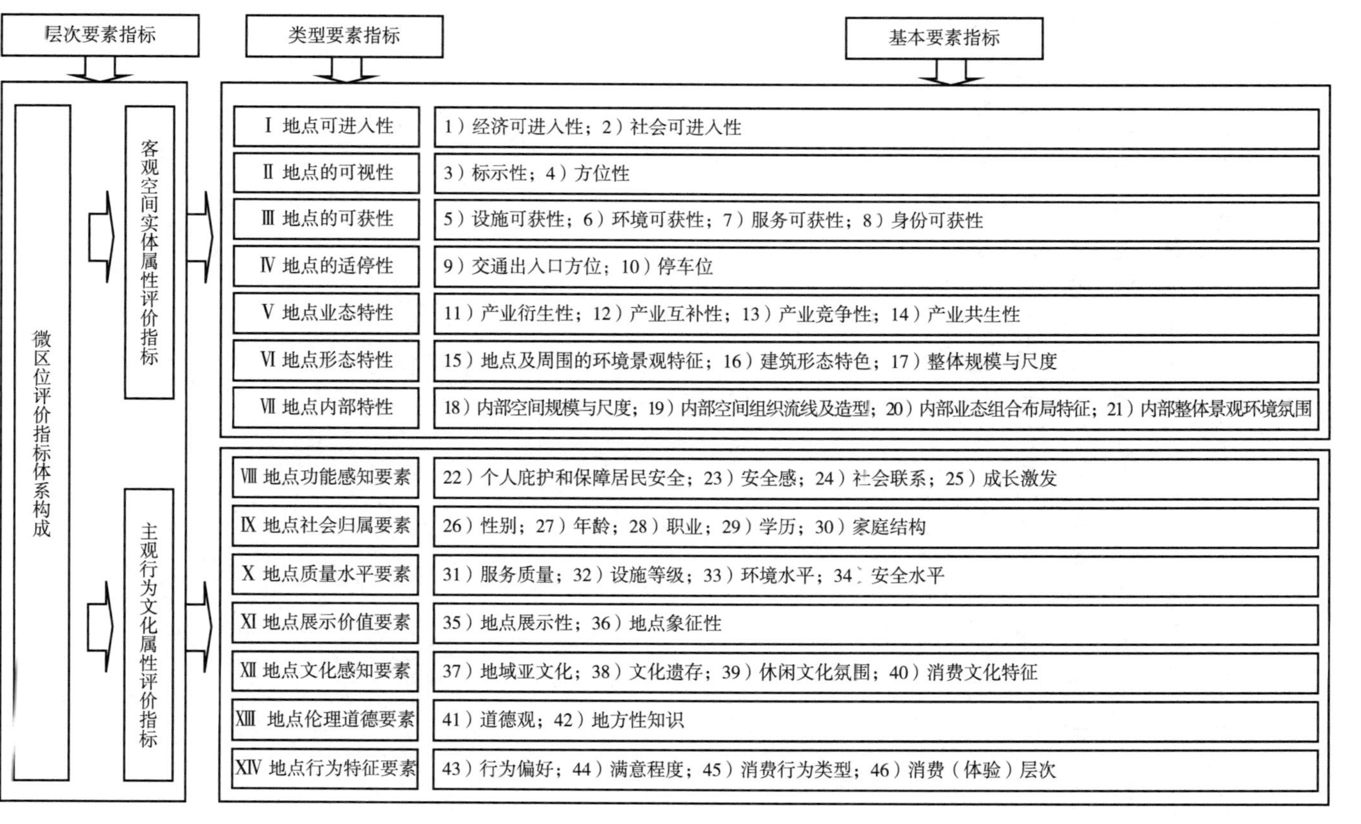

图9－3　微区位评价指标体系构成

资料来源：笔者自制。

本章小结

消费行为具有空间的承载性，因此消费行为区位本身也会伴随消费活动表达某种意义或传承某种价值。消费行为区位要迎合广大受众，从而使消费行为区位布局规律呈现集中化趋势。通过广告和传媒等手段实现不在场的可视化，使消费行为区位在空间上具有间接的可视性。消费行为区位本身具有类型分化特征，如商业消费行为、居住消费行为、餐饮消费行为、休闲娱乐消费行为等，不同的消费行为在区位特征上呈现不同的结构规律。不同的消费行为区位满足不同的消费活动需要，这使得消费行为区位的特性具有时空层次性和社会结构性。

第三篇
案例实证

第十章
西安城市购物中心的微区位规律实证

由各种元素组合与碰撞所产生的蒙太奇式的景象……有麻木不仁和残忍的犯罪；有个人自由主义和无止境的欲望；有多样性、选择性和刺激性；有对他人缺乏关心的冷漠的人；有粗俗但起决定作用的物质主义；有实验、创新和创造性；有焦虑的白天和恐惧的夜晚。

——Fischer

第一节　城市购物中心总体分布的特征规律

一　购物中心的概念及区位内涵

（一）购物中心的概念

购物中心是从西方发达国家引入的商业概念，是批发零售业中的最高业态。不同国家的学者对购物中心有不同的解释。国际购物中心协会将购物中心定义为“由开发商规划、建设、统一管理的商业设施，拥有大型的核心店铺；多样化的商品和宽广的停车场，能够满足消费者的购买需求与日常活动的商业场所”（何朕，2007）。美国城市土地协会将购物中心的定义为：具有统一的建筑形式，由单一经营主体规划、开发、经营的商业设施群，并依据其服务的商圈设定位置、规模及类型，同时按照购物中心的类型及规模提供适当的停车空间。日本购物中心协会认为，购物中心是由一个单位有计划地开发、拥有、管理运营的商业和各种服务设施的集合体，配备停车场，其选址、规模、结构等具有广泛选择性、方便性和娱乐性等特征，并提供适应消费需要的社交空间，发挥一定的城市功能。英国著名的购物中心研究专家纳丁·贝丁顿（Nadine Beddington）把购物中心定义为在统一的管理之下规划建设的商业综合体，然后把各个零售店面出租给单个零售商，由管理机构管理和控制，并对整个中心负责。我国《零售业态分类》（GB/T18106－2004）将购物中心定义为由企业有计划地开发、管理、运营的能向大众提供多种商品和服务的组合体。其业态的特点是服务功能齐全，集零售、餐饮、娱乐为一体。

综上所述，购物中心作为较为完善的商业业态，是统一规划、设计、开发和经营的，并为消费者提供丰富的消费选择、便利的消费条件、舒适的消费环境的场所。

（二）购物中心的分类

购物中心依据不同的原则，有多种分类方法。

依据购物中心的规模可分为以下四类，分别为：①巨型/超级购物中心（面积在24万平方米以上）；②大型购物中心（面积为12万~24万平方米）；③中型购物中心（面积为6万~12万平方米）；④小型购物中心（面积为2万~6万平方米）。

依据开发商背景和购物中心经营管理的模式可将购物中心分为物业型购物中心、物业型摩尔购物中心、百货公司型购物中心、连锁摩尔型购物中心四类。

①物业型购物中心：一般由大房地产商建在市中心黄金地段，面积一般在5万~10万平方米，实行租赁制。由于面积还不够大，故其定位突出某一目标顾客群体，所以入驻的业态一般不齐备，即业态业种的复合度不够。

②物业型摩尔购物中心：又称普通摩尔购物中心，面积一般在15万~30万平方米，实行租赁制。普通摩尔的物业所有者一般不进行零售经营，而是将场地出租给专业零售商，委托专业管理公司进行管理，实现所有者、管理者与经营者的分离。这种购物场所的组织和构造形式内含一种促销思想，即要让消费者在购物场所尽可能停留较长时间。

③百货公司型购物中心：由大型连锁百货公司发展或扩建而成，面积一般在10万~15万平方米。由于面积还不够大，故其定位必须突出某一目标顾客群体，入驻的业种一般很齐备但业态的复合度不够。

④连锁摩尔型购物中心：由专业连锁购物中心集团开发并经营，自营

比例较高（自营百货公司、超市、影城、美食城等），业态业种的复合度较高，商品组合齐备，定位于家庭（全家/全客层），能满足全客层的一站式购物消费、文化、娱乐、休闲、餐饮需求的大型购物中心。

依据商圈辐射范围可将购物中心分为邻里型购物中心、社区型购物中心、区域型购物中心、超区域型购物中心四类。

①邻里型购物中心：一般坐落于中小规模的居民区，面积在1万平方米左右，有较小的超市、百货店或杂货店，主要服务于附近1公里以内的居民，满足其日常生活需要。

②社区型购物中心：处于较密集的大规模的居民区，面积在3万平方米左右，由较大的超市、百货店、专卖店等组成，建有小规模的停车场，商品除满足附近社区居民的日常需求之外，还提供其他相关的餐饮、娱乐、休闲等日常非必需服务。

③区域型购物中心：辐射5~7公里的居民，由较多的业态组合而成，面积为5万~10万平方米的较大型的综合购物群，建有较大规模的停车场，商品种类齐全，能够满足各类目标人群的需求。

④超区域型购物中心：辐射7~10公里的居民，由更多的零售与服务业态组成，面积在10万平方米以上的大型综合购物天地，建有大规模的地上与地下停车场，提供更多品种、更多档次的商品，能够满足各类人群的各种层次需求。

（三）购物中心的微区位

购物中心微区位是指购物中心在城市街道中的具体位置。微观尺度区位主要的制约因素包括拦截性城市规划制约、可达性、兼容性、步行交通、道路结构、街区地价、购物地区的消费形象及地区历史商业状况和外来消费情况等（白光润，2004）。

二　城市购物中心总体分布的微区位特征

（一）西安城市购物中心总体分布概况

近年来随着西安城市的快速发展及西安大都市圈的形成，西安城市购物中心发展迅猛，商圈密布。笔者对西安城市购物中心的总体区位分布进行了数据收集、整理，主要数据来源如下：（1）高德、百度、天地图等地理信息地图平台中购物中心数据；（2）实地调研补充数据资料。由以上数据统计得出具体分布图，如图 10－1 所示。

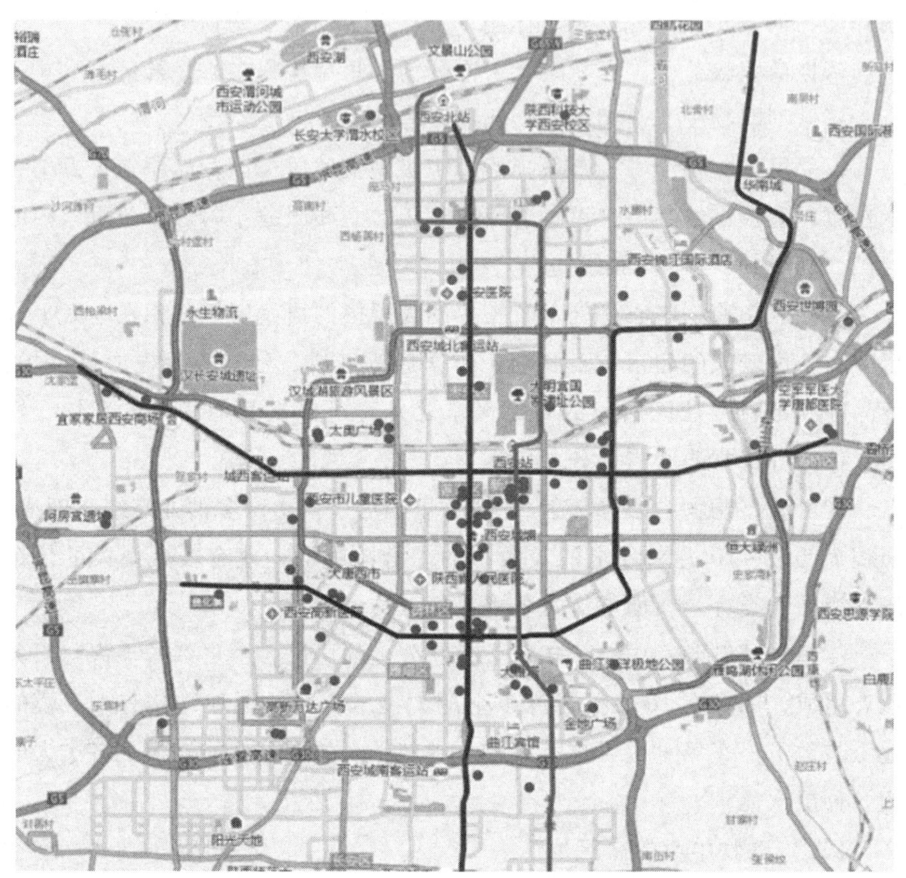

图 10－1　西安中心城区大型购物中心总体分布

图片来源：笔者自制。

由图 10－1 可以看出，西安城市购物中心主要分布于碑林区、莲湖区、新城区、雁塔区、未央区等城区，总体分布呈中间密集、四周稀疏的特征，且大多聚集于地铁线路周围。

（二）西安城市商圈分布与概况

（1）传统商圈

钟楼商圈：钟楼商圈是以钟楼为中心，延伸至东大街、西大街、南大街、北大街及解放路所形成的地区级商圈，是以城市居民、城市周边消费者及旅游消费者为主的，由百货、专卖、餐饮、服装、珠宝、旅游等业态构成的综合性商圈，是西安最大的商业中心，旨在打造中高端城市商业中心。

小寨商圈：小寨商圈以小寨东路和长安南路相交十字为中心，向北连接南二环，向南连接电视塔，向东到曲江新区，向西到高新区，呈“干”字形街区分布，是西安第二大商圈，被称为仅次于内城商圈的“副中心”。服务对象以区域机关、企事业单位员工及大中院校学生为主，核心业态主要为餐饮、服饰、箱包、鞋类等，商圈正在由中低端向中高端转变，旨在打造西安最大的城南区域商圈。

康复路商圈：康复路商圈也称长乐商圈，地处西安市西北方向，以康复路为中心，向北连接长缨西路，向南连接长乐路，形成“工”字形的批发市场中心，是西北第一大综合批发地，消费对象主要是西北地区分销商、西安低收入者，业态以服装、五金、饰品、箱包、鞋类中的低端商品为主，其年营业额及单位面积营业额居各大商圈之首。

解放路商圈：解放路商圈为西安传统核心商圈，随着城市化的发展，商圈消费力在下滑。

土门商圈：主要沿丰镐西路分布；两端为集中商业，中间为沿路的临街商铺。消费对象以周边居民为主，以传统百货、临街商铺为主要形态，多为基本生活配套，是相对低端的传统商圈，功能较少，以开元商城为核心，整体档次不高，但市场繁华，人流量大。

李家村商圈：又称雁塔商圈，是以服装、百货、餐饮、影院、纺织、IT 为主的专业商圈，消费对象主要是城西居民，功能高度集中在万达广场。

立丰商圈：以 12 万平方米的立丰国际购物广场为主，将形成小型区域商圈，功能大小都为中等，主要集中在立丰国际城，消费对象主要是东二环居民和高校学生，主要业态有家居、建材、百货、餐饮、运动产品。

（2）新兴商圈

经开商圈：经开商圈的发展依托西安行政中心、文化体育中心、北客站交通中心，由于形成时间较短，尚未成熟，未来经开商圈将成为城北最重要的城市商圈。主要业态有影视、百货、餐饮、运动产品、娱乐等。

高新商圈：位于科技路与高新路的交会处。高新商圈是在世纪金花和金鹰百货入驻后逐渐兴起的、发展时间较短的一个新兴商圈。消费对象主要是区域居民、高薪白领，硬件设施优秀，购物环境好，业态组合丰富，主要有中高档百货、品牌服装、珠宝、餐饮、影院等。

曲江商圈：曲江商圈立足打造为以高档消费人群为服务对象的高级商圈，其商业规模、消费水平及档次要显著高于西安传统的商圈。曲江商圈已具备餐饮、百货、服装、影视、剧院、音乐厅等高端的消费场所，力图打造成西安新的繁华商圈。

大兴商圈：大兴商圈拟打造西安汉文化体验街区与城西综合性商业中心。作为首个成片旧城改造、工业企业搬迁改造区域，大兴商圈是西安城市规模化综合改造的重要区域，已发展成二环内成熟的居住片区，也成为客流主要来源。

三桥商圈：定位为“西北第一街”的三桥新街，全长约 5.5 公里，云集了百万级城市商业，是西咸新区的商贸核心区。三桥商圈主要业态具有产业商圈的明显特点，区域市民和流动人口是该商圈的主要消费者。

西安城市商圈总体分布情况见图 10 - 2 所示。

（三）西安城市购物中心与商圈的关系

西安城市购物中心多被商圈所覆盖。商圈内的环境、经济发展情况都会对购物中心产生一定的影响，这种布局方式可以利用商圈自身的优势为购物中心聚集大量的人流，同时还能提升购物中心的知名度。

（四）西安城市购物中心的案例选取

（1）选取依据

选取范围为西安市碑林区、莲湖区、新城区、雁塔区、未央区、灞桥区六个主要城区；规模一般在 6 万平方米以上，并根据规模配备足够数量的停车场；注重购物空间带给消费者愉悦的感受，能满足消费者一站式购物消费、文化、娱乐、休闲、餐饮、展览、服务、旅游观光的需求；有大型的复合型消费群体支撑。以家庭式消费为主导方向，覆盖老、中、青、幼四代各个层次不同类型的顾客；规划良好，具备传统商业区所有的功能，并对城市的商业格局产生重要的影响，有更新地区或创造新商圈、提

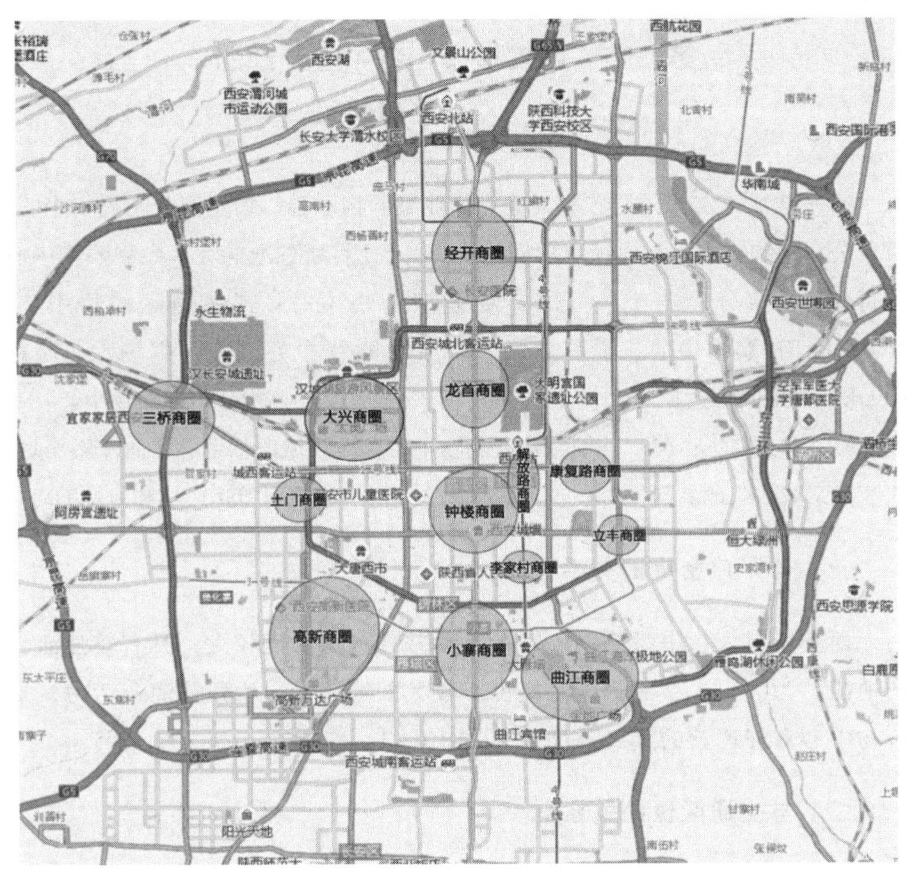

图 10－2　西安城市商圈总体分布

资料来源：笔者自制。

升城市形象的功能。

（2）选取对象

根据上述分类及要求，共选取 16 个大、中型购物中心作为案例进行分析，分别为开元商城、群光广场、赛格国际购物中心、MOMOPARk 购物中心、大悦城购物中心、曲江银泰城、民乐园万达广场、悦荟广场、印象城购物中心、盛龙广场、熙地港购物中心、大融城购物中心、万达 ONE、老城根 GPARK、李家村万达广场以及立丰国际购物广场。

第二节 西安城市购物中心外部的微区位特征

本书选取第二种分类方法（分为物业型购物中心、物业型摩尔购物中心、百货公司型购物中心和连锁摩尔型购物中心），将所选取的大、中型购物中心进行分类，共分为3类：（1）物业型购物中心：赛格国际购物中心、MOMOPARK购物中心、悦荟广场、印象城购物中心、盛龙广场、老城根GPark、民乐园万达广场和立丰国际购物广场；（2）百货公司型购物中心：开元商城、群光广场；（3）连锁摩尔型购物中心：大悦城购物中心、曲江银泰城、曲江银泰城、熙地港购物中心、大融城购物中心、李家村万达广场和万达ONE。

一 与人口密度的关系

西安城市大、中型购物中心选址通常在人口密度较大、具有较强活力的地段，为大、中型购物中心提供了较大的客流量，增强了商业活力，是购物中心良好运营的重要条件（见图10－3）。

二 与交通区位的关系

西安城市大、中型购物中心与交通区位的关系具有如下特点（见表10－1）。

（1）百货公司型购物中心通常位于两条道路交会处的一角，并紧邻两条道路（其中至少有一条为主干道）。该类型购物中心的主要出入口多面向城市主干路，交通可达性较好，周边有数条公交线路，步行10分钟范围内有至少一个地铁站点。

（2）物业型购物中心通常位于两条城市主干路交会处的一角，或位于一条城市主干路一侧，并且多为地铁沿线。该类型购物中心的主要出入口多面向城市主干路，交通可达性好，紧邻一个地铁站点或步行10分钟范围内有两个地铁站点，并且周边有数条公交线路。

（3）连锁摩尔型购物中心通常位于一条城市主干路一侧。该类型购物中心的主要出入口不仅面向城市主干路，还面向城市次干路，交通可达性一般，周边有数条公交线路，部分步行10分钟范围内至少有一个地铁站点。

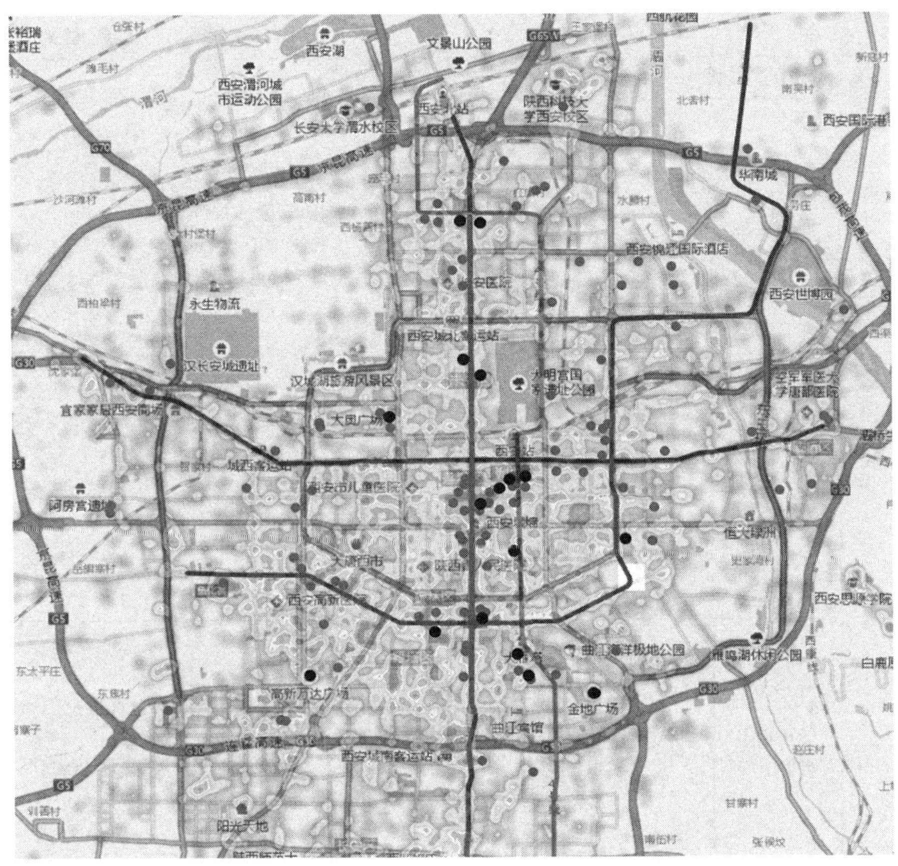

图 10－3　西安城市大型购物中心与人口密度的关系

资料来源：笔者自制。

表 10－1　西安城市大型购物中心与交通区位的关系

分类	购物中心名称	交通区位	小结
百货公司型购物中心	开元商城	开元商城	该购物中心位于两条主干道交会处的东南角，紧邻两条主干道； 该购物中心周边有一个地铁站点（2号线）和 30 多条公交线路

续表

分类	购物中心名称	交通区位	小结
百货公司型购物中心	群光广场	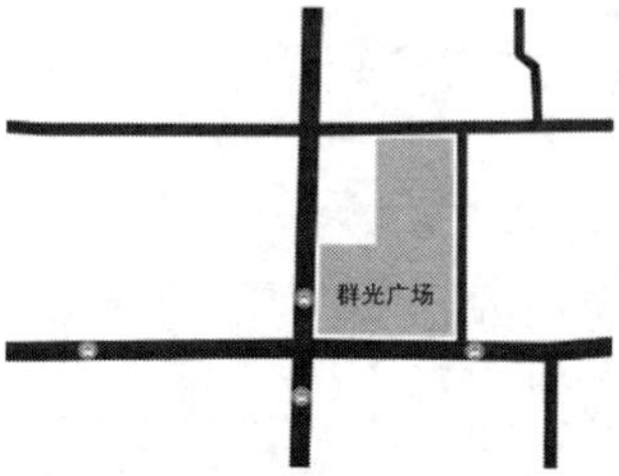	该购物中心位于主、次干道交会处的东北角，紧邻东西向主干道； 该购物中心周边有 24 条公交线路，步行 10 分钟范围内有两个地铁站点
物业型购物中心	赛格国际购物中心		该购物中心位于两条主干道交会处的东北角，紧邻两条主干道； 该购物中心周边有一个地铁换乘站点（2 号线和 4 号线）和 26 条公交线路
	MOMOPARK 购物中心	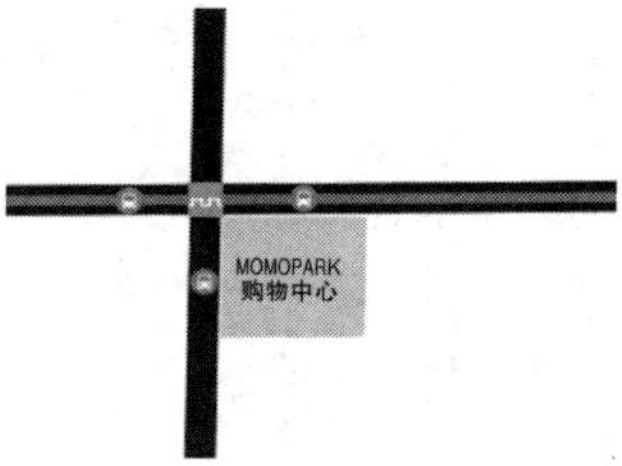	该购物中心位于两条主干道交会处的东南角，紧邻两条主干道； 该购物中心周边有一个地铁站点（4 号线）和 18 条公交线路
	悦荟广场	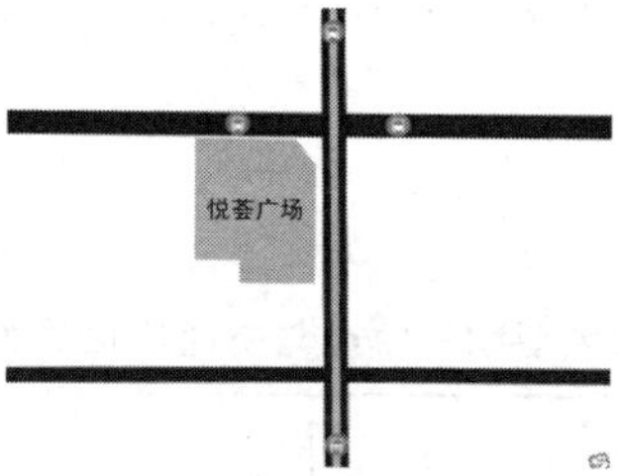	该购物中心位于两条主干道交会处的西南角，紧邻两条主干道； 该购物中心周边有 25 条公交线路，步行 10 分钟范围内有 1 个地铁站点
	印象城购物中心	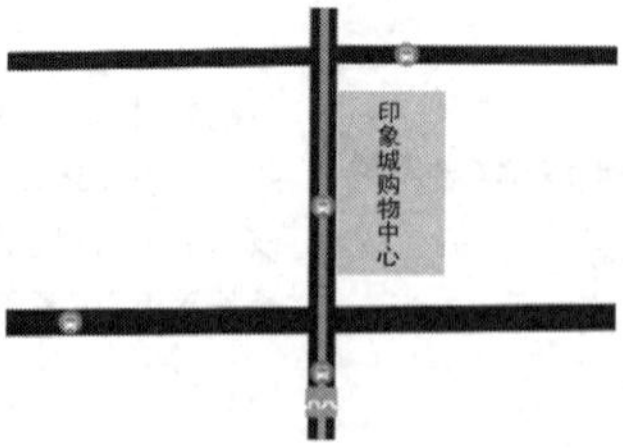	该购物中心位于两条主干道交会处的东北角，北侧比邻一条次干道； 该购物中心周边有一个地铁站点（2 号线）和 30 条公交线路

续表

分类	购物中心名称	交通区位	小结
物业型购物中心	民乐园万达广场	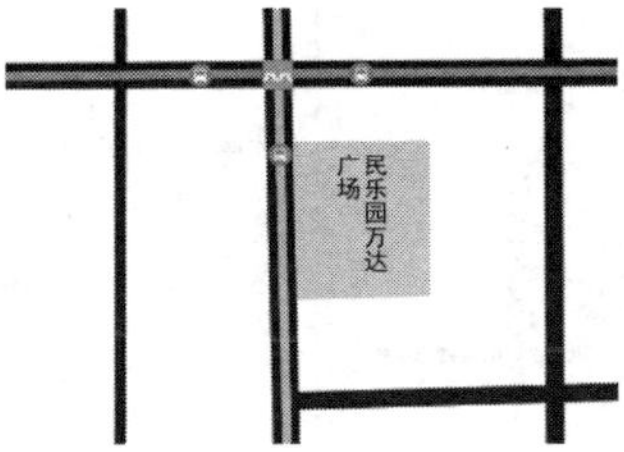	该购物中心位于两条主干道交会处的东南角，紧邻南北向主干道； 该购物中心周边有一个地铁站点（1号线和4号线）和18条公交线路
	盛龙广场	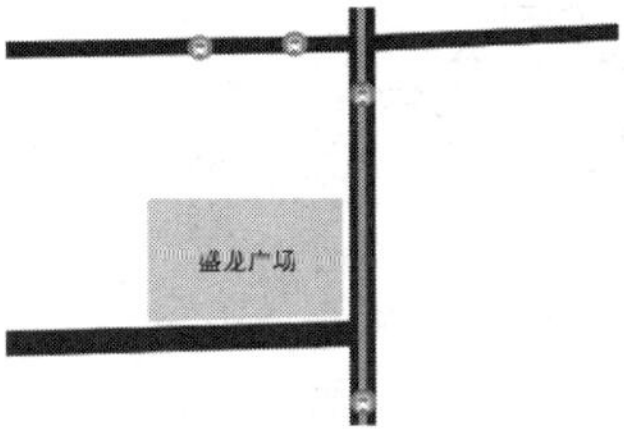	该购物中心位于两条主干道交会处的西北角，紧邻两条主干道； 该购物中心周边有17条公交线路，步行10分钟内有一个地铁站点
	老城根GPARK	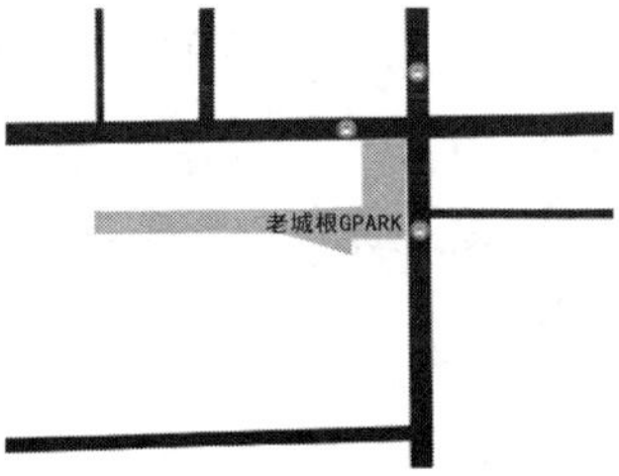	该购物中心位于两条主干道交会处的西南角，紧邻两条主干道； 该购物中心周边有19条公交线路
	立丰国际购物广场	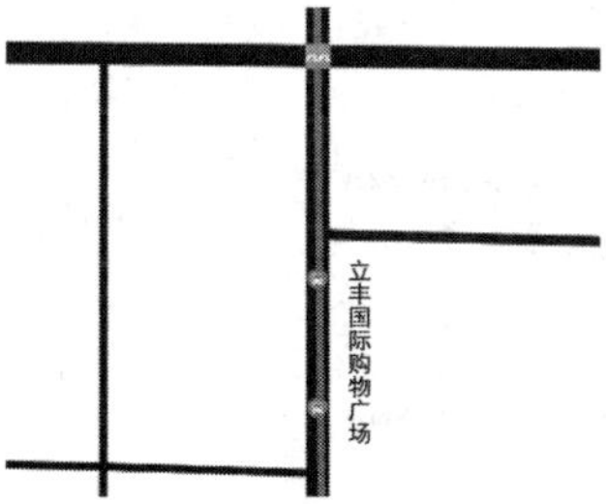	该购物中心位于一条主干道东侧； 该购物中心周边有13条公交线路，步行5分钟范围内有两个地铁站点
连锁摩尔型购物中心	大融城购物中心	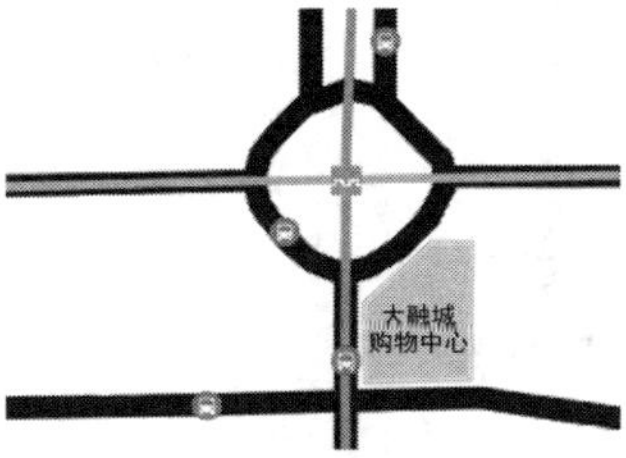	该购物中心位于两条主干道交会处的东北角，紧邻两条主干道； 该购物中心周边有一个地铁站点（2号线和4号线）和超过30条公交线路

续表

分类	购物中心名称	交通区位	小结
连锁摩尔型购物中心	万达 ONE	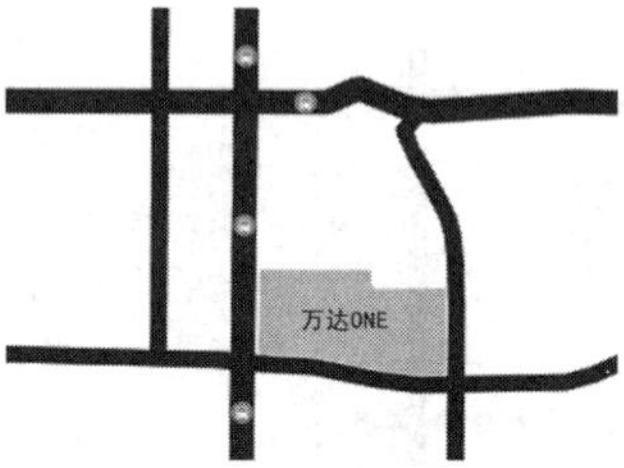	该购物中心位于主、次干道交会处的东北角，紧邻南北向主干道； 该购物中心周边有 13 条公交线路
	熙地港购物中心	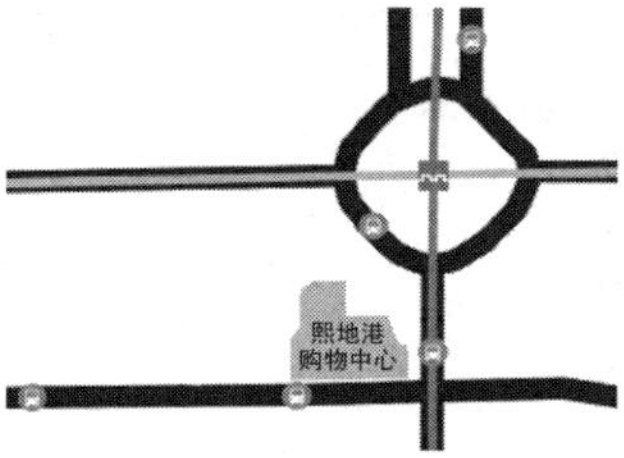	该购物中心位于两条主干道交会处的西北角，紧邻两条主干道； 该购物中心周边有一个地铁站点（2 号线和 4 号线）和超过 30 条公交线路
	李家村万达广场	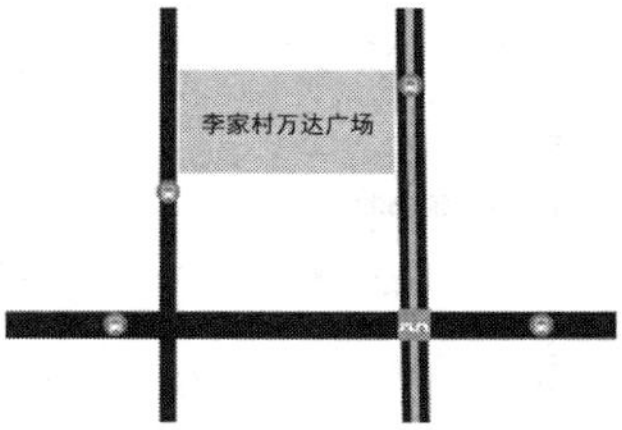	该购物中心位于两条主干道交会处的西北方向，紧邻南北向主干道； 该购物中心周边有一个地铁站点（4 号线）和 25 条公交线路
	大悦城购物中心	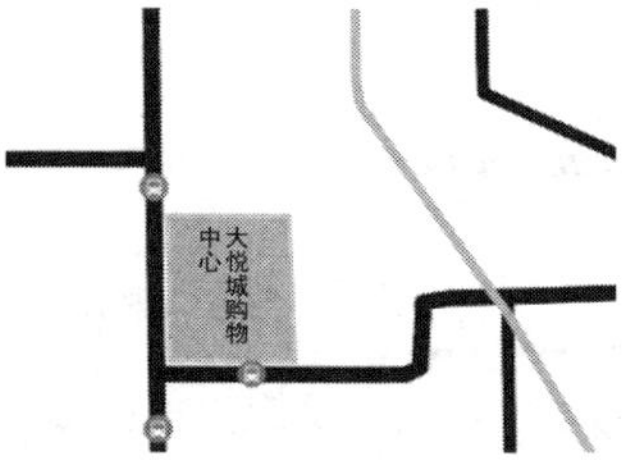	该购物中心位于主、次干道交会处的东北角，紧邻南北向主干道； 该购物中心周边有 34 条公交线路，步行 10 分钟范围内有一个地铁站点
	曲江银泰城	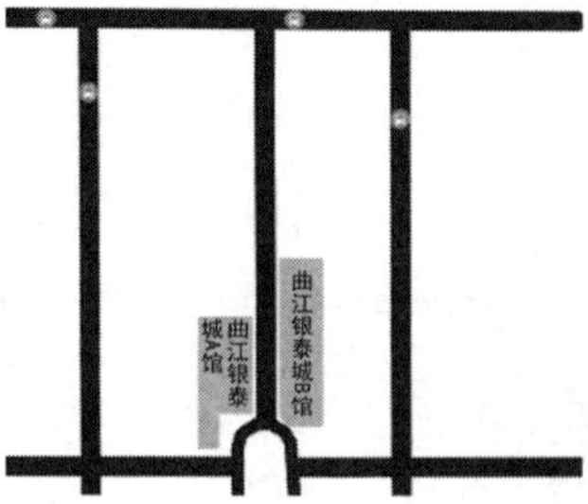	该购物中心位于一条主干道的东、西两侧，分 A、B 两馆，紧邻主干道； 该购物中心周边有 8 条公交线路

资料来源：笔者自制。

三　与周边用地的关系

如表 10－2 所示，西安城市大、中型购物中心与周边用地的关系具有如下特点。

（1）百货公司型购物中心周边用地以商业用地居多，其次为居住用地，并且周边大多有绿地。这种用地组合方式既可以为购物中心聚集人气，又能增加客流量，满足周边人群的多种需求。

（2）物业型购物中心周边用地以居住用地居多，其次为商业用地，并且周边大多有公共服务设施用地，这种用地组合方式增强了地块的活力，为购物中心提供了更多的客流量。

（3）连锁摩尔型购物中心周边用地以居住用地居多，其次为商业用地、行政办公用地，并且周边大多有公共服务设施用地和绿地。这种用地组合方式较完善，既能提升购物中心的客流量，也能很好地满足周边人群的多种需求。

表 10－2　西安城市大、中型购物中心与周边用地的关系

分类	购物中心名称	周边用地	小结
百货公司型购物中心	开元商城	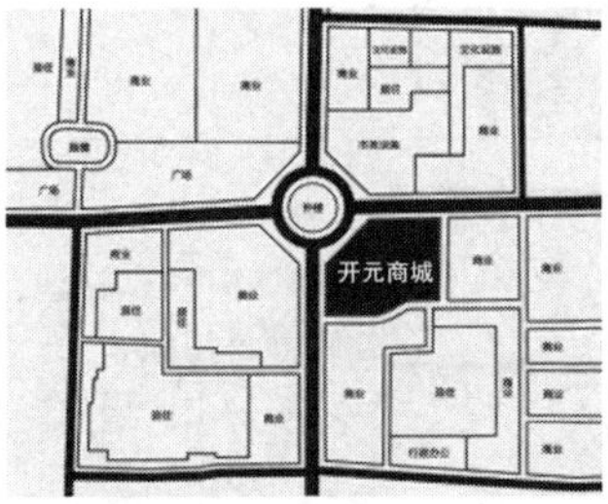 开元商城	该购物中心周边有商业、居住、市政设施、文化设施、行政办公、广场以及文物古迹用地； 该购物中心周边多为商业用地，其次为居住用地； 该购物中心周边有钟楼、鼓楼两处古迹建筑
	群光广场	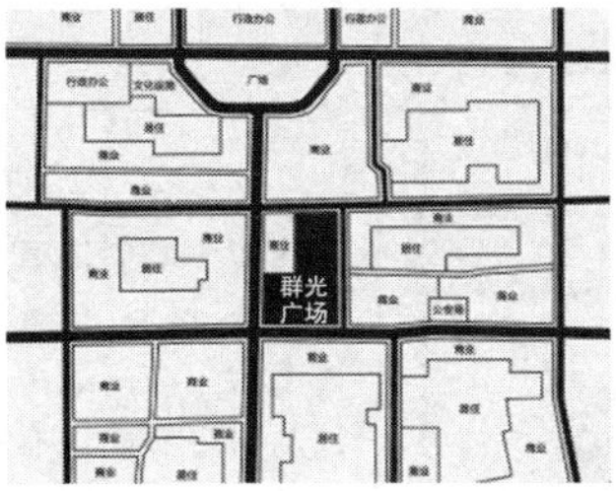 群光广场	该购物中心周边有商业、居住、广场、行政办公及文化设施用地； 该购物中心周边多为商业用地，其次为居住用地； 该购物中心周边有一处广场和西安市政府

续表

分类	购物中心名称	周边用地	小结
物业型购物中心	赛格国际购物中心	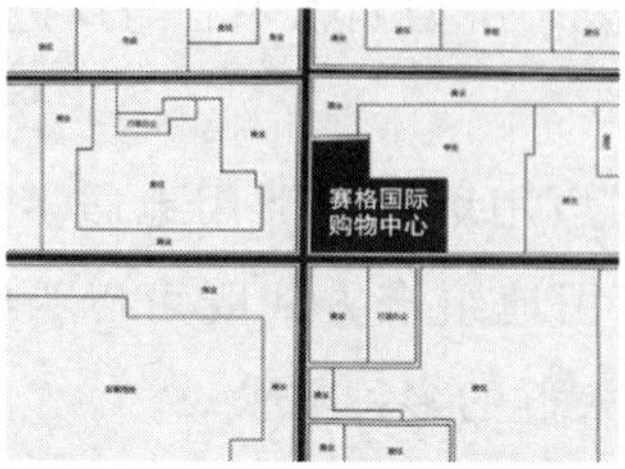	该购物中心周边有商业、居住、学校、行政办公及文物古迹用地； 该购物中心周边多为商业用地，其次为居住用地； 该购物中心周边有两所学校和一处古迹建筑
	MOMOPARK购物中心	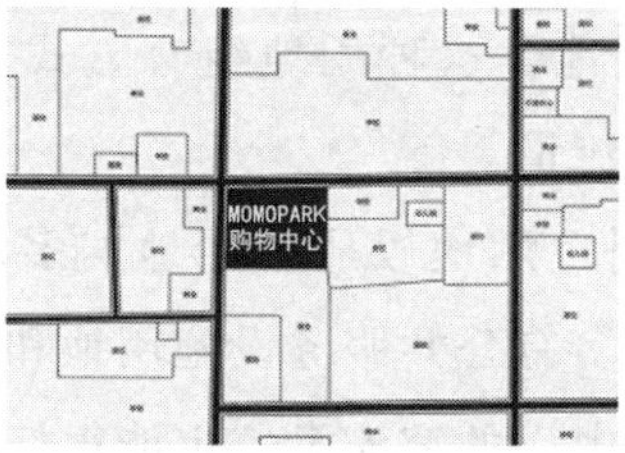	该购物中心周边有商业、居住、学校、医院以及行政办公用地； 该购物中心周边多为学校用地，其次为居住用地； 该购物中心周边有七所学校和两家医院
	悦荟广场	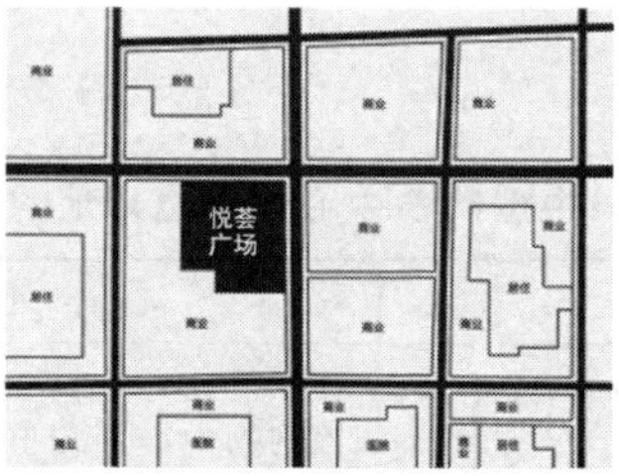	该购物中心周边有商业、居住、医院等用地； 该购物中心周边多为商业用地； 该购物中心周边有两家医院
	盛龙广场	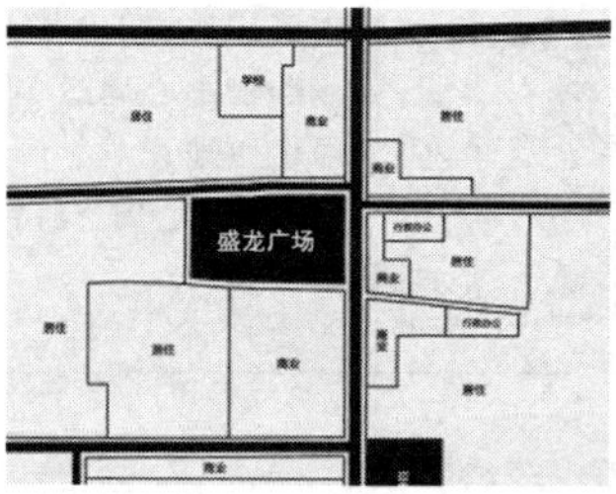	该购物中心周边有商业、居住、学校、行政办公用地； 该购物中心周边多为居住用地，其次为商业用地； 该购物中心周边有一所学校
	民乐园万达广场	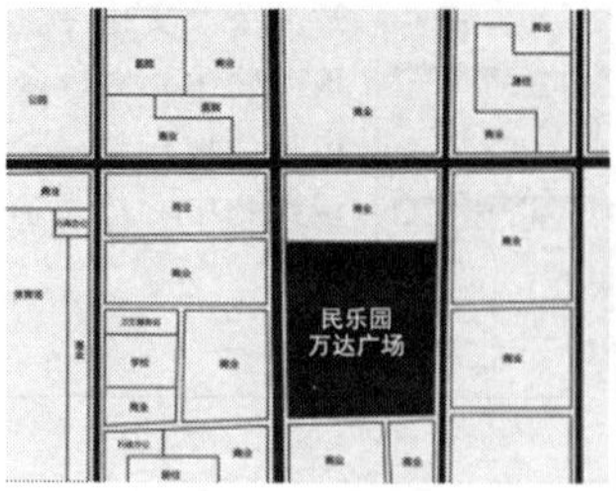	该购物中心周边有商业、居住、学校、行政办公、医院、体育及公园用地； 该购物中心周边多为商业用地； 该购物中心周边有一所学校、一个体育场馆和一处公园

续表

分类	购物中心名称	周边用地	小结
物业型购物中心	印象城购物中心	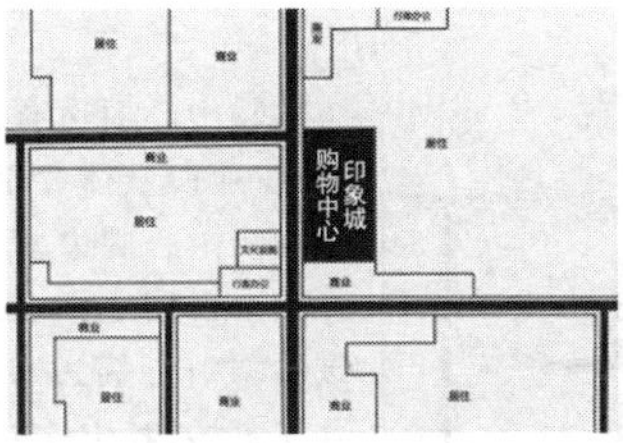	该购物中心周边有商业、居住、文化设施、行政办公类用地； 该购物中心周边多为居住用地，其次为商业用地
	老城根GPARK	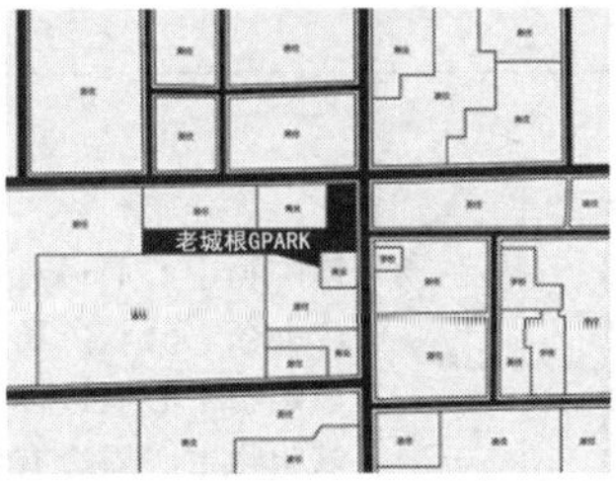	该购物中心周边有商业、居住以及学校用地； 该购物中心周边多为居住用地； 该购物中心周边有三所学校
	立丰国际购物广场	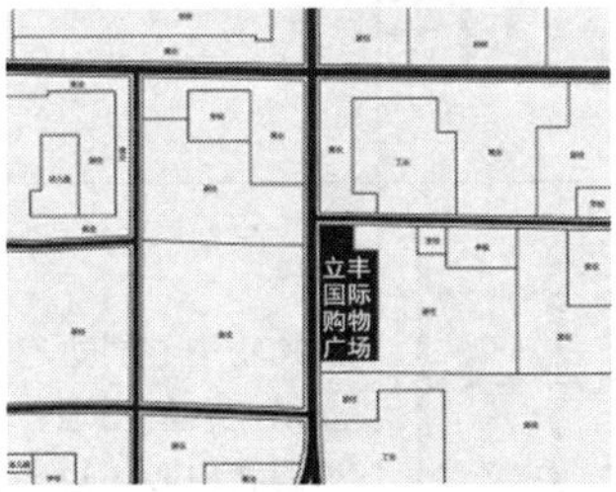	该购物中心周边有商业、居住、学校以及医院用地； 该购物中心周边多为居住用地，其次为商业用地； 该购物中心周边有六所学校
连锁摩尔型购物中心	熙地港购物中心	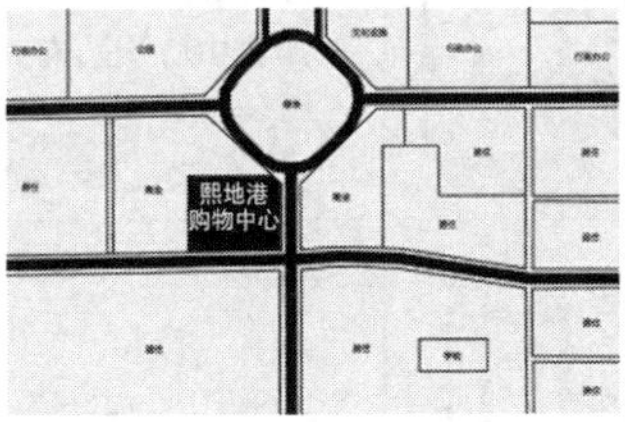	该购物中心周边有商业、居住、公园、学校、行政办公及文化设施用地； 该购物中心周边多为居住用地，其次为行政办公用地； 该购物中心周边有一所学校和一处公园
	大融城购物中心	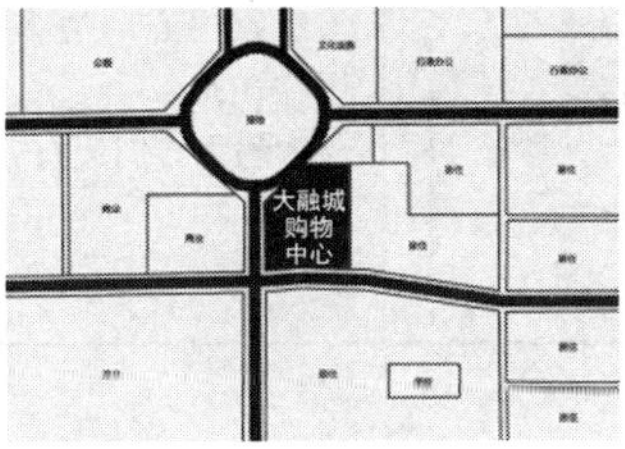	该购物中心周边有商业、居住、公园、学校、行政办公及文化设施用地； 该购物中心周边多为居住用地，其次为行政办公用地； 该购物中心周边有一所学校和一处公园

续表

分类	购物中心名称	周边用地	小结
连锁摩尔型购物中心	万达 ONE	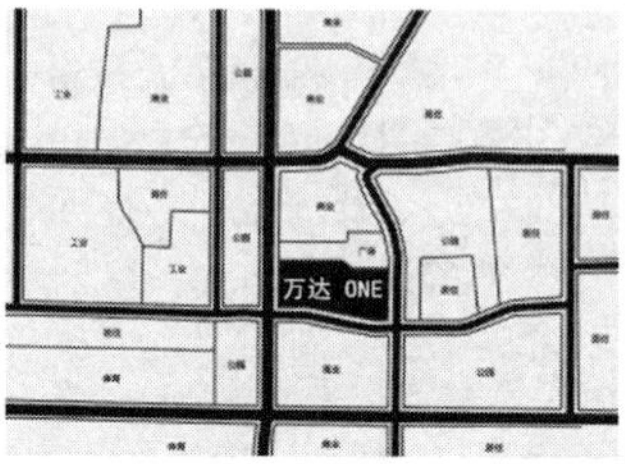 万达 ONE	该购物中心周边有商业、居住、公园、广场、工业以及体育用地用地； 该购物中心周边多为商业用地，其次为行政办公用地； 该购物中心周边有两处公园和一个综合体育场，其中一处公园为遗址公园
	曲江银泰城	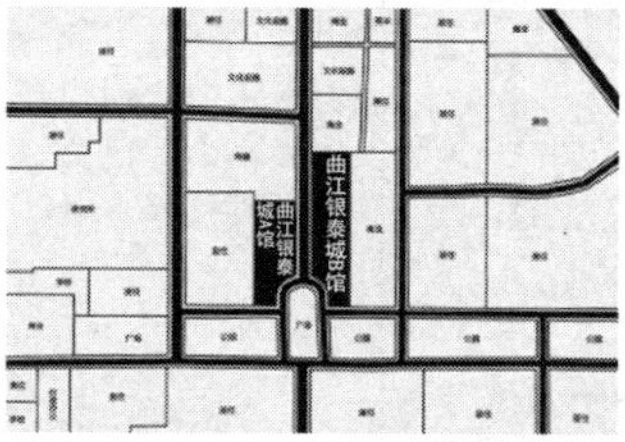 曲江银泰城B馆 曲江银泰城A馆	该购物中心周边有商业、居住、学校、行政办公、公园、广场及文化设施用地； 该购物中心周边多为居住用地； 该购物中心周边有两所学校、两个广场和一处公园
	李家村万达广场	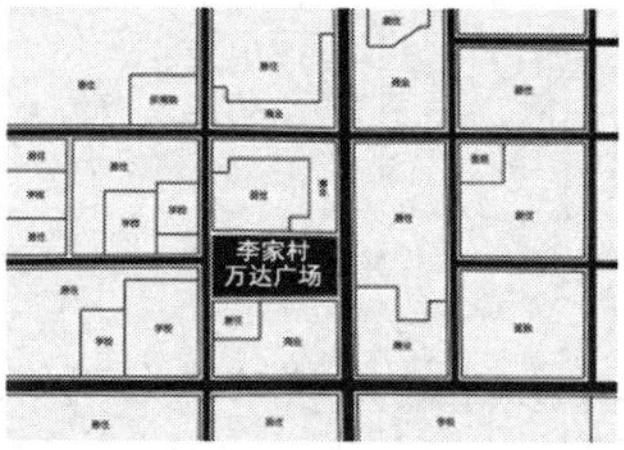 李家村万达广场	该购物中心周边有商业、居住、学校、工业以及科研用地； 该购物中心周边多为居住用地，其次为商业用地； 该购物中心周边有六所学校和一家医院
	大悦城购物中心	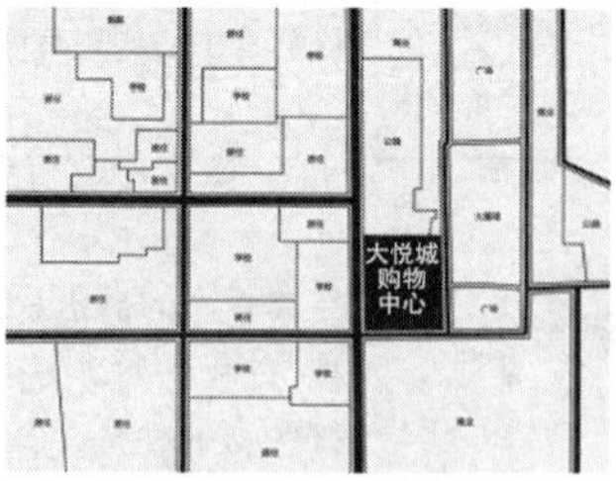 大悦城购物中心	该购物中心周边有商业、居住、学校、医院、公园、广场以及文物古迹用地； 该购物中心周边多为学校用地，其次为居住用地； 该购物中心周边有七所学校和两家医院

资料来源：笔者自制。

第三节　西安城市购物中心内部的微区位特征

一　客观因素

（一）购物中心入口

如表 10－3 所示，西安城市大、中型购物中心的入口具有如下特点。

（1）西安城市大、中型购物中心的入口主要分布于城市主干道一侧。城市主干道有大量的人流和车流，面向城市主干道设置入口不仅能够为大、中型购物中心提供充足的人流，同时可以吸引过往的车辆和行人注意购物中心。

（2）西安城市大、中型购物中心的入口多在三个及以上。大多数大、中型购物中心在多个不同的方位设置出入口，这样不仅能够最大限度地提升购物中心的客流量，同时便于在紧急时刻疏散人群。

（3）西安城市大、中型购物中心的入口多采用玻璃材质构造。玻璃具有透光性，因此在白天和夜晚会呈现不同的感觉，这也是入口多采用这一材质的原因。大多数购物中心利用大面积玻璃拼接或玻璃幕墙的形式来突出入口形象，部分购物中心则采用玻璃材质打造独特的入口造型。

表 10－3　西安城市大、中型购物中心入口分布

购物中心名称	入口位置	入口照片
开元商城	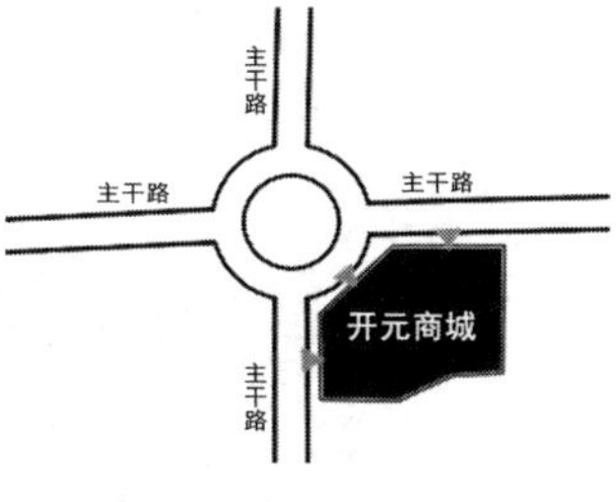 主干路 主干路 主干路 主干路 开元商城	 

续表

购物中心名称	入口位置	入口照片
群光广场		
赛格国际购物中心		
MOMOPARK购物中心		
悦荟广场		
盛龙广场		

续表

购物中心名称	入口位置	入口照片
民乐园万达广场	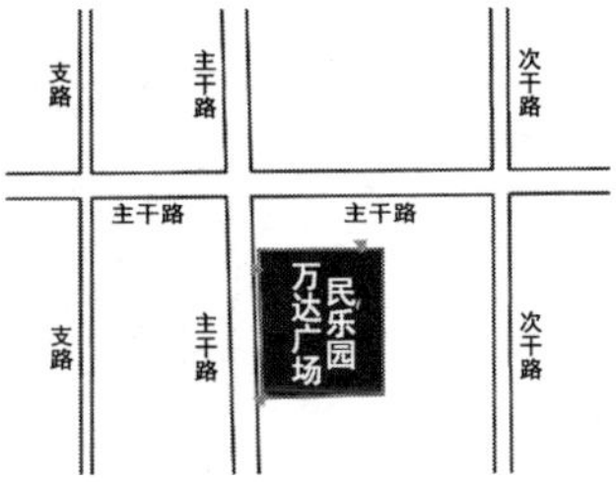 支路 主干路 次干路 主干路 主干路 民乐园万达广场 支路 主干路 次干路	 
印象城购物中心	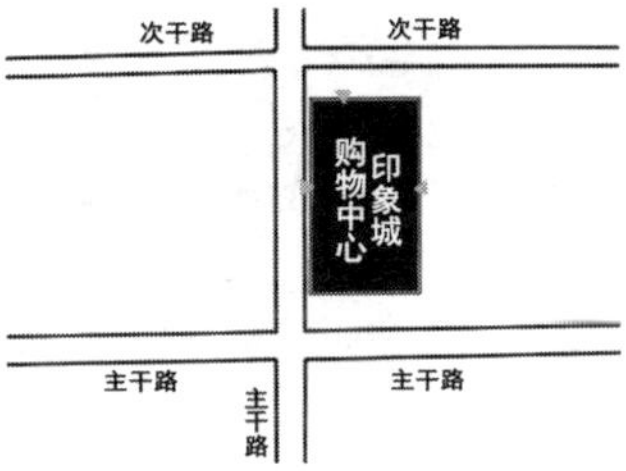 次干路 次干路 印象城购物中心 主干路 主干路 主干路	 
老城根 GPark	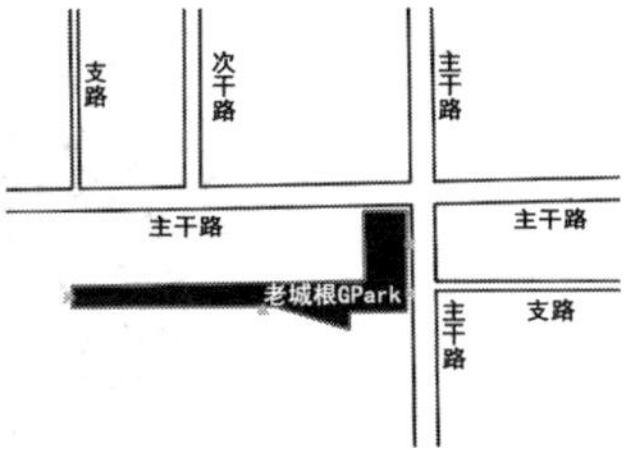 支路 次干路 主干路 主干路 主干路 老城根GPark 主干路 支路	 
立丰国际购物广场	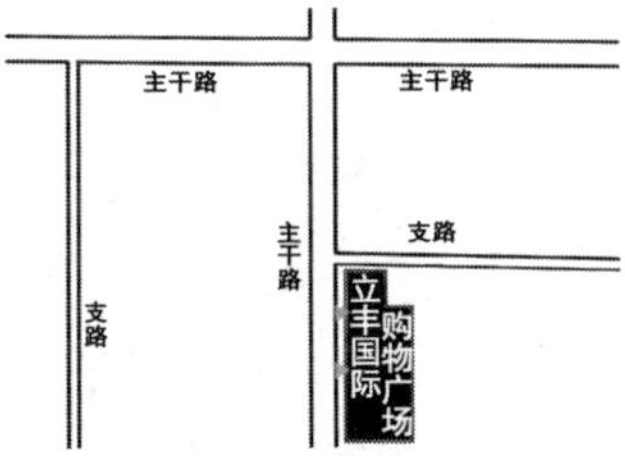 主干路 主干路 主干路 支路 支路 立丰国际购物广场	
熙地港购物中心	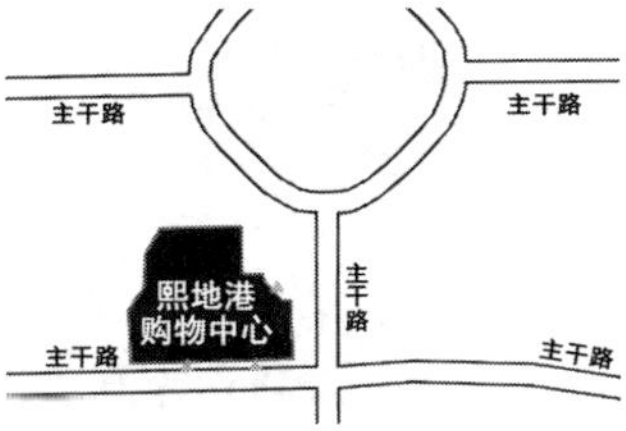 主干路 主干路 熙地港购物中心 主干路 主干路 主干路	

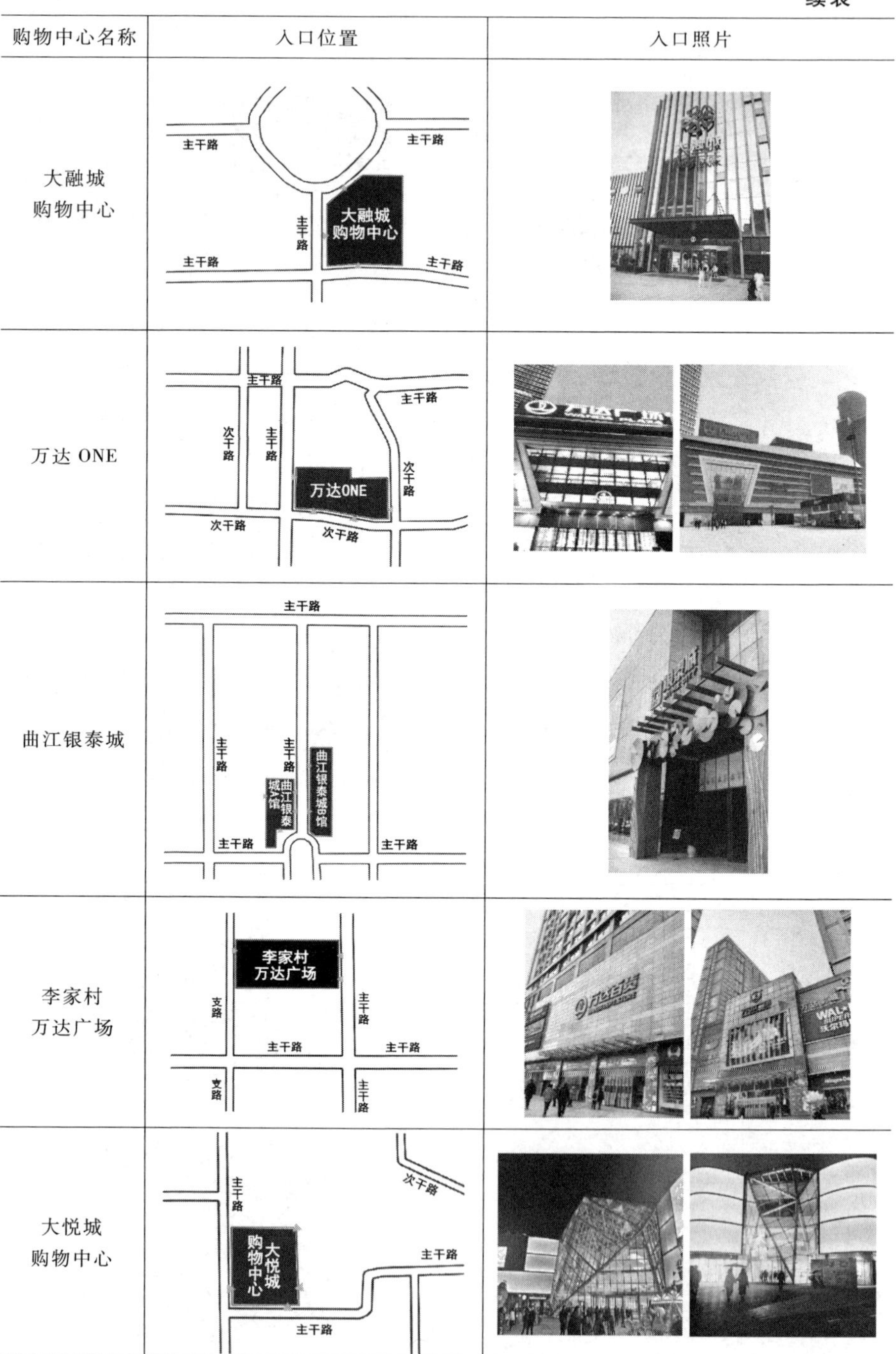

续表

购物中心名称	入口位置	入口照片
大融城购物中心	主干路 主干路 主干路 主干路 主干路 大融城购物中心	
万达 ONE	主干路 主干路 次干路 主干路 次干路 次干路 次干路 万达ONE	
曲江银泰城	主干路 主干路 主干路 主干路 主干路 曲江银泰城A馆 曲江银泰城B馆	
李家村万达广场	李家村万达广场 支路 主干路 主干路 主干路 支路 主干路	
大悦城购物中心	主干路 次干路 主干路 主干路 大悦城购物中心	

资料来源：笔者自制。

（二）楼层功能分布

西安城市大、中型购物中心内部楼层功能分布具有如下特点。

（1）超市：一般布置于大型购物中心负一层的位置，部分与停车场共用一层，是吸引客流的重要因素之一。

（2）女装：一般集中布置于大型购物中心二、三层的位置，大多占据大型购物中心两层及以上的楼层面积。

（3）男装：一般位于女装楼层之上，紧邻女装楼层布置，有时也与女装、运动户外服饰混合布置，多占据大型购物中心一层及以上的楼层。

（4）鞋帽：一般位于大型购物中心的首层，与其他功能混合布置。

（5）化妆品：一般位于大型购物中心的首层，与其他功能混合布置。

（6）珠宝名表：一般位于大型购物中心的首层，与其他功能混合布置。

（7）休闲服饰：分散布置于大型购物中心内部，但多与女装服饰和男装服饰结合布置。

（8）运动户外：一般位于大型购物中心中部偏上的楼层，与男装服饰结合布置或紧邻男装服饰楼层。

（9）内衣配饰：一般位于大型购物中心的中间楼层，多与女装服饰结合布置。

（10）母婴童装：一般位于大型购物中心紧邻顶层的楼层，多与其他功能混合布置。

（11）家居用品：一般位于大型购物中心紧邻顶层的楼层，多与其他功能混合布置。

（12）箱包皮具：一般位于大型购物中心中部偏上的楼层，多布置于男装服饰楼层。

（13）休闲娱乐：一般分散布置于大型购物中心的底层或顶层，大型休闲娱乐场所多布置于大型购物中的顶层或紧邻顶层的楼层。

（14）配套服务：一般布置于大型购物中心的停车层或一层临街处。

（15）儿童游乐：一般布置于大型购物中心紧邻顶层的楼层，大多与母婴童装布置在同一楼层。

（16）餐饮：一般分散布置于大型购物中心的各个楼层，但会在底层、顶层或紧邻顶层的楼层集中布置，一般不止占用一层。

（17）零售店铺：一般布置于大型购物中心的底层。

（三）业态聚集

西安城市大、中型购物中心内部业态聚集具有如下特点。

（1）超市一般布置于大型购物中心的负一层，多与停车场结合布置。这种布置方式有利于吸引客流，大型购物中心有无超级市场也是顾客是否选择大型购物中心的重要因素之一。

（2）女装服饰一般与内衣配饰和男装服饰结合布置于大型购物中心的中间楼层。这种布置方式将同种类型的功能或相关类型的功能结合在了一起。

（3）男装服饰一般与箱包皮具和女装服饰结合布置于大型购物中心的中间楼层，并紧邻女装服饰楼层。

（4）鞋帽、化妆品、珠宝名表三个功能多结合布置于大型购物中心的一层。

（5）母婴童装多与儿童游乐和家居用品两个功能结合布置。

（6）休闲娱乐功能一般布置于大型购物中心的顶层和紧邻顶层的楼层，有时也与餐饮功能结合布置。大型购物中心休闲娱乐的种类齐全也是吸引客流的重要因素之一。

（7）餐饮功能一般分散布置于大型购物中心的多个楼层，大型餐饮多集中于顶层或紧邻顶层的楼层，部分可能与休闲娱乐功能结合布置；小型餐饮多集中于底层，多与超市、零售商铺等结合布置。

（四）内部动线

西安城市大、中型购物中心内部流线具有如下特点。

（1）西安城市大、中型购物中心内部一般围绕中庭形成主要的人行流动线。中庭一方面具有吸引、聚集人流的作用，而另一方面则可以通过视觉可达性使顾客寻找到自己的消费目的地，有针对性地引导人流。

（2）西安城市大、中型购物中心内部水平流动线主要采用闭合的环形动线形式，其次采用枝形动线（杠铃形、十字形、Y 字形、T 字形等）形式，较少采用线形动线形式。环形人流多采用围绕中庭的“回”形结构，合理利用中庭，动线简单清晰，最大化地提升顾客视线可及范围，促进店铺到达率的增加；枝形流线可减弱空间的单一感，但是存在回头路；线形流线以一条明确的主动线贯穿整个空间，店铺的可达性较强，能够有效地避免死角店铺的出现。

（3）西安城市大、中型购物中心内部垂直动线多采用上下部分分开设计的扶梯，部分采用“剪刀式”或多角度交错的扶梯。上下部分分开设计的扶梯提升了消费者在楼层的停留时间以及光顾店铺的可能性，可以充分发挥“滚梯效应”，激活购物中心上部业态。

二　主观因素

（一）消费者构成分析

研究采取问卷调查的方式，在某购物中心共发放问卷800份，其中收回有效问卷760份。调研的对象中，女性消费者略多于男性消费者，70%左右的消费者为19～40岁，学历多为本科或大专；该购物中心的消费群体主要为学生和公司职员，其次为其他职业；收入水平多在3000～6500元，其次为3000元及以下和6500～10000元。

（1）消费者构成与购物中心内部业态的关系：购物中心内部不同业态代表着不同的消费需求，而不同年龄、性别、收入的消费群体的需求也是不同的。到访大、中型购物中心的消费者多为19～40岁的女性，她们的收入多在3000～6500元。大、中型购物中心在进行业态布局时更倾向于选择女性消费者偏爱的业态类型，并且选择的品牌价位适中。除此之外，受女性青睐的业态类型还占据购物中心的较大面积。因此，消费者构成与购物中心内部的业态选择有较大关系。

（2）消费者构成与购物中心定位的关系：购物中心的定位归根结底就是消费者群体的定位，与其所在区域的人口结构和消费水平有极大的关系。上述大、中型购物中心均为中等消费水平的购物中心，这与消费人群的收入状况相吻合。消费者的收入构成与购物中心的定位存在较大关系。

（3）消费者构成与购物中心周边用地的关系：到访大、中型购物中心的人群多为学生和公司职员，其次为专业人士、自由职业者和商人/个体户，而该类购物中心周边用地多为居住、商业性质。因此，消费者的职业构成与购物中心周边用地存在一定的关系，但是关联性不强。

（二）消费者行为分析

消费者到访西安大、中型购物中心多采用乘坐公共交通工具的方式，到达频率为每月 1～2 次，时段多为 14：00 以后，消费目的多为购物、用餐和娱乐休闲，消费金额多为 500 元以下。

（1）大多数消费者更倾向于乘坐公共交通工具到达购物中心，因此，公共交通易到达的大、中型购物中心更受消费者的青睐，由此可见交通可达性与购物中心的位置选择有密切的关系。

（2）不同时段到达的消费者其消费目的各有不同。到达时段为 14：00～18：00 的消费者，其目的多为购物和娱乐休闲；到达时段为 18：00以后的消费者，其目的多为用餐和娱乐休闲。

（3）不同消费目的导致消费金额不同。以购物为主要目的的消费群体，其消费金额多在 1000 元以下；以用餐、娱乐休闲为主要目的的消费群体，其消费金额多在 500 元以下。

具体的消费者行为分析见表 10－4。

表 10－4　西安购物中心消费者行为分析

序号	购物中心名称	小结
1	开元商城	消费者更倾向于通过乘坐公共交通工具的方式到达该购物中心，到达的频率多为每月 1～2 次，时段多为 14:00～18:00。消费目的多为购物，其次为娱乐休闲，再次为朋友聚会，消费金额多在 500 元以下
2	群光广场	消费者更倾向于通过乘坐公共交通工具的方式到达该购物中心，到达的频率多为每月 1～2 次，时段多为 18:00 以后。消费目的多为用餐和娱乐休闲，购物和朋友聚会也较多，消费金额多在 500 元以下
3	赛格国际购物中心	消费者更倾向于通过乘坐公共交通工具的方式到达该购物中心，到达的频率多为每月 1～2 次，时段多为 14:00～18:00。消费目的多为用餐和购物，娱乐休闲和朋友聚会也较多，消费金额多在 500 元以下
4	MOMOPARK 购物中心	消费者更倾向于通过乘坐公共交通工具的方式到达该购物中心，到达的频率多为每月 1～2 次，时段多为 14:00～18:00。消费目的多为用餐和娱乐休闲，购物也较多，消费金额多在 500 元以下

续表

序号	购物中心名称	小结
5	悦荟广场	消费者更倾向于通过乘坐公共交通工具的方式到达该购物中心，到达的频率多为每月 1～2 次，时段多为 18:00 以后。消费目的多为娱乐休闲，其次为用餐，再次为购物，消费金额多在 500 元以下
6	盛龙广场	消费者更倾向于通过乘坐公共交通工具的方式到达该购物中心，到达的频率多为每月 1～2 次，时段多为 18:00 以后，其次为 14:00～18:00。消费目的多为娱乐休闲和用餐，购物也较多，消费金额多在 500 元以下
7	民乐园 万达广场	消费者更倾向于通过乘坐公共交通工具的方式到达该购物中心，到达的频率多为每月 1～2 次，时段多为 14:00～18:00，其次为 18:00 以后。消费目的多为用餐和娱乐休闲，购物也较多，消费金额多在 500 元以下
8	印象城 购物中心	消费者更倾向于通过乘坐公共交通工具的方式到达该购物中心，到达的频率多为每月 1～2 次，时段多为 18:00 以后，其次为 14:00～18:00。消费目的多为娱乐休闲，其次为用餐，再次为购物，消费金额多在 500 元以下
9	老城根 GPARK	消费者更倾向于通过乘坐公共交通工具和自驾车的方式到达该购物中心，到达的频率多为每月 1～2 次，时段多为 12:00 以后。消费目的多为购物、用餐、娱乐休闲和朋友聚会，消费金额多在 500 元以下
10	购物广场 立丰国际	消费者更倾向于通过乘坐公共交通工具的方式到达该购物中心，到达的频率多为每月 1～2 次，时段多为 14:00～18:00。消费目的多为娱乐休闲，其次为用餐，再次为购物，消费金额多在 500 元以下
11	熙地港 购物中心	消费者更倾向于通过乘坐公共交通工具的方式到达该购物中心，到达的频率多为每月 1～2 次，时段多为 12:00～14:00。消费目的多为用餐和购物，娱乐休闲和朋友聚会也较多，消费金额多在 500 元以下
12	大融城 购物中心	消费者更倾向于通过乘坐公共交通工具的方式到达该购物中心，到达的频率多为每月 1～2 次，时段多为 12:00 以后。消费目的多为用餐和购物，娱乐休闲和朋友聚会也较多，消费金额多在 500 元以下
13	万达 ONE	消费者更倾向于通过乘坐公共交通工具的方式到达该购物中心，到达的频率多为每月 1～2 次，时段多为 14:00～18:00，其次为 12:00～14:00。消费目的多为娱乐休闲和购物，用餐的也较多，消费金额多在 500 元以下

续表

序号	购物中心名称	小结
14	曲江银泰城	消费者更倾向于通过乘坐公共交通工具的方式到达该购物中心，到达的频率多为每月 1~2 次，时段多为 18:00 以后，其次为 14:00~18:00。消费目的多为娱乐休闲和用餐，购物的也较多，消费金额多在 500 元以下
15	李家村 万达广场	消费者更倾向于通过乘坐公共交通工具的方式到达该购物中心，到达的频率多为每月 1~2 次，时段多为 18:00 以后，其次为 12:00~14:00。消费目的多为用餐和娱乐休闲，购物的也较多，消费金额多在 500 元以下
16	大悦城 购物中心	消费者更倾向于通过乘坐公共交通工具的方式到达该购物中心，到达的频率多为每月 1~2 次，时段多为 14:00~18:00。消费目的多为用餐和娱乐休闲，购物和朋友聚会的也较多，消费金额多在 500 元以下

资料来源：笔者自制。

（三）消费者满意度评价

消费者满意度评价具体见表 10－5、10－6 和 10－7。

表 10－5　西安购物中心消费者满意度评价（1）

满意度评价因子	开元商城	群光广场	赛格国际	MOMOPARK	大悦城
地理位置优越	4.70	4.23	4.62	3.96	4.53
交通便捷	4.55	3.98	4.56	4.13	4.35
有大型停车场	3.75	4.41	4.53	4.40	3.92
距离居住/工作的地方近	3.72	3.62	3.86	4.02	3.55
娱乐休闲/用餐/购物一站式解决	4.08	4.21	4.40	4.18	4.42
经营的商品种类齐全	3.98	4.09	4.36	3.75	4.30
内部各楼层功能布局合理	4.52	4.12	4.48	4.13	4.36
内部空间环境舒适	3.90	4.16	4.22	4.11	3.85
有适合亲子活动的空间	3.27	3.82	3.56	3.45	3.79
所在商圈较为成熟（周边完善）	4.64	4.13	4.52	3.97	4.35
整体印象	4.29	4.15	4.34	4.10	4.30

资料来源：笔者自制。

表 10-6　西安购物中心消费者满意度评价（2）

满意度评价因子	银泰城	民乐园万达	悦荟广场	印象城	立丰国际
地理位置优越	4.50	4.53	4.29	4.36	4.27
交通便捷	4.19	4.47	4.04	4.23	4.42
有大型停车场	4.42	4.45	4.43	4.50	4.38
距离居住/工作的地方近	3.91	3.59	3.61	4.07	4.15
娱乐休闲/用餐/购物一站式解决	4.38	4.41	4.39	4.40	4.28
经营的商品种类齐全	4.10	4.26	3.89	4.03	3.96
内部各楼层功能布局合理	4.13	4.27	4.15	4.21	4.02
内部空间环境舒适	4.12	4.26	3.96	4.13	4.13
有适合亲子活动的空间	4.12	4.29	3.61	3.58	3.85
所在商圈较为成熟(周边完善)	4.27	4.50	4.34	4.37	4.16
整体印象	4.21	4.30	4.11	4.23	4.16

资料来源：笔者自制。

表 10-7　西安购物中心消费者满意度评价（3）

满意度评价因子	熙地港	大融城	万达 ONE	老城根 GPARk	李家村万达
地理位置优越	4.53	4.49	4.30	4.25	4.35
交通便捷	4.56	4.54	4.12	4.02	4.23
有大型停车场	4.52	4.54	4.45	4.43	4.14
距离居住/工作的地方近	4.10	4.01	4.05	3.96	4.09
娱乐休闲/用餐/购物一站式解决	4.38	4.33	4.38	4.30	4.35
经营的商品种类齐全	4.28	4.26	4.23	4.18	4.12
内部各楼层功能布局合理	4.31	4.13	4.20	4.13	4.24
内部空间环境舒适	4.25	4.21	4.25	4.27	4.20
有适合亲子活动的空间	3.56	3.45	4.08	3.79	4.10
所在商圈较为成熟(周边完善)	4.39	4.34	4.42	4.26	4.51
整体印象	4.34	4.23	4.25	4.20	4.23

资料来源：笔者自制。

本章小结

本章梳理了购物中心的基本概念和分类，通过对西安大、中型购物中心的总体区位分布特征以及内部、外部微区位特征进行系统分析，并通过问卷调查收集数据，对消费者行为的微区位感应认知特征进行总结。希望尽可能准确地描绘西安大、中型购物中心的行为微区位特征，但是在数据收集的过程中，限于调查人群的特点，以及人的认知差异，抑或由于部分数据涉及购物中心的商业机密，无法完整地用实际数据进行分析，只能通过使用者的行为感知评判来研究，但总体来说对探究商业消费空间的微区位规律具有一定的启发意义。

第十一章

西安城市公园的微区位规律实证

我们需要将空间概念化为从地点到全球各种区位尺度相互联系和相互作用的社会共同体。

——朵琳·马西

第一节　城市公园微区位研究的基本概念认知

一　城市公园

《城市绿地分类标准》（CJJ/T85－2002）将城市绿地分为五大类，分别为公园绿地（G1）、生产绿地（G2）、附属绿地（G3）、附属绿地（G4）、其他绿地（G5）。其中，公园绿地是指城市中面向公众开放的、以游憩为主要功能，有一定的游憩服务设施，同时兼有健全生态、美化景观、防灾减灾等综合作用的绿化用地（郑国，2004）。城市公园即特指城市中的公园绿地。

二　城市公园的选址规范要求

《城市公园设计规范》（CJJ48－92）与《城市公园规划与设计规范》（DBJ440100/T23－2009）是国内应用较为广泛的城市公园设计规范。其中后者的内容更为全面、具体，主要针对公园内部安排，即种植设计、铺装设计、场地设计、小品设计、给排水设计和电气设计等做出规定性和引导性要求，但总体来看，这些规范对城市公园的区位布局选址要求提及较少。与区位布局相关的要求和原则主要集中在以下方面。

（1）在用地性质方面，城市公园的选址用地应符合城市总体规划、城市绿地系统规划。

（2）在公园用地边线方面，综合公园和规模大于10公顷的专类公园的边线应与城市道路红线重合，条件不允许时，必须设置通道使主要出入口与城市道路衔接。

（3）在公园出入口方面，沿城市主、次干道的综合公园和规模大于10公顷的专类公园，其主要出入口的位置边线必须距离道路交叉路口、匝道口拐弯处边线80米以上，并根据游人流量设置集散广场。

三　典型研究对象的选取

本书分两个尺度，一是从城市角度，探究西安市主城区城市公园现状区位分布特征；二是选取15座典型城市公园，从其所处的具体街区或街道角度出发，探究区位布局的微观规律。

第二节　西安城市公园现状布局的区位特征

根据百度地图开放平台坐标拾取器所查询到的坐标数据，以及笔者实地调研所得的数据，共统计出西安市主城区的84座城市公园，根据地理坐标进行标注，得到城市公园在西安市主城区层面上的空间分布（见图11－1）。从城市公园的空间分布来看，西安市主城区城市公园的分布呈现总体分散、中部集中、“南密北疏”的特征。可以看出，城市公园由北向南呈现“分散—集中—分散”的布局形式，且较多分布在城市三环线路以内，在三环外围呈现零星分布的状态。以地铁1号线路作为南北分界线，其南侧的城市公园分布数量和集聚程度明显大于北侧，而东西侧的分布数量和集聚程度相对均匀。

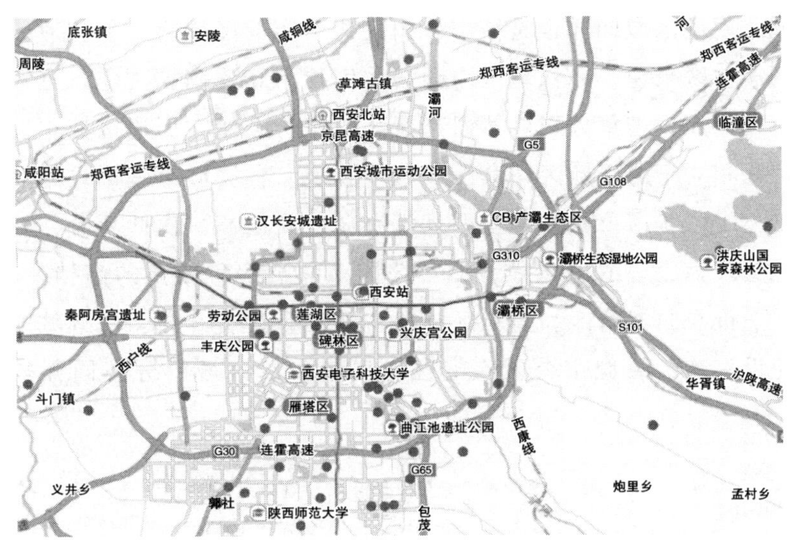

图 11－1　西安市主城区城市公园的现状分布

资料来源：笔者自制。

一　集中布局区位特征

城市公园在 7 个区内均有分布，但在曲江新区和雁塔区分布更为集中，其次是在碑林区。可以发现，曲江新区的城市公园呈现团状集聚式布局，主要围绕曲江池遗址片区，且与道路并无明显关系。以长安南路为界，东侧城市公园的数量明显多于西侧，且分布更集中，即由西向东看，点状布局转向了团状布局。曲江池遗址片区为建造各类城市公园提供了物质基础，而大量新建的住宅区引进了大量居民，也产生了建造城市公园的需要，该片区城市公园的集聚是二者共同作用的结果。

二　邻近居住区布局的特征

将西安市的房价热力图与城市公园分布图相叠加得到图 11－2，可以看出二者的相关关系。城市公园既可以有效改善周边的居住环境和氛围，又能为附近居民提供舒适的休闲游憩空间，是提升周边居住区品质的重要途径之一。在西安市主城区范围内，曲江新区的房价明显高于周边区域，而此区域同样也是城市公园集聚分布的区域之一。相对于老城区内的居住区来说，曲江新区内的居住区均为新建高档住宅，且大多围绕城市公园周边密集分布。然而高新区的房价虽然在周边区域中同样突出，但是相对于曲江新区，其发展起步较晚，各类城市基础设施处于建设完善之中，城市公园密集程度远没有曲江新区高。由此可见，在城市基础设施较为完善的区域内，城市公园多邻近房价较高的高档住宅区。老城区房价与曲江新区和高新区相比，并没有显著升高。但老城区基础设施建设完善，故城市公园在老住宅区集中的区域内分布同样较为集中。

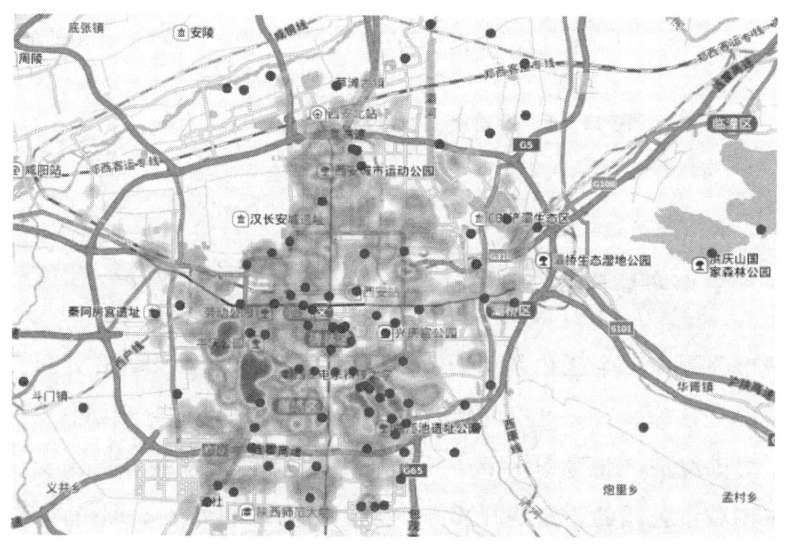

图 11－2　西安市主城区城市公园分布与房价热力图的关系

资料来源：笔者自制。

三　数量及种类布局特征

（一）数量分布特征

从城市公园的数量分布来看，此次处于研究范围之内的 7 个城市片区中共有 86 座城市公园，雁塔区城市公园的数量最多，为 24 座，占总数的 27.9%；新城区的城市公园最少，为 3 座，占总数的 3.5%。

可以发现，各区城市公园数量差异较大。具体数量分布如图 11－3 所示。

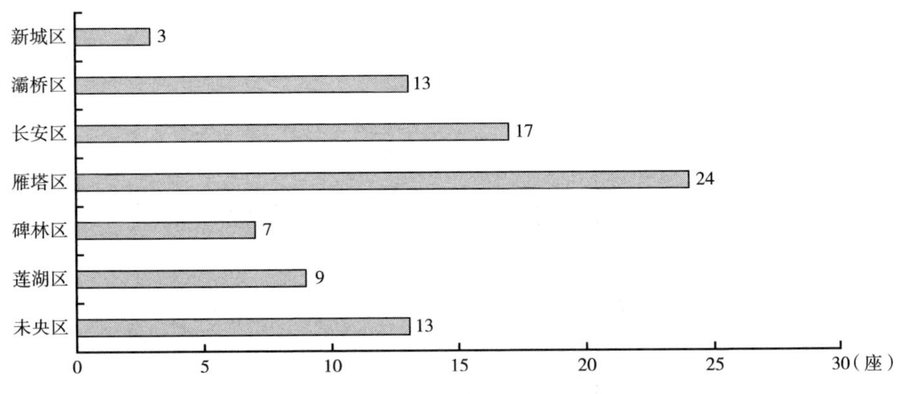

图 11－3　西安市主城区各区城市公园数量分布

资料来源：笔者自制。

根据以上的数据统计结果，综合分析之后不难看出，地区经济发展程度与城市公园数量分布有一定关系。人居环境设施较为完善的地区，城市公园的数量和种类相对较多；而城市新区由于处于建设期，各类基础设施也在建设之中，为居民休闲游憩而建设的城市公园数量相对较少。

城市公园为居民进行室外活动和社会交往提供了便捷又舒适的场所，是提高城市居民生活品质的有效渠道之一。公园数量越多，城市生活质量相对越高，更有利于公园周边城市居民产生区域荣耀感。

（二）种类分布特征

从城市公园的种类分布来看，较为明显的特征是：文化遗址公园和主题公园均主要集中在雁塔区，分别有 12 座和 8 座，各占此类公园总数的 70.6% 和 57.1%；综合公园主要集中在莲湖区和碑林区，分别有 5 座和 4 座，各占此类公园的 33.3% 和 26.7%；生态公园主要集中在城市外围的长安区、灞桥区和未央区，分别有 7 座、5 座和 4 座，各占此类公园总数的 38.9%、27.8% 和 22.2%，合计占该类公园总数的 88.9%。

可依托资源是城市公园集聚分布的物质基础，政府规划对同类城市公园的集聚具有引导作用。雁塔区是西安历史文化遗址较为集中的片区，拥有优质且丰富的旅游资源。“大慈恩寺—大雁塔—大唐芙蓉园—唐城墙遗址—曲江池遗址”形成了连片的城市遗址区，所以与之对应的文化遗址公园和各类文化主题公园多集中在此片区。

第三节　西安城市公园布局规划的微区位特征规律

一　周边环境因素

（一）周边用地功能区位关联分析

城市公园建设的目的是打造良好的生态和景观效果，体现地方的历史文化特色和增进人的身心健康等。基于城市公园的积极作用，城市公园的周边用地功能类型必会受到影响：对某类功能用地产生引力，同时公园本身对某类功能用地也会产生斥力。笔者选取6个类型共14个城市公园，以城市公园所在街区及周边空间为范围，采用简易图谱的形式表现周边用地的功能，并总结公园周边用地功能与城市公园的关联性（见表11－1）。

表11－1　西安典型城市公园周边土地利用的功能区位图谱

公园类型	代表名称	周边用地功能类型图示	特征
综合型	莲湖公园	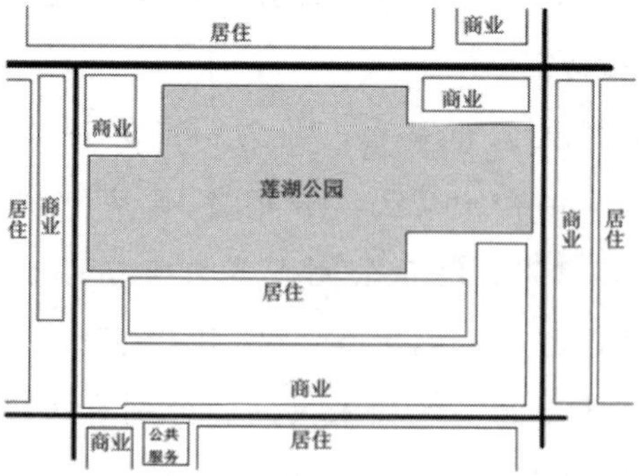	莲湖公园周边以居住功能区为主，其次为商业功能区，且与居住地块之间多有商业街区相隔

续表

公园类型	代表名称	周边用地功能类型图示	特征
综合型	劳动公园	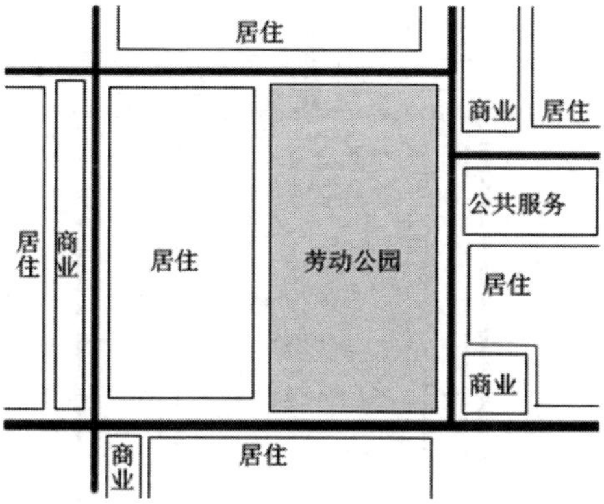 居住 商业 居住 居住 劳动公园 商业 居住 公共服务 居住 商业 商业 居住	劳动公园三面围绕着居住功能片区，东侧有公共服务功能区（省残疾人体育训练基地）和商业功能区分布
文化遗址	曲江池遗址公园	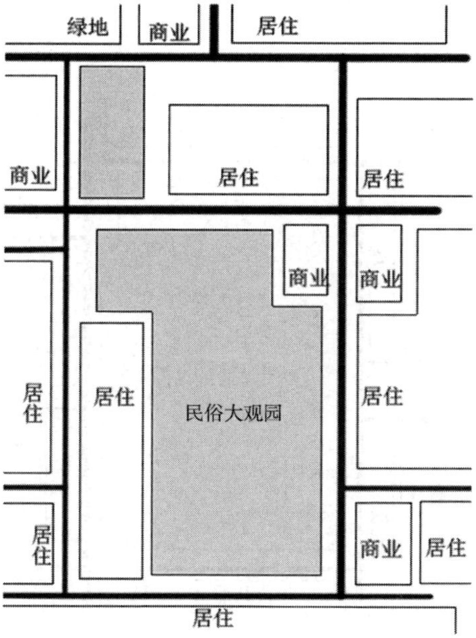 绿地 商业 居住 商业 居住 居住 商业 商业 居住 居住 民俗大观园 居住 居住 商业 居住 居住	曲江池遗址公园四面均被居住功能区包围，与居住区之间无其他功能区相隔，只有道路十字交叉口附近有商业功能区分布，且商业类型多为高档酒店

续表

公园类型	代表名称	周边用地功能类型图示	特征
文化遗址	大雁塔文化广场		大雁塔文化广场周边用地功能较统一，均为商业功能区，居住功能区与广场区并无直接关系
	大明宫遗址公园	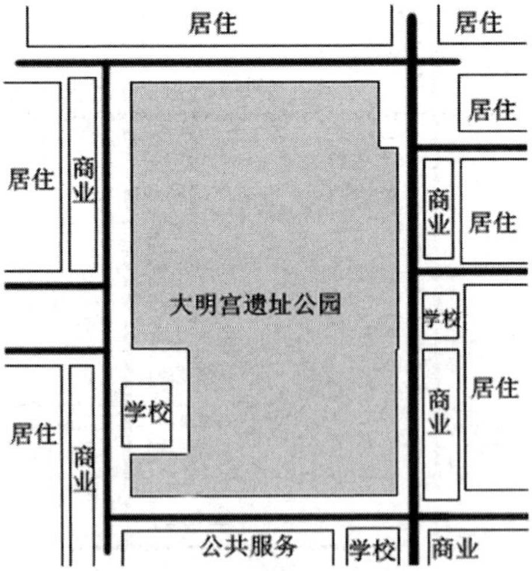	大明宫遗址公园周边用地功能较丰富，除北侧与居住功能区隔路相望外，与东西侧居住功能区均隔商业功能区；南侧及内部有城市公共服务区域

续表

公园类型	代表名称	周边用地功能类型图示	特征
生态	桃花潭生态公园	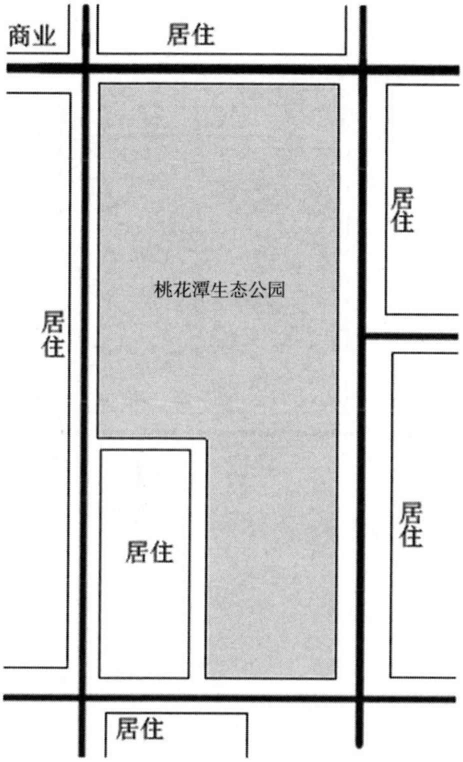 商业 居住 居住 桃花潭生态公园 居住 居住 居住 居住	桃花潭生态公园周边地块功能单一,均为居住功能区,只有西北角有商业功能区布局
游乐	西安植物园	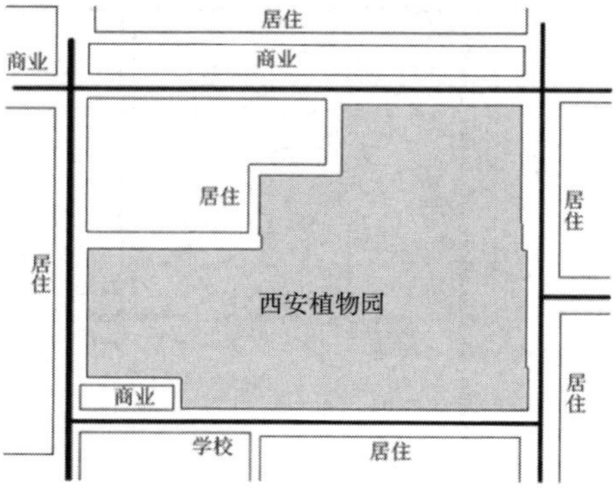 居住 商业 商业 居住 居住 居住 西安植物园 居住 商业 学校 居住	西安植物园与居住功能区共享一个街区,周边地块也以居住功能为主,与北侧居住用地之间间隔商业功能区

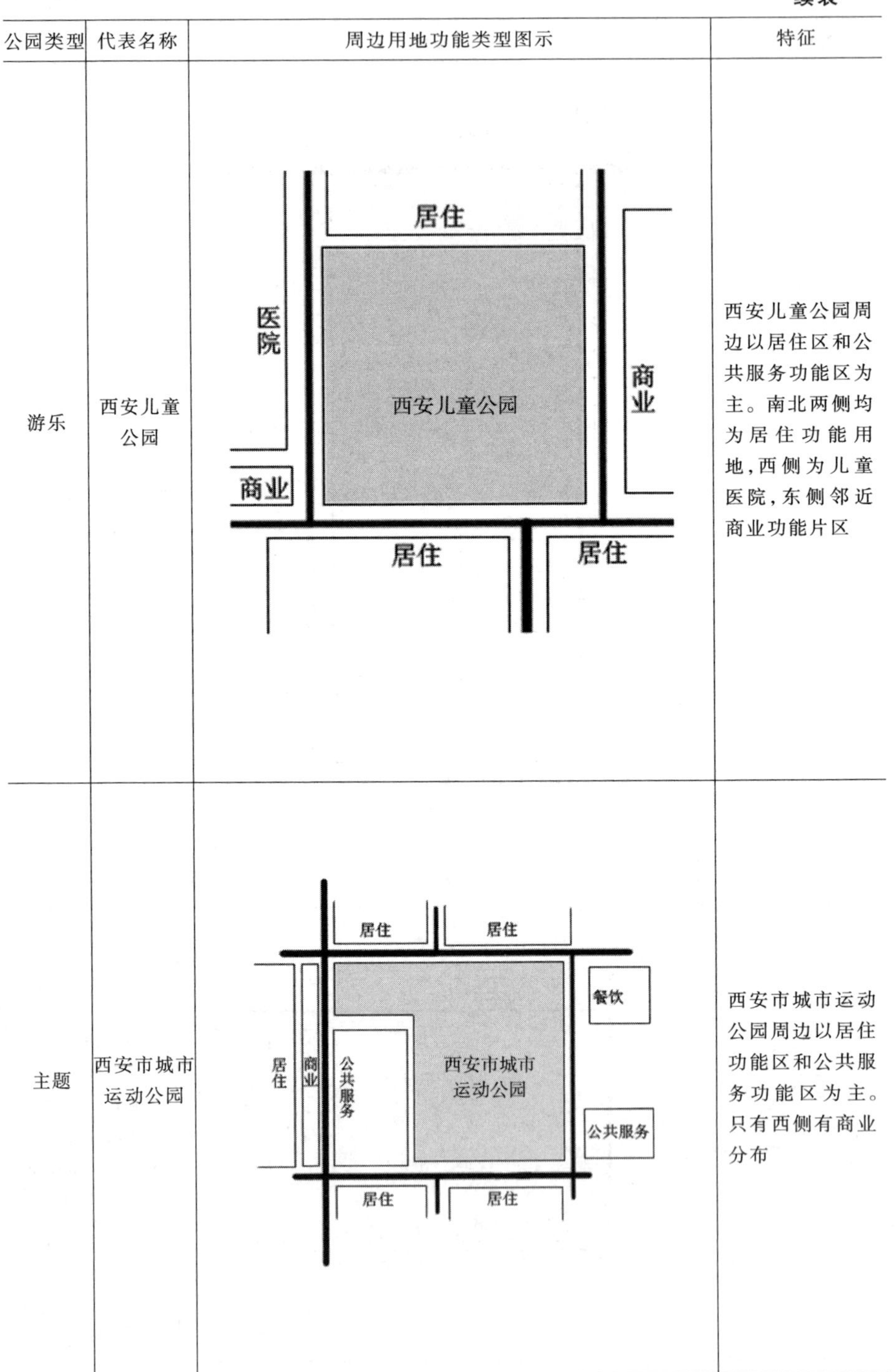

续表

公园类型	代表名称	周边用地功能类型图示	特征
游乐	西安儿童公园		西安儿童公园周边以居住区和公共服务功能区为主。南北两侧均为居住功能用地，西侧为儿童医院，东侧邻近商业功能片区
主题	西安市城市运动公园		西安市城市运动公园周边以居住功能区和公共服务功能区为主。只有西侧有商业分布

续表

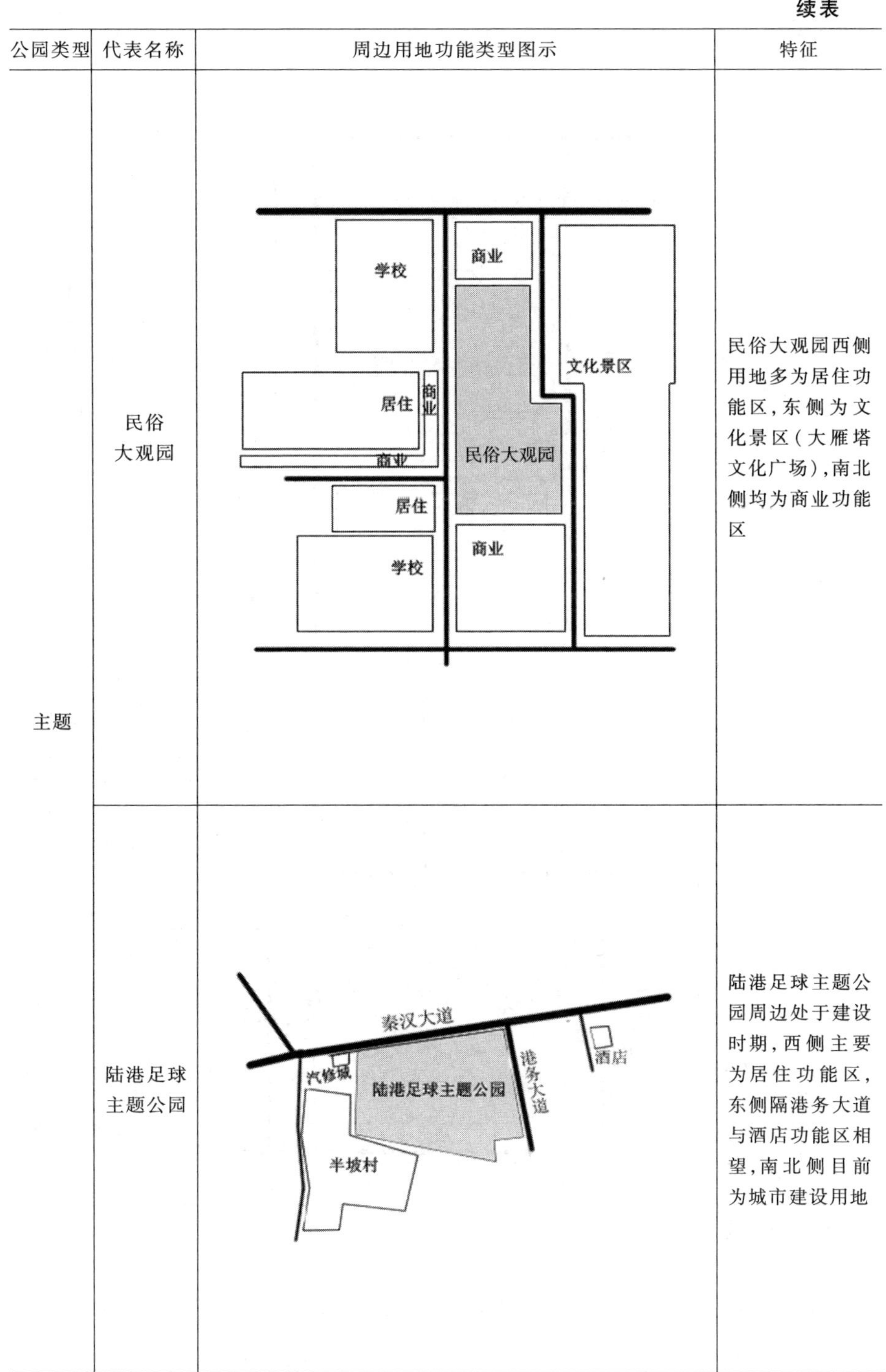

公园类型	代表名称	周边用地功能类型图示	特征
主题	民俗大观园		民俗大观园西侧用地多为居住功能区，东侧为文化景区（大雁塔文化广场），南北侧均为商业功能区
	陆港足球主题公园		陆港足球主题公园周边处于建设时期，西侧主要为居住功能区，东侧隔港务大道与酒店功能区相望，南北侧目前为城市建设用地

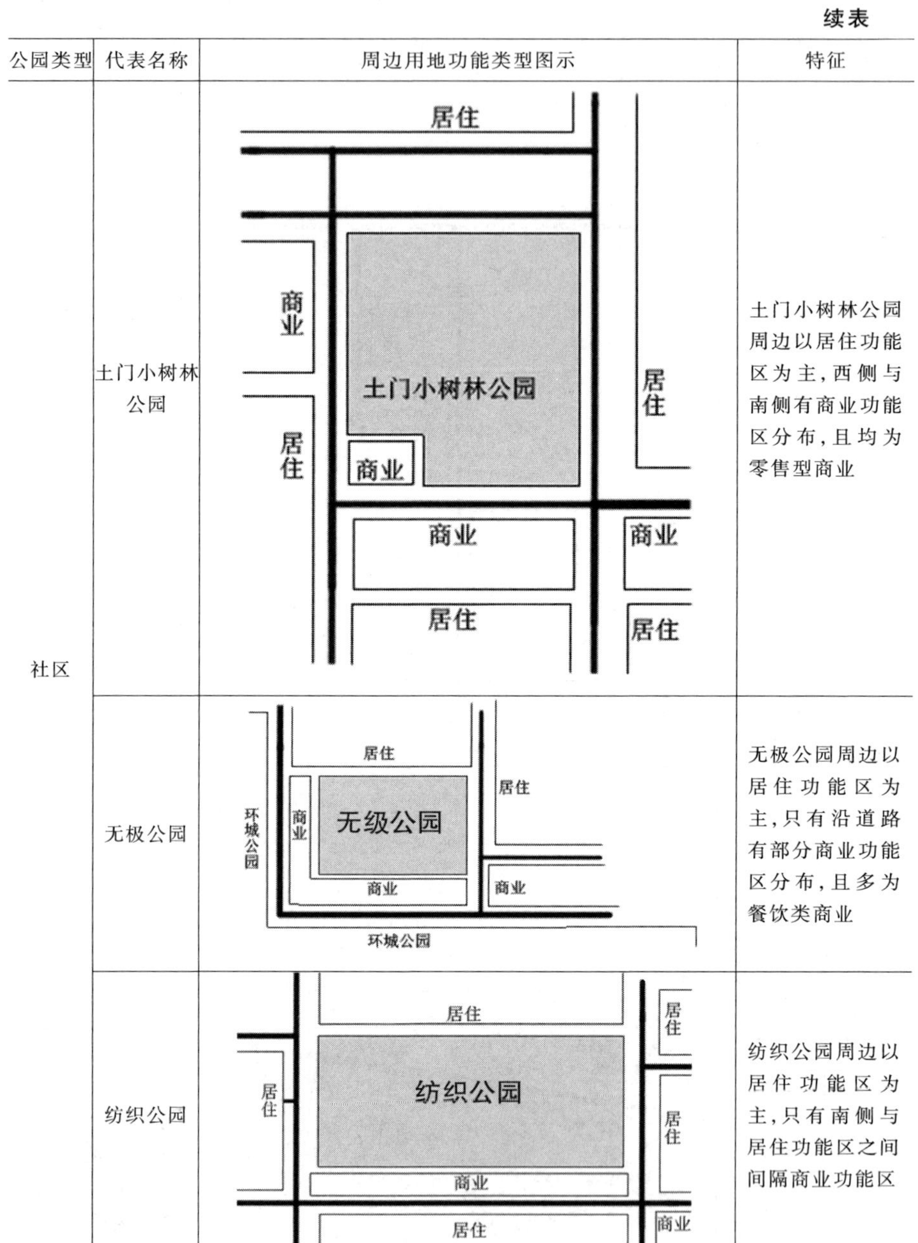

续表

公园类型	代表名称	周边用地功能类型图示	特征
社区	土门小树林公园		土门小树林公园周边以居住功能区为主，西侧与南侧有商业功能区分布，且均为零售型商业
	无极公园		无极公园周边以居住功能区为主，只有沿道路有部分商业功能区分布，且多为餐饮类商业
	纺织公园		纺织公园周边以居住功能区为主，只有南侧与居住功能区之间间隔商业功能区

资料来源：笔者自制。

通过分析可以发现，城市综合公园多布局在城市居住功能区之间，与居住功能区的关系类型有：共享同一街区、间隔城市道路、间隔商业功能区或间隔防护绿地；文化遗址类城市公园周边用地功能依公园本身所处位置不同而有所差异。当该类公园设施完善且地处城区中心时，往往会成为旅游景点，其商业性更强，故周边以商业功能区为主，与居住功能区并无直接联系；而当该类公园地处城郊时，周边以居住功能为主。生态公园多地处市郊，周边设施建设不健全，所以周边用地功能一般较为单一，多为新开发或待开发的居住功能区；社区公园一般与居住功能区有直接联系，间隔的商业也多为零售类、餐饮类，且与居住功能区联系较为紧密。城市公园周边用地功能的区位关系见图 11－4 所示。

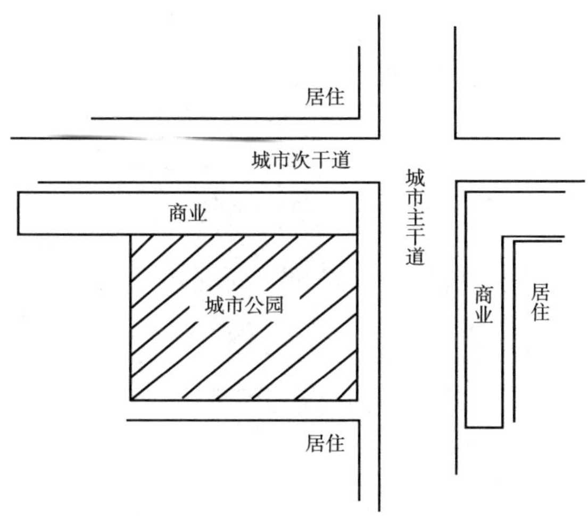

图 11－4　城市公园周边用地功能区位关联

资料来源：笔者自制。

（二）周边商业业态区位关联分析

城市公园具有休闲、游憩等功能，是城市中的积极空间，将对周边居民和游客产生吸引力，从而产生一定的人流集聚。人流集聚带来消费潜力，进而会促进城市公园周边的商业集聚发展。由于公园有各自的特点，其周边居民和所吸引的消费者的需求也不尽相同，所以不同类型的城市公园与周边商业业态之间的关联也各不相同。为探究二者的关系和规律，笔者选取 14 个城市公园，以其所在的街区及周边城市道路两侧为范围，将周边商业特征以简易图示的形式表现（见表 11－2），并总结城市公园周边商业空间布局的微区位规律。

表 11－2　西安典型城市公园周边商业生态的功能区位图谱

公园类型	代表名称	周边商业业态的区位关联图示	特征总结
综合型	莲湖公园	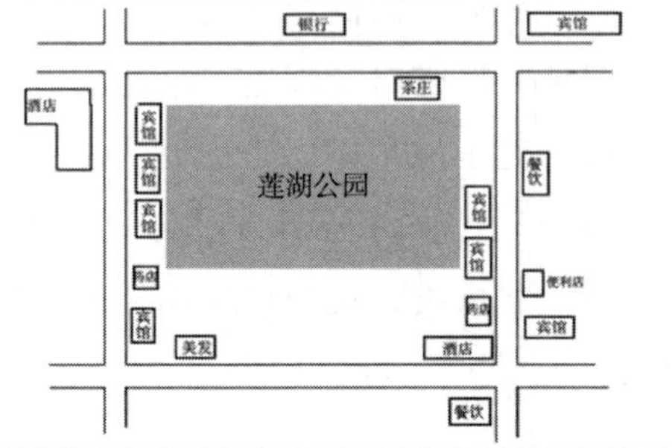	莲湖公园街区内东西两侧商业空间均以小型宾馆为主。与城市主干道相邻一侧有茶庄，南侧（与居住区联系紧密）有美发店和酒店。东侧隔城市道路有餐饮店和便利店
	劳动公园	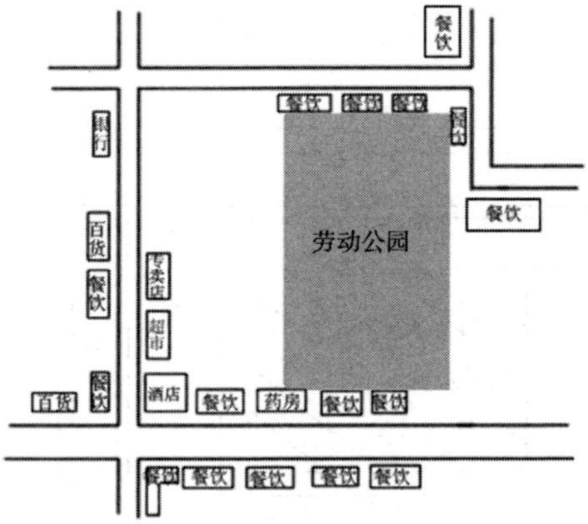	劳动公园街区内主要商业空间为餐饮业，且沿城市道路分布。公园南侧为城市次干道（团结东路），其两侧各有 3 家和 5 家餐饮店
文化遗址	曲江池遗址公园	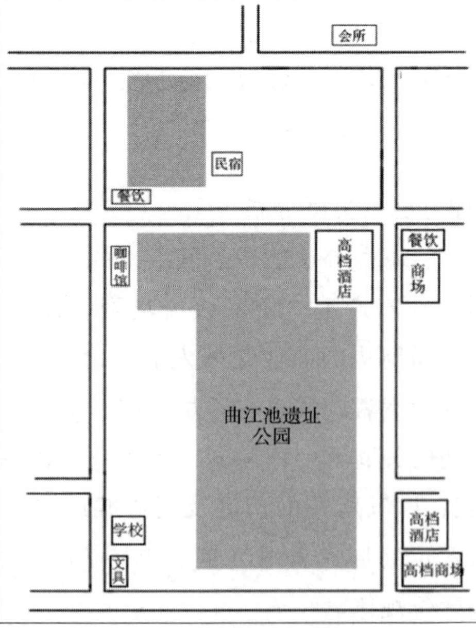	曲江池遗址公园由城市道路分为两部分，南部为公园主要区域，其街区内商业空间较小，东侧为一家园林式高档酒店，西侧有一所小学和一家文具商店，公园入口位置有一家休闲咖啡馆。东侧隔城市次干道有餐饮店和大型商场，东南角有一家高档酒店，并有与之配套的综合购物中心

续表

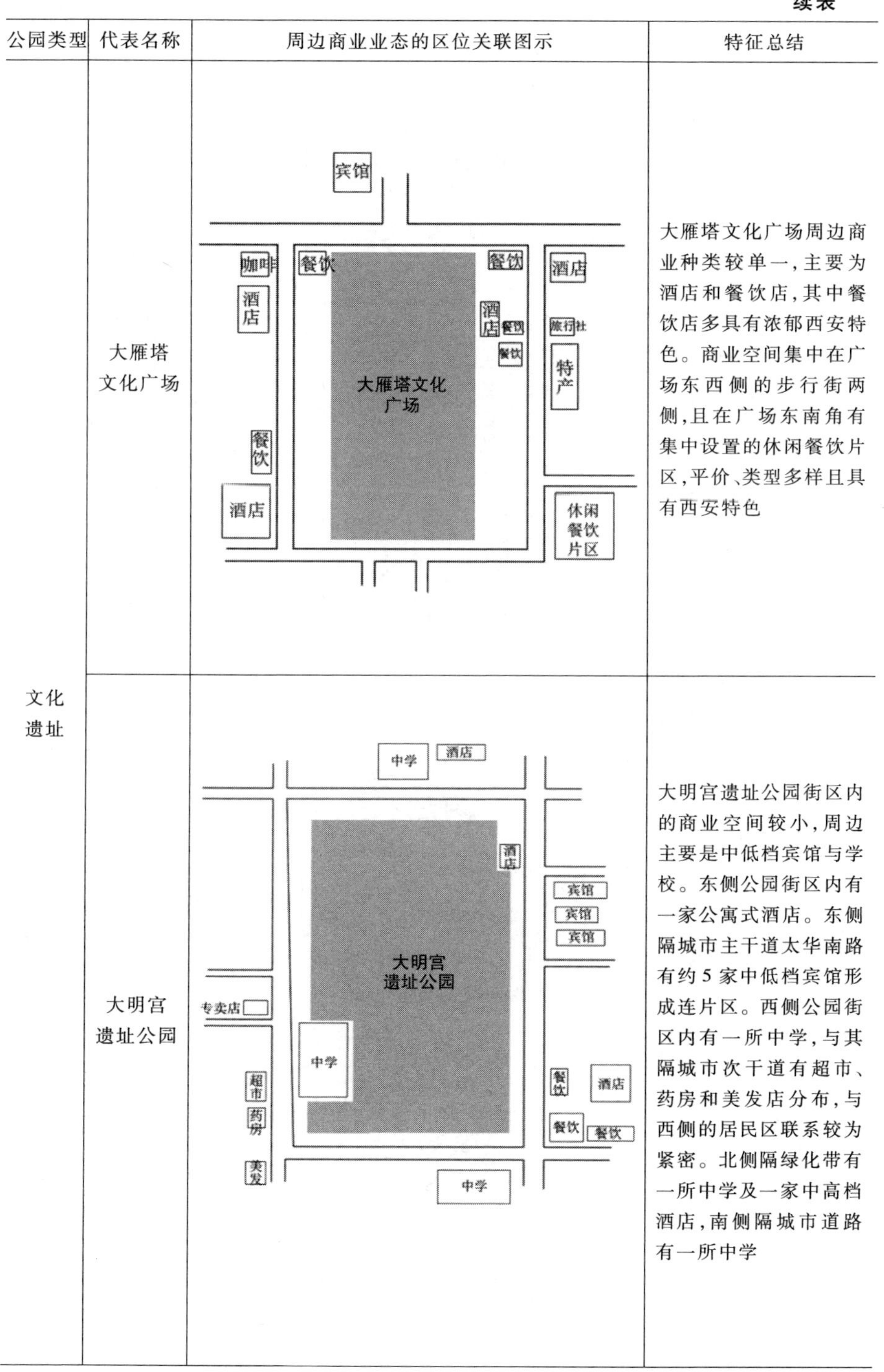

公园类型	代表名称	周边商业业态的区位关联图示	特征总结
文化遗址	大雁塔文化广场		大雁塔文化广场周边商业种类较单一，主要为酒店和餐饮店，其中餐饮店多具有浓郁西安特色。商业空间集中在广场东西侧的步行街两侧，且在广场东南角有集中设置的休闲餐饮片区，平价、类型多样且具有西安特色
	大明宫遗址公园		大明宫遗址公园街区内的商业空间较小，周边主要是中低档宾馆与学校。东侧公园街区内有一家公寓式酒店。东侧隔城市主干道太华南路有约5家中低档宾馆形成连片区。西侧公园街区内有一所中学，与其隔城市次干道有超市、药房和美发店分布，与西侧的居民区联系较为紧密。北侧隔绿化带有一所中学及一家中高档酒店，南侧隔城市道路有一所中学

续表

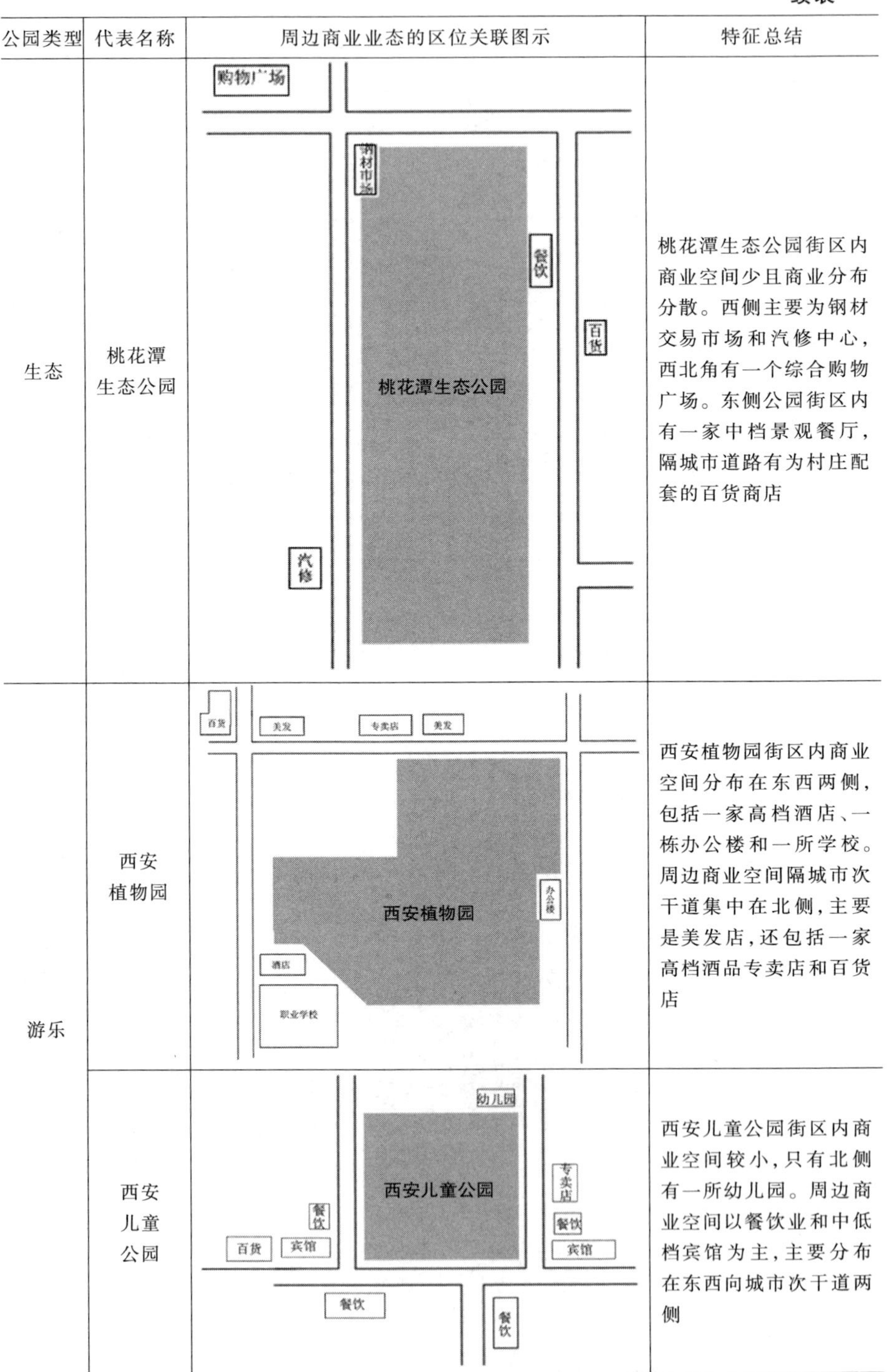

公园类型	代表名称	周边商业业态的区位关联图示	特征总结
生态	桃花潭生态公园	购物广场 钢材市场 餐饮 百货 桃花潭生态公园 汽修	桃花潭生态公园街区内商业空间少且商业分布分散。西侧主要为钢材交易市场和汽修中心，西北角有一个综合购物广场。东侧公园街区内有一家中档景观餐厅，隔城市道路有为村庄配套的百货商店
游乐	西安植物园	百货 美发 专卖店 美发 办公楼 西安植物园 酒店 职业学校	西安植物园街区内商业空间分布在东西两侧，包括一家高档酒店、一栋办公楼和一所学校。周边商业空间隔城市次干道集中在北侧，主要是美发店，还包括一家高档酒品专卖店和百货店
	西安儿童公园	幼儿园 西安儿童公园 专卖店 餐饮 餐饮 百货 宾馆 宾馆 餐饮 餐饮	西安儿童公园街区内商业空间较小，只有北侧有一所幼儿园。周边商业空间以餐饮业和中低档宾馆为主，主要分布在东西向城市次干道两侧

续表

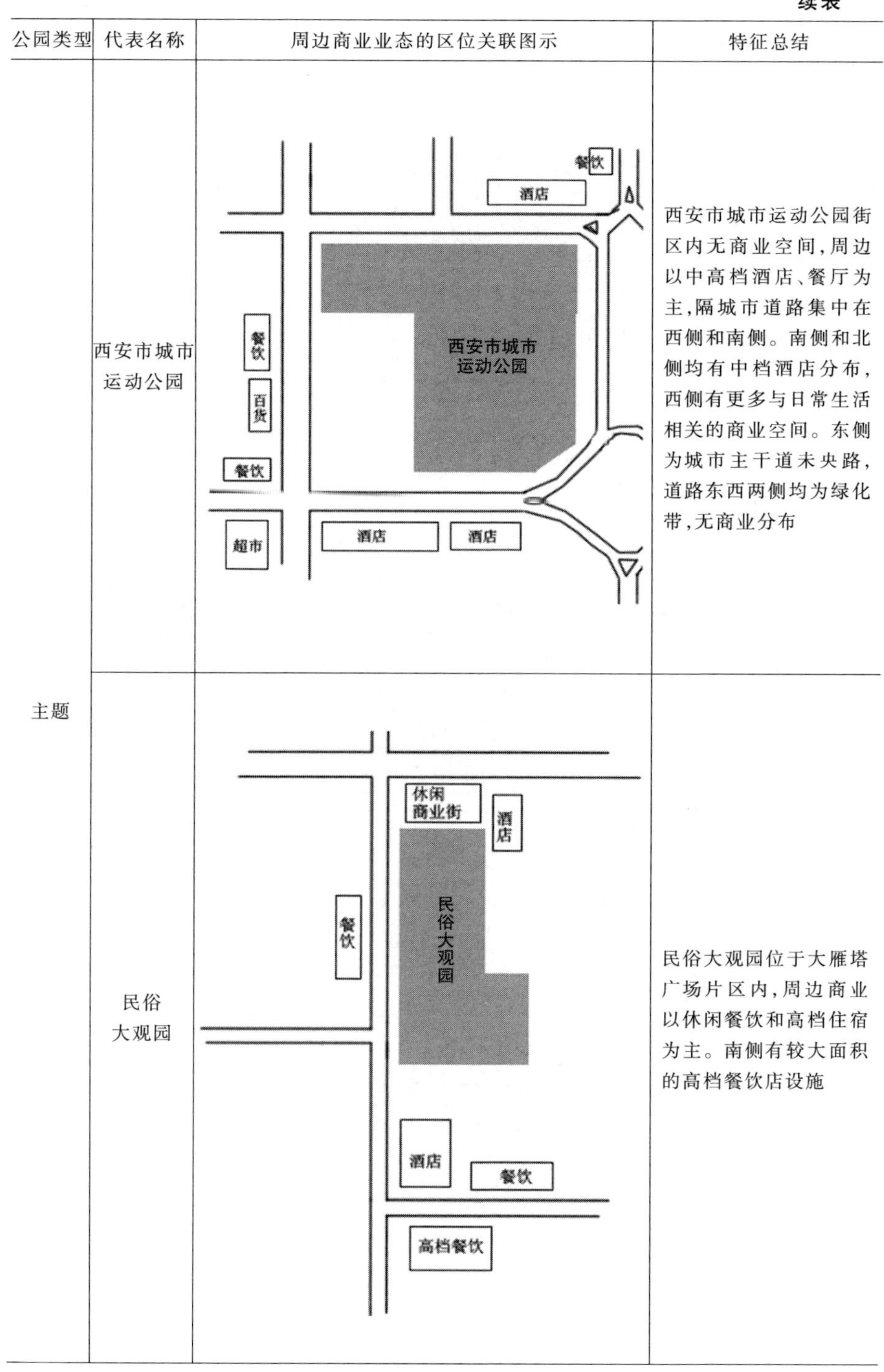

公园类型	代表名称	周边商业业态的区位关联图示	特征总结
主题	西安市城市运动公园		西安市城市运动公园街区内无商业空间，周边以中高档酒店、餐厅为主，隔城市道路集中在西侧和南侧。南侧和北侧均有中档酒店分布，西侧有更多与日常生活相关的商业空间。东侧为城市主干道未央路，道路东西两侧均为绿化带，无商业分布
	民俗大观园		民俗大观园位于大雁塔广场片区内，周边商业以休闲餐饮和高档住宿为主。南侧有较大面积的高档餐饮店设施

续表

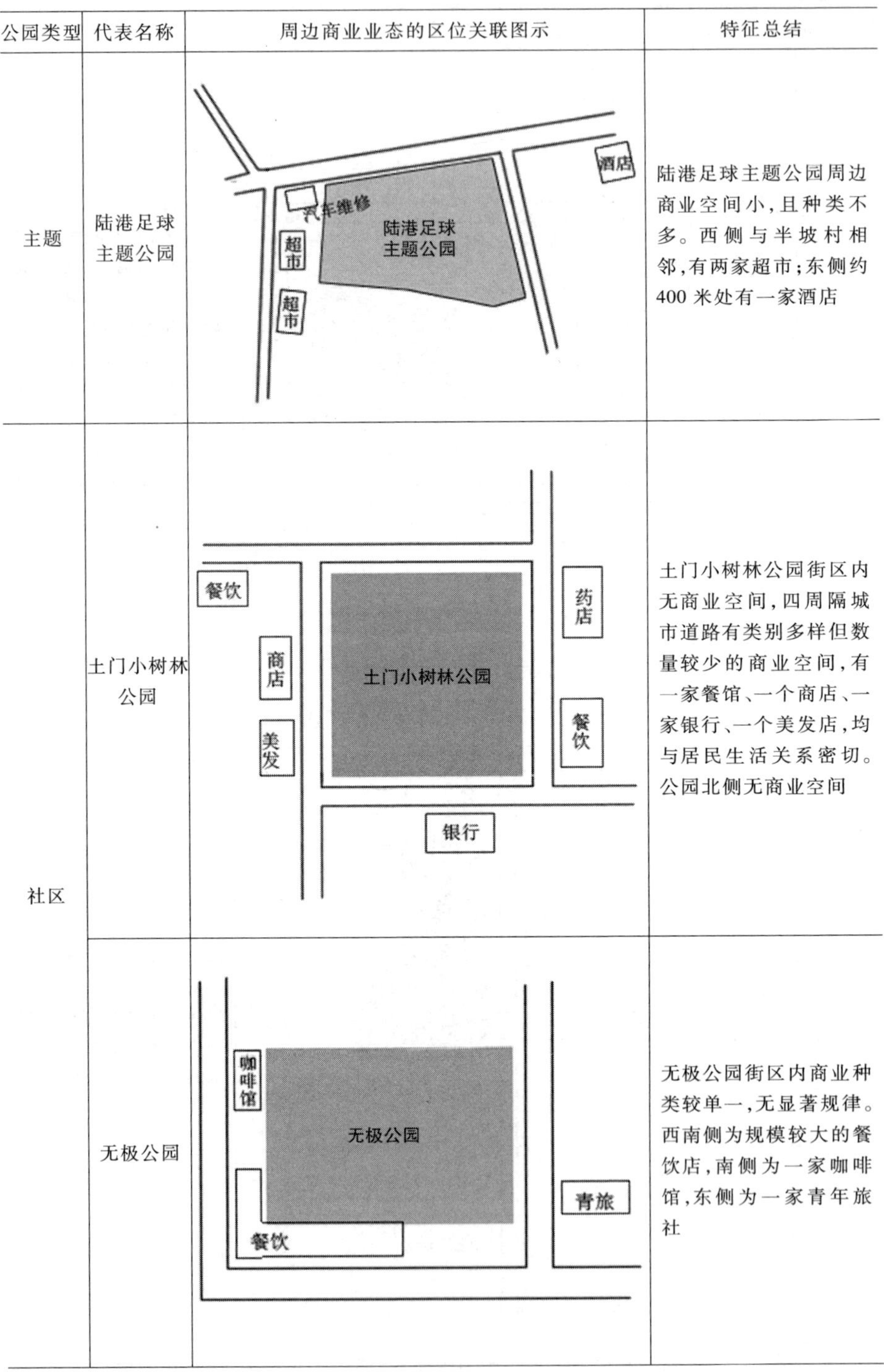

公园类型	代表名称	周边商业业态的区位关联图示	特征总结
主题	陆港足球主题公园		陆港足球主题公园周边商业空间小，且种类不多。西侧与半坡村相邻，有两家超市；东侧约400米处有一家酒店
社区	土门小树林公园		土门小树林公园街区内无商业空间，四周隔城市道路有类别多样但数量较少的商业空间，有一家餐馆、一个商店、一家银行、一个美发店，均与居民生活关系密切。公园北侧无商业空间
	无极公园		无极公园街区内商业种类较单一，无显著规律。西南侧为规模较大的餐饮店，南侧为一家咖啡馆，东侧为一家青年旅社

续表

公园类型	代表名称	周边商业业态的区位关联图示	特征总结
社区	纺织公园		纺织公园街区内商业空间较小，只有北侧和东侧有商业分布，西侧暂时无商业分布。有幼儿园、车行、服饰批发城和餐饮店等。南侧隔城市道路有一所中学

资料来源：笔者自制。

城市社区公园周边商业布局与城市公园本身的定位、特性及周边用地功能有着密切的关联。社区公园、综合公园周边主要为配套性服务商业，如平价餐饮店、百货店、超市、药店和美发店等，且多沿城市次干道分布在靠近居住用地的一侧（见图 11－5）。

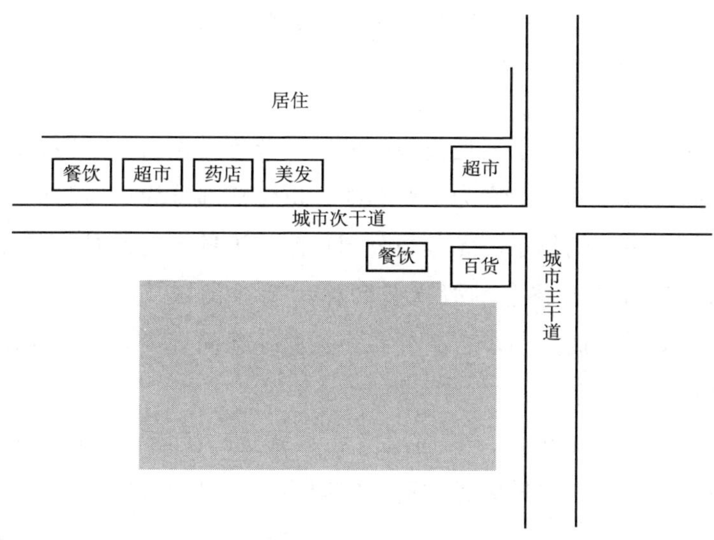

图 11－5　城市社区公园周边商业区位图示

资料来源：笔者自制。

城市大型的综合公园多处于景观环境较优越的地点，周边商业业态多为高档酒店，且位于城市道路交叉口等交通便利的位置。其余商业多布局在周边城市次干道一侧，以高档餐饮、高档酒店和综合购物中心为主（见图 11-6）。

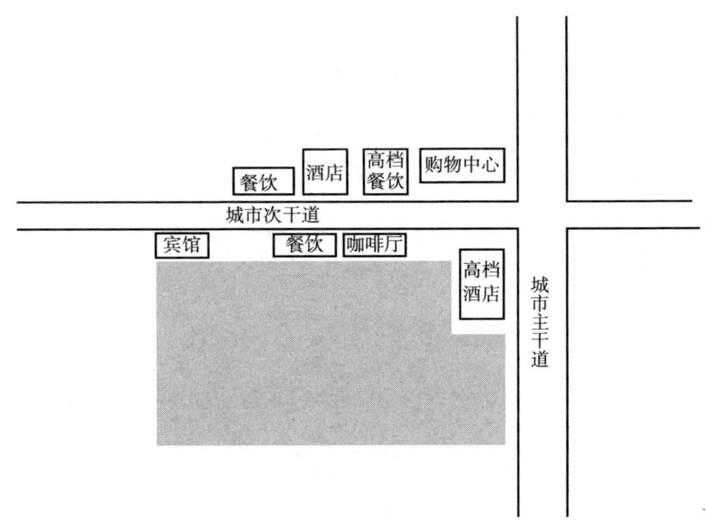

图 11-6 城市综合公园周边商业区位图示

资料来源：笔者自制。

文化遗址公园相对于其他类型的城市公园有更强的对外性，故其周边的商业空间以服务外地游客为主要功能，也包括部分为周边居民服务的商业空间，但所占比例较小。尤其当公园片区作为城市名片时，周边商业以宾馆酒店、具有地方特色的餐饮业和休闲商业街区（咖啡馆、小吃街）等为主，多沿公园周边的步行街分布，且商业空间规模与公园规模、步行街宽度呈正相关关系（见图 11-7）。

生态公园多位于市郊，其周边发展不完全，故商业空间较小，以餐饮、百货店等为周边居民服务的商业空间为主，沿城市次干道分布；主题公园周边并无很多与公园主题相关的商业空间。周边商业空间以为周边居民服务为主要功能，依托主题公园良好景观的酒店和宾馆分布也较多。餐饮业、超市等分布在城市次干道靠近居住用地的一侧，酒店分布在城市主干道一侧。

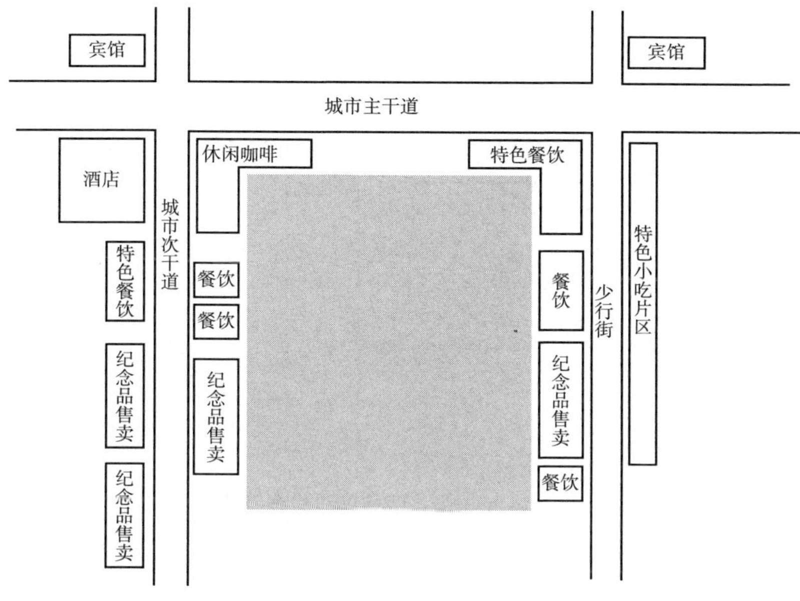

图 11－7　遗址公园周边商业区位图示

资料来源：笔者自制。

二　交通区位因素

城市公园交通区位因素包括城市公园所邻城市道路的等级、公园出入口的位置和朝向、公园周边的公共交通站点位置和公交线路数量。由于城市公园在城市中的位置、定位、特性、面积和主要功能等存在差别，各类公园的出入口数量、位置和公共交通可达性均有所不同（见图 11－8）。

（1）城市公园的近角、远角区位特征不明显，但均与一条及以上的城市道路直接相连。（2）城市公园的入口无特定朝向要求，但根据公园主要功能的变化，入口数量、位置和周边交通条件均有所不同。就交通条件来说，城市公园一般至少有一个出入口与公交站点或者地铁站点邻近，且大部分公共交通站点位于入口 5 分钟步行圈的范围内。主要有以下几种类型。

其一，主题公园出入口一般较多，且多结合城市道路设置。功能辐射区域面积较大，故周边的交通条件较好，有不少于一个的公交站点、地铁

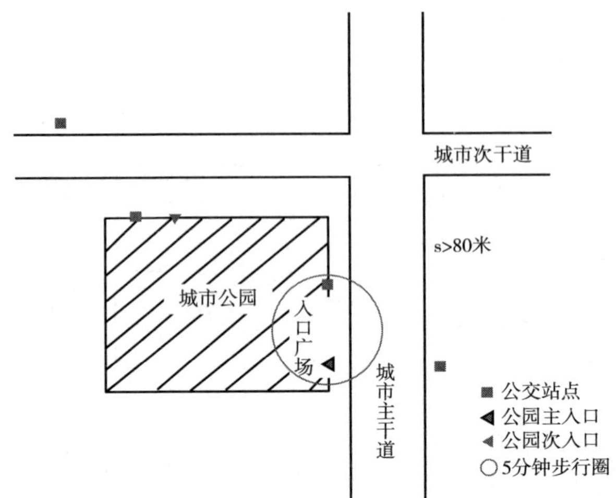

图 11－8　城市公园入口及周边交通环境图示

资料来源：笔者自制。

站点，或二者皆有，且与公园出入口联系紧密，位于出入口 5 分钟步行圈范围内。

其二，遗址公园以遗址遗迹参观为主要功能，故多采用开放式设计，周边有面积大、连贯性强的开阔步行空间，可进入性强。文化遗址类公园一般有一个用以展示遗址形象的景观型出入口，且多结合城市主干道设置。周边的交通站点较多，一般有 2 个及以上的公交站点。

其三，生态公园需要吸引游客，且公园大多面积较大，所以其出入口一般多于 2 个，且周边公交站点较多，可达性较强；城市公园的出入口多为 2 个及以上，且在城市主干道一侧布置主要出入口。

其四，综合公园至少有一边与城市干道直接相连。面积小于 10 公顷的综合公园一般只设 1 个出入口，周边 5 分钟步行圈内有公共交通站点。面积大于 10 公顷的综合型公园至少有 2 个出入口，且入口周边有公共交通站点。

三　城市公园自身因素分析

城市公园是城市居民和游客进行休闲、游憩活动的场所，其自身特征既影响着人对公园本身的感知，也反映了公园区位分布的微观社会行为文化特征。本研究将城市公园自身特征因素分解为可识别性、便利性、文化主题和环境氛围四种特征。其中，可识别性是指公园在该区域是否有代表性、游客能否顺利辨认出公园，即公园是否有醒目的出入口标识；便利性是指游客到达公园的过程是否方便，即公园可达方式是否多样、公园的服务设施是否完善；文化主题是指公园的建设主题与地方文化或城市发展政策是否具有适配性；环境氛围包括城市公园内部营造的景观是否雅致丰富、尺度是否适宜等。针对上述四种特征，笔者采取实地调研与访谈相结合的行为方法，以典型公园为例，对上述四种特征进行总结分析。

（一）可识别性

一般来说：城市公园的入口空间力求与周边环境形成对比，彰显公园独特的形象效果。公园入口空间的营造多结合公园自身的主要元素，以突出公园主题，提升入口空间的可识别性。拥有一定历史基础或基于历史故事建设的城市公园，多具有较强的可识别性，且多以古朴典雅的入口形式与周边环境进行区分，以求达到凸显公园主题、增强自身神秘感的目的，从而对参观者产生吸引力；各类有突出主题的城市公园，多将与公园主题相关的元素（如特定颜色、墙壁浮雕、雕塑等）与公园的主入口空间结合布置，以此展示公园形象，吸引游客注意力。

（二）便利性

城市公园所处位置不同，其周边车行交通和人行交通的便利程度也会有较大区别。

（1）城市公园出入口一般设置 2 个及以上，且出入口等级受与其相邻的城市道路等级的影响较大。入口周边有公共交通站点，公交站点位置设置灵活，并距离公园主要出入口较近，且多结合城市主要道路布置，而地铁站点与城市公园的关联程度一般不大。城市公园至少有一个出入口（多为主要出入口）位于城市主干道上，主要出入口周边有人行专用设施，且至少有一个公交站点位于出入口 5 分钟步行圈以内。地铁站点与城市公园的关联程度视城市公园所处位置而定。地铁站点多会设置在距公园出入口较近的位置，但会避免与公园的主要出入口空间产生交叉。公交站点的途经线路数量因城市公园的品质和重要程度不同而有所差异，城市公园品质与重要程度越高，途经的公交线路越多。

（2）城市公园内部服务设施种类和数量与公园的规模密切相关，且不同类型的服务设施相互结合布置。城市公园规模较大时，其服务设施种类较多，且配置较为齐全。诸如一些综合城市公园内拥有游客服务中心、卫生设施、停车场、安全设施、导览标识系统、商业设施等。游客服务中心多设置在公园出入口，次级服务中心多结合城市公园内部的景点设置；商业设施规模和种类多样，包括餐饮类和休闲类等，布局较为灵活。当公园规模较小时，其内部服务设施种类和数量均较少，一般仅包括游客服务中心和一些零星的商业设施。

（三）文化主题

城市公园作为休闲文化场所，其建设风格和特色必然会受到城市背景和未来发展趋势的影响。由于城市公园所处的地点有所差异，同一城市的公园也会衍生出不同类型的建设主题和基调。

（1）城市公园的建设主题多与其所处片区历史文化背景相关联，即公园的文化内涵往往体现的是该地区的历史文化精神。

（2）一般新建设的城市公园，其主题多与城市发展政策相关；改造原有城市公园时则多会在其原有建设主题中植入新的理念。

（四）环境氛围

城市公园的环境氛围和建设水平决定了公园自身的质量。由于城市公园存在种类、所在区位、资源禀赋和重要程度的差异，其内部的景观条件和尺度均会有所不同。不同类型的城市公园，建设目的不同会使城市公园产生多种景观；而同一类型的城市公园，由于其在城市中所处位置不同、所拥有的资源不同，也会呈现截然不同的景观。此外，城市公园所承担的城市功能也在一定程度上影响着城市公园的环境氛围。城市公园所承担的城市功能大致包括政治功能、经济功能、文化教育功能、生态功能、游憩功能和安全功能（李炜民，2018）。其中，文化教育功能、生态功能、游憩功能和安全功能对公园环境氛围的影响相对较大（季珏、聂丽、张芳、赵宇豪，2019）。

（1）城市公园内部以自然风光为主，主要包括大面积的植物绿化带、水域以及在此基础上营造的观景空间，在城市生态和城市景观中发挥“绿洲”的作用。

（2）重要程度较高、主题较为明确的城市公园不仅有优美的环境氛围，一般也会有品质较高的人工景观，如炫目的灯光、人造堆山叠水等，以此改善公园景观并激发公园自身及周边片区活力，展现城市特色。

四　城市公园布局与使用者行为因素的关系

城市公园使用者的行为因素对其选址和内部布局有重要影响。使用者的行为因素包括使用者特征和使用者行为偏好。其中使用者特征是指客源地、使用者年龄分布特点和性别分布特点；使用者行为偏好包括使用者到达目的地公园采用的交通方式、花费的交通时间和参观公园的主要目的。

（一）使用者特征

（1）从客源地分布来看，所调研公园的使用者中外地人要多于本地人，且二者差距较大。此次参与调研的人中，本地人共计 177 人，占总数的 41.8%，外地人共计 246 人，占总数的 58.2%。根据调研人群的属性特征发现，西安城市公园的对外性高于对内性，即使用人群的来源对城市公园的种类构成和分布有较大影响。西安作为知名度较高的旅游城市，对外地游客具有较高的吸引力。这一背景改变了城市公园使用者的来源构成，从而产生不同的游憩需求。

（2）从公园使用者的年龄分布来看，20～29 岁和 50 岁及以上的使用者最多，16～19 岁的使用者最少。参与此次调研的人群中，16～19 岁的使用者共计 64 人，20～29 岁的使用者共计 101 人，30～39 岁的使用者共计 73 人，40～49 岁的使用者共计 85 人，50 岁及以上的使用者共计 100 人。城市公园作为城市内部的休闲游憩空间，其友好程度对各年龄段人群并无区别。通过调研发现，50 岁及以上的使用者多为本地及外地的退休人群，个人可支配的休闲时间长，故占比相对较大；20～29 岁的使用者多为年轻职员、本地和外地的大学生，且以情侣、同学、同事等关系结伴出现，故占比相对较大。

（二）使用者行为偏好

（1）从使用者采用的交通方式来看，选择公共交通方式（公交车、地铁、共享单车）和步行的人群占比最大，分别占总数的 39.0% 和 26.0%。参与此次调研的人群中，采用步行方式的使用者共计 110 人，采用公共交通方式的使用者共计 165 人，采用自行车交通方式的使用者共计 84 人，采用私家车交通方式的使用者共计 64 人。

通过调查发现，公园使用者更加青睐于采用公共交通的方式到达城市公园。结合前文对西安市城市公园交通区位的分析，可以看出，使用者的常用交通方式与城市公园周边存在的交通形式和相应站点数量、位置均具有较高的相关性。城市公园周边公交站点和地铁站点居多，且站点数量与公园规模一般呈正相关关系，站点多与公园入口结合布置，这与城市公园使用者的出行习惯吻合。

（2）从参观公园的主要目的来看，城市公园使用者的目的主要是休闲娱乐，其次是锻炼身体。使用者参观城市公园的主要目的与城市公园的主要功能和内部空间环境特征相一致。公园内部空间以休闲放松、布局合理的自然环境为主，辅以广场绿地等供使用者休闲游憩，这与使用者的休闲娱乐和锻炼身体的需求相一致。

本章小结

本章以城市公园作为对象，对公园内外的区位关系特征进行分析总结。通过分析城市公园的种类和数量分布特征，结合城市发展水平和发展方向，对城市公园的区位分布特征进行总结，对城市公园周边用地功能、商业业态的区位特征进行挖掘，对城市公园与城市交通之间的区位关系进行研判，对城市公园自身的特征进行解读，从而探寻公园自身特征是如何影响并建构区位吸引力的。同时，本章还从公园使用者的角度，对公园使用人群的特征和使用者的行为偏好进行区位的关联性分析，总结公园使用者的行为微区位特征。

本章得出以下研究结论：（1）城市公园的选址应注重交通便利性，保持与城市道路和公共交通的联系；（2）公园周边服务业态的区位布局选址应综合考虑本地居民和外地游客的多种使用诉求；（3）城市公园的区位布局选址应考虑人本特性，分析使用人群对区位的诉求特点，并将使用者的行为偏好纳入公园规划设计的考虑因素之中。

第十二章 西安城市文创空间的微区位规律实证

微区位不同于传统的位置、地点、地方等概念，微区位的研究对象更广，小到一栋建筑、一处场所，大到一座城市，甚至是城市群；微区位的研究领域更宽，不仅限于地理学，还涉及经济学、社会学、人居环境科学等方面，在地理区位布局规律的基础上，还要从环境、行为、结构等多方面挖掘区位的多重价值，并不断建构区位的应用实践价值与意义。

——笔者

第一节　城市文创空间的概念性认知

一　文创产业

文化产业、创意产业、文创产业等概念较为相近，名称在不同国家有所区别，而对于文创产业的明确定义，不同专家学者也有不同的观点，但是其本质区别不明显。文化创意产业就是那些能够将文化和创意产业化，并最终可以生产出以知识产权为主要形式的产业（黄斌，2012）。文化创意产业是兼有文化产业的框架基础与创意产业的本质特征的一个新的产业形态，是以创意、治理、知识产权为核心生产要素的第二产业和第三产业相互融合而生的新兴产业（倪宁等，2013）。

二 文创空间

文创空间，是文创产业的集聚空间，业态以文创产业为主，辅之以一定的配套服务设施，并兼具休闲、教育、旅游等功能。文创产业有效融合文化、科技、经济等要素，是城市软实力和城市竞争力的重要体现，也是城市最具有活力的空间之一。

近年来，国内外在文创空间的建设中均取得了较大的发展。美国的硅谷地区早在20世纪50年代就形成了世界上第一个高新技术园区——斯坦福工业园，依托高校资源，整合人才优势，以创意为主题，形成了以斯坦福大学为核心向四周蔓延的创意空间，布局在城市远郊地区；美国波士顿南湾、西雅图的南湖联合区、旧金山的米逊湾都将创新区布局在处于转型升级期的工业区；日本的筑波科学城、我国台湾地区新竹科技园区等创新区是以当地政府为主导或经当地政府统一规划而建成的。而在中国大陆，北京、上海、深圳、广州等一线城市已经形成了规模化的文创产业集聚区，并形成了一套文创园区的建设标准，如上海市2014年发布了《上海市文化创意产业园区管理办法（试行)》。在国内的其他二、三线城市如成都、武汉、西安等地，文创空间同样在“双创”的时代背景下如雨后春笋般快速生长，并在传统的文创街区、文创产业园的基础上形成了孵化器、创客空间等新型文创载体。

三 研究进展

近年来在城市文创场所的区位布局选址方面，相关学者已展开了一定的讨论。从宏观角度，王燕军（2012）针对不同文创产业的影响因子分别研究其区位选址问题。赵晴（2016）使用多因子分析及Spss、R语言、Geodata等处理方法，对文创空间的区位布局影响因素进行剖析。刘福星（2013）从物质空间布局规律、产业经济学规律、产业生态学规律等方面解释了西安建筑科技大学周边创意设计产业空间集聚现象的内在规律。牛玉等（2015）从游客视角出发，认为以“创意化”、“人性化”、“精致化”和“生活化”为开发手段的创新型模式更受游客青睐。

以往的研究显示，大多数研究是从城市层面分析文创空间布局，经历了由定性分析到定量研究、由单纯的布局影响因子分析到产城联动相互影响研究、由整体文创产业的广泛分析到各细分行业的差异化研究这一研究历程，研究成果较为丰富。但是基于中观街区、园区尺度以及微观视角下的文创空间研究则较少，从人本主义、社会感知角度进行的思考更是不多见。

四　框架构建

本书从城市的微区位观切入，结合城市区位理论涉及的各项要素，对城市文创空间进行深入分析，研究理论框架见图 12 - 1。

第二节　西安城市文创空间布局微区位的现状

一　西安城市文创空间的发展情况

相比北、上、广、深等一线城市，西安城市文创空间发展起步较晚，文化创意产业大多是采用政府总体规划布局、主导建设形成文化创意产业集聚区布局的模式。但近年来，随着文创产业的升级，以及鼓励人才创业相关政策的颁布，也有众多新设立的文创空间形成了商业化的区位选址模式。

总结西安文创空间所包含的主要业态有以下几个方面：一是文艺传媒类，包括文化艺术、新闻出版、广播电视电影等；二是技术服务类，包括互联网创业、技术研发、广告会展、设计与策划服务、公益交流等；三是休闲娱乐类，包括旅游、餐饮、休闲娱乐、创意服饰等；四是培训传播类，包括文化培训与传播、艺术培训与传播、运动训练与拓展等。

二　西安文创空间的类型划分

本书选取的研究对象为西安市主城区（未央区、莲湖区、新城区、碑林区、雁塔区、灞桥区、长安区）范围内的文创空间。将西安的文创空间分为工业园区改造型、创新创业街区型、双创办公空间型、高校建设园区型、独立特色场馆型五大类型。

本书选取的文创空间数据，主要由网络数据的坐标爬取获得，再结合

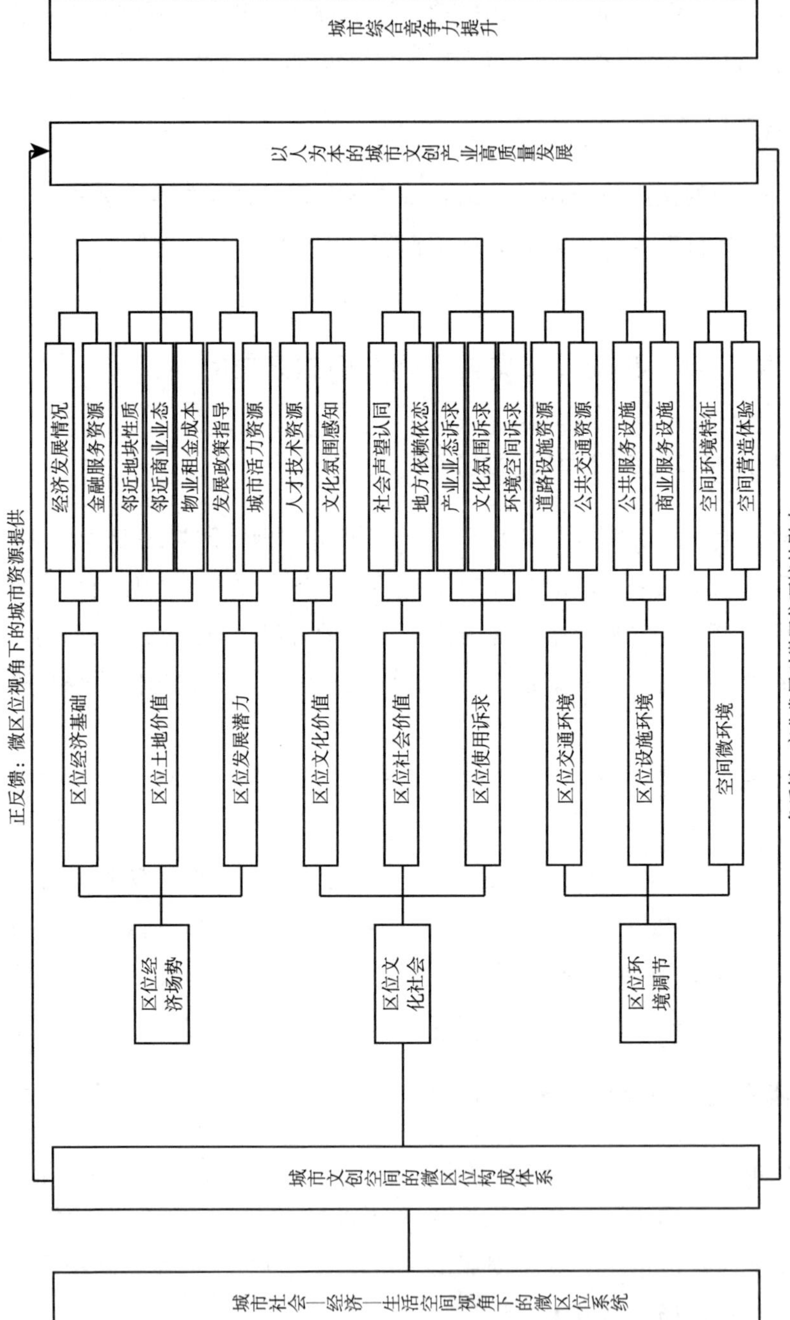

图 12-1 基于微区位视角的城市文创空间的研究框架

资料来源：笔者自制。

实地调研勘查进行一定的修改调整。因文创空间尚缺乏明确的概念和统计口径，本次统计数据仅为文创载体，即文创园区或文创产业集群，同一处文创园区内部的各小型文创店铺或工坊不计入统计。共筛选出符合研究条件的文创空间 103 家，数据来源如下。

（1）西安市互联网信息办公室官方微信公众号“西安发布”2019 年 2 月 8 日发布的“西安双创地图”：https：//file47b6836a338f. aiwall. com；

（2）西安市碑林环大学创新产业带官方网站：http：//www. blcyw. com/；

（3）西安创业社群平台：http：//www. xianccs. com/index. html；

（4）西安市各区政府网站针对创业创新的有关资料；

（5）实地调研补充数据资料。

统计结论如下：西安文创空间以双创办公空间型为主，占比高达 64%，其次依次为高校建设园区型占比 16%、创新创业街区型占比 10%、独立特色场馆型占比 6%、工业园区改造型占比 4%。

（一）工业园区改造型

西安是国家在“一五”、“二五”和“三线建设”时期重点布局建设的工业基地，拥有大量老旧工业厂房资源。在城市更新的背景下，老旧工业厂房得到了有效的再利用，形成了工业园区改造型文创空间。该类型文创空间依托旧厂房，打造文化艺术设计展览销售一体化的综合创意街区，以创意消费与体验为主，在提供文创产品的同时，也侧重于为游客提供休闲商业服务。有大华·1935、西安半坡国际艺术区、老钢厂设计创意产业园等实例。

（二）创新创业街区型

近年来，西安市在创业创新方面发展迅猛，一系列政策也随之落地，依托政策优势形成了一些以文创创业为主的双创街区、创客大街。双创型文创空间在为创客提供环境优美的创业空间的同时，还提供一系列配套设施，如咖啡馆、餐厅、创客公寓等。这一类型的文创空间主要致力于创意研发与生产，兼有一定的休闲功能。有西安创业咖啡街区、曲江创客大街、西安创业大街等实例。

（三）双创办公空间型

依托双创政策与相关产业平台，形成了写字楼、孵化器等模式的室内双创办公型文创空间。该类型文创空间较街区型的空间更为紧凑、私密、高效，创客可在文创空间内部租用办公室用于开展业务，共享会议室、餐厅、会客厅等公共空间。这一类型的文创空间大都致力于创意研发与生产，兼有一些交流、展示等功能。有陕西动漫产业平台、陕西民族动漫创意空间、西安创新设计中心等实例。

（四）高校建设园区型

大学或科研院所是密集、高效的产生技术的空间，依托高校可以有效地将技术成果进行转化，方便地集聚人才。西安是高等教育的一块高地，2018 年，拥有普通高校 63 所，在校学生 127.13 万人。依托高校和研究所技术资源建立的高校建设园区型文创空间，多由学生团队进行创业实践，或由导师设立工作室进行创意研发或双创课题开展。有西安工程大学时尚文化创意产业园、西安电子科技大学文化科技创意工作坊、西安交通大学七楼创客汇等实例。

（五）独立特色场馆型

除上述文创空间外，还有一部分文创空间依靠自身产品特色，打造特色主题或专业文化，形成以专业为特色的独立文创空间。此类文创空间一般规模较小，但在其行业内具有一定的影响力，也更有利于与相应类型的受众群体展开良性互动。有哈雷工坊艺术创意产业基地、曲江书城、阿房宫剧院等实例。

三　西安文创空间总体分布的区位特征

（一）西安文创空间的区位分布现状

如图 12－2 所示，西安文创空间呈总体分散、区域集中、南密北疏、邻近高校的布局形式。总体来看，文创空间主要分布在高新区、雁塔区、碑林区、曲江新区。

这种分布特征与城区发展定位或社会经济水平有直接联系。高新区、曲江新区同为新建城区，是西安市最火热的投资高地，高新区集中包括创新载体、创新人才等大量创新型要素，通过践行“三次创业”三年行动计划，推进完成“双创生态优化大行动”攻坚任务，举办投融资路演及对接，汇聚资本与项目等，为企业成长提供助力，促进文

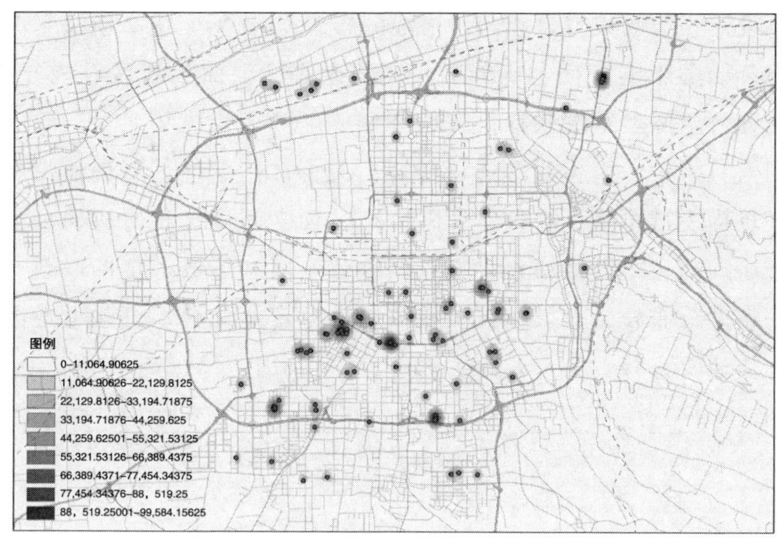

图 12－2　西安市文创空间总体布局核密度分析

资料来源：笔者自制。

创产业集中发展；曲江新区整合了大量文旅资源，借助政府政策和曲江文化产业投资（集团）有限公司（以下简称曲文投）等大型企业的支持，具备将文旅资源转化成文创空间的先天条件；碑林区、雁塔区拥有西安最多的高校资源，依托先进的科技创新平台和高校浓厚的文创氛围，同样具备发展文创优势，雁塔区以“1 条创客大街＋10 个大众创新空间聚集区＋N 个特色街区”打造更适合青年群体的创业平台；长安区依托大学城得天独厚的资源，充分利用高等教育优势打造文创高地；而莲湖区、新城区为老城区，历史悠久，古迹众多，是城市的传统文化保护地区，开发建设较为缓慢，文创产业未能集中快速发展；未央区是西安的行政中心，主要依托渭水大学城打造文创产业；灞桥区主打生态城区、金融小镇，在港务区一带形成文创空间集聚区，但这二者总体规模有限。

（二）不同类型文创空间的区位布局倾向

不同类型的文创空间其分布规律也不尽相同（见图 12－3）：工业园区改造型分布较为分散，依托原有工业厂房遗址，多位于城市边缘地区，与其他类型文创空间联系度较低；创新创业街区型选址主要依托政府顶层设计，与政策息息相关，一般分布于 CBD 街区或高新技术产业开发区内，如国际港务区、高新区、浐灞生态区、曲江新区等核心地段，与双创办公空间型紧密联系，交通区位、经济区位优势明显；双创办公空间型与写字楼、孵化器的选址密切相关，往往围绕创新创业街区、金融服务机构进行布置；高校建设园区型文创空间依托科研机构，呈现整体分散、局部集中的格局，也与双创办公空间型形成一定的联系；特色独立场馆型分布较为分散，其主要依托自身产业优势，更注重考虑经济要素、交通要素等。

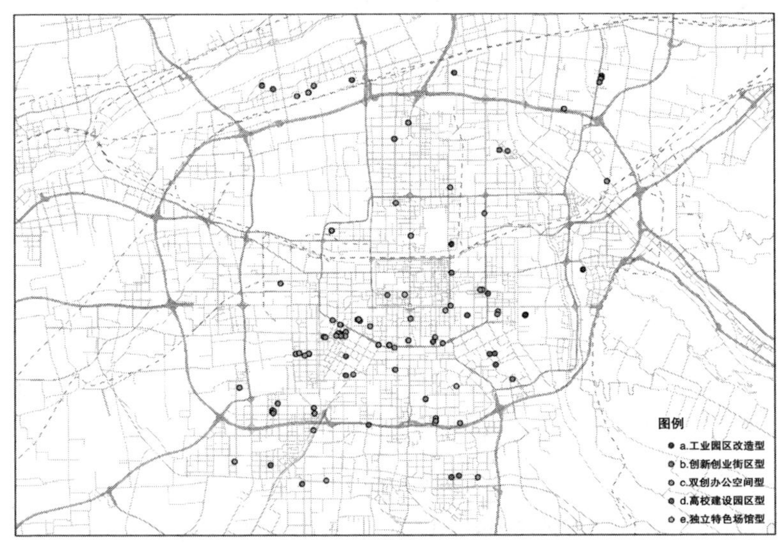

图 12－3　不同类型文创空间的区位分布现状

资料来源：笔者自制。

（三）文创空间区位布局的相关影响要素

（1）区位经济场势

①区位经济基础方面，笔者通过百度地图开源数据，得到西安市融资、风投、财务管理等金融服务机构分布情况，对其进行核密度分析，并与各类型文创空间叠加（见图 12－4），结果显示，金融服务设施越密集的地方，越容易集聚布局文创场所。其中工业园区改造型与金融服务资源相关度最低、双创办公空间型与金融服务资源相关度最高。

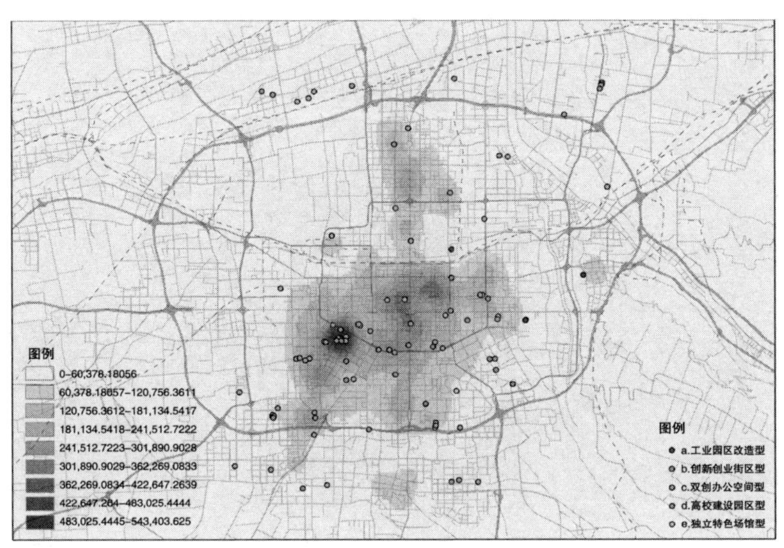

图 12－4　西安文创空间分布区位与金融服务机构核密度叠加分析

资料来源：笔者自制。

②区位土地价值方面，笔者通过中国房价行情平台获取到西安楼市新盘售价热力分布图以表示不同地区的物业租金价格，并与文创空间数据进行叠加分析（见图 12－5）。在全市范围内，因不同区位房价差距过大，文创空间的区位选址与房价没有明显关联；但在房价相近的连片城区内，文创空间基本避开了房价最高地，究其原因，主要是文创空间出于对创客创业成本的考虑。

③区位发展潜力方面，西安市各部门近年来在文创产业发展方面出台了一系列政策。

在全市层面，2017 年 9 月西安市委十三届三次全会审议通过了《关于补短板加快西安文化产业发展的若干政策》，文件强调建立支持西安文化产业发展的完备政策体系，优化全市文化产业发展的空间布局和产业结构，做强做优文化市场主体，完善人才培养激励机制，强化财税、土地、金融、贸易等扶持力度，进一步完善组织保障机制，培育有利于文化产业发展的良好环境，确保实现到 2021 年全市文化产业增加值达到 1000 亿元，占全市生产总值的比重达到 9%，年均增长 15% 以上，成为国民经济重要支柱产业。2018 年 3 月西安市人大常委会发布《关于通过文创带动

图 12－5　西安文创空间分布区位与物业租金热力图叠加分析

资料来源：笔者自制。

西安文化产业发展的建议》，文件中指出：文化产品开发、文化内容挖掘、传统文化保护、文化旅游项目拓展等一系列工作需要引入新的思路即，实施“文化产业倍增计划”，促进“文化＋”与生态、旅游、科技、金融、会展深度融合，这些政策都有效地刺激了西安文创产业的发展。

在各片区层面，如曲江新区管委会于 2017 年 9 月出台了《西安曲江新区关于促进文化创意产业发展的若干政策（试行）》，包括支持产业园区培育引进优质文化创意企业、提供办公用房补贴、运营补贴、贷款补贴，设立人才公寓，提供子女入学政策等；碑林区环大学创新产业带于 2018 年 9 月得到西安市政府颁布的《关于支持碑林环大学创新产业带发展的若干意见》支持，包括推进大学与城市深度融合、加大政策和资金支持力度、大力发展大学院所双创经济、加强联动引进和培育人才等；雁塔区规划以“1 条创客大街＋10 个大众创空间聚集区＋N 个特色街区”打造更适合青年群体的创业平台，为该区的文创空间形成提供了直接的政策支持。

笔者将相关政策涉及的区位进行空间化展示（见图 12－6）。目前已形成的有沿南北大街的大西安文化传承轴、沿友谊路的碑林区环大学创新产业带、高新区、曲江新区、国际港务区、浐灞生态区、渭水高教区、长安高教区等文创产业重点发展区，西安市文创空间大部分也位于这些区域所涉及范围，文创空间布局与政策利好区域呈正相关。

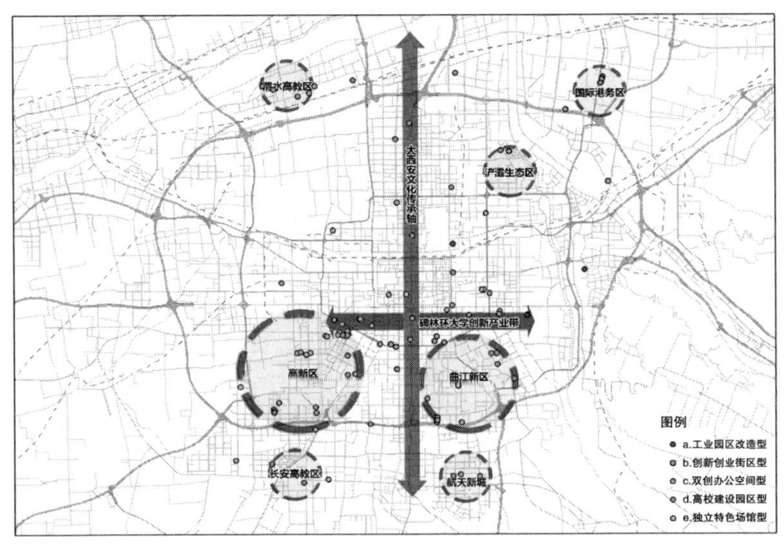

图 12－6　西安文创空间分布区位与文创发展政策利好区域叠加分析

资料来源：笔者自制。

笔者通过百度地图开源数据获取到西安市工作日期间城市热力图数据，并与当下文创空间位置进行叠加（见图 12－7）。西安市人流集中地区主要为钟鼓楼、火车站、南北大街沿线、南门、南二环沿线等地区。

在人流量最为集中的老城区，文创空间分布反而较少，与人流热力图分布不存在正相关关系，一是因为与西安市老城区优良的旅游资源相比，一般的文创空间难以对游客形成太大的吸引力，导致热力图集中于传统旅游胜地；二是因为老城区本就人口密集，流动人口较多，文创产业发展较慢。

在老城区外的其他区域，可以看到文创空间分布与人流量不存在绝对的正相关关系，但在一定程度上还是分布在人流较多的地方。文创空间的区位分布依赖于资源的集聚，而其自身也具有集聚人流的特点，成长环境

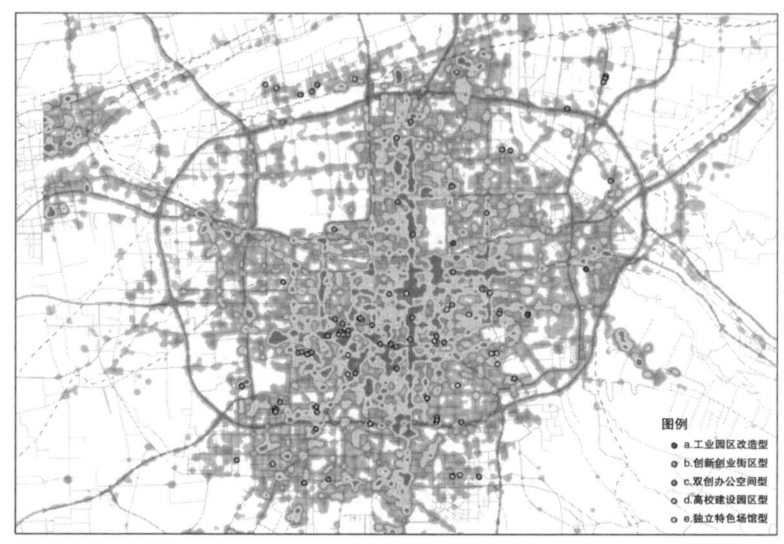

图 12－7　西安市文创空间分布区位与城市活力地区的叠加分析

资料来源：笔者自制。

与自身作用都能够吸引人流集聚。

（2）区位社会文化

在总体区位布局层面，区位社会文化主要体现在文化资源配置、社会文创氛围上。

①在文化价值层面，西安拥有高等院校 63 所，研究生培养单位 46 家，聚集了国内航天 1/3 以上、兵器 1/3 以上、航空近 1/4 的科研单位、专业人才及生产力量。西安科技人才、科技力量、研发水平居中国内地城市第三位。笔者通过百度地图开源数据获取到西安市各高校、科研院所位置，以其所处位置为圆心，分别取 300 米、500 米、800 米为半径进行分析（见图 12－8），与文创空间位置数据叠加，得到距科研院所不同距离的文创空间数量。结果显示，71% 的文创空间分布在距离科研院所 800 米的范围内，文创空间的区位分布与科研技术资源有密切的联系。其中高校建设园区型联系度最高。

②在社会价值层面，笔者通过调研问卷及访谈，了解人们对于文化片区的认知规律，见图 12－9 所示。在市民对西安市文化区位的认知中，按认知感受从强到弱排列，主要有明城墙内传统文化区、高新区文化区、曲

图 12－8　西安文创空间分布区位与高校或科研院所的关系

资料来源：笔者自制。

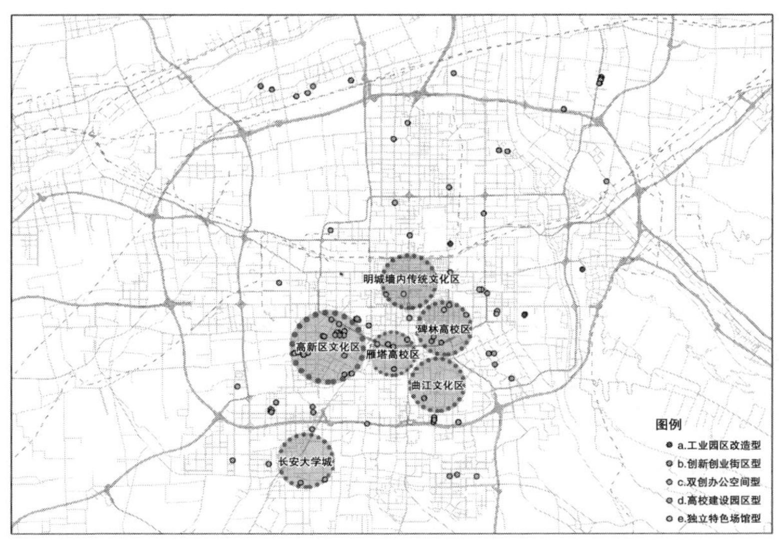

图 12－9　文创空间分布区位与市民认知中的西安城市文化区位声望的关系

资料来源：笔者自制。

江文化区、碑林高校区、长安大学城、雁塔高校区等。除明城墙内传统文化区文创空间较少外，高新区文化区、曲江文化区、碑林高校区等都有与其社会声望相匹配的文创空间数量。文创空间的分布区位与人们对文化区位的声望认同有一定的相关性。但是在文化声望最高的明城墙内传统文化区文创空间反而不多，这一现象值得关注，在规划中可以向这一区位引导。

（3）区位环境影响

区位环境影响在城市总体布局下主要体现在区位交通环境、区位设施环境两个层次。

①区位交通环境方面，有道路交通资源、公共交通资源两个层次。

在道路交通条件方面，西安文创空间大多邻近城市主干路、次干路，形成了与城市干道紧密联系的特征。

公共交通条件方面，主要考虑公交站、地铁沿线等影响因素。西安公交线路网覆盖率高、可达性强，绝大多数文创空间有公交线路覆盖，但公交线路网最集中的片区并不是文创空间最集中的区位，相比之下，甚至有少部分文创空间位于公交线路网较不密集的地方（见图 12 - 10）。西安目前拥有 4 条已建成地铁线路，4 条在建地铁线路（预计两年内通车），本次研究以这 8 条线路为中心，在地铁线路两侧 500 米范围内进行缓冲区分析（见图 12 - 11），可以发现 49.51% 的文创空间在地铁 500 米的辐射范围内。文创空间区位布局对公共交通资源的需求较为明显。

②区位设施环境方面，通过百度地图开源数据获取西安市综合商场的位置并将其空间化，以西安市综合商场为商业服务资源的中心，分别取 300 米、500 米、800 米为半径进行分析（见图 12 - 12），与文创空间位置数据叠加，得到距综合商场不同距离的文创空间数量（见图 12 - 13）。结果显示，75% 的文创空间位于城市综合商场 800 米半径范围内，商业服务资源是影响文创空间布局的重要因素。

（4）文创空间分布区位规律小结

①经济场势层面：在区位经济基础上，大多数文创空间分布与当地经济发展情况以及金融、贷款、风投等机构数量和集聚程度正相关，其互惠互利合作共赢的模式影响了选址的经济区位；在区位土地价值上，全市范围内文创空间的选址与房价没有明显关联，而在房价相近的连片区域内，文创空间基本避开了房价最高地，有效降低了成本；在区位发展潜力上，

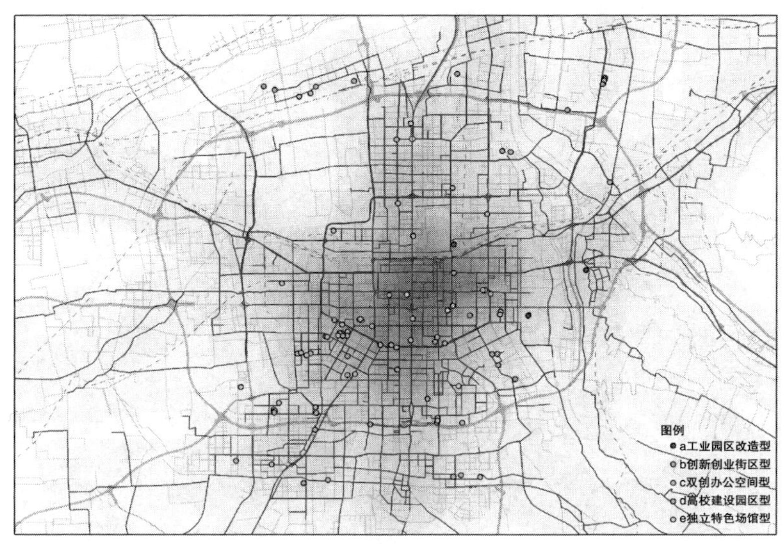

图 12－10　西安文创空间分布区位与公交线路网密度的关系

资料来源：笔者自制。

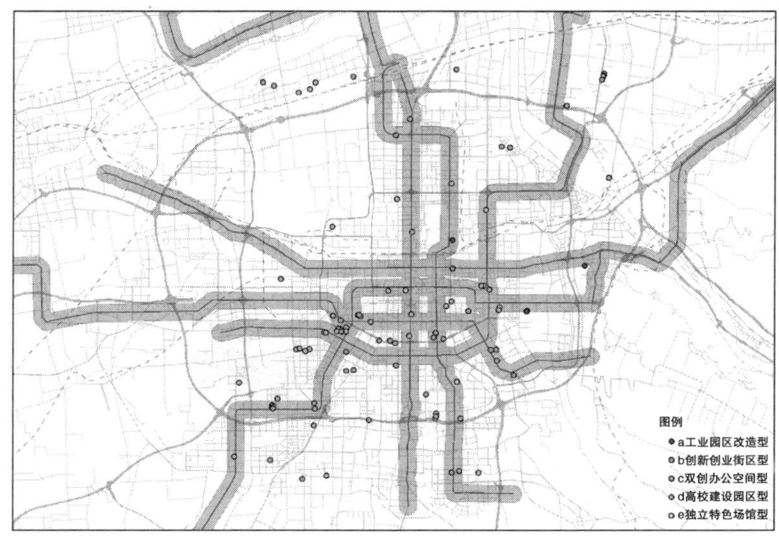

图 12－11　西安文创空间分布区位与地铁线路的关系

资料来源：笔者自制。

多数文创空间受益于政策支持，并地处规划的文创发展带、文创园区内，而不同类型的文创空间对人流量的依赖程度不同，人流量对独立特色场馆

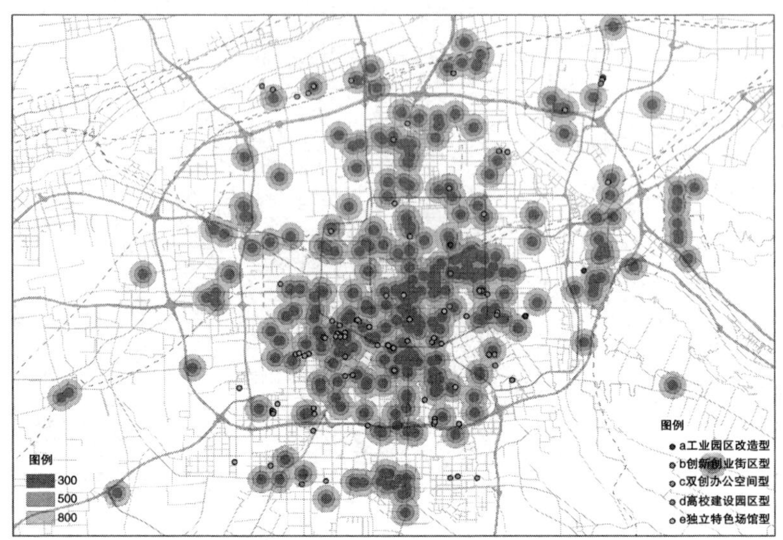

图 12－12　西安文创空间分布区位与商业服务资源叠加分析

资料来源：笔者自制。

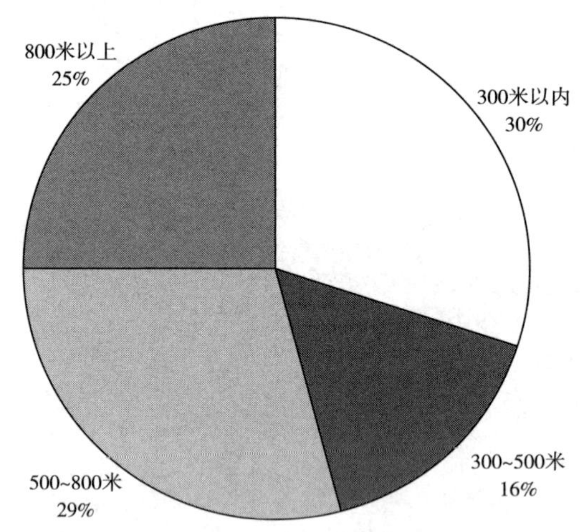

图 12－13　距商业服务资源不同距离的文创空间数量占比

资料来源：笔者自制。

型最具吸引力。

②文化社会层面：在区位文化价值上，71%的文创空间分布在距离科

研院所 800 米的范围内，文创空间的区位选址对文化氛围和文化资源要求较高，文创空间与科研院所形成互补，也营造了良好的城市文化氛围；在区位社会价值上，大部分市民认知的文化区内都有与其社会声望相匹配的文创空间数量，文创空间的分布与人们对文化区位的声望认同有一定的相关性，在规划中可以向文化声望高的区位引导。

③环境调节方面：在区位交通环境上，多数文创空间位于主干路、次干路旁，交通较为便捷，公交线路网络能够覆盖绝大部分文创空间，但公交线网的密度与文创空间的密度正相关性不明显，半数的文创空间位于地铁附近，具有良好的公共交通可达性；在区位设施资源环境上，75% 的文创空间位于城市综合商场附近 800 米范围内，服务设施资源是影响文创空间区位布局选址的重要因素。

基于以上研究结论，笔者在美国社会学家哈里斯和乌尔曼提出的城市多核心理论结构模型的基础上进行了优化，提炼出了基于多核心理论城市模型的城市文创空间分布区位特征示意图（见图 12－14）。

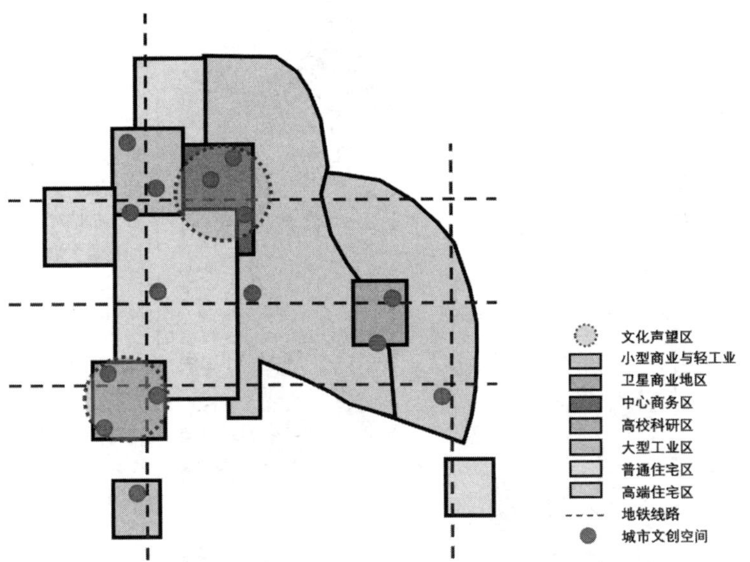

图 12－14　基于多核心理论城市模型的城市文创空间分布区位特征

资料来源：笔者自制。

四　西安文创空间的分类区位特征

（一）工业园区改造型

（1）区位环境图谱（见表12－1）

表12－1　工业园区改造型环境图谱

类型	名称	区位	环境	说明
工业园区改造型	老钢厂设计创意产业园	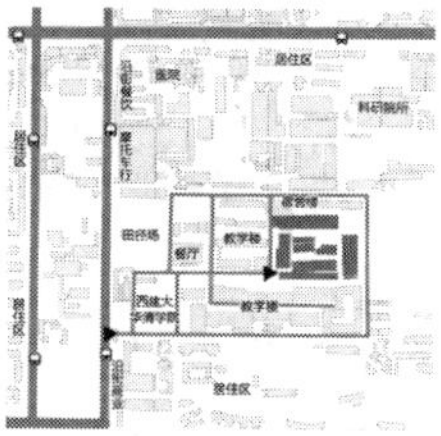	 	区位方面，该空间位于校区内，入口面向校区，人流来向为西侧干道和学校，周边以居住区为主。空间环境上，建筑为1～3层，外立面为红砖＋钢结构，工业风与现代感结合
	西安半坡国际艺术区	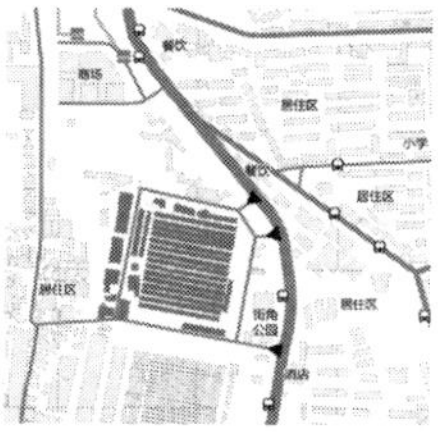	 	区位方面，该空间邻近次干道，入口面向交通要道，周边以居住区为主，配有少量餐饮、酒店等服务设施。空间环境上，建筑为1～3层，将旧有厂房内部空间隔断，塑造室内街区
	大华·1935	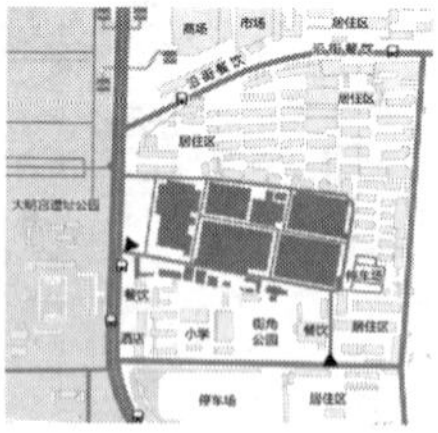	 	区位方面，该空间邻近主干道，入口面向交通干道以及后侧支路，周边有遗址公园、餐饮酒店、商场、居住区等。空间环境上，建筑为1～3层，塑造室外街区

资料来源：笔者自制与自摄。

（2）区位使用诉求（见表 12－2）

表 12－2　工业园区改造型区位使用诉求情况

调研对象	经营者	消费者
基本情况	男性略多于女性，26 岁及以下人群占大多数，其次为 27～45 岁人群，大部分学历为本科或大专，也有少量的研究生学历和高中学历	女性略多于男性，18～26 岁人群最多，其次为 27～45 岁人群。消费者以学生群体、青年人为主，大部分学历为本科在读，月收入在 3000 元及以下的最多，也有部分高薪商务人士出入
产业业态诉求	更多元化的便利店、餐饮店、展览演出空间，能够形成上下游产业链创业平台	多元化的便利店、餐饮店，价格便宜的旅馆以及展览演出场所
文创氛围诉求	类型覆盖创意生成、开发、推广、展示、营销等全产业链的文创园区	优雅的环境、轻松的空间、良好的文创氛围、互动式消费体验
空间环境诉求	与周围相关店铺联系度高、内部基础设施完善、空间环境设计良好	能够缓解压力、放松心情的空间，与朋友休闲小聚的空间

资料来源：笔者自制。

（3）社会评价分析

笔者以老钢厂设计创意产业园为例，对游客评价进行收集整理，绘制词云图，通过语义识别工具进行情感分析与词频统计，得出结果如图 12－15 所示。词云图显示，游客感知更倾向于环境的体验，艺术、清新、安静、有意思、拍照等词均表达了游客对空间氛围的喜爱；情感分析图显示，游客评价中 80% 表达了对空间的满意；词频分析显示，游客更喜爱这里的艺术氛围，拍照、闲逛是最常见的行为。

（4）区位规律总结

工业园区改造型一般依托建筑遗存较好的老工业区，其区位虽由旧工业区遗址决定，但改造后的文创街区对周边环境、设施等具有较强的影响力，具备吸引人流的能力，同样能够使原有劣势区位转化为优势区位。

工业园区改造型文创空间既可紧邻干道，充分利用交通优势，也可以位于街区深处，以其文创品牌和氛围弥补交通劣势。其多邻近居住区，周边服务设施往往并不丰富，可以依靠自身业态特色打造成为附近街区的商业中心，近年来也在其附近形成少量酒店、餐饮等业态。

该类空间内部，往往建筑体量较大，倾向于在建筑内部分割成小空间或形成室内街区，打造室内街区和室外街区互通的空间；因其具有更大的面积和更多的商铺，业态也更为丰富，但稀有度低；内部空间由室内外步行街道连接，通过街道空间的收放使店铺之间形成有机联系；交通以步行街为主，易形成有特色的流线体系；内部空间环境根据原有建筑特色进行整改，以玻璃、红砖、钢结构混搭构成浓郁的工业风设计。

（a）社会评价词云

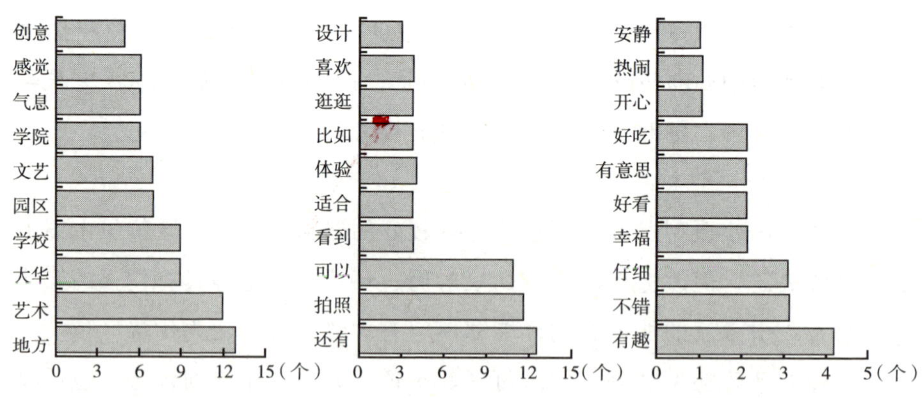

（b）社会评价词频统计

图 12－15　西安老钢厂设计创意产业园社会感应认知评价分析

资料来源：笔者自制。

工业园区改造型文创空间，经营人员、消费人员以中青年为主，大多数具有本科及以上学历，月收入以 3000～6000 元居多，由于其自身业态特征，往往能够覆盖文创产业的完整体系链，经营状况稳定，节假日较为火爆，使用人群对空间环境满意度最高。

（二）创新创业街区型

（1）区位环境图谱（见表 12－3）

表 12－3　创新创业街区型区位环境图谱

类型	名称	区位图	说明
创新创业街区型	西安创业咖啡街区	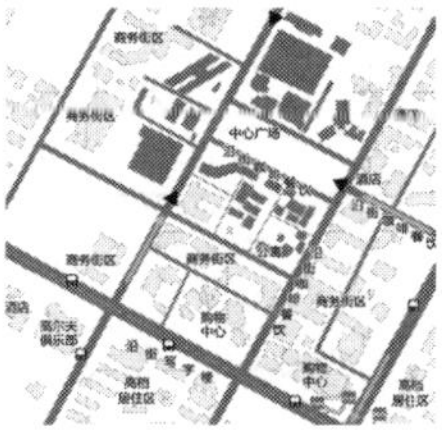	区位方面，该街区位于高新区，与次干路和支路相邻，周边有高端酒店、大型购物中心、沿街咖啡餐饮等业态。空间环境上，建筑以多层、高层为主，打造层次分明、收放有致的街区
创新创业街区型	曲江创客大街	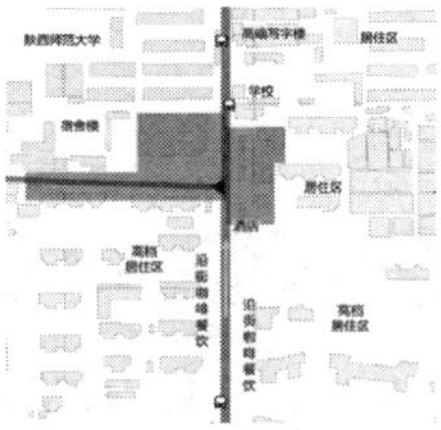	区位方面，该街区位于高新区，与次干路和支路相邻，周边有高端酒店、大型购物中心、沿街咖啡餐饮等业态。空间环境上，建筑以多层、高层为主，打造层次分明、收放有致的街区
	西安创业大街	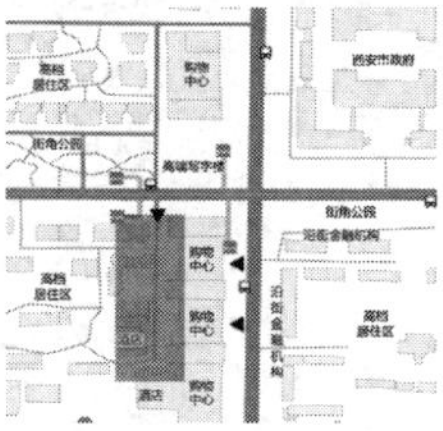	区位方面，该街区位于未央区，与城市主干路相邻，周边有政府机关、金融机构、商务办公楼宇、购物中心等业态。空间环境上，建筑以多层、高层为主，打造时尚现代、活力十足的街区

资料来源：笔者自制与自摄。

（2）区位使用诉求（见表 12－4）

表 12－4 创新创业街区型区位使用诉求情况

调研对象	经营者	消费者
基本情况	男性略多于女性，26 岁及以下人群占大多数，其次为 27～45 岁人群，大部分具有本科及以上学历，从事互联网创业、电子技术开发、设计与策划等技术服务，类型覆盖创意开发生产、创意推广营销、创意空间设计等创意产业链前端链条	女性略多于男性，18～26 岁人群与 27～45 岁人群基本持平，占绝大多数，大部分消费者拥有本科及以上学历，50% 以上的消费者月收入在 6000 元以上，60% 以上的消费者消费需求为休闲娱乐、喝茶、喝咖啡、聊天、谈生意等活动
产业业态诉求	多元化的便利店、餐饮店，便民的配套设施	多元化的便利店、餐饮店，价格便宜的旅馆以及展览演出场所
文创氛围诉求	可以放松心情、缓解工作压力	轻松休闲的空间、良好的文创氛围
空间环境诉求	优美的休憩环境，令人耳目一新的公共空间	优美的休憩环境，令人耳目一新的公共空间，能够与朋友小聚的空间

资料来源：笔者自制。

（3）社会评价分析

以创业咖啡街区为例。词云图显示（见图 12－16），游客感知更倾向于文创氛围的营造，咖啡、灯光、创业、夜幕等词均表达了游客对文创氛围的热衷；情感分析图显示，游客评价中的 90% 表达了对空间的满意；词频分析表明，游客更喜爱街区的趣味性，游憩，拍照是最常见的行为。

（a）社会评价词云

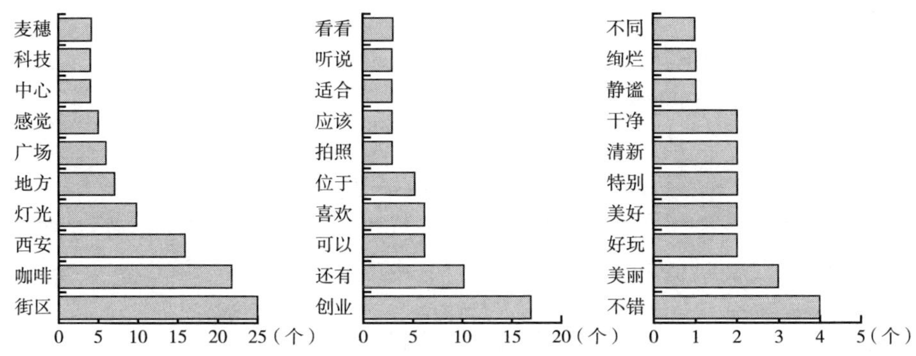

（b）社会评价词频统计

图 12－16　创业咖啡街区社会感应认知评价分析

资料来源：笔者自制。

（4）区位规律总结

创新创业街区型一般为新建街区，具有良好的政策优势、人才优势与资源优势，其区位分布往往也在城市核心区，邻近 CBD，交通区位、经济区位优势明显。

该类型文创空间通常位于邻近城市干道的街区内。周边业态丰富，主要有金融服务、咖啡餐饮、高档酒店、高端写字楼等。

该类型空间内部，一部分由诸多高层建筑组成，街区建筑体量较大，具有大空间、大场景的特征，这样的空间更具有商务氛围；而另一部分街区由具有活力的小空间、小建筑、小业态组成，更有利于增强游客的体验式互动。

业态以文创全产业链和休闲商业服务为主，创意度高；内部空间由街区步行街和广场构成，依靠公共空间内的店铺联系；交通以小街区密路网的模式为主；环境现代时尚；其周边服务设施丰富且较为高端，但缺乏生活化的服务设施。

创新创业街区型文创空间，经营人员、消费人员以中青年人为主，大多数具有本科及以上学历，具备硕士及以上学历的人群占比同样较高，月收入 6000 元以上占较大比重，由于政策、人才、技术支持，同样能够覆盖文创产业的完整体系链，经营状况良好且更具潜力，使用人群对文创气氛满意度最高。

（三）双创办公空间型

（1）区位环境图谱（见表12－5）

表12－5　双创办公空间型区位环境图谱

类型	名称	区位图	说明
双创办公空间型	陕西动漫产业平台	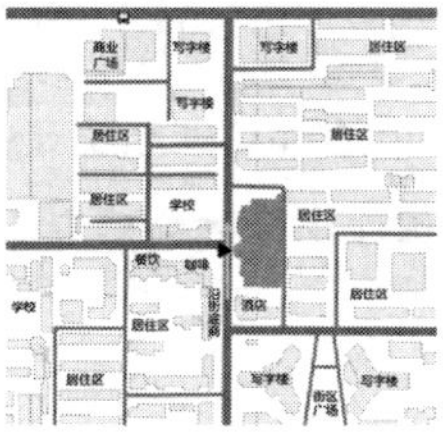	区位方面，该平台位于火炬路，周边以居住区为主，也有沿街底商、酒店等业态。空间环境上，该写字楼共有17层，处于居住区中静谧之处，环境现代优雅、大方整洁
双创办公空间型	民族动漫创意空间		区位方面，该空间与主干道相邻，位于道路交叉口，周边有高等院校、金融机构、商务办公、餐饮、酒店等业态。空间环境上，位于百脑汇内部，色彩明快，标识明显，是丰富而又有活力的咖啡创业空间
	西安创新设计中心	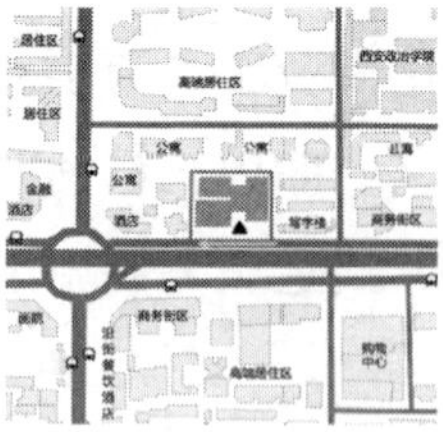	区位方面，该空间位于南二环北侧，周边有商务办公、酒店公寓、金融服务、购物中心等业态。空间环境上，建筑为高层建筑，标识明显，现代气派，是西安市规模最大的创新平台

资料来源：笔者自制与自摄。

（2）区位使用诉求（见表12－6）

表12－6　双创办公空间型区位使用诉求情况

调研对象	经营者	消费者
基本情况	女性略多于男性，27～45岁人群占大多数，其次为26岁及以下人群，大部分具有本科及以上学历，从事文化艺术、设计策划、广告会展、艺术传播等行业，类型以创意开发生产为主，兼有创意推广与营销，属于文创产业前端链条，生产率高但参与度低	多为与公司长期合作的客户，整体结构比较稳定，多为甲方单位工作人员。男性与女性数量基本持平，人群年龄以27～45岁为主，其消费目的主要为项目对接、指导等，消费目的性和针对性强
产业业态诉求	与周围相关类型创业平台的联系增加、有多元化的便利店、餐饮店，增加展览或演艺空间	多元化的便利店、餐饮店，展览演艺空间
文创氛围诉求	可以放松心情、缓解工作压力的氛围	轻松休闲的空间、良好的文创氛围
空间环境诉求	优美的休憩环境，丰富、完善的基础设施，令人放松的公共休憩空间	丰富、完善的基础设施、令人放松的公共休憩空间

资料来源：笔者自制。

（3）社会评价分析

以西安创新设计中心为例。词云图显示（见图12－17），游客感知更倾向于设计、创新；情感分析图显示，游客评价中的90%表达了对空间的满意；词频分析表明，来访者更热衷于这里的技术、创意，注重便利度。

（a）社会评价词云

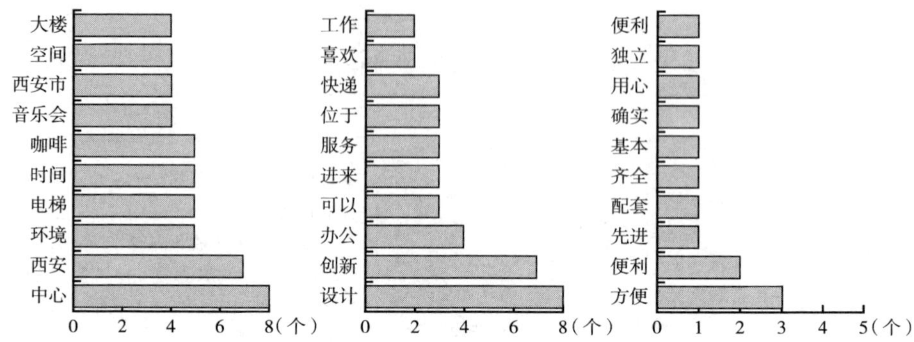

（b）社会评价词频统计（单位：个）

图 12－17 西安创新设计中心社会感应认知评价分析

资料来源：笔者自制。

（4）区位规律总结

双创办公空间型一部分位于写字楼内，区位特点与写字楼选址密切相关，另一部分在独立的新型创业广场中，区位特点也与写字楼相似。该类型文创空间一般邻近商务办公、金融投资、商业广场、高端酒店等业态，多数具有便捷的生活圈。

位于高层写字楼内的文创空间风格较为简约；以文创生产为主的业态缺乏互动，参与度低，内部空间大多相对单调；位于独立的新型创业广场中的内部设计元素较为丰富，充满创意感和现代感；一般有完善的地下停车场；环境简约大方，但能够突出特色；其周边服务设施往往较为丰富，有良好的生活氛围。

双创办公空间型文创空间，经营人员、消费人员以 27～45 岁为主，大多具有本科及以上学历，其交流多为业务洽谈，往往只覆盖文创产品开发生产环节，经营状况较为稳定，使用人群对服务设施满意度最高。

（四）高校建设园区型

（1）区位环境图谱（见表 12－7）

表 12－7　高校建设园区型区位环境图谱

类型	名称	区位图	说明
高校建设园区型	西安工程大学时尚文化创意产业园	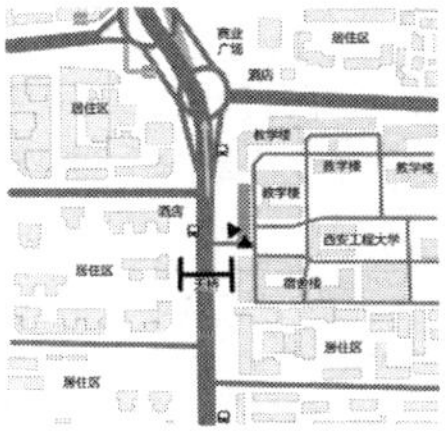	区位方面，该空间位于西安工程大学西门，邻近主干路，交通方便，在校内邻近教学区。空间环境上，建筑共有7层，由教学楼改建，标识明显，咖啡厅装饰具有商务风，优雅大气
	西安交通大学七楼创客汇	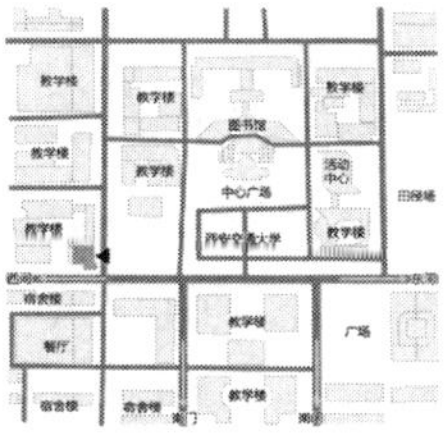	区位方面，该空间位于西交大校区内，邻近教学区，在校园连接东西门的主路的街角上，交通优势明显。空间环境上，建筑为多层建筑，内部装修风格新颖现代，具有浓厚的创业创新氛围
高校建设园区型	西工大智慧＋工坊	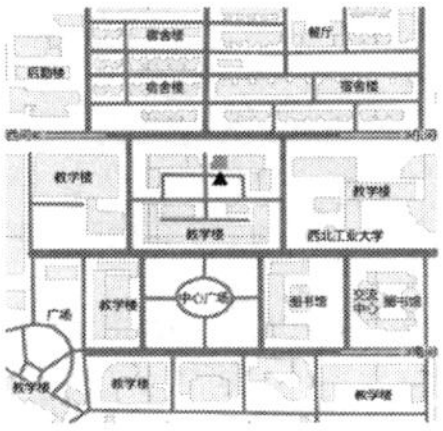	区位方面，该空间位于西工大校园内，邻近教学区，邻近主干路，入口方向为南侧绿地广场，邻近教学楼。空间环境上，建筑为低层建筑，周边环境安静，绿化丰富，但辨识度不高

资料来源：笔者自制与自摄。

（2）区位使用诉求（见表 12－8）

表 12－8　高校建设园区型区位使用诉求情况

调研对象	经营者	消费者
基本情况	以高校师生为主，既有学生自己组建的创业团队，也有依托高校教师工作室进行的产学研一体化实践机构。26 岁及以下、27～45 岁的人群数量相近且占比较大，大部分具有本科及以上学历	以设计工作人员和学生为主。男性与女性数量基本持平，人群年龄以 27～45 岁为主，其消费目的主要为方案对接、参观展演、出席会议等，消费目的性和针对性强

续表

调研对象	经营者	消费者
产业业态诉求	以产业链前端为主,展销环节涉及相对不足	学习、展览、交流
文创氛围诉求	可以放松心情、缓解工作压力的氛围、良好的科技创新氛围,激烈的研讨氛围	良好的文创氛围、催人奋进的科学研究氛围
空间环境诉求	完善的基础设施、先进的科学技术平台	完善的基础设施、令人放松的公共休憩空间、交流学习展览空间

资料来源：笔者自制。

(3) 社会评价分析

以西安工程大学时尚文化创意产业园为例。词云图显示（见图 12－18）中服装、时尚、设计、裁缝等词语表示游客感知更倾向于园区的主题特色；情感分析图显示，游客评价中的 90% 表达了对空间的满意；词频分析表明，游客更喜爱这里充满专业特色的设计氛围，让人感觉到高级、细致与优雅。

(4) 区位规律总结

高校建设园区型依托高校，但临街、位于校门口附近或位于高校内的标志性建筑更有利于校外人员到达和提升影响力，在校内的文创空间也多邻近高校创业中心、图书馆、活动中心等功能区，更方便文创活动的展开。

(a) 社会评价词云

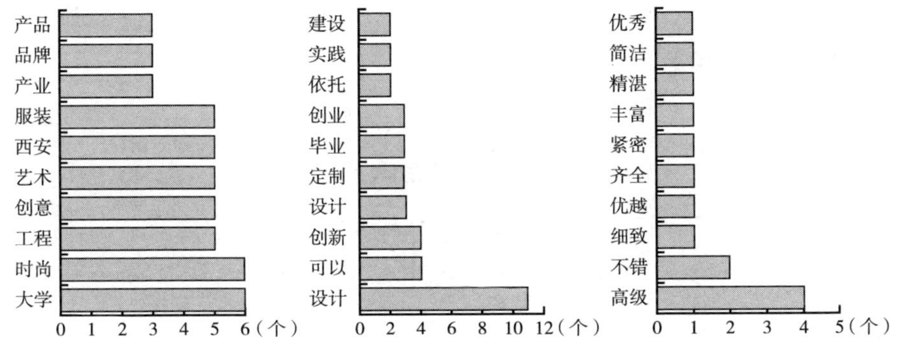

（b）社会评价词频统计

图 12－18　西安工程大学时尚文化创意产业园社会感应认知评价分析

资料来源：笔者自制。

高校建设园区型文创空间，建筑体量普遍较大，风格简约时尚，内部经营业态能够突出学校专业特色，丰富度低但稀有度高，技术含量高；内部空间紧凑，部分较为单调；交通可达性强；标识引导系统有待完善，空间有较为浓厚的学术氛围；周边设施较为完善。

高校建设园区型文创空间，经营人员、消费人员以青年学生和中青年教师为主，学历大多在本科及以上，具备硕士及以上学历的人群占比同样较高，其交流多为业务洽谈，往往只覆盖文创产品开发生产环节，经营状况较为稳定，使用人群对人才、技术、服务设施的评价最高。

（五）独立特色场馆型

（1）区位环境图谱（见表 12－9）

表 12－9　独立特色场馆型区位环境图谱

类型	名称	区位图	说明
独立特色场馆型	哈雷工坊艺术创意产业基地		区位方面，该空间位于商场一层，邻近主干路，入口紧邻公交站，周边以居住区为主，兼有酒店、餐饮等业态。空间环境上，内部装修风格复古，创意氛围浓厚，具有手工制作的特色

续表

类型	名称	区位图	说明
独立特色场馆型	曲江书城	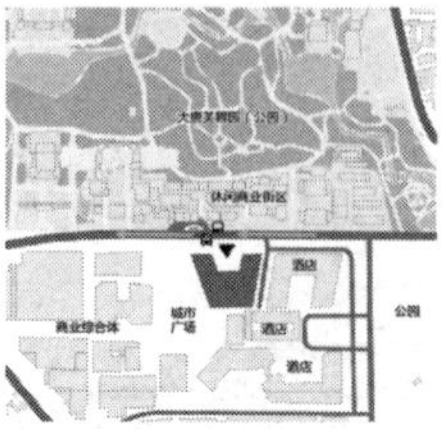	区位方面,该空间位于大唐芙蓉园南门对面,邻近主干道和公交站,周边有酒店、商业街区等丰富的业态。空间环境上,建筑为3层,外观时尚现代,内部充满书香文化气氛
	阿房宫大戏院	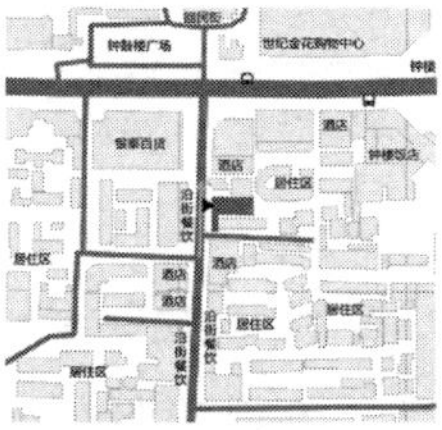	区位方面,该空间位于老城区深巷中,邻近钟鼓楼,周边有较为丰富的餐饮、酒店、商场等业态。空间环境上,建筑为3层建筑,外立面色彩丰富,能够体现传统戏曲文化特色

资料来源：笔者自制与自摄。

（2）区位使用诉求（见表12－10）

表12－10　独立特色场馆型区位使用诉求情况

调研对象	经营者	消费者
基本情况	男性明显多于女性,26岁及以下、27～45岁的人群数量相近且占比较大,大部分具有本科及以上学历,从事文化艺术、设计策划、游戏体验、原创手工制作行业,覆盖文创产业从生产到展销的全产业链	女性略多于男性,人群年龄以26岁及以下、27～45岁为主。其消费目的主要为体验文创互动、感受文创氛围、在休闲的氛围中收获新的知识
产业业态诉求	与经营业态不同类型的创业服务平台以及多元化的餐饮店、便利店	主题特色文创产品、主题周边产品
文创氛围诉求	丰富、有特色的文创环境	丰富多样的活动、更加有趣的文创购物选择
空间环境诉求	与经营业态不同类型的创业服务平台、展览演出空间	体验活动场所、展览演出场所等

资料来源：笔者自制。

（3）社会评价分析

以曲江书城为例（见图 12－19），词云图中文化、读书、环境等词语表示游客感知更倾向于读书氛围；情感分析图显示，游客评价中的 75% 表达了对空间的满意；词频分析表明，游客更喜爱这里安静的环境，能够让人感觉到舒服。

（a）社会评价词云

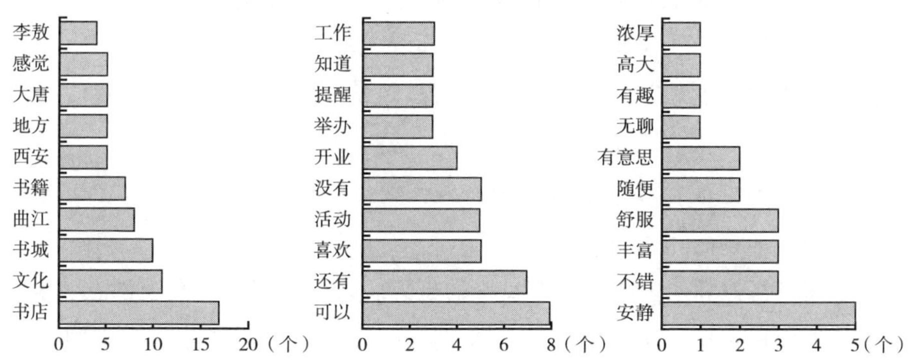

（b）社会评价词频统计

图 12－19　曲江书城社会感应认知评价分析

资料来源：笔者自制。

（4）区位规律总结

独立特色场馆型一般靠自身特色经营，其区位选址更多地考虑交通区位、经济区位，侧重布局在人流量大的地方，多邻近购物中心、餐饮、酒店等业态，周边设施特别丰富，文创空间能够和周边设施形成良性互补。

独立特色场馆型文创空间，建筑体量普遍较大，建筑风格能够突出特色；业态较为专业，但能够提供良好的参与体验和丰富的服务设施；内部空间环境具有自身主题特色。

独立特色场馆型文创空间，经营人员、消费人员以中青年为主，本科及以上学历占多数，也有部分高中毕业，业务通常覆盖文创全产业链，注重参与度，经营状况较为稳定，节假日较为火爆，使用人群对文创氛围、空间环节最为满意。

（六）分类微区位规律

周边用地性质方面，大多数文创空间周围以科研院所、金融机构、商务办公、咖啡餐饮、高端酒店为主。

街道位置方面，主干道上的文创空间大多位于道路中段，次干路上的文创空间位于道路中段和交叉口处的数量相近，支路上的文创空间多位于道路交叉口处。

出入口位置方面，多数文创空间的出入口面对干路人流来向，能够形成良好的出入口集散空间，并借此空间营造相应的环境氛围。

人车流量方面，文创空间与人车流量不呈正相关，很少有文创空间选址在车流密集的路段，但很多文创空间都注重充足的停车场地配套。

公共交通方面，大部分文创空间距离公交站、地铁站较近。

环境氛围方面，多数文创空间有较为突出的门头牌匾，能够在微区位中形成环境地标，引人注目。

空间风格方面，多数空间有良好的创意装饰，内部装潢充满创意元素。

人群使用情况方面，普遍希望文创空间附近多一些展览演出空间，部分需要较为丰富完善的配套商业服务设施。

五　文创空间内部布局的微区位规律

（一）老钢厂设计创意产业园

（1）街区简介

“老钢厂设计创意产业园”是集 Loft 创意办公空间与花园式生态办公

环境为一体的西安首家设计创意产业园。园区位于西安市幸福南路与建工路交会处北侧200米处，西安建筑科技大学华清学院校内。项目由政府牵头，西安世界之窗产业园投资管理有限公司与华清科教产业集团联合开发，依托“工业遗存”，以“设计创意”为主题，使陕钢厂这样一座曾经十分辉煌而今废弃的老厂房得到改造再生。整体规划为四大版块：“创意展示交流中心”、“Loft 创意生态办公”、“创意街区”以及“大学生创业中心”，是集“时尚创意展”、“Loft 创意办公空间”、“企业孵化”、“产业信息交流”、“人才培训”、“企业服务”、“创意商业集市”及“工业景观”八大功能为一体的城市再生型产业园区。该产业园既体现了城市艺术活力和时尚精神，又实现了产业建筑文化的延续，以及城市更新型建设的示范。老钢厂设计创意产业园建成后可容纳企业约200家，员工约5000名，年创造社会经济效益可达10亿元，是西安文创的一张新名片。

（2）区位条件概况

老钢厂设计创意产业园园区位于西安市幸福南路与建工路交会处北侧200米处，西安建筑科技大学华清学院校内。园区总占地面积约50亩，改造后总建筑面积约4万平方米，单元面积100～2000平方米，层高达3.9～7.8米，绿化覆盖率30%以上。园区由陕钢厂旧址改造而来，地处东郊，紧邻新城区发展主轴线——幸福林带生态发展轴，周边以居住区为主，商业基础较差，园区发展成为大街区视角下的商业中心，具有与邻近街区形成业态互补的优势。园区距离西安地铁规划6号线万寿南路站出入口步行约15分钟，1公里范围内有公交站9个，涵盖22条公交线路。南北方向沿幸福林带通达新城区，东西方向通过规划地铁6号线快速连接纺织城、钟鼓楼、高新区等文创高地（见图12－20）。

（3）文创空间特点

①建筑特色：风格复古、体量较大、形态多样、空间有序

老钢厂设计创意产业园是在陕钢厂工业厂房建筑旧址上改造而来，在原有的建筑上进行更新设计。园区内建筑改造特色鲜明，设计风格丰富多样但协调有序，大跨度的框架结构，搭配钢材、红砖等富有街区特色的建筑材料，在充满工业记忆的烟囱、管道等景观小品的点映下，形成了十分具有工业风特色的街区（见图12－21）。

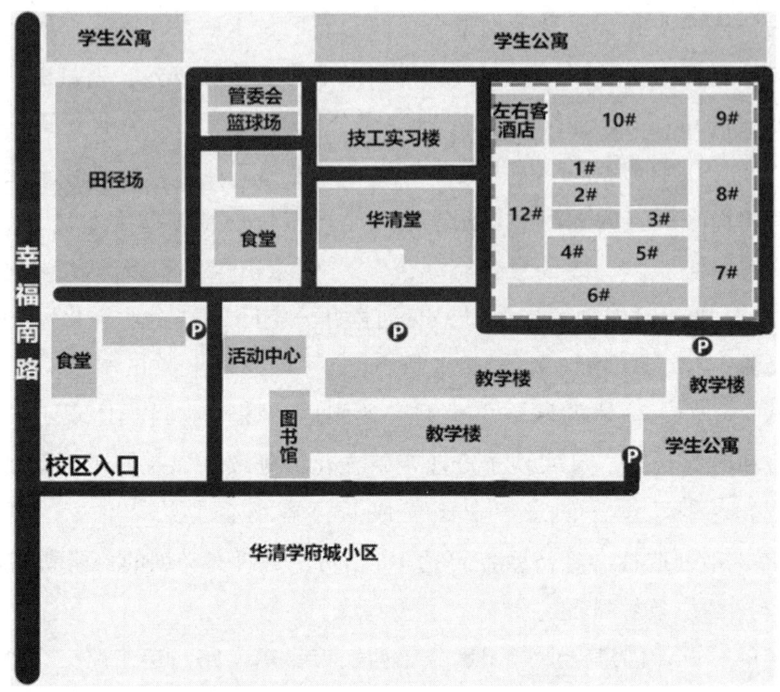

图 12-20　老钢厂设计创意产业园内部功能区位布局

资料来源：笔者依据现状绘制。

图 12-21　老钢厂设计创意产业园内部的建筑特色

资料来源：笔者自摄。

②业态特色：文创突出、业态多元、品牌多样、丰富度高

老钢厂设计创意产业园商业业态丰富，目前园区入驻企业/商户共计约 150 家，包括设计类、文创类、互联网科技等创新类企业。主要通过文

化资源进行深度整合与提升，以多种形态和业态实现对文化创意产业价值的延伸，推动区域经济转型与发展。具体涉及领域有文化艺术传播、互联网科技创业、广告会展策划、建筑设计与服务、创意展示体验、文化艺术运动培训、休闲餐饮服务配套等，如大唐网络、悉地国际、花房瑜伽、左右客、益禾堂、缤唐无人便利店等品牌。这些丰富的业态使街区实现了从文创产业开发生产到推广营销，再到消费体验和展示交流的系统化的全产业链。丰富多元的业态大大增强了街区的活力，是吸引人流的关键（见图 12－22）。

图 12－22　老钢厂设计创意产业园内部业态特色

资料来源：笔者自摄。

③内部空间特色

街区内部空间以步行空间为主，工业厂房之间形成了天然的步行系统，不同尺度的步行系统通过空间的收放形成了规整的空间秩序。园区内部的两个大型开放空间形成了空间体系的核心，作为游客休闲或举办大型公共活动的广场。步行街两侧的底层店铺沿街布置，二、三层店铺由室外或室内楼梯通到建筑的山墙面，在山墙面的小空间里，精心设计的楼梯成为极具吸引力的景观装饰。广场周边的店铺呈围合型，店铺内部空间通过大片的落地窗或休闲露台实现与广场的空间渗透联系。

④交通特色

老钢厂设计创意产业园地处华清学院校内，行人、车辆都要通过西侧的华清学院大门进入，穿过校园方可到达园区。园区内部步行交通体系通达性极强，在各方向均与车行环路形成了交叉口，并在南侧与地下停车场出入口紧密联系。内部交通空间收放有序，主次道路分明，部分道路铺装也极具特色，具有一定的装饰性和引导性（见图 12－23）。

图 12－23　老钢厂设计创意产业园交通特色

资料来源：笔者自摄。

⑤环境特色

老钢厂设计创意产业园内部环境工业风特色鲜明。街区内部有较多"工业＋文创"主题的景观小品，强化了空间特色。店铺招牌设计感强，凸显文艺气息。街区内部有标识引导系统，各栋建筑也明显标注了楼号，便于识别（见图 12－24）。

图 12－24　老钢厂设计创意产业园环境特色

资料来源：笔者自摄。

⑥周边设施

周边以校区、居民区为主，交通设施较为齐全，附近有医院、小学等公共服务设施，但其他商业服务设施相对匮乏，尤其是多元化的餐饮店、融资公司、银行、展览演出设施等较少。但这种形势也使得文创园区成为片区内的商业高地，有利于扩大园区相关业态的服务半径。

（4）使用人群评价

①经营人员

经营人员中，男性略多于女性，26 岁及以下人群占大多数，其次为

27～45 岁人群，大部分学历为本科或大专，也有少量的研究生学历和高中学历，从事行业由多到少依次为文化艺术传播、创意展示体验、休闲餐饮服务配套、建筑设计与服务、文化艺术运动培训、互联网科技创业、广告会展策划。类型覆盖创意生成、开发、推广、展示、营销等全产业链，能够为消费者提供良好的互动式消费体验。整体而言，客流稳定，生意较好。与周围相关店铺联系度高、内部基础设施完善、空间环境设计良好等因素是吸引店主投资的主要原因。该空间内经营者最急需的资源为更多元化的便利店、餐饮店，展览演出空间，能够形成上下游产业链的创业平台。

②消费人员

消费人员中，女性略多于男性，18～26 岁人群最多，其次为 27～45 岁人群。因消费者以学生群体为主，大部分为本科在读，月收入在 3000 元以下的最多，60% 以上的消费者消费需求为缓解压力放松心情、与朋友休闲小聚、进行文化创意体验，优雅的环境、轻松的空间、良好的文创氛围是吸引消费者来此的主要原因，消费者更需要多元化的便利店、餐饮店，价格便宜的住处，以及展览演出场所。

③使用情况

由于空间距离的优势，老钢厂设计创意产业园内使用人员以华清学院学生为主。游客来向主要为西侧主入口，部分游客也通过南侧的停车场入口进入街区。6 号楼以北、4 号与 5 号楼以南的街道是游客进出街区的主街。游客游览满意度评价显示，大多数游客认为与期望相符，对基础设施、店铺类型多样性、空间环境设计最为满意。

（二）西安创业咖啡街区

（1）街区简介

西安创业咖啡街区成立于 2017 年 9 月，是以咖啡元素为载体、为创业团队与创业企业服务的双创空间。它为创业者提供投融资、导师、品牌策划、产业链融合、市场推广等多种形式的创业服务，同时天使投资人、风险投资机构的引进，也将使创业者和资本在这里牵手。计划未来三年入驻 100 家国内外创新服务机构、打造 100 个功能多元的众创空间、聚集 300 名天使投资人和创业导师、培育孵化 1000 个创业团队、举办 2000 场创业活动、为企业融资 10 亿元、储备上市上柜企业 50 家、促进社会就业万余人（见图 12 - 25）。

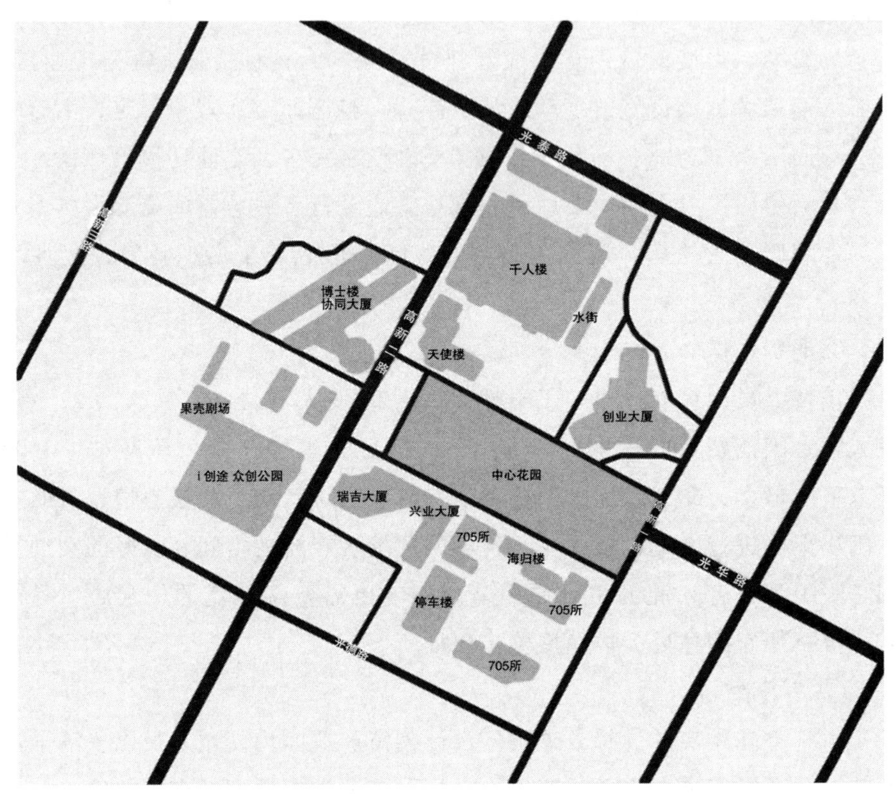

图 12 - 25　西安创业咖啡街区内部功能区位特征

资料来源：笔者依据现状绘制。

（2）区位条件概况

西安创业咖啡街区位于西安市高新二路与光华路路口，规划范围为北邻南二环，南接科技路，东起高新路，西至高新四路。规划面积 100 万平方米，现已建成核心区 30 万平方米。西安创业咖啡街区位于西安市高新区核心地带，距离西安地铁 3 号线和规划地铁 6 号线科技路站出入口步行约 10 分钟，中心花园半径 1 公里内有公交站 12 个，涵盖 40 余条公交线路，北部靠近西安市的主干道南二环快速路，南部通过地铁 3 号线、6 号线快速联通高新区、曲江新区、浐灞生态区等文创高地，是西安市雁塔区交通通达性最好的地区之一，优越的交通条件使创客可以将更多的精力用于创新活动。

(3) 文创空间特点

①建筑特色：风格现代、体量较大、形态多样、空间有序

西安创业咖啡街区建筑以现代风格为主，充满现代科技感，建筑外观简洁明快，色彩活泼鲜明，立面大方规整。街区内建筑有高层写字楼、多层创业空间、低层众创公园、高层人才公寓等多种形式。建筑体量以大型综合体、写字楼为主，配套临街商业空间。街区空间主次分明，以中心花园为中央绿地，形成西侧、南侧、北侧三个秩序鲜明的组团，各组团有相应的组团及开放空间（见图 12－26）。

图 12－26　西安创业咖啡街区的建筑特色

资料来源：笔者自摄。

②业态特色：创意突出、业态独特、品牌稀有、丰富度欠佳

西安创业咖啡街区商业业态以服务双创空间为目的，具有鲜明的街区特色。为服务创业创新的各种众创空间占据了市场的主体，包括提供创业空间的创客工坊、提供交流空间的创业咖啡店、具有鲜明文创主题特色的餐饮店，并且引入了连锁品牌的网红店等，如车库咖啡、太平洋咖啡、胡桃里酒馆、樊登书店等品牌，在创业创新方面具有引领作用。整体而言，针对性较强的业态设置为街区提供了创业服务保障，引进的稀有品牌奠定了街区在创业创新领域的地位，使西安创业咖啡街区成为西安市的创业高地。但业态设置的针对性过强，使生活服务类设施配套较弱，尤其在创客公寓附近，应布置更便利的生活服务设施，如平价餐馆、综合商超等（见图 12－27）。

图 12－27　西安创业咖啡街区的业态特色

资料来源：笔者自摄。

③内部空间特色

街区内部空间以步行空间为主，通过步行体系将以高新二路和中心花园为界的建筑组团连接起来。中心花园面积达 10000 平方米，有葱郁的园林植物和开阔的休闲空间，是街区的中心。花园两侧店铺临街设置，在步行道边设计咖啡茶座形成灰空间，丰富了街区的整体空间层次。店铺组织有序，形成了良好的联系（见图 12－28）。

图 12－28　西安创业咖啡街区的内部空间特色

资料来源：笔者自摄。

④交通特色

西安创业咖啡街区具有明显的小街区、密路网特点，路网的间距在 100～150 米，具有城市 CBD 街区的特征，便于各创业空间联系，办公楼后侧的小街巷提供了方便的停车场出入口，街区内部畅通性良好。

⑤环境特色

西安创业咖啡街区具有充满活力的标识牌，街区内部有较多文创主题雕塑和小品，增强了空间特色。店铺招牌主题鲜明，黑白灰的色调时尚而又不失稳重。但街区内标识引导设施不足，几十栋楼之间缺乏完整的标识引导系统，不便于游客寻找。每天傍晚，街区依托建筑立面灯光设计，进行灯光秀表演，效果为高新区之最，对改善环境、吸引游客起到了很好的效果（见图 12－29）。

图 12－29 西安创业咖啡街区的环境特色

资料来源：笔者自摄。

⑥周边设施

西安创业咖啡街区是集中型双创空间集群，内部集聚了各种类型的创意创新企业，如互联网、广告、传媒、摄影、绘画、设计等，同时配备众多的咖啡厅、概念餐厅、娱乐清吧等餐饮服务设施以及创客公寓、人才公寓等保障配套，整个创业街区内商业氛围十分浓厚，产业链完整，配套服务健全，为创客提供了良好的外部环境。同时，西安创业咖啡街区附近分布了多个大型商业和娱乐设施，如世纪金花购物广场、金鹰国际购物中心、海星城市广场等；拥有新纪元高尔夫俱乐部、弓舍射箭俱乐部、瑞力健身俱乐部等高端休闲健身配套；拥有香格里拉、志诚丽柏酒店等高端品牌酒店，满足业务往来和住宿需要。各类服务设施、休闲设施、娱乐设施能够满足创客工作需要。但该街区缺少创客日常生活所需的便利店、餐饮店等服务设施。

（4）使用人群评估

①经营人员

经营人员中，男性略多于女性，26 岁及以下人群占大多数，其次为 27～45 岁人群，大部分具有本科及以上学历，从事互联网创业、电子技术开发、设计与策划服务等技术服务，类型覆盖创意开发生产、创意推广营销、创意空间提供等创意产业链前端链条，多为经营人员单方参与，除配套服务类店铺外，游客整体参与度不高。整体而言，客流稳定，生意较好。人才集聚、技术集聚、基础设施完善、与周围相关店铺联系度高等因素是吸引店主投资的主要原因。该空间内创客最急需的资源为多元化的便利店、餐饮店以及优美的休憩环境。

②消费人员

消费人员中，女性略多于男性，18～26 岁人群与 27～45 岁人群基本持平，占据绝大多数，大部分消费者拥有本科及以上学历，50% 以上的消费者月收入在 6000 元以上，60% 以上的消费者消费需求为休闲娱乐、喝茶、喝咖啡、聊天谈生意等活动，轻松休闲的空间、良好的文创氛围是吸引消费者来此的主要原因，相对现状而言，消费者更需要多元化的便利店、餐饮店，优美的休憩环境，以及展览演出场所。

③使用情况

西安创业咖啡街区内人员流动具有明显的放射状特点，中心花园起到了良好的人流集散作用，层次分明的空间让中心花园成为人们来到该街区的第一选择，乘坐公共交通工具出行的人大多从公交站、地铁站所在的科技路、高新一路、高新二路前往街区，骑车、自驾车出行的人大多从道路较宽的光华路、高新路、高新二路进入街区。人流在中心花园集中，并通过中心花园向三个组团渗透。中心花园的利用率较高，白天提供休闲散步空间，夜间是观赏街区灯光秀的最佳地点，从游客对游览的满意度评价来看，大多数游客认为与期望相符，对基础设施、店铺类型多样性、空间环境设计最为满意。

（三）陕西动漫产业平台

（1）空间简介

陕西动漫产业平台是碑林科技产业园管委会为动漫企业搭建的服务型平台，是碑林区管委会直属事业单位。平台搭建后，企业积极入驻，产业发展势头良好。陕西动漫产业平台作为陕西省首家以动漫及相关产业为孵化对象的平台，除了为在孵企业提供服务外，还通过举办“新光奖”动漫大赛、卡通产业论坛、漫展、创业大赛等一系列活动，带动更多的文化科技融合类、创意创新型企业来西安创业发展。

(2) 区位条件概况

陕西动漫产业平台位于西安市碑林区火炬路 7 号，地理位置优越，地处中心城区，毗邻西安交通大学、西安理工大学等高校，邻近兴庆宫、碑林博物院等历史文化遗迹。该平台交通便利，距离西安地铁 3 号线和规划地铁 6 号线咸宁路站出入口步行约 13 分钟。半径 1 公里内有公交站 21 个，涵盖 50 余条公交线路。平台位于火炬路与延兴路交叉口处，周边道路等级较低，环境静谧。附近用地以居住区和创业园区为主。有安静的生活环境和良好的创业氛围（见图 12 - 30）。

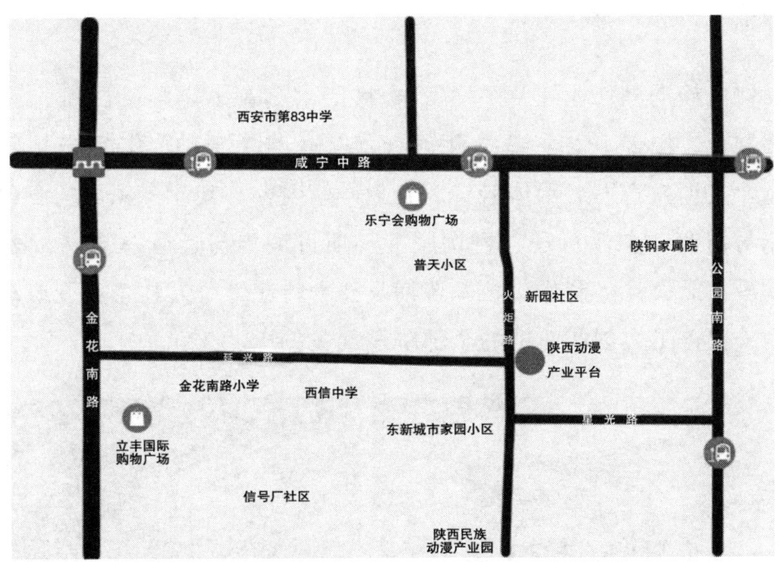

图 12 - 30　陕西动漫产业平台的功能区位分布特征

资料来源：笔者依据现状绘制。

(3) 文创空间特点

①建筑特色

陕西动漫产业平台建筑由 3 层的裙房和 17 层的高层写字楼组成，浅橙色墙砖和蓝绿色玻璃构成简洁明快的建筑立面。建筑体量大，外观设计普通，但内部空间充满了艺术气息（见图 12 - 31）。

②业态特色

陕西动漫产业平台成立于 2008 年，坚持以“打造国家级动漫产业基

图 12 - 31 陕西动漫产业平台的建筑特色

资料来源：笔者自摄。

地，支持民族动漫产业发展”为战略目标，涵盖了定格、二维、三维影视动画制作，原创 IP，科技文化融合，互联网 + 文创，衍生产品研发制作，行业实训教育，展示体验等多元化产业内容。其业务领域主要包括对外交流与招商、企业管理、咨询服务、项目策划与运营、会展策划与实施、动漫作品设计、制作、技术咨询及技术转让等。入驻企业围绕动漫这一主题，覆盖了文创产业链的全部阶段（见图 12 - 32）。

图 12 - 32 陕西动漫产业平台的业态特色

资料来源：笔者自摄。

③内部空间特色

陕西动漫产业平台内部空间为写字楼型，由四部直梯连通上下。建筑 1 层为大厅，2 ~ 4 层为东新商务酒店，5 层为碑林区科技产业管理办公室、高新国税所、地税所，6 ~ 17 层为各公司办公空间。写字楼内部布局规整，2 米宽的走廊分隔出两侧的办公空间，办公空间由玻璃磨砂门窗构造，通透而又能保护隐私，有利于艺术创作交流，形成了较好的空间联系。各创业空间内部有配套完善的公共空间、办公空间、会客空间、休息空间（见图 12 - 33）。

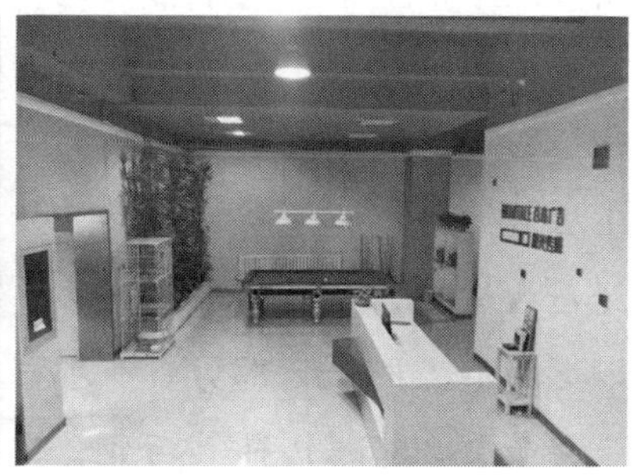

图 12 - 33　陕西动漫产业平台的内部空间特色

资料来源：笔者自摄。

④交通特色

陕西动漫产业平台位于碑林区火炬路 7 号，主入口正对延兴路，处于道路 T 字交叉口的顶点。建筑北侧有地面停车场及地下停车场出入口。

⑤环境特色

陕西动漫产业平台地处居住区，密集的居住区为创客提供了价格相对低廉的居住条件和良好的生活氛围，缩短了工作通勤的时间，提供了便利（见图 12 - 34）。

图 12 - 34　陕西动漫产业平台的环境特色

资料来源：笔者自摄。

⑥周边设施

陕西动漫产业平台周边拥有较多住宅区，缺少商业气息，邻近服务设施以服务社区居民为主，包括便利店、小型餐饮店、饮品店等，但种类较为单一、规模较小。大型购物中心、金融服务机构基本位于金花南路、咸宁中路等主干道上，距离平台较远，联系不够紧密。缺乏足够的餐饮服务设施是平台内创业员工反映最普遍的问题。

（4）使用人群评估

①经营人员

经营人员中，女性略多于男性，27～45 岁人群占大多数，其次为 26 岁及以下年龄人群，大部分具有本科及以上学历，从事文化艺术、设计策划、广告会展、艺术传播等行业，类型以创意开发生产为主，兼有创意推广与营销，属于文创产业前端链条，生产率高但参与度低。50%以上的公司具有较为稳定的客流，生意较好。政府政策（税收优惠）、人才集聚、资本运转（店铺产值、门店租金等）因素是吸引创业者扎根于此的主要动力。而增强与周围相关类型创业平台的联系，增加多元化的便利店、餐饮店，增加展览或演艺空间，打造更优美舒适的休憩环境是经营者最为急需的。

②消费人员

平台位于写字楼内，前来的消费者多为与公司长期合作的客户，整体结构比较稳定，多为动漫设计、广告设计的甲方单位工作人员。男性与女性数量基本持平，以 27～45 岁人群为主，其消费目的主要为方案对接、设计指导等，消费目的性和针对性强。其更需要多元化的便利店、餐饮店，展览演艺空间，优美的休憩环境等。

③使用情况

陕西动漫产业平台使用者来向首先为从咸宁中路经火炬路向南，其次为从金花南路经延兴路向东，有明显的主干道倾向性。使用者在公共空间停留时间普遍较短，大多具有较强的目的性，公共空间较为冷清，使用率低下。空间使用者大多认为陕西动漫产业平台经济产业发展状况良好、文创人才集聚效应突出、平台政策优惠力度大，对以上几点最为满意，对基础设施提出的意见最多。

（四）哈雷工坊艺术创意产业基地

（1）空间简介

哈雷工坊艺术创意产业基地，又称碑林区互助路创业创客咖啡街区，是西安市首家情景式创客咖啡室内街区。以创新、创业、创意为主题，以传播咖啡文化、弘扬工匠精神为内涵，以“艺术创业 + 商业 + 体验”为核心，集共享办公、创客公寓、孵化培训、创业咖啡为一体，总建筑面积9000 平方米。街区面向文化创意和科技创新领域的初创型公司、企业和个人开放，拥有“哈雷工坊”“创客公寓”“共享办公”三大功能区。服务配套设施齐全，能够为创客提供全方位的创业保障。

（2）区位条件概况

哈雷工坊艺术创意产业基地位于西安市东二环互助路 9 号（互助路立交桥西北角），位居钟楼商圈、长乐路商圈、纺织城新区、浐灞生态区、曲江新区五区中心，交通极为便利。距离西安地铁 3 号线长乐公园站出入口步行约 5 分钟，半径 1 公里内有公交站 24 个，涵盖 50 余条公交线路。街区地处互助路十字核心区位，周边商业广场、商务酒店、餐饮娱乐、绿地公园等设施一应俱全，能够为创客和游客提供完善的服务设施和保障体系（见图 12 – 35）。

（3）文创空间特点

①建筑特色

哈雷工坊艺术创意产业基地是室内空间，位于新兴广场内部，可通过商场西侧支路直接进入或穿过商场一层直接进入街区。建筑外部充满现代感，米黄色和棕色的搭配，明快而又不失稳重，能够突出咖啡街区的主题特色。建筑体量较大，风格时尚，具有较强的产业特色（见图 12 – 36）。

②业态特色

哈雷工坊艺术创意产业基地业态较为丰富，具有鲜明的街区特点。以咖啡为媒介，涉及手工制作、互联网创业、文创体验、艺术交流等领域，能够突出街区主打工匠精神的特色。具体而言，有体现木匠、皮匠等工艺传承的木作坊、皮具行，有吸引大批青年人入驻的网红学院和互动式游戏体验空间，有融合油画艺术创作的暖灰色咖啡，有坚持原创音乐创作的山海乐社等。其业态主要特点为突出手工、注重原创，在全市内形成独特的

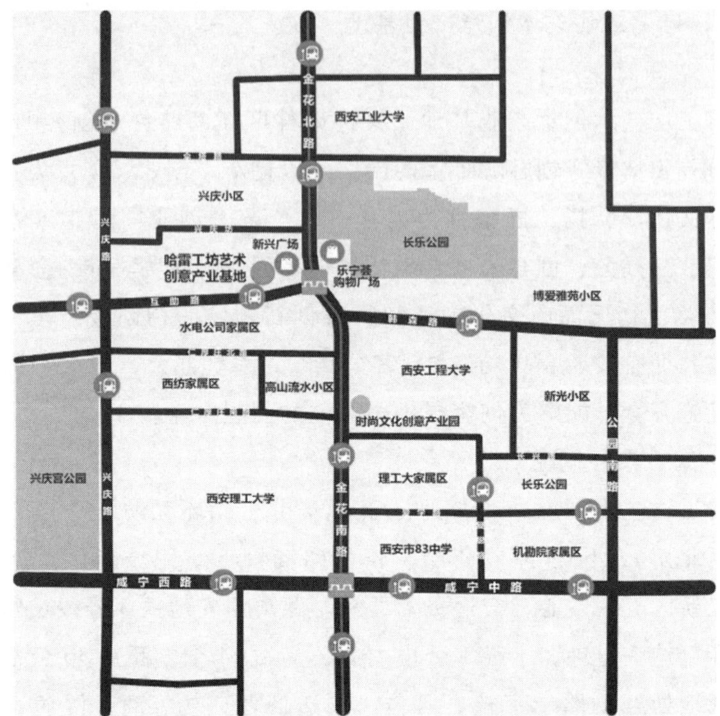

图 12－35　哈雷工坊艺术创意产业基地区位条件

资料来源：笔者依据现状绘制。

图 12－36　哈雷工坊艺术创意产业基地的建筑特色

资料来源：笔者自摄。

风格，具有极高的稀有性。相关店铺基本覆盖了创意开发生产、推广营销、消费体验、展示交流、园区配套等全产业链，能够为消费者提供全方位的文创体验（见图 12－37）。

图 12－37　哈雷工坊艺术创意产业基地的业态特色

资料来源：笔者自摄。

③内部空间特色

哈雷工坊艺术创意产业基地内部空间由一条曲折的室内主干路串联，并与新兴广场内商业街共同构成一个环形布局。其业态布置也与室内区位有关，从西侧入口进入为奶茶店、美甲店、小吃店等提供基本服务的业态，进入街区后为互动式游戏体验、咖啡厅、艺术交流等业态，街区中心为手工艺制作、木匠行、皮匠行等业态，以及机器人制作工坊、山海乐社、瓷器制作等互动式技能培训体验机构，最后东侧邻近商场一层的街区为网红学院、创意服饰行、咖啡木制家具行等以销售为主要特征的业态。内部空间看似随意的布置却与其所处位置具有一定的联系（见图 12－38）。

④交通特色

该室内街区外部交通设施配套齐全，有地面停车场和地下停车场，满足临时或长时间停车需求。室内交通为一条蜿蜒曲折的内街将各功能区串联，内街设计步移景异，游客行走于其中并不会产生枯燥感。

图 12－38　哈雷工坊艺术创意产业基地的内部空间特色

资料来源：笔者自摄。

⑤环境特色

哈雷工坊艺术创意产业基地内部环境塑造具有很强的特色，深色的主色调搭配幽暗的灯光营造出复古典雅的气氛，钢架和玻璃的构造也带来了工业风，咖啡的浓香氤氲在空气里，令人灵感大发，沉醉其中（见图12－39）。

图 12－39　哈雷工坊艺术创意产业基地的环境特色

资料来源：笔者自摄。

⑥周边设施

哈雷工坊艺术创意产业基地位于核心地段，其所处的商业综合体——新兴广场为街区提供了完善的服务设施。街区所在的互助路向西直通钟楼，同样有着浓厚的商业氛围，商务酒店、金融机构、政府办事机构等分布在两侧，互助路立交桥东侧的长乐公园提供了休憩空间，地铁口＋公园的配置也进一步激发了该地块的活力，该片区与地铁站东侧的长乐荟商务中心成为邻近街区的商业中心。

(4) 使用人群评估

①经营人员

经营人员中，男性明显多于女性，26 岁及以下、27～45 岁的人群数量相近且占比最大，大部分具有本科及以上学历，从事文化艺术、设计策划、游戏体验、原创手工制作行业，覆盖文创产业从生产到展销的全产业链。但除个别店铺客流稳定、生意较好外，大部分创客所在店铺客流一般、不温不火或客流较少、生意不好。经营者对该创客空间最满意的为与周边相关店铺联系、交通区位、空间环境设计，空间环境和基础设施因素是吸引创业者扎根于此的主要动力。创业者最急需的是完善的创业服务平台以及充足的展览演出空间。

②消费人员

该文创空间较为冷清，消费者较少，多为老顾客和与各店铺有长期合作的人士。男性与女性数量基本持平，以 26 岁及以下和 27～45 岁人群为主。其消费目的主要为文艺休闲体验、感受文创元素、在休闲的氛围中缓解压力。消费者对文创空间整体比较满意，更希望有丰富多样的活动、展览演出等。

③使用情况

哈雷工坊艺术创意产业基地区位条件优越，游客具有多种来向选择，如老城区钟鼓楼沿东大街向东、金花路各高校向北等，公共交通资源较为丰富。但游客数量稀少，有街区宣传力度不足的原因，也有店铺受众相对小众、业态主题较为单一难以吸引大量游客、定位过高不能满足大众的消费需求等因素。此外，地铁站东侧的长乐荟购物中心因品牌引入、业态丰富度等强于新兴广场，使得新兴广场在街区内竞争力较弱。

(五) 西安工程大学时尚文化创意产业园

(1) 空间简介

西安工程大学时尚文化创意产业园以纺织服装、文创产品设计为特色，涵盖服装设计、视觉传达设计、环境艺术设计、工业设计、产品设计、动画、新媒体、美术学等艺术类专业方向。经过初期建设发展，完成了创意设计中心、大学生创新创业中心、艺术交流中心、时尚工艺坊和文创中心五大平台建设，实现了人才培养、文化交流、成果转化和经纪服务四大功能。目前获批科技部备案众创空间（获批名“西纺众创空间”）、陕西省众创空间和西安市众创空间，孵化品牌和创业团队近40个，每年为1000余名学生提供创新创业实践机会。大学生创新创业中心充分发挥学生创新能力，激发学生创意思维，助力学生实现创客梦想。平台组建校内外专业导师团队，目标为打造大学生创业孵化器，构建创新培养体系，引导创业项目孵化，定期开展创新创业讲座、培训，积极组织学生参加创新创业大赛、设计大赛。建立大学生文创项目种子库，为优秀项目进行市场推广，促进成果转化。

（2）区位条件概况

西安工程大学时尚文化创意产业园位于碑林区金花南路19号西安工程大学金花校区科二楼，地处碑林区环大学创新产业带核心地段，周边有西安工业大学、西安理工大学、西安工程大学等科技、人才集聚地，具有人才区位优势。毗邻长乐公园商圈，距离西安地铁3号线长乐公园站出入口步行约10分钟，半径1公里内有公交站25个，涵盖50余条公交线路。周边学术机构、商业广场、商务酒店、餐饮娱乐、绿地公园等设施一应俱全，能够为创客和游客提供完善的服务设施和保障体系（见图12－40）。

（3）文创空间特点

①建筑特色

西安工程大学时尚文化创意产业园依托高校资源，所使用建筑为西安工程大学教学楼。该建筑体量较大，高9层，立面简洁整齐，入口位于南侧西安工程大学校园内。在临街一侧有咖啡厅作为西纺文创交流体验中心，该咖啡厅立面充满现代感，装饰具有文创特色元素（见图12－41）。

②业态特色

西安工程大学时尚文化创意产业园由创意设计中心、大学生创新创业中心、艺术交流中心、时尚工艺坊和文创中心五大分区构成。其中创意设计中心是文创开发生产的核心区，现已有15支艺术学科导师团队入驻，涉及环境艺术、视觉传达、产品造型设计、动漫创作、形象表演与策划、影视传媒等方向。涵盖了动漫创作、视觉传达设计、创意产品设计、高级服装定制、传统服饰设计、安全防护服装研发、国家急需的特种装备及户外用品研发等领域。整体而言，业态丰富度欠佳，但在该校专业领域内拓

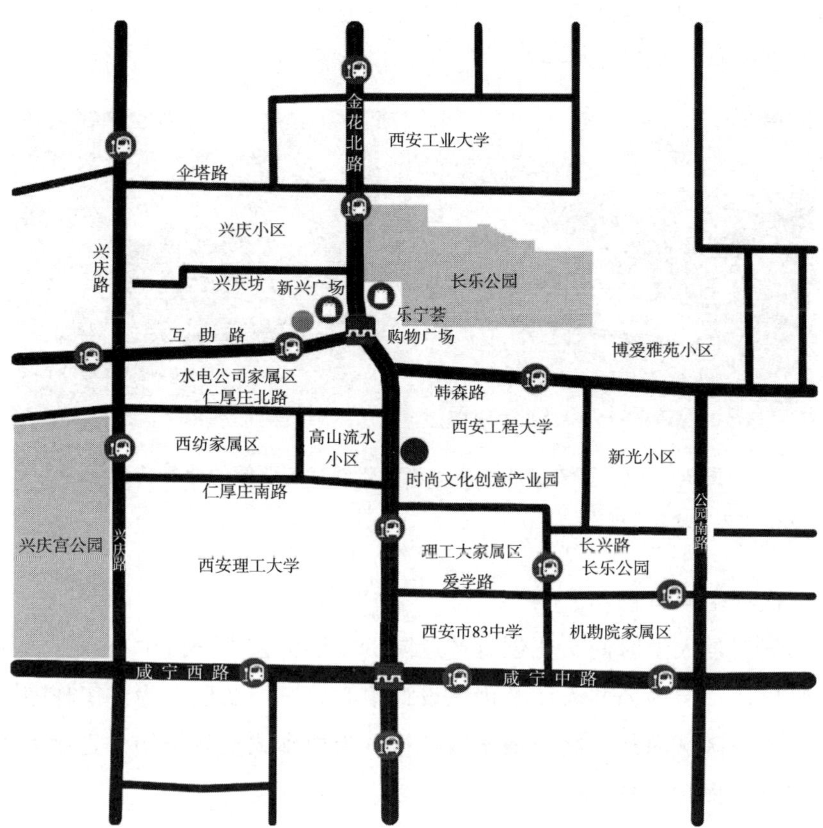

图 12－40　西安工程大学时尚文化创意产业园的区位条件

资料来源：笔者依据现状绘制。

图 12－41　西安工程大学时尚文化创意产业园的建筑特色

资料来源：笔者自摄。

展出了多样化的主题业态，也因其设计专业的人才集聚使其业态的创意度和稀有度较高（见图 12 -42）。

图 12 -42　西安工程大学时尚文化创意产业园的业态特色

资料来源：笔者自摄。

③内部空间特色

西安工程大学时尚文化创意产业园负一层为艺术交流中心，一层为临街咖啡厅，二层为公共大厅及创意设计中心，三层及以上为各工作室办公空间。办公区域内部空间类似于写字楼，为内廊式空间结构，走廊两侧为工作室（见图12 -43）。

图 12 -43　西安工程大学时尚文化创意产业园的内部空间特色

资料来源：笔者自摄。

④交通特色

西安工程大学时尚文化创意产业园外部交通设施配套齐全，有地面停车场和地下停车场，满足临时或长时间停车需求。楼内交通由一部电梯和两部楼梯串联。

⑤环境特色

西安工程大学时尚文化创意产业园标识较为明显，牌匾位于临街建筑的侧面，但入口处缺乏明显的引导牌，内部环境具有文创气氛，但相较于商业化的文创街区，环境装修的投资不高和效果较弱（见图 12－44）。

图 12－44　西安工程大学时尚文化创意产业园的环境特色

资料来源：笔者自摄。

⑥周边设施

西安工程大学时尚文化创意产业园位于碑林区环大学创新产业带核心地段，邻近 3 所高校，依托各校学科平台建设及技术研发中心，拥有较多的技术资源设施。邻近长乐公园商圈的新兴广场、长乐荟购物广场等商业综合体，拥有酒店、金融服务机构、行政办事机构等设施。

（4）使用人群评估

①经营人员

西安工程大学时尚文化创意产业园的使用人群以高校师生为主，既有学生自己组建的创业团队，也有依托高校教师工作室进行产学研一体化实践的机构。26 岁及以下、27～45 岁的人群数量相近且占比最大，大部分具有本科及以上学历，从事业态涉及动漫创作、视觉传达设计、创意产品设计、高级服装定制、传统服饰设计等，以产业链前端为主，展销环节涉及相对不足。人才因素、技术因素、政策因素是吸引创业者的主要动力，创业者最急需的是更优美舒适的休憩环境、不同类型的创意服务平台、展览空间。

②消费人员

该文创空间消费人员以设计的甲方单位工作人员和学生为主。男性与女性数量基本持平，以 26～45 岁人群为主，其消费目的主要为方案对接、参观展演、出席会议等，消费目的性和针对性强。其更需要多元化的便利店、餐饮店，展览演艺空间，优美的休憩环境等。

③使用情况

西安工程大学时尚文化创意产业园整体而言较文创商业街区更冷清，一方面与高校文创园定位有关，另一方面是因为其涉及领域过于专业。人流来向以长乐公园沿金花南路自北向南为主，经西安工程大学西门进入校区。整体而言，消费者对于该文创空间较为满意。

第三节　西安城市文创空间布局优化建议

一　城市总体层面

总体来看，西安文创空间已形成“总体分散”“区域集中”“南密北疏”“邻近高校”的格局，对政策和科研院所依赖明显。在目前的布局中虽已形成了一定数量和规模的文创街区，但仍有大量文创空间布局分散，规模化、产业化的文创产业集中区不多。基于城市层面的规划可借鉴美国百老汇戏剧创意集群、杭州西溪创意产业园等产业集群的经验，促进文创产业规模化、集中化、专业化、分工化发展。同时，应加大对相关文创产业园区的政策扶持力度，加强金融等配套服务设施建设，优化完善公共交通网络体系，进而提升文创空间的可达性。

此外，西安各文创空间集中区发展程度也各不相同，高新区、曲江新区、碑林环大学创新产业带等已形成较为完善的文创产业体系，但渭水高教区、国际港务区、长安高教区等片区的文创空间发展缓慢，规模较小，产业链不够完善，应在现有基础上加强建设，并考虑相应地区的社会文化区位声望，进行有针对性的引导，建设符合地区文化声望的文创空间（如明城墙内老城区）。西安市作为十三朝古都，文化旅游业十分发达，近年来成为“网红城市”，应考虑“文创空间＋文化旅游产业”的模式，在知名景区、网红打卡地邻近区域建设互动体验式文创空间。

二　城市街区层面

文创空间在街区内的布局，主要涉及街区的微环境、微空间。在邻近土地用地性质方面，更倾向于与商业用地、教育科研用地、居住用地等结合，周边主要业态以餐饮、金融服务机构、高档写字楼、高端酒店等为主，但结合对消费者、经营者的调查，应在文创空间街区范围内扩展一定的展览演艺空间、公共交流互动空间，以促进相同或不同业态的文创空间互相交流，形成功能互补、用地协调的文创街区。此外，还应该结合具体文创空间特点，引进其上下游产业业态，促进形成合作机制。

在街道区位方面，主干路上的文创空间大多位于道路中部，次干路或支路的文创空间多数位于街角，高校内的文创空间往往位于校内的出入口或干道上。这种布局有利于提升文创空间的区位重要性，使其入口空间更能迎合人流来向。

在社会感知方面，游客最注重文创空间的创意氛围和环境，喜爱能够进行更多互动的文创空间，在设计中应充分考虑游客拍照取景的需要，提高游览的便利度。

在文创空间环境方面，大多数文创空间拥有能够体现自身特色的门头、牌匾，但总体来说，依然存在入口标识不够明显、街区文创气氛不够突出的问题。可增设引导标牌系统，在文创空间附近增建富有文艺特色的雕塑、装饰、小品、路灯、座椅等构筑物，突出街区的文创风格。

本章小结

文创产业是提升城市软实力、促进城市文化进步、提高科技创新力的重要新兴产业，对城市发展和经济转型具有重要的推动作用。文创空间的便捷、活力、特色、个性、可获性、辨识度等影响着文创空间的发展。因此，研究文创空间的微区位布局规律具有十分重要的现实意义。

本章对城市文创空间总体区位布局、不同类别文创空间区位图谱以及社会感应认知区位特征进行分析，总结了区位的相关特征规律，以期为城市文创空间优化布局研究提供借鉴。

尽管本书初步揭示了西安文创空间的微观区位规律，但基于微区位导向的布局研究可以结合的领域还有很多，如结合时间地理学、行为地理学对游客时空行为分布特征进行深入分析等，只有对微区位的时空行为规律特征进行深入解读，才能更加清晰地阐释文创产业发展布局隐含的微区位规律。

第十三章
西安城市轨道交通站点的微区位规律实证

> 有许多种词语，如环境、地点、场所、邻里、区域、领地等，都与区位的特性相关。其他一些词语，如城市、村庄、城镇、大都市和国家，都是指某一特定地方。还有一些词语，如家、壁炉、社区、祖国等，都有着如此强烈的地方内涵，以至于在谈论这些词语时，都必须把它们与“地方”这个词放在一起。
>
> ——大卫·哈维

城市轨道交通站点及其周围一定范围内的站域空间是城市空间的重要组成部分。本章通过对西安轨道交通站域空间的区位影响因子进行分析，识别城市轨道交通站域空间的微区位特征，为城市轨道交通站域空间中各类业态的优化布局提供科学参考依据，为站点周边城市空间的可持续发展服务。近年来，西安规划建设了“棋盘+放射式”结构布局的轨道交通线网，截至2019年3月，西安市共开通了1、2、3、4号地铁线路。

第一节 城市轨道交通站点的相关概念及总体区位特征分析

一 相关概念界定

（一）城市轨道交通

城市轨道交通是采用轨道结构进行承重和导向的车辆运输系统，依据城市交通规划的要求，设置全封闭或部分封闭的专用轨道线路，以列车或单车形式运送相当规模客流的公共交通方式。

（二）城市轨道交通站点

城市轨道交通站点是指城市轨道交通工具停靠的地点，满足乘客上下车和换乘需求。本章中的城市轨道交通站点是指截至 2019 年 3 月西安市已开通的 4 条地铁线路，共计 88 个站点。

（三）城市轨道交通站域空间

城市轨道交通站域空间是指在城市轨道交通的开发和建设过程中，为了提高城市建设用地的利用率，创造经济效益，促进区域经济发展，在以城市轨道交通站点为中心，半径为 500 米步行合理区间内开发的城市空间。步行合理区间是指乘客从城市轨道交通站点出发，在合理的步行时间内所能到达的距离范围（李尧，2012）。

二　研究对象界定

本章以西安市目前已开通的地铁 1、2、3、4 号线共计 88 个轨道交通站点所形成的站域空间为研究范围，并选取 7 个类型 16 个典型站点的站域空间进行区位特征分析。

三　西安城市轨道交通站域空间的总体区位分布特征

（一）西安城市轨道交通站点概况

截至 2019 年 3 月，西安市已开通 1、2、3、4 号线 4 条地铁线，初步形成“米”字形放射状线路网。目前已开通的 4 条地铁线里程总计 114.03 千米，共设站点 88 个，其中换乘车站 6 个。

（二）城市轨道交通线路与交通枢纽的关系

作为我国西北地区的大城市之一，西安对外交通枢纽建设相对较为完善，有多个客运站及火车站，呈“十”字形分布格局，并且沿东西向中心轴分布的客运站及火车站的数量明显多于南北向轴线。其中，汉城路站、西安北站，以及地铁 4 号线待开通的西安站等均可实现多向交通的快速换乘。

（三）轨道交通线路与土地价格的关系

对 2019 年 3 月百度热力地图与西安轨道交通线路站点分布的现状图

进行叠加分析，可以看出，西安房价热力分布点与轨道交通站点具有一定的区位耦合现象，中心城区的团状热力分布点与轨道交通站域有相互重合现象。西安郊区零星分布的房价热力点大多与轨道交通站点分布以及轨道交通线路的走向相吻合（见图 13 - 1）。

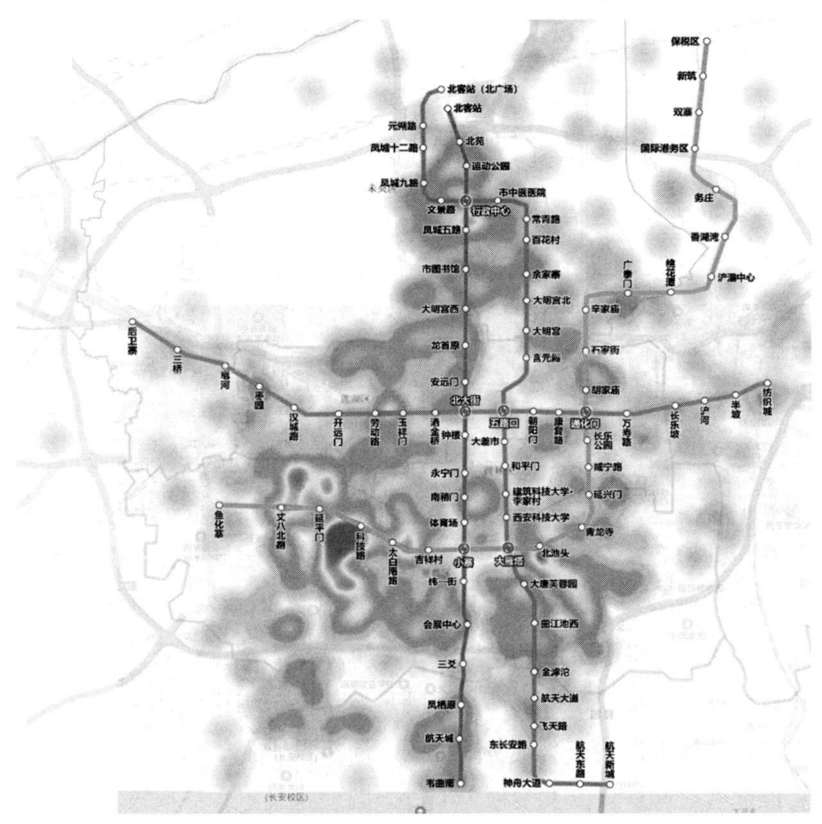

图 13 - 1　西安轨道交通站点与房价之间的区位联系图

资料来源：笔者依据百度热力地图制作。

可见，公众更愿意在交通便利的轨道交通沿线居住，这增大了轨道交通沿线的人口密度，刺激了沿线商业需求，使商业活动的可达性提升，商业地产价值不断增值；城市轨道交通建设汇集了沿线人流，使各种业态沿线路集聚，能够有效带动沿线区域经济发展（陈美玲等，2018）。

第二节　西安城市轨道交通站点与周边区域的微区位特征

西安城市轨道交通站点数量多、分布广，在对其进行区位特征分析时，首先要对轨道交通站点进行分类。

一　轨道交通站点分类

目前，国内将城市轨道交通分为两类，分别是节点导向与功能导向。节点导向的分类依据主要是车站的交通功能，如分为大型换乘枢纽站、换乘站、一般车站等。功能导向的分类则是基于 TOD 理论，按照城市轨道交通站点周边用地功能及在城市中的作用进行划分，其优点在于对站点及周边地区的土地利用与开发有较为明显的指导作用（郑文含，2008）。

本章首先以城市轨道交通站点的交通功能为导向，将西安轨道交通站点分为换乘站、一般车站。其次以城市轨道交通站点周边用地功能构成为依据，划分为居住型站点、公共型站点、商服型站点、交通型站点、产业型站点和混合型站点。居住型站点是指周边以居住功能为主，主要为站点周边居住用地服务的轨道交通站点；公共型站点是指周边以行政办公、文化教育等公共管理与公共服务用地为主的轨道交通站点；商服型站点是指周边以商业、商务、娱乐康体等用地为主的轨道交通站点；交通型站点是指站点周边有对外交通接驳设施的站点，既是城市内轨道交通换乘枢纽，也是城市对外交通的换乘枢纽；产业型站点是指周边以工业、物流仓储用地为主的站点；混合型站点是除以上五种类型以外的轨道站点，一般没有明显优势用地（段德罡、张凡，2013）。西安轨道交通站点的类型划分见表 13－1。

表 13－1　西安轨道交通站点的分类

	换乘站	一般站
居住型站点		皂河站、枣园站、玉祥门站、洒金桥站、万寿路、长乐坡站、半坡站、纺织城站、北苑站、运动公园站、大明宫西站、龙首原站、丈八北路、延兴门站、太白南路站、吉祥村站、北池头站、青龙寺站、咸宁路、胡家庙站、辛家庙站、广泰门站、凤城九路站、文景路站、市中医医院站、常青路站、百花村站、余家寨站、和平门站、大唐芙蓉园站、曲江池西站、金滹沱站、航天大道站、安远门站、凤栖原站

续表

	换乘站	一般站
公共型站点	行政中心站、大雁塔站	康复路站、市图书馆站、南稍门站、体育场站、纬一街站、会展中心站、长乐公园站、香湖湾站、大明宫站
商服型站点	北大街站、小寨站、通化门站、五路口站	后卫寨站、三桥站、钟楼站、凤城五路站、永宁门站、科技路站、石家街站、浐灞中心站、国际港务区站、大明宫北站、大差市站
交通型站点		汉城路站、北客站、北客站(北广场)站
产业型站点		元朔路站、凤城十二路站、神州大道站、航天东路站、飞天路站
混合型站点		开远门站、劳动路站、朝阳门站、浐河站、鱼化寨站、延平门站、桃花潭站、务庄站、新筑站、保税区站、含元殿站、建筑科技大学·李家村站、西安科技大学站、东长安街站、航天新城、双寨站、三爻站、航天城站、韦曲南站

资料来源：笔者自制。

二 典型城市轨道交通站点选取

以西安轨道交通站点分类为依据，选取6个换乘站点、10个一般站点，共16个站点7个站点类型作为具体研究对象。

（1）公共型换乘站点：行政中心站、大雁塔站

（2）商服型换乘站点：北大街站、小寨站、通化门站、五路口站

（3）居住型一般站点：龙首原站、辛家庙站

（4）公共型一般站点：南稍门站、会展中心站

（5）商服型一般站点：钟楼站、大差市站

（6）交通型一般站点：汉城路站、北客站

（7）产业型一般站点：凤城十二路站、飞天路站

三 轨道交通站点与道路交通的区位关联特征

从站点与城市道路等级、道路交叉口形式之间的关系视角进行西安城市轨道交通站点与道路交通区位关联特征分析。依据实地调研和百度地图，绘制西安城市轨道交通站点与道路交通的区位关系简图，并标注道路等级和站点各个出入口的位置（见表13－2）。

表 13－2　16 个典型站点与道路交通的区位关联图式

站点类型	区位关联图式	
公共型换乘站点	行政中心站	大雁塔站
	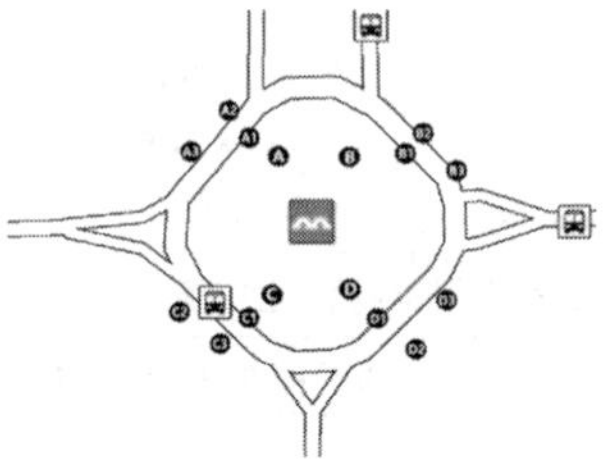	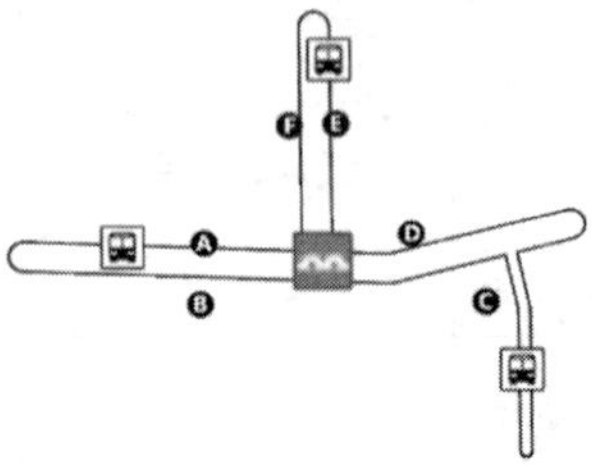
商服型换乘站点	北大街站	小寨站
	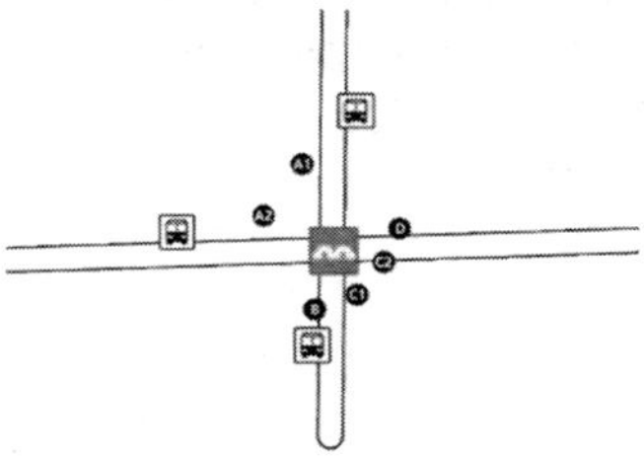	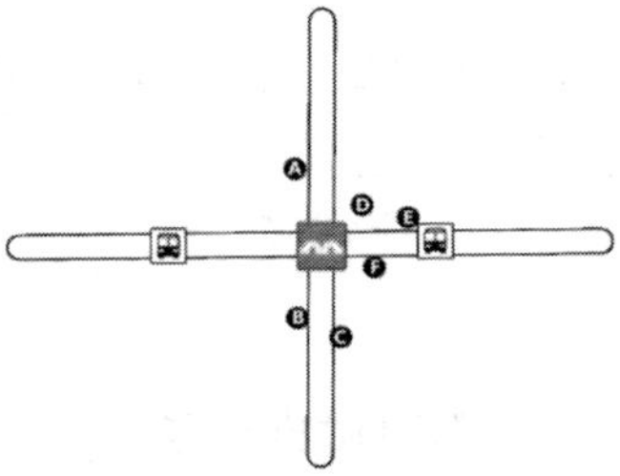
	通化门站	五路口站
	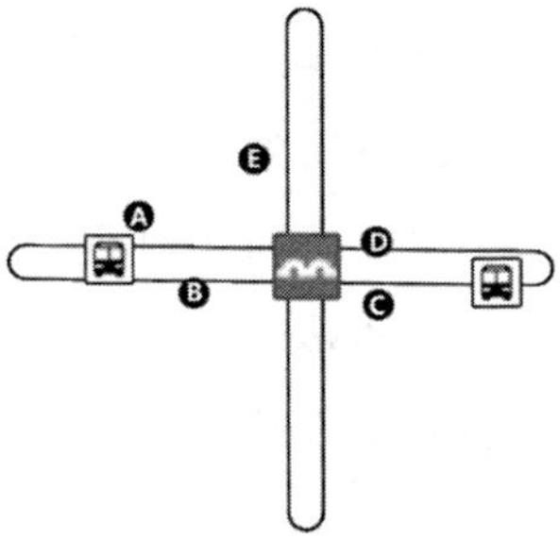	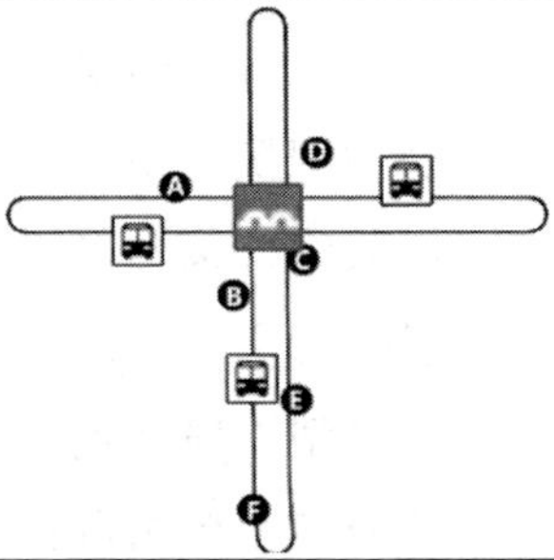
居住型一般站点	龙首原站	辛家庙站
	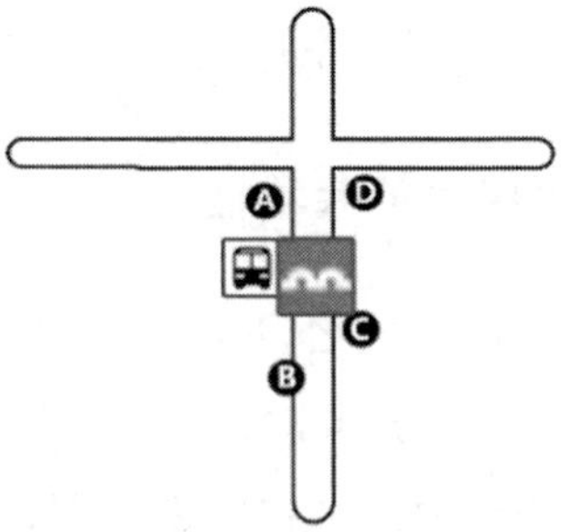	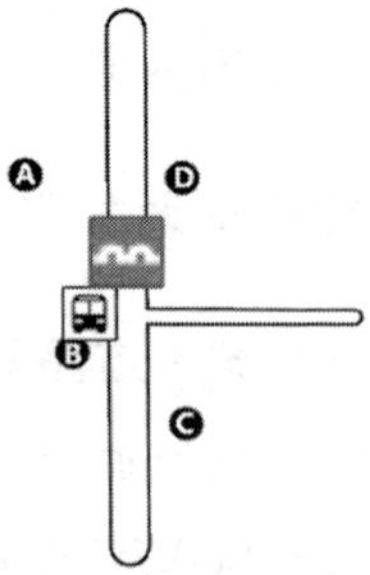

续表

站点类型	区位关联图式	
	南稍门站	会展中心站
公共型一般站点	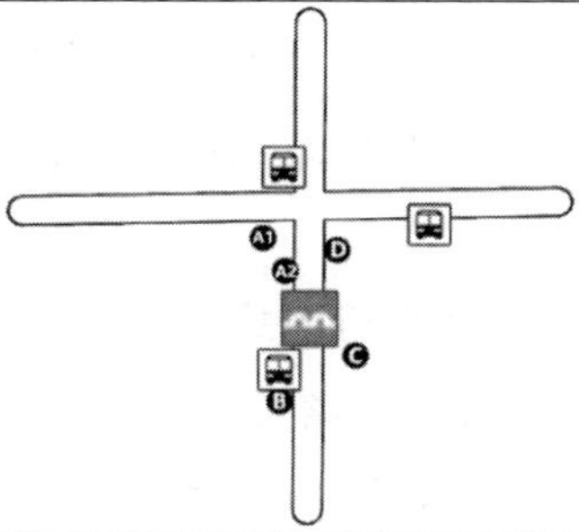	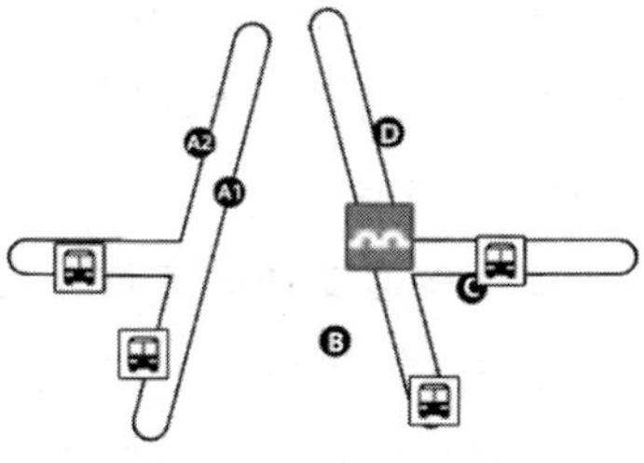
	钟楼站	大差市站
商服型一般站点	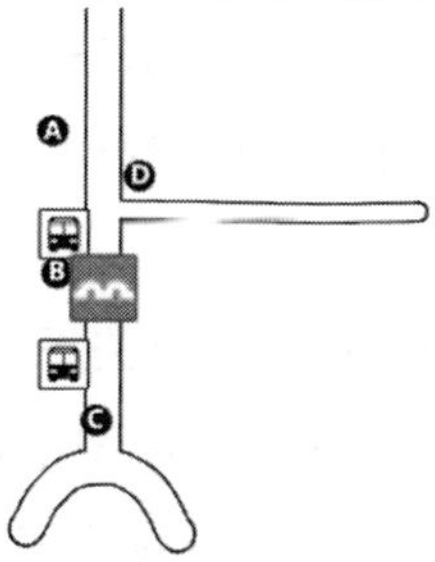	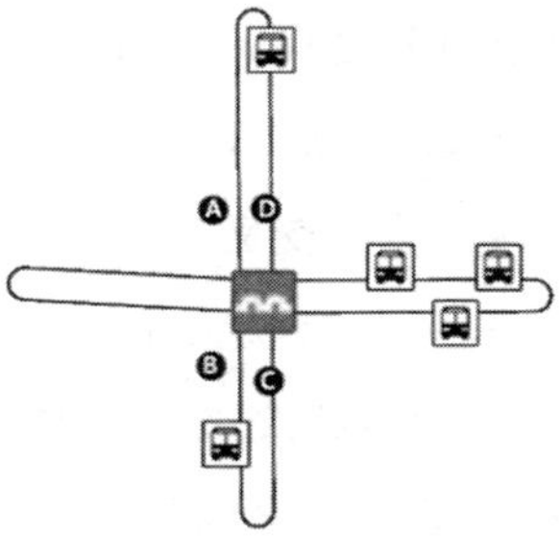
	汉城路站	北客站
交通型一般站点	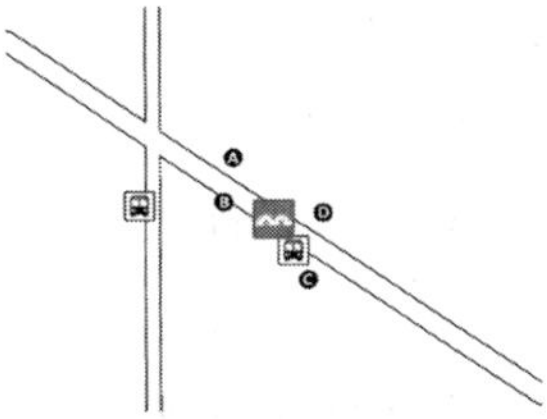	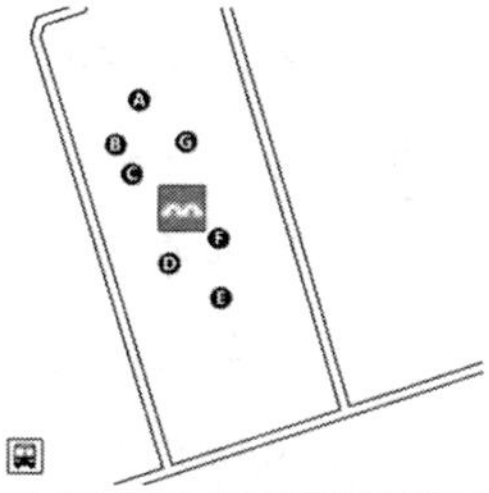
	凤城十二路站	飞天路站
产业型一般站点	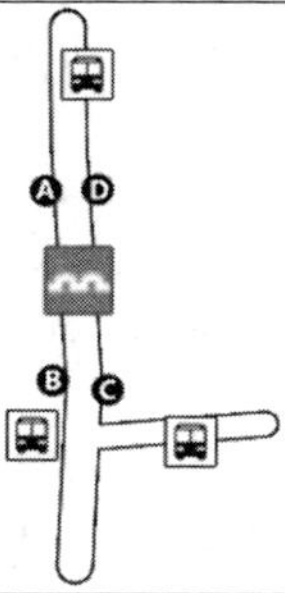	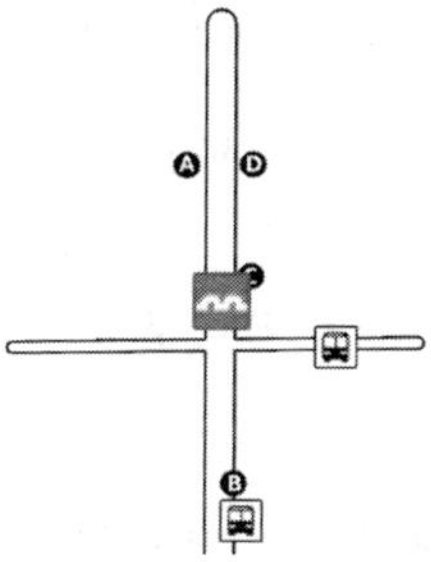

资料来源：笔者自制。

（一）轨道交通站点位置与城市道路等级的关系

西安轨道交通站点绝大多数位于干道上，并与等级较高的道路联系紧密，除北客站这种枢纽型站点之外，其余选取的公共型换乘站点、商服型换乘站点、居住型一般站点、公共型一般站点、商服型一般站点、交通型一般站点、产业型一般站点 7 种类型 15 个典型站点都表现出与城市干道联系密切的规律。

（二）轨道交通站点位置与城市道路交叉口的关系

总体来看，西安城市轨道交通站点与城市道路交叉口的关系主要分为 3 种形式：环岛形式、十字交叉形式、丁字交叉形式。其中环岛形式的城市道路交叉口以行政中心站、会展中心站等为代表；十字交叉的道路交叉口是大多数城市轨道交通站点布置的主要形式；丁字交叉的道路交叉口与站点位置的联系多体现在产业型、居住型等一般站点的位置布局中。不同类型的站点位置与城市道路交叉口的关系也有所不同。

（1）公共型换乘站点位置与城市道路交叉口的关系：站点往往位于丁字形式的道路交叉口，并且出入口位置与城市广场相结合，或者位于城市道路所形成的交通环岛处，出入口既与环岛中心的城市绿地或城市公共服务设施相联系，也与环岛周边的其他用地相联系。公共型换乘站点与城市道路交叉口之间形成的这种连接形式便于交通联系，同时也容易满足大型换乘站点的建设规模需求和客流高峰时的换乘需求。

（2）商服型换乘站点位置与城市道路交叉口的关系：站点通常位于城市干道的十字交叉口处。这种位置关系更有利于商业设施的沿街布置，便于落实“金角银边草肚皮”这一商业区位布局特征，十字交叉的道路交叉口形式设计了通常情况下最多的道路转角，是进行商业设施布局的最佳区位条件。同时，这种站点布置也便于城市轨道站点的各个出入口与站点周边用地布局内的设施产生较为直接的联系。

（3）居住型一般站点位置与城市道路交叉口的关系：站点往往位于城市道路的交叉口附近，一部分是十字形式道路交叉口的位置，另一部分是丁字形式交叉口的位置。居住型一般站点由于其服务人群和其周边用地功能结构特征，站点布置主要考虑便利性且不宜破坏周边的私密性，因此一般不布置于道路交叉口。即居住型一般站点位置与城市道路交叉口的关系往往是邻近但不重合。

（4）公共型一般站点位置与城市道路交叉口的关系：与公共型换乘站点位置体现出同样的特征，同时还具有邻近城市干道交叉口附近的区位特征。以南稍门站为代表的公共型一般站点，位于城市干道交叉口处，站点周边的公共服务设施往往与城市干道和站点有着密切的关系。

（5）商服型一般站点位置与城市道路交叉口的关系：站点往往位于城市道路的十字形式交叉口处，或者与城市地下人防工程相结合。城市道路交叉口是商业区位中极具优势的区位。以钟楼站为代表的商服型一般站点是典型的站点，与城市地下人防工程相结合，站点出入口与地下人防工程的出入口相联系，并与周边商业设施相联系，形成吸引力强的商圈。

（6）交通型一般站点位置与城市道路交叉口的关系：邻近城市道路交叉口但有一定距离，或者与城市道路交叉口无直接联系，而与城市对外交通枢纽的场站用地有直接联系。这样既考虑了城市轨道交通站点与城市交通枢纽的联系，同时避免了交通型一般站点带来的人流量和城市交通枢纽带来的人流量对站点附近城市交通的影响。以北客站为代表的交通型一般站点，往往与城市对外交通枢纽一体化建设，既满足出行人群的换乘需求，也可以减少换乘时间。

（7）产业型一般站点位置与城市道路交叉口的关系：一般位于产业园区出入口邻近的城市道路交叉口附近。主要考虑产业园区相关人群与交通物流的出行需求，与城市道路的联系较强。

（三）轨道交通站点与道路交通区位关联的规律总结

总体来看，不同类型的站点位置与城市道路交通存在以下区位关联规律：（1）公共型换乘站点位于城市干道的丁字交叉口或者环岛处，通常与城市广场相结合；（2）商服型换乘站点往往位于城市干道的十字交叉口处；（3）居住型一般站点位于城市干道的十字交叉口的一侧，或城市道路的丁字交叉口处；（4）公共型一般站点位于城市道路的十字交叉口处或环岛处，其中位于环岛处的站点往往与城市广场相结合；（5）商服型一般站点位于城市干道的十字交叉口处，同时还可能与城市的地下人防工程相结合；（6）交通型一般站点位于城市道路交叉口附近，或者直接与城市对外交通枢纽进行一体化建设；

(7) 产业型一般站点与城市道路交叉口的联系较弱，主要受其周边用地布局等因素的影响。

四　轨道交通站点与周边用地的区位关联特征

对西安城市轨道交通站点与周边用地布局关系的研究，主要是以与站点的出入口位置直接联系的用地为研究对象，并绘制 16 个典型站点与周边用地布局的关系图式（见表 13－3）。

表 13－3　16 个典型站点与周边用地布局之间的区位关联图式

<table>
<tr><th>站点类型</th><th colspan="2">西安城市轨道交通站点与周边用地布局之间的区位关联图式</th></tr>
<tr><td rowspan="2">公共型
换乘站点</td><td>行政中心站</td><td>大雁塔站</td></tr>
<tr><td>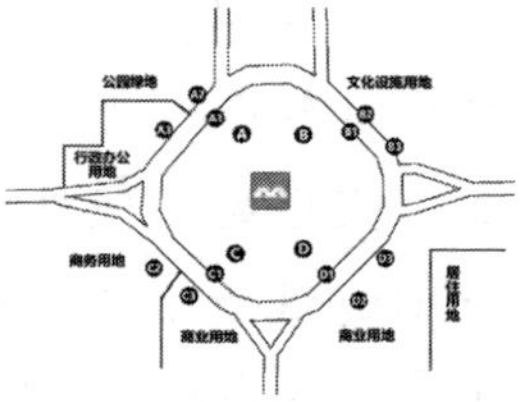
</td><td>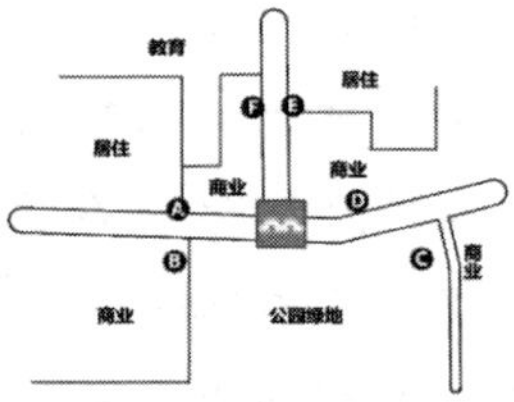
</td></tr>
<tr><td rowspan="4">商服型
换乘站点</td><td>北大街站</td><td>小寨站</td></tr>
<tr><td>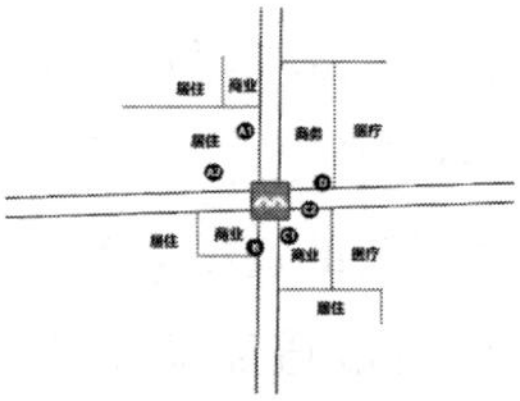
</td><td>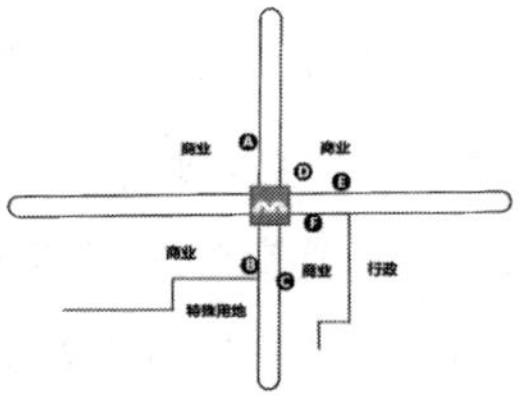
</td></tr>
<tr><td>通化门站</td><td>五路口站</td></tr>
<tr><td>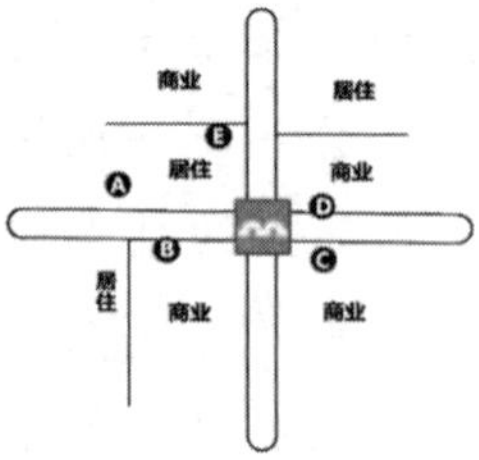
</td><td>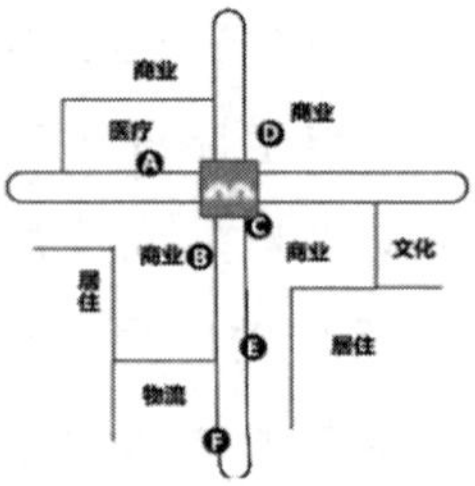
</td></tr>
</table>

续表

站点类型	西安城市轨道交通站点与周边用地布局之间的区位关联图式	
居住型 一般站点	龙首原站	辛家庙站
公共型 一般站点	南稍门站	会展中心站
商服型 一般站点	钟楼站	大差市站
交通型 一般站点	汉城路站	北客站

续表

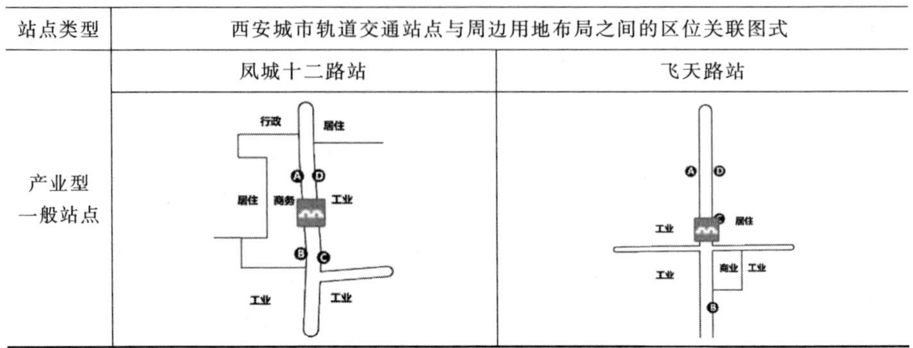

站点类型	西安城市轨道交通站点与周边用地布局之间的区位关联图式	
	凤城十二路站	飞天路站
产业型一般站点		

资料来源：笔者自制。

通过图式分析可见，不同类型的城市轨道交通站点与周边用地布局之间的区位关联特征各有不同。

（1）公共型换乘站点与周边用地布局的区位关系：站点的出入口较多，分布较均匀，往往与城市公共服务和公共管理设施用地、商业商务设施用地有直接联系。其中公共型换乘站点与商业商务设施往往通过地下通道实现连接，与公共服务和公共管理设施用地的联系通过广场和地面出入口来实现。

（2）商服型换乘站点与周边用地布局的区位关系：站点的各个出入口均匀分布于由十字交叉路口形成的各个街角，并且与周边的商业用地有直接联系。商服型换乘站点周边以商业设施用地为主，且部分商业设施直接覆盖在站点出入口之上，形成“上盖开发”模式，极大地增强了站点周边商业场所的可进入性。同时，除商业用地外，也会配有少量的居住用地和公共服务与公共管理用地。

（3）居住型一般站点与周边用地布局的区位关系：站点周边的用地布局以居住用地为主，并拥有与居住功能相配套的商业设施用地和公共服务与公共管理用地。在区位分布上，除站点周边有大量的居住用地之外，具有配套功能的其他用地基本分布于邻近城市道路的条形区域内，与城市轨道交通站点相关的布局特征不甚明显。

（4）公共型一般站点与周边用地布局的区位关系：站点有一个以上的出入口和公共服务与公共管理用地直接联系，同时有站点的出入口与商业设施用地直接联系。公共型一般站点的周边用地除大量的公共服务与公共管理用地之外，还有少量的商业设施用地与部分居住用地，但是居住用地布局与公共型一般站点之间并没有明显的直接联系。

（5）商服型一般站点与周边用地布局的区位关系：站点出入口的周边用地以商业商务设施用地为主，用地功能较为复合。除与站点出入口直接相连的商业商务设施用地之外，还分布有文化设施用地和医疗卫生用地等，但是商业商务用地基本分布在城市干道的一侧。

（6）交通型一般站点与周边用地布局的区位关系：以汉城路站为代表的交通型一般站点，周边以客运交通枢纽设施为主，站点的出入口位置与客运站有一定联系，但不直接相连。以北客站为代表的交通型一般站点，与客运站不同，站点出入口与高铁站的站房相结合，周边以满足旅客出行需求的配套功能用地为主。

（7）产业型一般站点与周边用地布局的区位关系：站点周边以一类工业用地为主，并且配有居住用地。产业园区往往布局在与站点邻近的城市干道交叉口的街角上，其他用地布局无明显规律性特征。

五　轨道交通站点与周边业态的区位关联特征

对西安城市轨道交通站点与周边业态的区位关联特征的研究，主要以站点周边的产业业态为研究对象，并绘制 16 个典型站点与周边业态之间的区位关联图式（见表 13－4）。

（1）公共型换乘站点与周边业态分布的区位关联特征：公共型换乘站点周边的业态布局以大型的购物中心或者商业街形式存在。以行政中心站为代表的公共型换乘站点周边拥有大体量的购物中心，商业氛围浓厚。以大雁塔站为代表的公共型换乘站点，周边分布有商业步行街、历史文化景点等多种业态形式，再加之旅游人数较多，此站点周边业态多基于游客需求进行布局，如餐饮、酒店、便利店等，商业氛围浓厚。

（2）商服型换乘站点与周边业态分布的区位关联特征：商服型换乘站点周边的业态以大型购物中心与沿城市道路线性分布的形式存在。以小寨站、通化门站、五路口站为代表的商服型换乘站点，大型的购物中心往

表 13－4 16 个典型站点与周边业态布局之间的区位关联图式

站点类型	西安城市轨道交通站点与周边业态之间的区位关联图式	
公共型换乘站点	行政中心站	大雁塔站
商服型换乘站点	北大街站	小寨站
	通化门站	五路口站
居住型一般站点	龙首原站	辛家庙站

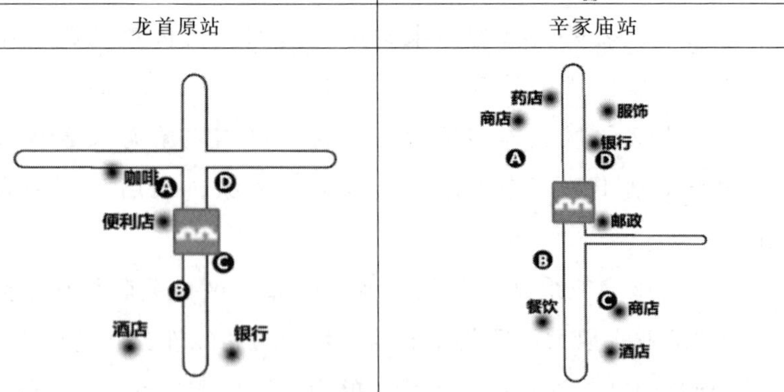

续表

<table>
<tr><th>站点类型</th><th colspan="2">西安城市轨道交通站点与周边业态之间的区位关联图式</th></tr>
<tr><td rowspan="2">公共型
一般站点</td><td>南稍门站</td><td>会展中心站</td></tr>
<tr><td>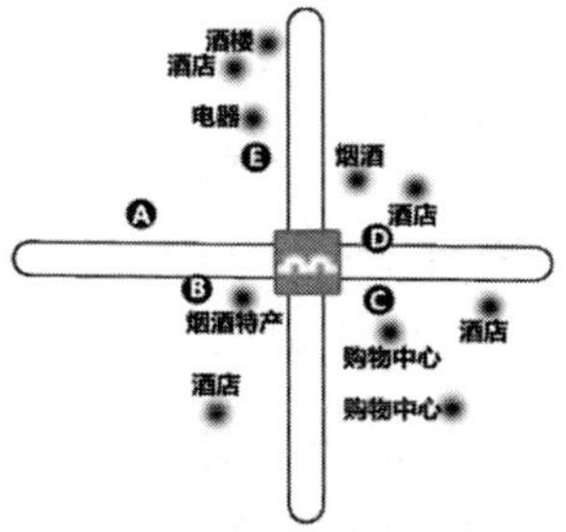</td><td>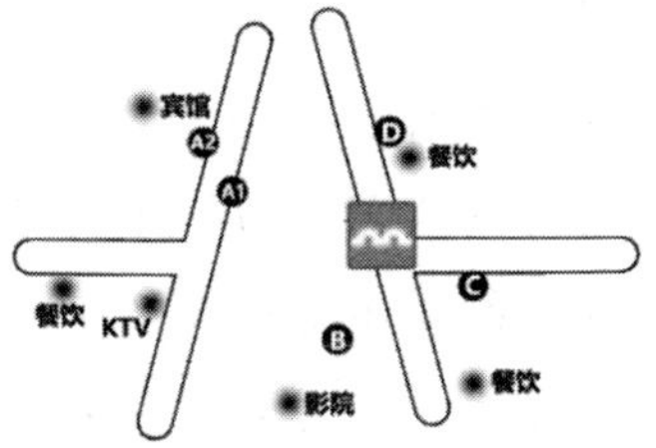</td></tr>
<tr><td rowspan="2">商服型
一般站点</td><td>钟楼站</td><td>大差市站</td></tr>
<tr><td>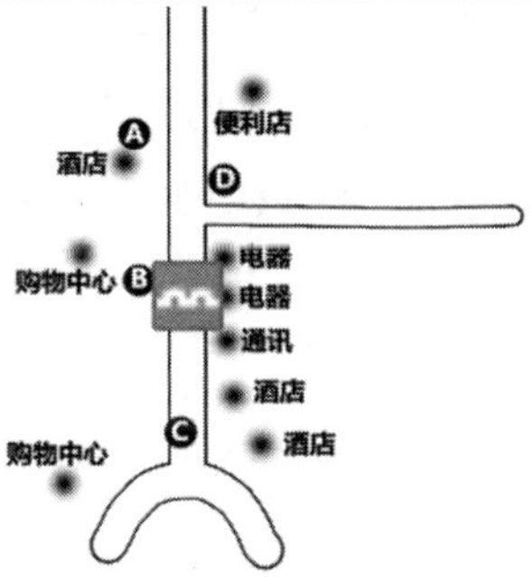</td><td>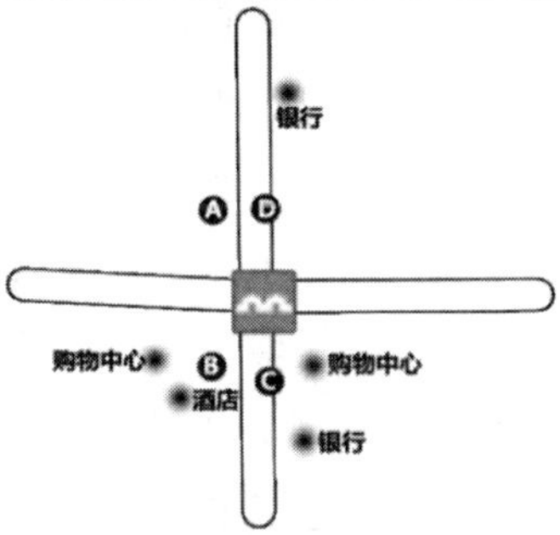</td></tr>
<tr><td rowspan="2">交通型
一般站点</td><td>汉城路站</td><td>北客站</td></tr>
<tr><td>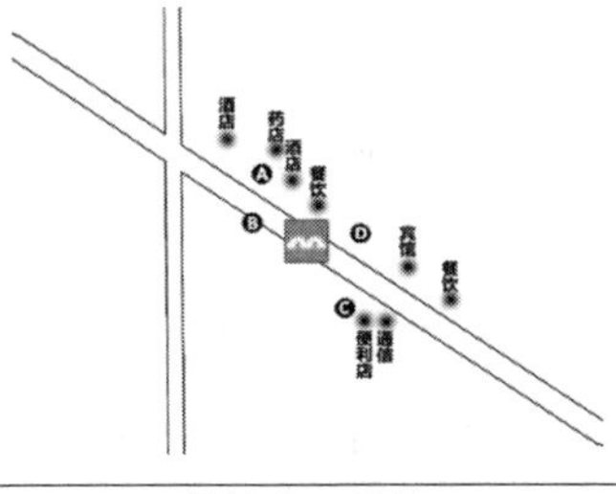</td><td>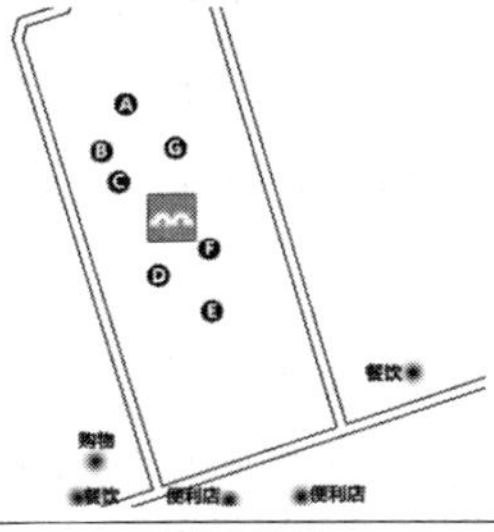</td></tr>
<tr><td rowspan="2">产业型
一般站点</td><td>凤城十二路站</td><td>飞天路站</td></tr>
<tr><td>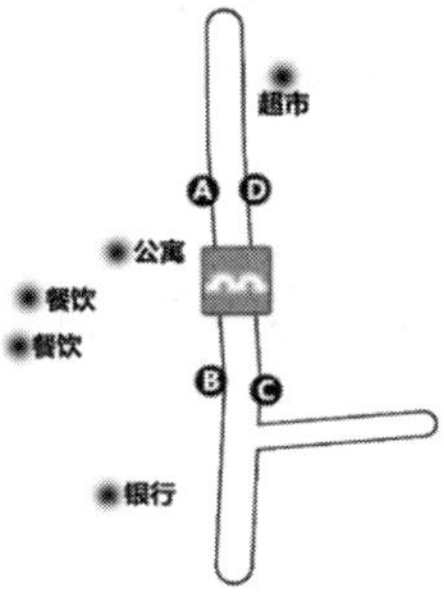</td><td>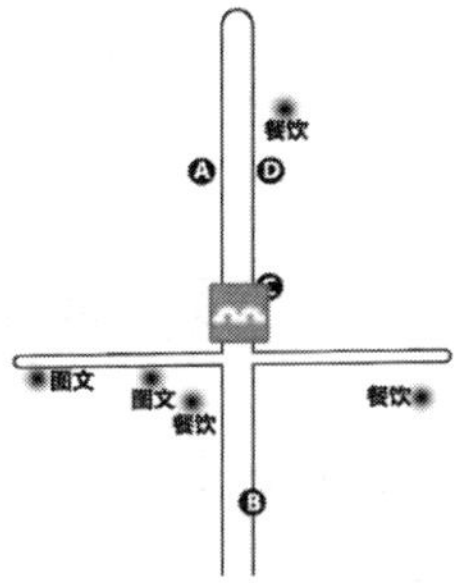</td></tr>
</table>

资料来源：笔者自制。

往位于与站点邻近的城市道路交叉口处的街角位置，建筑体量大、建筑风格鲜明，并与站点的出入口有直接联系。此外，商服型换乘站点周边还有沿城市道路分布的零售业态，如餐饮、酒店、银行等。以北大街站为代表的商服型换乘站点，是典型的零售业态聚集地，各种业态之间关联度较高。

（3）居住型一般站点与周边业态分布的区位关联特征：居住型一般站点周边的业态以为居住功能配套的服务业为主。以龙首原站、辛家庙站等为代表的居住型一般站点，以餐饮、便利店、零售店、药店、银行、咖啡馆、花店等业态为主，主要用于满足周边居民的日常生活需求。

（4）公共型一般站点与周边业态分布的区位关联特征：公共型一般站点周边的业态以餐饮、宾馆、药店、影院、KTV 等为主。餐饮、宾馆、酒店等业态往往沿距离站点较近的城市道路交叉口附近布局。

（5）商服型一般站点与周边业态分布的区位关联特征：商服型一般站点周边的业态布局特征与商服型换乘站点基本相同，但用地规模、建筑体量相较于商服型换乘站点都要小一些。

（6）交通型一般站点与周边业态分布的区位关联特征：交通型一般站点周边的业态以餐饮、宾馆为主。以汉城路站为代表的交通型一般站点与客运站联系较为紧密，与旅客群体相关联的餐饮、酒店、便利店等业态布局在与客运站和轨道交通站点联系较紧密的地方。以北客站为代表的交通型一般站点，业态往往布局于与交通枢纽设施相联系的站前广场上，分布相对集中。

（7）产业型一般站点与周边业态分布的区位关联特征：产业型一般站点周边的业态同样以餐饮、酒店、宾馆等为主。以凤城十二路站、飞天路站等为代表的产业型一般站点，因其周边产业园区需要相关服务配套，该类站点周边布局了餐饮、酒店、图文等服务性业态。

第三节　西安城市轨道交通站域空间内部的微区位特征

一　基于土地利用的微区位特征

轨道交通站点用地布局的微观机制是城市可持续发展的重要考核指标

（李静，2019）。本章以“公共交通导向”理论为指导，从用地布局和建设强度的角度进行站点空间土地利用的微区位特征分析。

（一）用地布局因素

结合实地调查，选取16个典型城市轨道交通站点的站域空间进行土地利用的区位格局分析，并绘制图谱（见表13－5）。

表13－5　16个典型城市轨道交通站点的站域用地布局区位特征示意

站点类型	站点名称	站域空间用地布局
公共型换乘站点	行政中心站	
	大雁塔站	
商服型换乘站点	北大街站	

续表

站点类型	站点名称	站域空间用地布局
商服型换乘站点	小寨站	
	通化门站	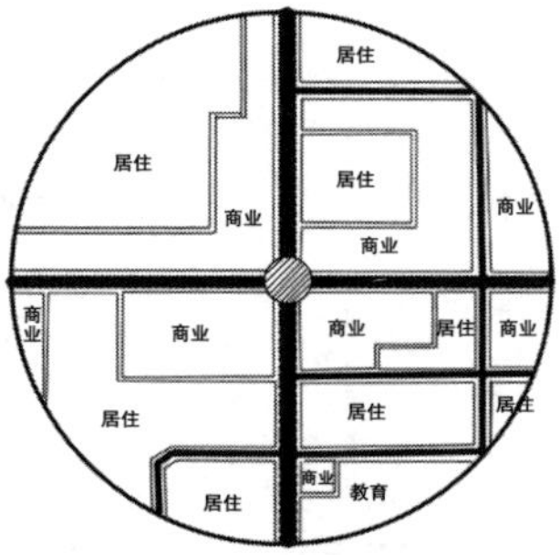
	五路口站	
居住型一般站点	龙首原站	

续表

站点类型	站点名称	站域空间用地布局
居住型一般站点	辛家庙站	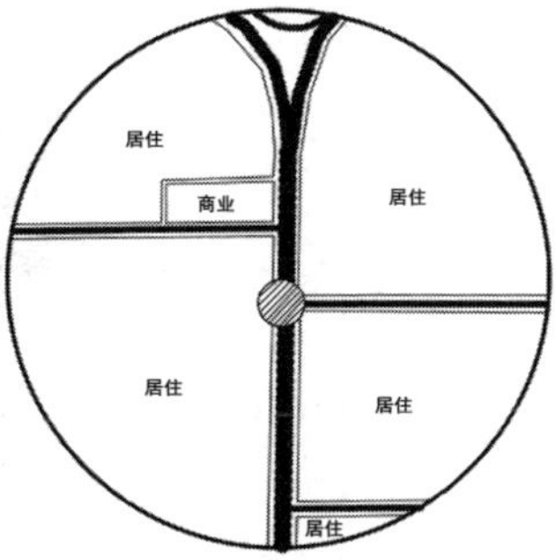
公共型一般站点	南稍门站	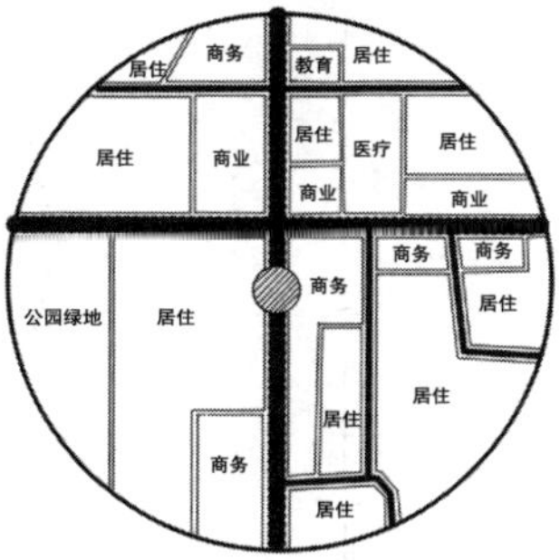
	会展中心站	
商服型一般站点	钟楼站	

续表

站点类型	站点名称	站域空间用地布局
商服型一般站点	大差市站	
交通型一般站点	汉城路站	
	北客站	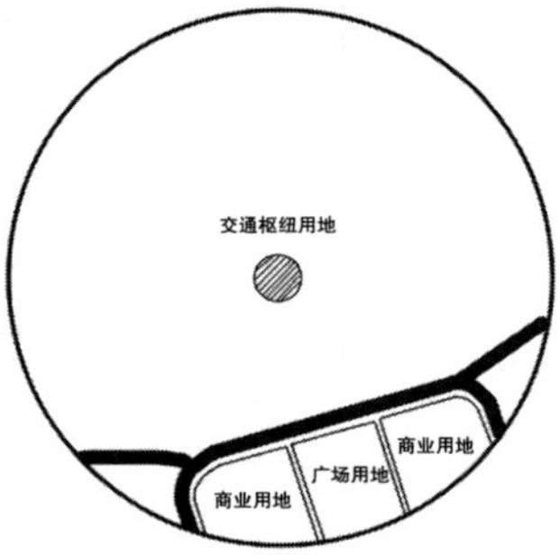
产业型一般站点	飞天路站	

续表

站点类型	站点名称	站域空间用地布局
产业型一般站点	凤城十二路站	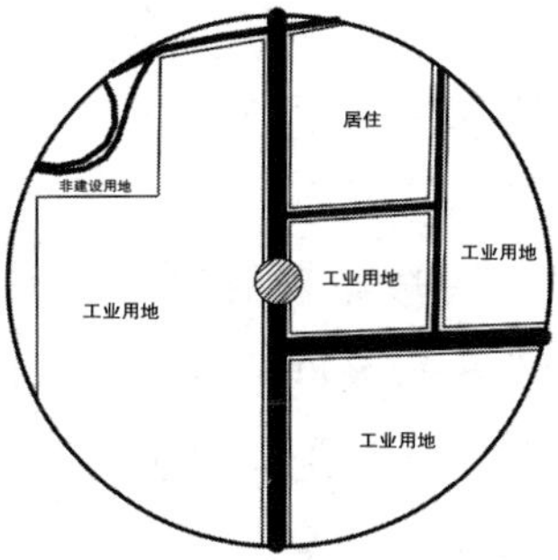 居住 非建设用地 工业用地 工业用地 工业用地 工业用地

资料来源：笔者自制。

总结西安城市轨道交通站域空间的用地布局区位特征主要有以下几个方面。

（1）公共型换乘站点的站域空间内公共管理与公共服务设施用地所占比例最大，且用地布局较为集中。此外，由于相关功能用地混合已是各个城市的普遍现象，因此在公共型换乘站点周边也有大量的商业服务设施用地，同时兼有绿地，各类用地联系紧密，规模较大，没有零碎的小面积用地。公共管理与公共服务设施用地往往与轨道交通站点有直接联系。

（2）商服型换乘站点的站域空间内商业设施用地所占比例最大，且与轨道交通换乘点有直接的联系。由于换乘站点要满足大量乘客的换乘需求，所以站点建设规模往往较大，站域空间内商业设施较多，且商业设施的规模大小不一，有利于促进各种业态碰撞和链接，能够有效提升站域空间的土地价值。

（3）居住型一般站点的站域空间内以居住用地为主，其他用地一般为居住的相关配套。居住型一般站点多位于城市居住区周边，用地性质较为单一，其他性质的用地也多为居住配套服务。相关配套用地与轨道交通站点的区位关系不甚明显，但是往往邻近城市道路。

（4）公共型一般站点的站域空间虽然也是以公共管理与公共服务设施用地为主，但是用地布局较为分散。由于公共型一般站点建设规模小于公共型换乘站点，因此公共型一般站点周边的用地，除与轨道交通站点有直接联系的公共管理与公共服务设施用地之外，其他类型的用地均较为分散，且规模较小。

（5）商服型一般站点的站域空间内商业设施用地所占比例最大。商服型一般站点的用地功能较多，用地复合，业态丰富，能够满足城市中不同消费人群的差异化需求。

（6）交通型一般站点的站域空间往往与城市对内或对外的交通枢纽直接联系，满足出行人群的需求，可以加速换乘，避免换乘人群聚集，影响城市交通。周边的用地布局也往往与交通枢纽有功能上的联系，小型的餐饮、超市、旅店等较多。

（7）产业型一般站点的站域空间内城市用地较为单一，以工业用地为主，其中配套少量居住用地。产业型一般站点的建设规模较小，与产业园区的联系较为紧密，以满足产业园区工作人群的交通出行需求为主。

随着以站点为圆心圈层辐射面的扩大，容积率呈阶梯状递减趋势。站点地区土地开发强度的理想布局为：0～100 米范围内为高强度开发；100～200 米范围内为中高强度开发；200～500 米范围内为中强度开发（蔡朝阳、张茜，2017）。以此为基础，以功能导向为依据，总结城市轨道交通站点站域空间内的土地利用布局有以下特征规律。

（1）居住型站点：0～100 米范围内商业用地、绿化用地以及道路交通用地比重较大；100～200 米范围内，居住用地和公共设施用地比重上升；200～500 米范围内主要为居住用地，并配有商业、办公以及公共设施等功能用地。

（2）公共型站点：0～100 米范围内商业商务用地以及道路交通用地比重较大；100～200 米范围内公共设施用地比重上升；200～500 米范围内居住用地以及公共设施用地比重较大。

（3）商服型站点：0～100 米范围内商业用地和道路交通用地比重较大；100～200 米范围内出现少量的居住用地，商业用地的比重较大；200～500 米范围内居住和公共设施用地比重上升，其中居住用地上升幅度较大，商业用地比重下降。

（4）交通型站点：0～100 米范围内交通枢纽设施用地和道路交通用地比重较大，商业用地比重相对较小；100～200 米范围内商业用地比重大幅上升，出现居住用地；200～500米范围内居住用地以及少量配套商业用地、公共服务设施用地出现。

（5）产业型站点：0～100米范围内工业用地、商务办公用地和道路交通用地比重较大，商业用地以及公共服务设施用地比重小；100～200米范围内，工业用地、商务办公用地比重依然较大，商业用地以及公共服务设施用地比重上升；200～500米范围内居住用地比重上升，工业用地、商业商务用地、公共服务设施用地以及道路交通用地比重下降。

（二）建设强度因素

轨道交通作为一种客流量较大的城市公共交通运输方式，其可达性、高效性与便捷性是吸引人们选择其作为交通工具的主要原因（郑文含，2009）。从支持城市轨道交通的土地使用强度特征来看，要使其成为城市人口出行的主要交通方式，基本要求是必须保证有足够的邻近城市轨道交通站点的居住人口。这也就意味着邻近站点地区（站域空间）的土地开发必须达到一定的强度。同时，从交通出行量的角度看，离站点越近的地区开发强度越高，交通出行量越大。在整个地区开发总量确定的情况下，这种沿站点开发强度梯度递减的空间分布能够最大限度地减少该地区的乘客到达站点的出行距离总量，从而发挥轨道交通的功能。站点地区土地使用强度特征表现为：支持高密度的土地使用，整体开发强度高，围绕站点呈现圈层式梯度递减趋势。从理论上看，可以依据站点地区最低容纳的居住人口数量，按照人均居住面积、商业面积及各类设施建筑面积配比，推算容积率大小（孙文君等，2018）。因此，不同类型的城市轨道交通站点区域适宜进行基于不同功能的开发，并且开发强度采取梯度递减的规律控制。以此为基础，以功能导向为依据，总结城市轨道交通不同类型站域空间的建设强度有以下特征：围绕站点0～100米范围内适宜进行高强度开发，如“上盖开发”；围绕站点100～200米范围内适宜进行中高强度开发；围绕站点200～500米范围内较第二圈层开发强度低。

（三）区位规律总结

基于土地利用因素可以总结西安城市轨道交通站域空间的微区位特征规律（见表13－6）。

表 13-6 不同类型站域空间土地利用的区位规律

类型划分	站域空间土地利用的区位规律
居住型站点	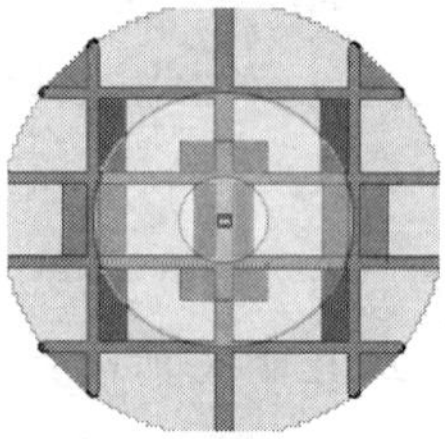
公共型站点	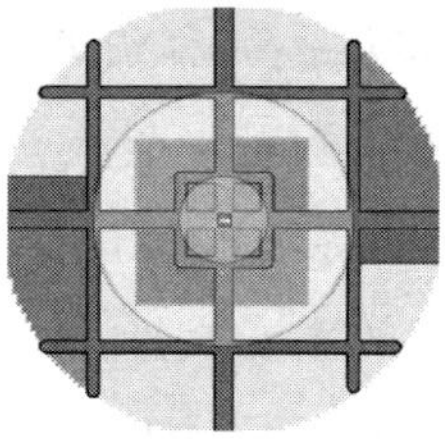
商服型站点	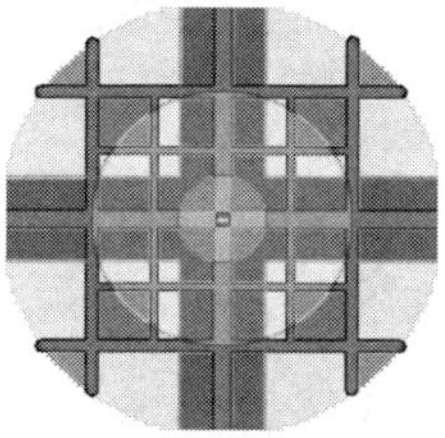
交通型站点	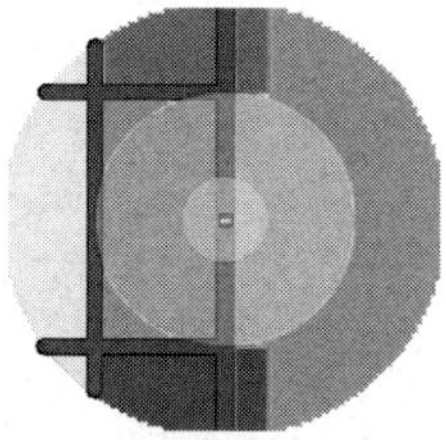
产业型站点	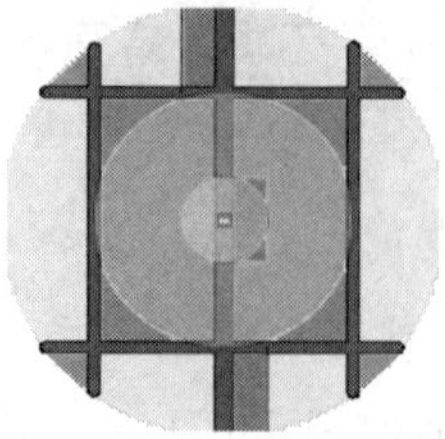

续表

类型划分	站域空间土地利用的区位规律
图例	公共管理与公共服务用地 商业服务业设施用地 绿地 居住用地 工业用地 物流仓储用地 交通设施用地

资料来源：笔者自制。

（1）居住型站点位于城市道路上，其出入口附近往往布置为居住功能服务的配套商业设施，并有少量的公共服务设施，同时可考虑《城市居住区规划设计标准》（GB 50180－2018）的相关要求，在地铁站点形成社区邻里中心，服务站域空间内的居住社区。

（2）公共型站点往往位于城市道路交叉口或者由城市道路围合形成的城市广场上，周边用地以公共服务和商业设施用地为主，在受轨道交通站点影响较弱的区域，布局居住用地。

（3）商服型站点与城市道路的联系最为紧密，属于站点直接影响的区域，在与站点直接相连的城市道路两侧经常布置一些娱乐场所，并形成具有一定影响力的商圈，周边有少量的公共服务设施用地和居住用地。

（4）交通型站点用地布局具有特殊性。为满足城市人群快速、便捷的换乘需求，往往在站点区域布置城市广场，加快人流疏散，并配套建设商业设施、物流仓储设施等。

（5）产业型站点以满足站点周边各类产业园区相关人群的出行需求为目的，周边配有少量的商业设施、公共管理和公共服务设施，从而提升站域空间的活力。

二　基于环境氛围的微区位特征

（一）人口活力分析

基于人口热力图对不同类型的城市轨道交通站域空间的人口活力进行分析（见表 13－7）。

表 13－7　16 个典型站点的人口活力分析

站点类型	站点名称	人口热力图
公共型换乘站点	行政中心站	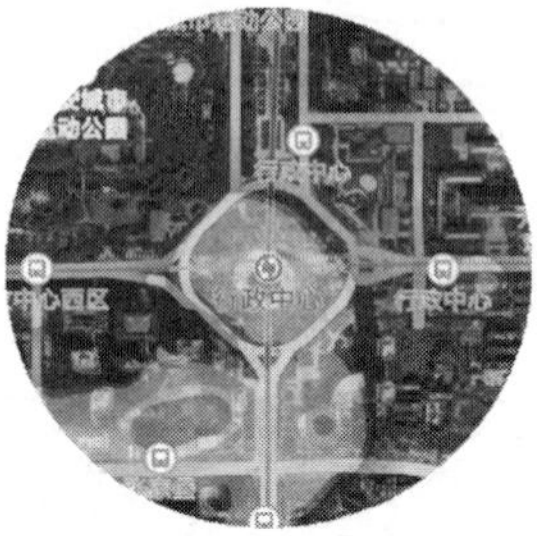
	大雁塔站	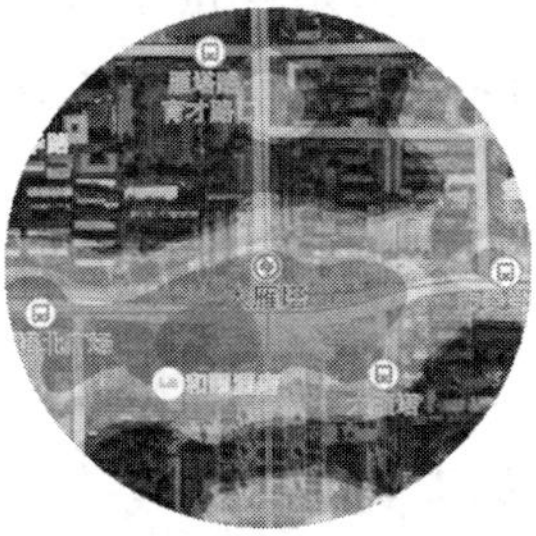
商服型换乘站点	北大街站	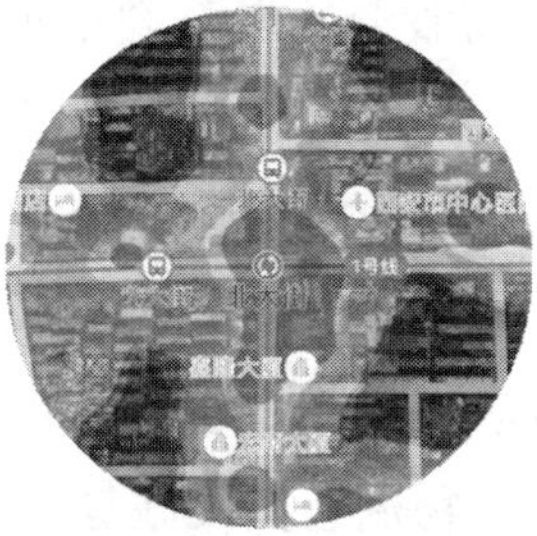
	小寨站	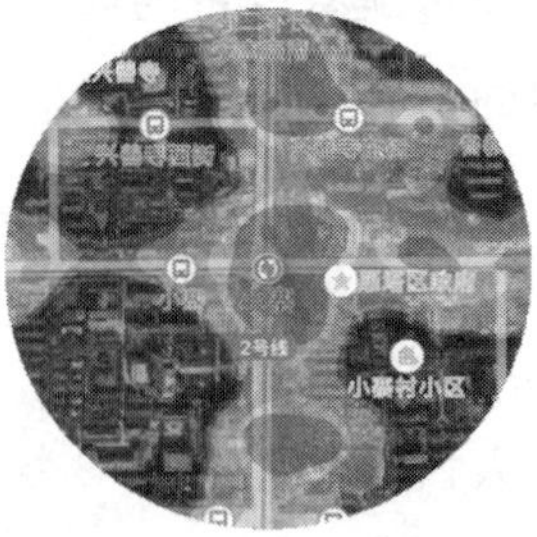

续表

站点类型	站点名称	人口热力图
商服型换乘站点	通化门站	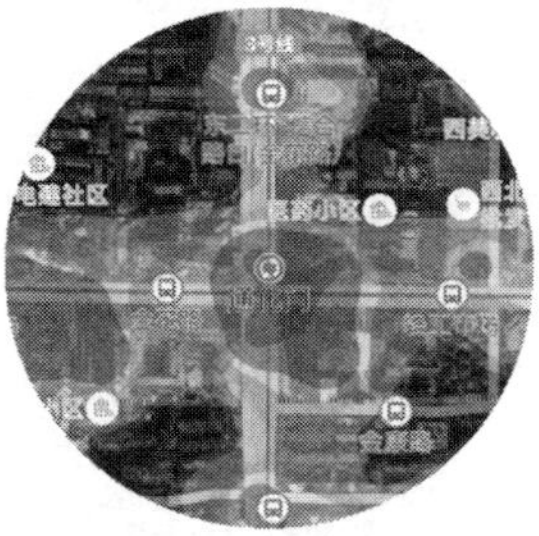
	五路口站	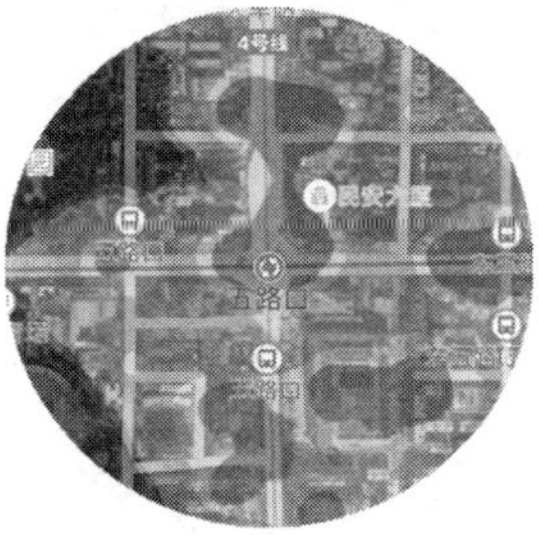
居住型一般站点	龙首原站	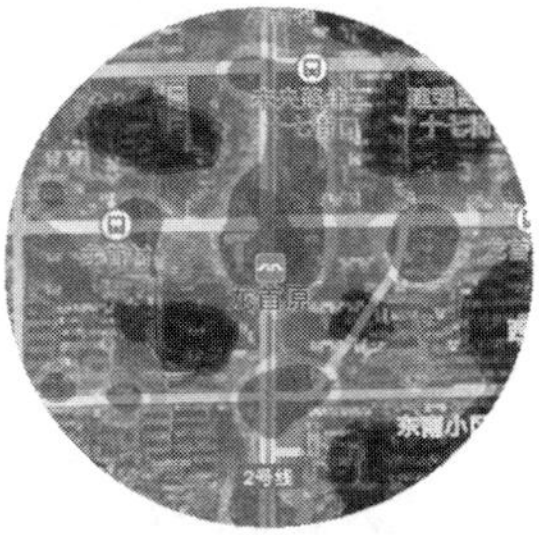
	辛家庙站	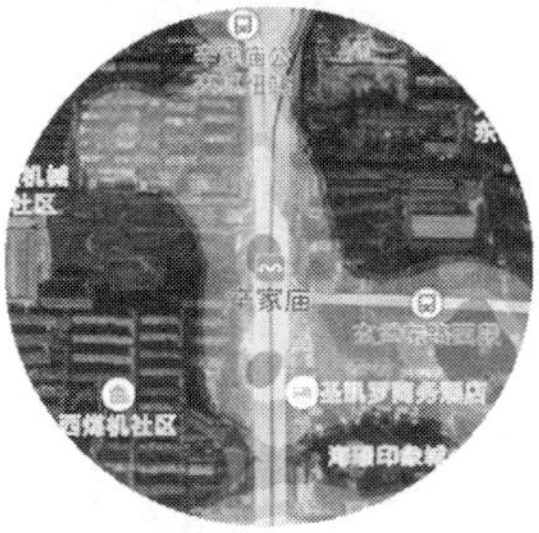

续表

站点类型	站点名称	人口热力图
公共型一般站点	南稍门站	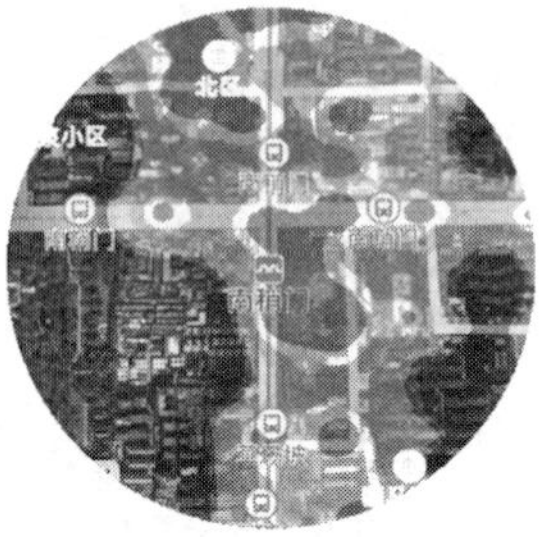
	会展中心站	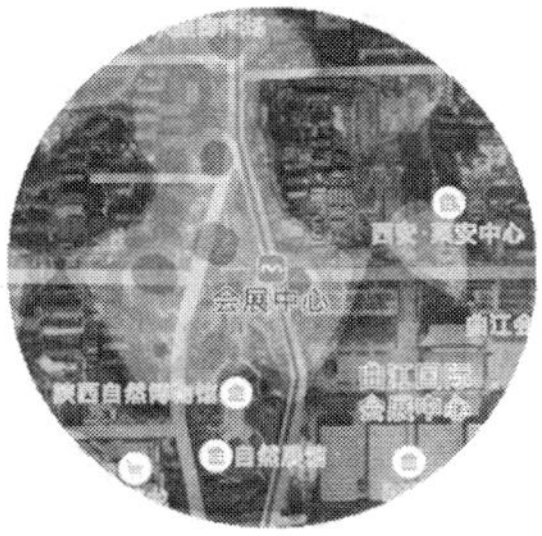
商服型一般站点	钟楼站	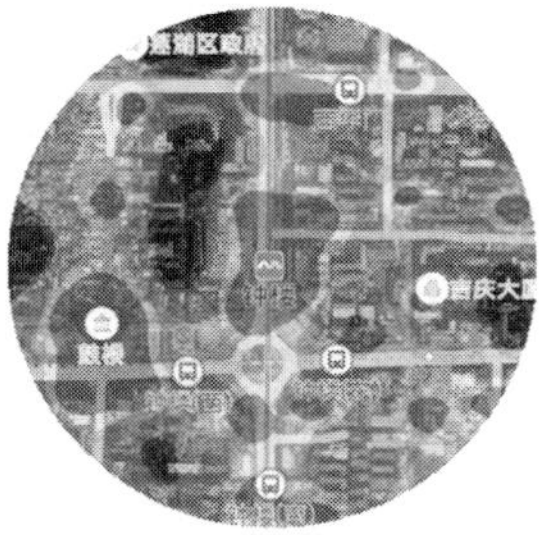
	大差市站	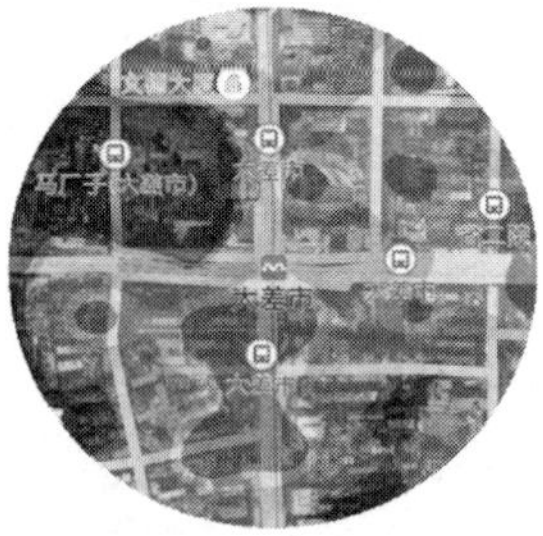

续表

站点类型	站点名称	人口热力图
交通型一般站点	汉城路站	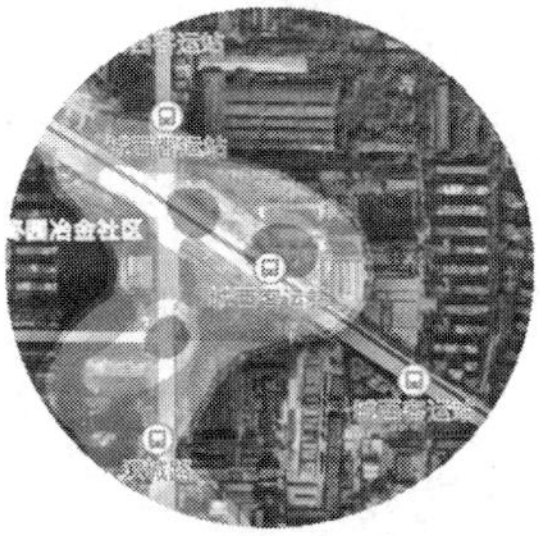
	北客站	
产业型一般站点	凤城十二路站	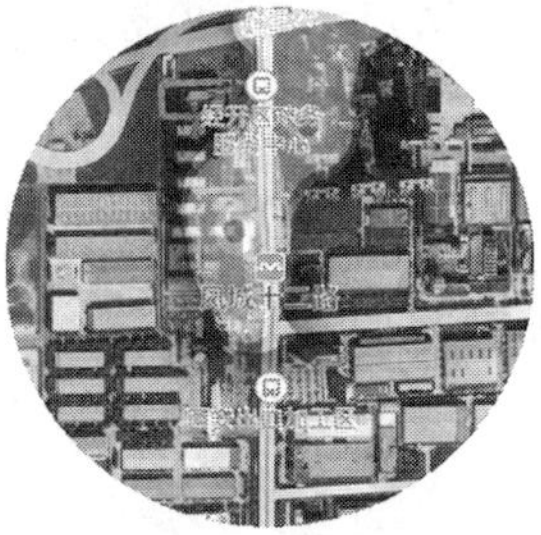
	飞天路站	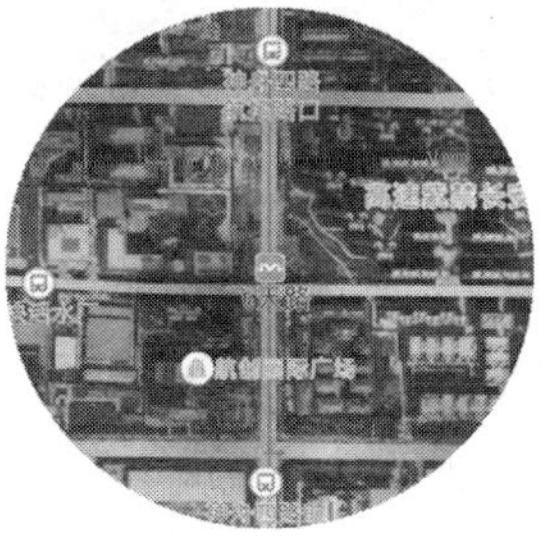
		稀疏　拥挤

资料来源：笔者自制。

如表 13-7 所示，黑色区域为拥挤区域，人口密度高，所在区域对人流的吸引力大，可视为人口活力点。不同类型城市轨道交通站点的人口活力点具有不同的特征。

（1）公共型换乘站点的人口密度高，且呈点状分布在站域空间内的商业片区。以行政中心站为代表，活力点与“熙地港”“大融城”两个大型购物中心的区位相重合，并且“熙地港”的人口密度明显大于“大融城”。以大雁塔站为代表，换乘功能体现得较为明显，城市轨道交通站内的人口密度最大。

（2）商服型换乘站点的人口密度高，且呈点状或团状分布。但是明显与公共型换乘站点不同，商服型换乘站点的商业活力点在站域空间内均匀分布，这与商服型换乘站点的商业设施分布是紧密相关的。

（3）居住型一般站点的人口密度高，且呈点状分布。站域空间范围内无其他明显的活力点。

（4）公共型一般站点的人口密度高，且呈点状分布在站域空间内的商业片区，并呈团状分布于站点周边的商业片区。以南稍门站为代表的公共型一般站点，商业设施分布较密集，所以呈现为团状的人口高密度点。

（5）商服型一般站点的人口密度高，且呈点状分布于除站点外的站域空间内的商业片区。以钟楼站为代表的商服型一般站点，商业设施分布较密集，是西安典型的商圈，人口活力明显高于其他类型的站域空间。

（6）交通型一般站点的人口密度高，且呈点状分布于城市公共交通站点处。以汉城路站和北客站为代表的交通型一般站点，人口高密度点与交通枢纽完全重合。

（7）产业型一般站点无明显的人口高密度点。人口活力与其他类型站点相比较弱。

（二）拥挤程度分析

选取西安市 2019 年 3 月某工作日的晚高峰时段 18 时，从百度地图获取 16 个典型站点的站域空间的道路拥堵情况（见表 13-8）。

表 13－8　16 个典型城市轨道交通站点站域空间的交通拥挤程度分析

站点类型	站点名称	路况拥挤程度
公共型换乘站点	行政中心站	
	大雁塔站	
商服型换乘站点	北大街站	
	小寨站	

续表

站点类型	站点名称	路况拥挤程度
商服型换乘站点	通化门站	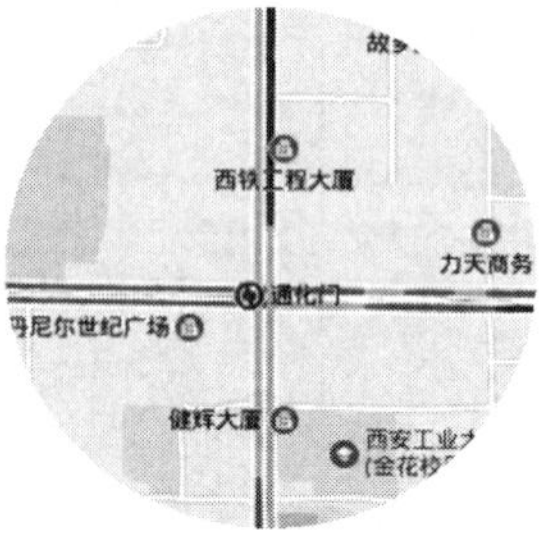
	五路口站	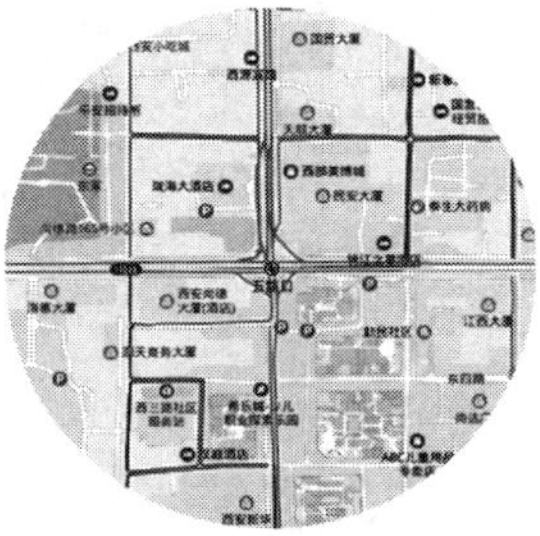
居住型一般站点	龙首原站	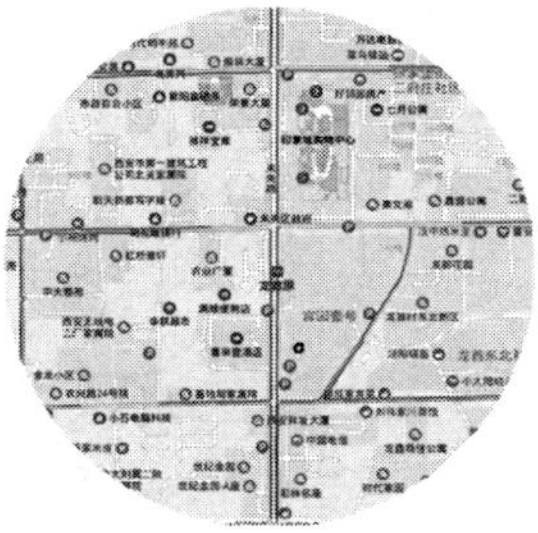
	辛家庙站	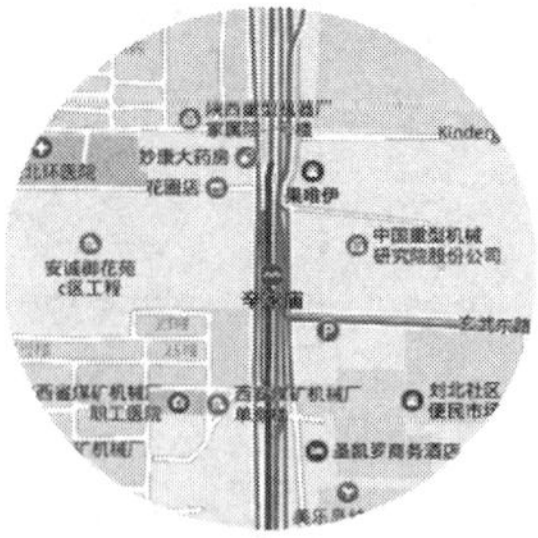

续表

站点类型	站点名称	路况拥挤程度
公共型一般站点	南稍门站	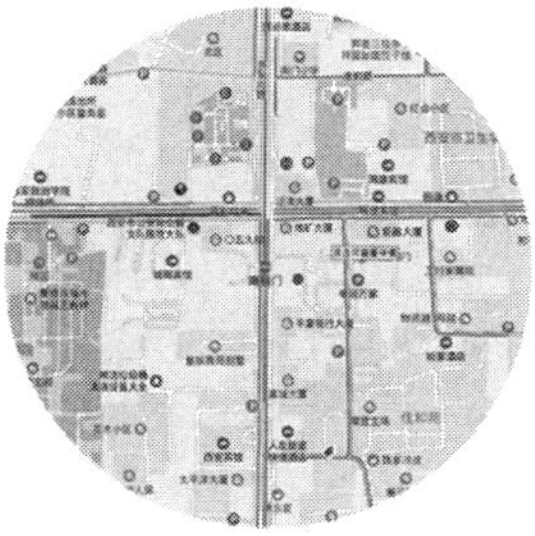
	会展中心站	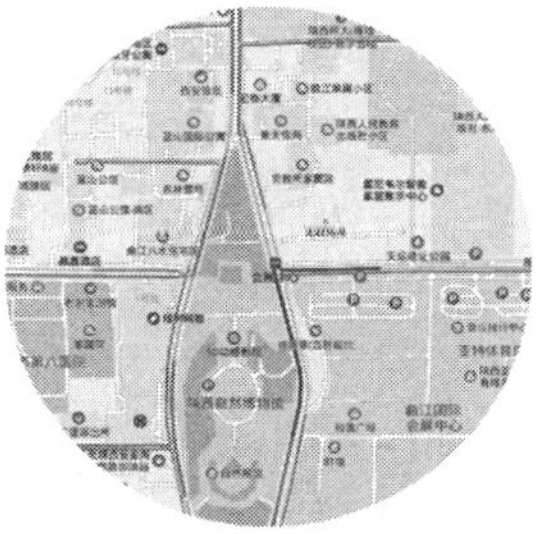
商服型一般站点	钟楼站	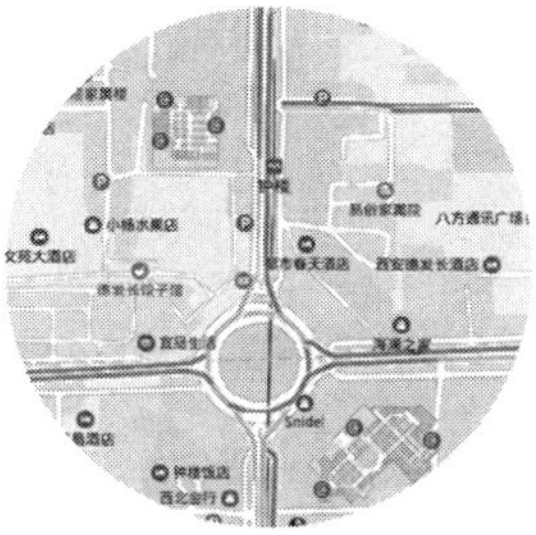
	大差市站	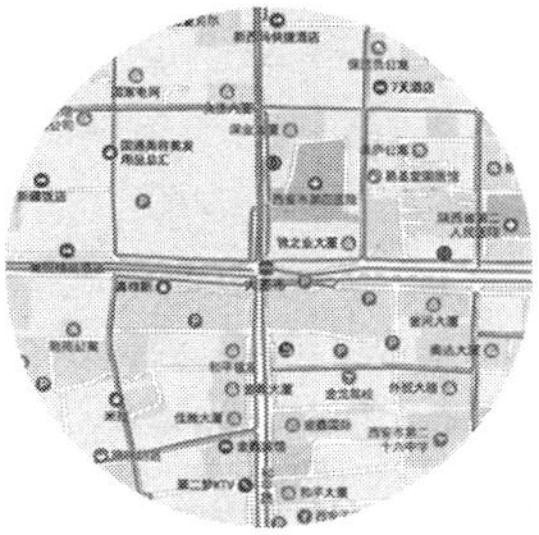

续表

站点类型	站点名称	路况拥挤程度
交通型一般站点	汉城路站	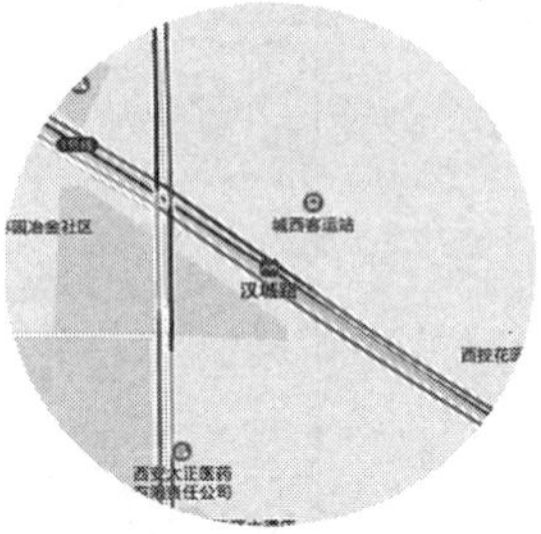
	北客站	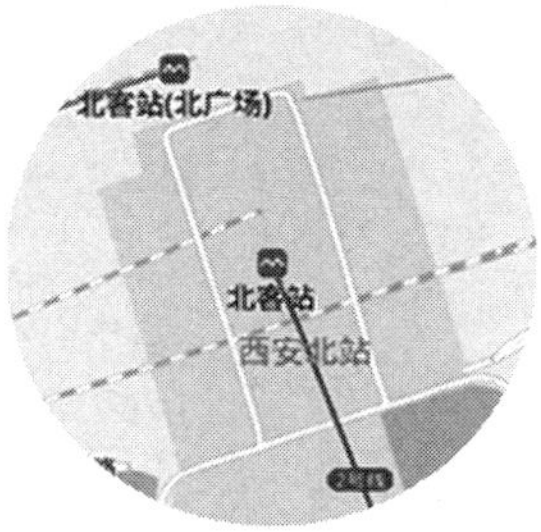
产业型一般站点	凤城十二路站	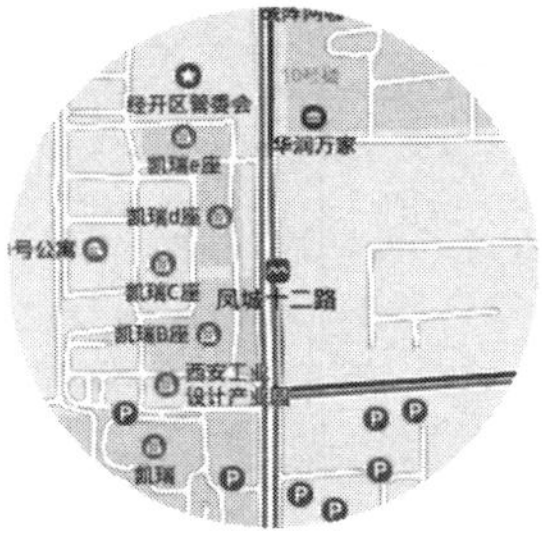
	飞天路站	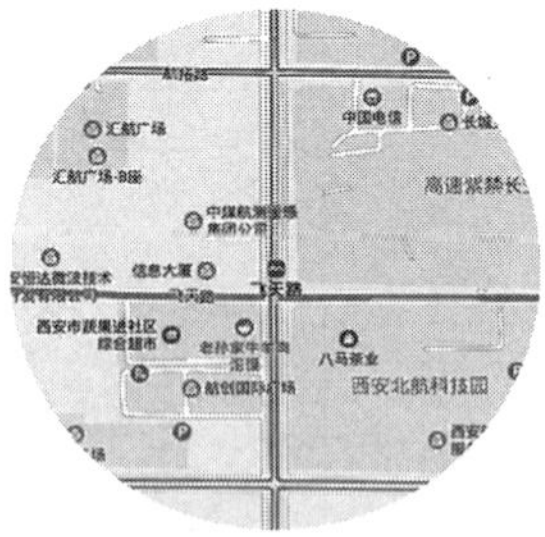
		稀疏▬▬▬▬拥挤

资料来源：笔者自制。

如表 13 - 8 所示，黑色线条为城市道路拥挤路段，车流密度大，行驶缓慢，通行需较长的时间；浅灰色线条为城市道路畅通路段，车辆通行顺畅。不同类型的城市轨道交通站域空间的交通状况也存在不同的特征：（1）公共型换乘站点的交通状况良好，少量拥堵情况出现在邻近商业空间的路段；（2）商服型换乘站点的道路极易拥堵，部分路段难以通行，这与其商业空间的特性有关；（3）居住型一般站点的道路在高峰时段易拥堵，但拥堵路段长度明显低于其他类型，这与站域空间周边的居民在高峰时段对出行方式的选择也有一定关系；（4）公共型一般站点的道路畅通状况相对较好，高峰时段的拥堵受商务用地影响较大；（5）商服型一般站点的道路畅通状况明显优于商服型换乘站点，其交通流量明显低于商服型换乘站点；（6）交通型一般站点中的公路客运型站点的交通拥堵严重，但铁路客运型站点受拥堵影响极小；（7）产业型一般站点的道路交通易受影响，且波动性较大。

本章小结

本章以西安地铁线路为例，研究了城市轨道交通站点及站域空间的微区位特征。首先，从总体的区位分布特征来看，城市轨道交通起到连接城市各个功能区的作用，城市轨道交通的建设汇集了沿线人流，能够使文化、信息、餐饮、服务等各种业态迅速沿线路方向进行聚集，从而带动沿线区域经济发展，并能够提升沿线的商业环境氛围，刺激商业发展的活力。其次，不同类型的站点位置与周边的业态布局之间存在相互共生的区位关联，不同站点的选址与城市道路等级、交叉口也存在微观的区位布局关联性，这些微观机制为深层次探究城市的微区位规律提供了实证窗口。最后，从区位图式视角深入分析城市轨道交通站域空间内部的区位关系特征，并结合城市站域空间主体人群的行为认知评价进行整合研究。

参考文献

〔德〕杜能：《孤立国同农业和国民经济的关系》，吴衡康译，商务印书馆，1986。

〔美〕保罗·诺克斯、史蒂文·平奇：《城市社会地理学导论》，柴彦威、张景秋等译，商务印书馆，2005。

〔美〕哈特向：《地理学性质的透视》，黎樵译，商务印书馆，1981。

〔美〕戈列奇、〔澳〕斯廷森：《空间行为的地理学》，柴彦威等译，商务印书馆，2013。

〔美〕苏珊·汉森：《改变世界的十大地理思想》，肖平、王方雄、李平译，商务印书馆，2009。

〔英〕迈克·费瑟斯通：《消费文化与后现代主义》，刘精明译，译林出版社，2006。

〔美〕帕克等：《城市社会学：芝加哥学派城市研究》，宋俊岭等译，商务印书馆，2012。

〔美〕普雷斯顿·詹姆斯：《地理学思想史》，李旭旦译，商务印书馆，1982。

〔英〕迈尔森：《萨特与“存在主义和人文主义”（思想者丛书）》，巫和雄译，中国社会科学出版社，2015。

〔英〕R. J. 约翰斯顿：《地理学与地理学家》，唐晓峰译，商务印书馆，2011。

〔英〕R. J. 约翰斯顿：《哲学与人文地理学》，蔡运龙译，商务印书馆，2000。

〔美〕加尔布雷思：《富裕社会》，赵勇、周定瑛、舒小昀等译，江苏人民出版社，2009。

白光润：《微区位研究的新思维》，《人文地理》2004 年第 19 卷第 5 期，第 85～88 页。

白光润：《应用区位论》，科学出版社，2009。

包明亚：《后现代性与地理学的政治》，上海教育出版社，2001，第 18 页。

蔡朝阳、张茜：《城市轨道交通站点分类及用地开发研究——以天津市地铁 2，3，5，6 号线为例》，《居业》2017 年第 6 期，第 69～70 页。

柴彦威等：《空间行为与行为空间》，东南大学出版社，2014。

柴彦威等：《空间—行为互动理论构建的基本思路》，《地理研究》2017 年第 10 期，第 1959～1970 页。

陈美玲、潘弘、宋赪、董小林、董治：《城市轨道交通对沿线商业地产价值的影响机理研究——以西安市地铁为例》，《综合运输》2018 年第 6 期，第 116～121 页。

陈志峰：《区位选择到集聚的分析困境——基于古典区位论和新经济地理学的视角》，《中国物价》2015 年第 2 期，第 79～81 页。

大卫·哈维：《时空之间：关于地理学想象的反思》，朱美华译《都市文化研究》2008 年第 1 期，第 2～26 页。

段德罡、张凡：《土地利用优化视角下的城市轨道站点分类研究——以西安地铁 2 号线为例》，《城市规划》2013 年第 9 期，第 39～45 页。

段义孚、志丞、左一鸥：《人文主义地理学之我见》，《地理科学进展》2006 年第 2 期，第 1～7 页。

方可：《简·雅各布斯关于城市多样性的思想及其对旧城改造的启示——简·雅各布斯〈美国大城市的生与死〉读后》，《国际城市规划》2009 年第 24 期，第 177～179 页。

冯雷：《理解空间：现代空间观念的批判和重构》，中央编译出版社，2008，第 71 页。

福柯：《地理学问题：空间的文化形式与社会理论读本》，夏铸九、王志弘编译，台湾明文书局，2002，第392页。

顾朝林、C·克斯特洛德：《北京社会极化与空间分异研究》，《地理学报》1997年第5期，第385~393页。

顾朝林、刘海泳：《西方“马克思主义”地理学：人文地理学的一个重要流派》，《地理科学》1999年第3期，第237~242页。

顾朝林、甄峰、张京祥：《集聚与扩散：城市空间结构新论》，东南大学出版社，2000。

顾朝林、刘佳燕：《城市社会学》（第2版），清华大学出版社，2013。

顾朝林、于涛方、李平：《人文地理学流派》，高等教育出版社，2008。

顾朝林：《人文地理学流派》，高等教育出版社，2008。

顾朝林：《转型中的中国人文地理学》，《地理学报》2009年第10期，第1175~1183页。

关美宝、谷志莲、塔娜等：《定性GIS在时空间行为研究中的应用》，《地理科学进展》2013年第9期，第1316~1331页。

何朕：《大连购物中心的区位研究》，东北财经大学硕士学位论文，2007。

洪涛：《我对主文化亚文化研究的几点看法》，《新疆大学学报（哲学·人文社会科学汉文版)》2005年第1期，第89~93页。

胡玲、陈祖洲：《近代英国中产阶级形成中的问题》，《历史研究》2010年第1期，第166~180页。

户思婕：《亚文化景观下的精神救赎》，陕西师范大学硕士学位论文，2016。

黄斌：《北京文化创意产业空间演化研究》，北京大学博士学位论文，2012。

黄怡：《新城市社会学：1970年代以来西方城市社会学的范式转变》，《同济大学学报社会科学版》2011年第6期，第53~57页。

季珏、聂丽、张芳、赵宇豪：《城市防灾避险公园建设的国际经验及标准梳理》，《北京规划建设》2019年第2期，第119~122页。

蹇嘉、甄峰、席广亮等：《西方情绪地理学研究进展与启示》，《世界地理研究》2016 年第 2 期，第 123 ~ 136 页。

李国武：《后工业社会思潮的神话和预设——与美国学者丹尼尔·贝尔商榷》，《探索与争鸣》2003 年第 1 期，第 13 ~ 14 页。

李静：《TOD 模式下：城市轨道交通车站区域开发》，《城乡建设》2019 年第 5 期，第 22 ~ 25 页。

李培林、张翼：《中国中产阶级的规模、认同和社会态度》，《社会》2008 年第 2 期，第 1 ~ 19 页。

李天英：《存在主义美学智慧和人文精神》，中国社会科学出版社，2015。

李炜民：《公园的城市功能》，《园林》2018 年第 11 期，第 8 ~ 12 页。

李文英、王薇：《比较教育学新马克思主义研究范式》，《河北大学学报：哲学社会科学版》2018 年第 3 期，第 45 ~ 50 页。

李小建、苗长虹：《西方经济地理学新进展及其启示》，《地理学报》2004 年第 59 卷（增刊），第 153 ~ 161 页。

李小建等：《经济地理学的关系转向评述》，《世界地理研究》2007 年第 4 期。

李小建：《经济地理学》（第二版），高等教育出版社，2006。

李燕玲：《基于社会空间结构下城市社会区域演化与空间结构研究》，西安外国语大学硕士学位论文，2011。

李尧：《谈结合地铁站地下商业空间开发设计》，《城市建设理论研究》（电子版）2012 年第 32 期。

刘福星：《西安建筑科技大学周边创意设计产业空间布局研究》，西安建筑科技大学硕士学位论文，2013。

刘玉亭：《转型期中国城市贫困的社会空间》，科学出版社，2005。

鲁斐栋等：《建成环境对体力活动的影响研究：进展与思考》，《国际城市规划》2015 年第 2 期。

吕拉昌、魏也华、林初升：《中国城市地理研究的若干问题：海外学者的观点》，《人文地理》2006 年第 2 期。

毛蕊、王兴中：《可持续城市与娱乐产业的空间关系》，《经济地理》

2006 年第 3 期。

倪宁等:《试论文化创意产业的概念及运营模式——基于世界成功文化创意产业园区运营经验的考察》,《南京理工大学学报》(社会科学版)2013 年第 4 期。

宁越敏等:《大都市人居环境评价和优化研究——以上海市为例》,《城市规划》1999 年第 6 期。

牛玉等:《基于游客视角的历史街区旅游发展模式影响机理及创新——以苏州平江路为例》,《地理研究》2015 年第 1 期。

潘秋玲等:《后现代社会下的旅游新趋势》,《人文地理》2007 年第 5 期。

任雪飞:《创造阶级的崛起与城市发展的便利性——评理查德·佛罗里达的〈创造阶级的兴起〉》,《城市规划学刊》2005 年第 1 期。

司敏:《"社会空间视角":当代城市社会学研究的新视角》,《社会》2004 年第 5 期。

宋伟轩等:《基于"租差"理论的城市居住空间中产阶层化研究——以南京内城为例》,《地理学报》2017 年第 12 期。

宋伟轩等:《城市社区微观空间意象研究——基于南京居民 250 份手绘草图的比较》,《地理研究》2011 年第 4 期。

宋耀武等:《行为主义心理学思想评析》,《河北大学成人教育学院学报》2003 年第 3 期。

孙俊等:《地理学学科研究的科学社会学视角——重新审视约翰斯顿〈地理学与地理学家〉一书》,《人文地理》2011 年第 3 期。

孙鹏等:《西方国家社区环境中零售业微区位论的一些规律(一)》,《人文地理》2002 年第 2 期。

孙文君等:《地铁公共艺术小品对导视城市文明的功能研究——以西安市地铁 1、2、3 号线为例》,《美与时代》(上)2018 年第 5 期。

唐茂华等:《从区位选择到空间集聚的逻辑演绎——探索集聚经济的微观机理》,《财经科学》2007 年第 3 期。

唐小兵:《后现代主义:商品化和文化扩张——访杰姆逊教授》,《读书》1986 年第 3 期。

唐晓峰等:《社会背景中的个人阐述——评约翰斯顿〈地理学与地理学家〉一书》,《人文地理》1998 年第 4 期。

田银生等:《城市环境的“宜人性”创造》,《清华大学学报:自然科学版》,2000 年第 S1 期。

童世骏:《正义基础上的团结、妥协和宽容——哈贝马斯视野中的“和而不同”》,《马克思主义与现实》2005 年第 3 期。

涂慧琴:《开启人文地理学研究的金钥匙——评 R·J·约翰斯顿〈哲学与人文地理学〉》,《世界文学评论:高教版》2014 年第 1 期。

王慧:《新城市主义的理念与实践、理想与现实》,《国际城市规划》2002 年第 3 期。

王宁:《消费与认同——对消费社会学的一个分析框架的探索》,《社会学研究》2001 年第 1 期。

王晓娟:《知识网络与集群企业竞争优势研究》,浙江大学硕士学位论文,2007。

王兴中等:《国外对空间剥夺及其城市社区资源剥夺水平研究的现状与趋势》,《人文地理》2008 年第 6 期。

王兴中等:《大城市中产阶层化与商娱场所的空间结构》,《人文地理》2008 年第 2 期。

王兴中等:《城市内部生活场所的微区位研究进展》,《地理学报》2004 年第 z1 期。

王兴中:《城市社区体系规划原理》,科学出版社,2012。

王兴中:《对城市社会—生活空间的本体解构》,《人文地理》2003 年第 3 期。

王兴中:《人—地行为的主要模式(型)论》,《人文地理》1991 年第 2 期。

王兴中:《中国城市商娱场所微区位原理》,科学出版社,2009。

王兴中:《中国城市社会空间结构研究》,科学出版社,2000。

王兴中:《中国城市生活空间结构研究》,科学出版社,2004。

王雅林:《全面建设小康社会——谱写中华民族伟大复兴的新篇章》,《学术交流》2003 年。

王彦辉：《走向新社区》，东南大学出版社，2003。

王燕军：《影响创意产业选址的区位因子研究》，南京大学硕士学位论文，2012。

魏金声：《人文主义和存在主义研究》，人民出版社，2014。

吴启焰等：《边缘化新白领的中产阶层化研究：内容、理论构架与未来》，《人文地理》2015 年第 1 期。

吴启焰等：《中西方城市中产阶级化的对比研究》，《城市规划》2007 年第 8 期。

夏基松：《现代西方哲学教程新编》，高等教育出版社，1998。

夏业良：《中产阶级辨析》，《西部大开发》2006 年第 3 期。

修春亮等：《沈阳市居住就业结构的地理空间和流空间分析》，《地理学报》2013 年第 8 期。

许学强等：《现代城市地理学》，中国建筑工业出版社，1988。

薛德升等：《管制之外的“管制”制城中村非正规部门的空间集聚与生存状态：以广州市下渡村为例》，《地理研究》2008 年第 6 期。

杨贵庆：《城市社会心理学》，同济大学出版社，2000。

易峥等：《中国城市社会空间结构研究的回顾与展望》，《城市规划学刊》2003 年第 1 期。

尤晓瑛：《上海市区域商业中心的区位引力问题研究》，上海社会科学院，2008。

于涛方等：《人文主义地理学——当代西方人文地理学的一个重要流派》，《地理与地理信息科学》2000 年第 2 期。

原欢祥等：《当代西方国家中心商务区的演变规律》，《世界地理研究》2002 年第 2 期。

张波等：《国外对城市（营业性）娱乐场所的空间关系研究的流派、阶段与趋势》，《人文地理》2005 年第 5 期。

张波等：《城市（营业性）娱乐场所空间结构研究》，《地理科学》2007 年第 6 期。

张品：《新韦伯主义城市空间研究述评》，《理论与现代化》2011 年第 3 期。

张松林等：《从区位选择到空间集聚：一个基于分工视角的分析框架》，《未来与发展》2010 年第 7 期。

张文奎：《人文地理学概论》，东北师范大学出版社，1993。

张延燕等：《影响消费者决策的亚文化因素研究概述》，《人类工效学》2004 年第 1 期。

张艳等：《北京城市中低收入者日常活动时空间特征分析》，《地理科学》2011 年第 9 期。

赵多平等：《基于人文主义场所观的城市康体保健型休闲娱乐场所认知研究》，《人文地理》2008 年第 6 期。

赵晴：《北京市文化创意产业布局与发展的统计研究》，首都经济贸易大学硕士学位论文，2016。

赵晓斌等：《导论——全球化和高速城市化中的中国城市规划：机遇和挑战》，《城市规划》2006 年第 S1 期。

郑国：《基于 GIS 的大型主题公园选址研究》，大连海事大学，2014。

郑凯等：《城市中少数民族购物活动时空特征：以乌鲁木齐市维吾尔族为例》，《云南地理环境研究》2009 年第 3 期。

郑文含：《不同类型轨道交通站点地区开发强度探讨》，《城市发展研究》2008 年第 S1 期。

郑文含：《居住型轨道交通站点地区用地布局探讨》，《规划师》2009 年第 12 期。

周素红等：《转型期广州城市居民居住与就业地区位选择的空间关系及其变迁》，《地理学报》2010 年第 2 期。

周晓虹：《全球中产阶级报告》，社会科学文献出版社，2005。

周晓虹：《中国中产阶层的文化消费》，《书摘》2005 年第 12 期。

朱喜钢等：《城市绅士化与城市更新——以南京为例》，《城市发展研究》2004 年第 4 期。

庄春萍等：《地方认同：环境心理学视角下的分析》，《心理科学进展》2011 年第 9 期。

Agnew, J., Amin, A., Burgess, J., et al, "Referees for Ethics, Place and Environment", *Ethics Place & Environment*, (1), 1998.

Agnew, J. , Livingstone, D. N. , Alasdair Rogers, *Human Geography: An Essential Anthology* (Oxford UK: Blackwell Publishers Inc, 1999) .

Ahmed, S. , *Differences That Matter: Feminist Theory and Postmodernism* (Cambridge: Cambridge University Press, 2010) .

Aitken, S. C. , Rushton, G. , "Perceptual and Behavioural Theory in Practice", *Progress in Human Geography*, 17 (3), 1993, pp. 378 – 388.

Arentze, T. , Hofman, F. , Van Mourik, H. , et al. , "Albatross: Multiagent, Rule-based Model of Activity Pattern Decisions", *Transportation Research Record: Journal of the Transportation Research Board*, 25 (5), 2000, pp. 136 – 144.

Atkinson, R. , "Introduction: Misunderstood Saviour or Vengeful Wrecker? The Many Meanings and Problems of Gentrification", *Urban Studies*, 40 (12), 2003, pp. 2343 – 2350.

August Losch, *The Economies of Location* (New Haven: Yale University Press, 1954) .

Badcock, B. , "Notwithstanding the Exaggerated Claims, Residential Revitalisation Really is Changing the Form of Some Western Cities: A Response to Bourne", *Urban Studies*, 30 (1), 1993, pp. 191 – 195.

Barcelo, J. , "Twelveth EURO Summer Institute: Locational Analysis", *European Journal of Operational Research*, 104 (2), 1998, pp. 265 – 268.

Barnes, T. J. , "The Place of Locational Analysis: A Selective and Interpretive History", *Progress in Human Geography*, 27 (1), 2003, pp. 69 – 95.

Bathelt, H. , Malmberg, A. and Maskell, P. , "Clusters and Knowledge: Local Buzz, Global Pipelines and the Process of Knowledge Creation", *Progress in Human Geography*, (28), 2004, pp. 31 – 56.

Bathelt, H. , "Geographies of Production: Growth Regimes in Spatial Perspective—Toward a Relational View of Economic Action and Policy", *Progress in Human Geography*, 30 (2), 2006, pp. 223 – 236.

Berg, M. , Clifford, H. , *Consumers and Luxury: Consumer Culture in Europe 1650 – 1850* (Manchester : Manchester University, 1999) .

Bingöl, B., "Postmodernism and Urban Design", *Düzce Üniversitesi Orman Fakültesi Ormancılık Dergisi*, 2014.

Blumen, O., "Criss-crossing Boundaries: Ultraorthodox Jewish Women Go to Work", *Gender, Place and Culture: A Journal of Feminist Geography*, 9 (2), 2002, pp. 133 – 151.

Boggs, J. S. and Rantisi, N. M., "The 'Relational Turn' in Economic Geography", *Journal of Economic Geography*, (3), 2003, pp. 109 – 116.

Bondi, L., "Making Connections and Thinking through Emotions: between Geography and Psychotherapy", *Transactions of the Institute of British Geographers*, 30 (4), 2005, pp. 433 – 448.

Books, C., *The Agrarian History of England and Wales* (Cambridge: Cambridge University Press, 2011), p. 58.

Boterman, W. R., Bridge, G., "Class and Space in the Field of Parenthood: Comparing Middle-class Fractions in Amsterdam and London", *Transactions of the Institute of British Geographers*, 40 (2), 2015, pp. 249 – 261.

Bourne, L. S. and Simmons, J. W., *System of Cities -readings on Structure, Growth, and Policy* (New York: Oxford University Press, 1978).

Brown, G., Pickerill, J., "Space for Emotion in the Spaces of Activism", *Space and Society*, 2 (1), 2009, pp. 24 – 35.

Burton, Ian, Kates, et al., *The Environment as Hazard, 2nd Edition* (New York: Guildford Press, 1993).

Butler, T., *Gentrification in London-Modes of Middle-class Establishment in a Global City*. In: Herrmann, H., Keller, C., Neef, R., Ruhne, R. (eds.), *Die Besonderheit des Städtischen* (Wiesbaden: Verlag für Sozialwissenschaften, 2011).

Buttimer, A., *Residential Areas: Planning, Perceptions and Preferences: Studies in Social Science and Planning* (Scottish: Scottish Academic Press, 1974).

Calthorpe, P., *The Next American Metropolis: Ecology, Community & the*

American Dream (Princeton: Princeton Architectural Press, 1993).

Carlstein, T., Parkes, D., Thrift, N., "Human Activity and Time Geography", *Expert Review of Neurotherapeutics*, 15 (9), 1978, pp. 1 – 11.

Case, D., "Contributions of Journeys away to the Definition of Home: An Empirical Study of a Dialectical Process", *Journal of Environmental Psychology*, 16 (1), 1996, pp. 1 – 15.

Castells, M., "High Technology, Economic Policies and World Development Scholarship", *UCAIS Berkeley Roundtable on the International Economy*, *UC Berkeley*, 1986.

Castells, M., *Sexual Liberation and Urban Structure: The Gay Community in San Francisco*, In: M. Castells, *The City and the Grassroots: A Cross-Cultural Theory of Urban Social Movements* (London: Edward Arnold, 1983), pp. 138 – 170.

Claval, P., "Une Introduction à la géographie humaine", *Annales De Géographie*, 94 (523), 1985, pp. 343 – 344.

Clemmer, G., "The Radical Middle Class: Populist Democracy and the Question of Capitalism in Progressive Era Portland", *Enterprise & Society*, 4 (4), 2000, p. 502.

Cloke, P., Philo, C. and Sadler, D., *Approaching Human Geography: An Introduction to Contemporary Theoretical Debates* (London: Paul Chapman, 1991).

Coaffee, S. C., J. Art, "Gentrification and Regeneration—From Artist as Pioneer to Public Arts", *International Journal of Housing Policy*, 5 (1), 2005, pp. 39 – 58.

Cornescu, V., Adam, R., "Considerations Regarding the Role of Indicators Used in the Analysis and Assessment of Sustainable Development in the E. U", *Procedia Economics & Finance*, 8 (8), 2014, pp. 10 – 16.

Cox, K. R., Golledge, R. G., "Behavioral Problems in Geography: A Symposium", *Geographical Journal*, 137 (1), 1969, p. 104.

Cox, K. R., Golledge, R. G., *Behavioral Problems in Geography Revisited* (Methuen, 1981), p. 448.

Crewe, B. , Warr, J. , Bennett, P. , et al. , "The Emotional Geography of Prison Life", *Theoretical Criminology*, 18 (1), 2014, pp. 56 –74.

Dalgard, O. S. , Bjørk, S. , Tambs, K. , "Social Support, Negative Life Events and Mental Health", *British Journal of Psychiatry the Journal of Mental Science*, 166 (1), 1995, p. 29.

Davidson, J. , Bondi, L. , Smith, M. , *Emotional Geographies* (Burlington: Ashgate Publishing, 2005) .

Davidson, J. , Bondi, L. , "Spatialising Affect, Affecting Space: an Introduction", *Gender, Place & Culture*, 11 (3), 2004, pp. 373 –374.

Davidson, J. , Milligan, C. , "Embodying Emotion Sensing Space: Introducing Emotional Geographies", *Social & Cultural Geography*, 5 (4), 2004, pp. 523 –532.

Dear, M. J. , "Postmodernism and Planning", *Environment & Planning D Society & Space*, 4 (3), 1986, pp. 367 –384.

Dennis, C. , Marsland, D. , Cockett, T. , "Central Place Practice: Shopping Centre Attractiveness Measures, Hinterland Boundaries and the UK Retail Hierarchy", *Journal of Retailing & Consumer Services*, 9 (4), 2002, pp. 185 –199.

Dewdney, J. C. , Rhind, D. , "The British and United States Censuses of Population", *Population Geography Progress & Prospect*, 10 (5), 1986, pp. 105 –115.

Dicken, P. and Malmberg, A. , "Firms in Territories: A Relational Perspective", *Economic Geography*, (77), 2001, pp. 345 –63.

Dicken, P. , Kelly, P. F. , Olds, K. and Yeung, H. W. C, "Chain and Network, Territories and Scales: Towards a Relational Framework for Analyzing the Global Economy", *Global Networks*, 1 (3), 2001, pp. 89 –112.

Dixon, T. , *From Passions to Emotions: The Creation of a Secular Psychological Category* (Cambridge: Cambridge University Press, 2003) .

Doel, M. , Matless, D. , "Geography and Postmodernism", *Literature & Theology*, 17 (1), 2003, pp. 76 –97.

Domosh, M., "Geography and Gender: Home, Again", *Progress in Human Geography*, 22 (2), 1998, pp. 276 – 282.

Donna, H. P. D., *A Cyborg Manifesto: Science, Technology, and Socialist-Feminism in the Late 20th Century: The International Handbook of Virtual Learning Environments* (Springer Netherlands, 2006), p. 23.

Downs, R. M., Stea, D., "Image & Environment: Cognitive Mapping and Spatial Behavior", *Geographical Review*, (4), 1973, p. 327.

Duncan, J., Ley, D., "Structural Marxism and Human Geography: A Critical Assessment" *Annals of the Association of American Geographers*, 72 (1), 1982, pp. 30 – 59.

Durand, E., Petit, O., Tremblay, L., et al., "Social Behavioral Changes in MPTP-treated Monkey Model of Parkinson's Disease", *Frontiers in Behavioral Neuroscience*, 9, 2015, p. 42.

Dyck, I., "Body Troubles: Women, the Workplace and Negotiations of a Disabled Identity", *Mind and Body Spaces: Geographies of Illness, Impairment, and Disability*, 1999, pp. 119 – 137.

Easterly, W., "The Middle Class Consensus and Economic Development", *Journal of Economic Growth*, 6 (4), 2001, pp. 317 – 335.

Eckerd, A., Reames, T., *Urban Renaissance or Invasion: Planning the Development of a Simulation Model of Gentrification Simulation for Policy Inquiry* (New York: Springer, 2012).

Eckerd, A., Reames, T., *Urban Renaissance or Invasion: Planning the Development of a Simulation Model of Gentrification* (Springer New York, 2012).

Egashira, S., "A Present Appreciation of Evolutionary Economics—A Historical Characterization of the Alternative Thoughts of Economics in the Light of Evolutionism", *Evolutionary & Institutional Economics Review*, 3 (1), 2006, pp. 47 – 69.

Eliade, M., *The Sacred and the Profane: The Nature of Religion* (Chicago: Houghton Mifflin Harcourt, 1959).

Ellegård, K., Svedin, U., "Torsten Hägerstrand's Time-geography as the

Cradle of the Activity Approach in Transport Geography", *Journal of Transport Geography*, 23, 2012, pp. 17 – 25.

Elshafei, A. N., "An Approach to Locational Analysis", *Journal of the Operational Research Society*, 26 (1), 1975, pp. 167 – 181.

Ettlinger, N., "A Relational Perspective in Economic Geography: Connecting Competitiveness with Diversity and Difference", *Antipode*, 33 (2), 2001, pp. 216 – 227.

Ettlinger, N., "Oward a Critical Theory of Untidy Geographies: The Spatiality of Emotions in Consumption and Production", *Feminist Economics*, 10 (3), 2004, pp. 21 – 54.

Evans, N., "Multifunctional Agriculture: A Transition Theory Perspective", *Journal of Rural Studies*, 26 (1), 2010, pp. 81 – 82.

Fava, S F., "Suburbanism as a Way of Life", *American Sociological Review*, 21 (1), 1956, pp. 34 – 37.

Fielding, S., "Children's Geographies and the Primary School", *Children's Geographies: Playing, Living, Learning*, 80 (9), 2000, pp. 230 – 244.

Fischer, S., "Wage-Indexation and Macro-Economic Stability", Working Papers, 5 (4), 1976, pp. 107 – 147.

Fisher, D. G., "The Place of 'Landscape' and 'Time' in Geographic Thought: Implications for the Syllabus", *Geografiska Annaler*, 43 (1), 2011.

Flax, J., "Postmodernism and Gender Relations in Feminist Theory", *Signs: Journal of Women in Culture and Society*, 12 (4), 1987, p. 23.

Florida, R., *The Rise of the Creative Class and How It's Transforming Work, Leisure, Community and Everyday Life* (New York: Basic Books, 2002).

Mireya Folch-Serra, "Geography and Postmodernism: Linking Humanism and Development Studies", *Canadian Geographer*, 33 (1), 2010, pp. 66 – 75.

Foster, J. B., "The New Geopolitics of Empire", *Monthly Review an Independent Socialist Magazine*, 57 (8), 2006, pp. 105 – 120.

Friedman, D., "Evolutionary Economics Goes Mainstream: A Review of the Theory of Learning in Games", *Journal of Evolutionary Economics*, 8 (4), 1998, pp. 423 - 432.

Fritz Steele, *The Sense of Place* (CBI Publishing Company Inc, 1981).

Ghita, C., Scarlat, C., Santos, J. F., et al., "Business Micro-Location: Factors, Preferences and Indicators to Assess the Influence Factors", *Management & Production Engineering Review*, 4 (2), 2013, pp. 25 - 36.

Giddens, A., *Central Problems in Social Theory* (Berkeley: University of California Press, 1979).

Glass, R., *Introduction*, *In London: Aspects of Change*, *ed. Centre for Urban Studies* (London: MacGibbo and Kee, 1964), xiii-xlii.

Gold, J. R., Saarinen, T. F., Gould, P. and White, R., "1974: Mental maps, Harmondsworth, Penguin Books", *Progress in Human Geography*, 19 (1), 1995, pp. 105 - 110.

Golledge, R. G., Kwan, M. P., Garling, T., "Computational-process Modelling of Household Travel Decisions Using a Geographical Information System", *Papers in Regional Science*, 73 (2), 1994.

Golledge, R. G., Rayner, J. N., "Proximity and Preference: Problems in Multi-Dimensional Analysis of Large Data Sets", *Journal of the American Statistical Association*, 78 (3), 1983.

Golledge, R. G., Rushton, G., Clark, W. A. V., "Some Spatial Characteristics of Iowa's Dispersed Farm Population and Their Implications for the Grouping of Central Place Functions", *Economic Geography*, 42 (3), 1966, pp. 261 - 272.

Golledge, R. G., "Applications of Behavioural Research on Spatial Problems I: Cognition", *Progr. in Hum. geogr*, 14 (1), 1990, pp. 57 - 99.

Golledge, R. G., "Conceptualizing the Market Decision Process", *Journal of Regional Science*,, 7 (2), 1967, pp. 239 - 258.

Golledge, R. G. Brown, L. A., "Behavioural Approaches in Geography: An Overview", *Australian Geographer*, 12 (1), 1972, pp. 59 - 79.

Gotham, K. F., "Toward an Understanding of the Spatiality of Urban

Poverty: The Urban Poor as Spatial Actors", *International Journal of Urban & Regional Research*, 27 (3), 2003, pp. 723 - 737.

Gottdiener, M., Hutchison, R., *The New Urban Sociology* (McGraw-Hill, 2000).

Gottdiener, M., "A Marx for Our Time: Henri Lefebvre and the Production of Space", *Sociological Theory*, 11 (1), 1993, pp. 129 - 134.

Gould, J. A., *Existentialist Philosophy* (DikenSon Pub. Co; First Edition, 1973).

Gould, P. R., White, R., "Mental Maps", *Routledge*, 1974.

Gould, P., "The Organization of Space in Developing Countries", *Economic Geography*, 48 (4), 1970, pp. 444 - 449.

Graham, S., Cornford, J., Marvin, S., "The Socio-economic Benefits of a Universal Telephone Network: A Demand-side View of Universal Service", *Telecommunications Policy*, 20 (1), 1996, pp. 3 - 10.

Gregory, D., "Visions of Geography: An Open Letter to Peter Gould", *Canadian Geographer*, 38 (3), 2010, pp. 206 - 209.

Gregory, R. T., *An Application of the Euclidean Algorithm* (Tennessee: University of Tennessee, 1978).

Grier, G. W., Grier, E. S., "Urban Displacement: A Reconnaissance: Memo Report", *Back to the City*, (5), 1980, pp. 252 - 268.

Griffiths, M. J., Johnston, R. J., "What's in a Place? an Approach to the Concept of Place, as Illustrated by the British National Union of Mineworkers' Strike", 23 (2), 1991, pp. 185 - 213.

Groenewegen, J., Vromen, J. J., Eaepe, C. O., *Institutions and the Evolution of Capitalism: Implications of Evolutionary Economics* (Elgar Pub., 1999), pp. 1572 - 1574.

Gutiérrez, K. D., "Developing a Sociocritical Literacy in the Third Space", *Reading Research Quarterly*, 43 (2), 2008, pp. 148 - 164.

Hackworth, J., Holcomb, B., Ley, D., "The New Middle Class and the Remaking of the Central City", *Contemporary Sociology*, 75 (1),

1996, pp. 93 -94.

Hägerstrand, T., "Presence and Absence: A Look at Conceptual Choices and Bodily Necessities", *Regional Studies*, 18 (5), 1984, pp. 373 - 379.

Hägerstrand, T., "What about People in Regional Science", *Papers in Regional Science*, 24 (1), 1970, pp. 7 -24.

Hall, J. N., Moore, S., Shiell, A., "Assessing the Congruence between Perceived Connectivity and Network Centrality Measures Specific to Pandemic Influenza Preparedness in Alberta", *Bmc Public Health*10 (1), 2010, pp. 1 -8.

Hallman, B. C., Benbow, S. M. P., "Family Leisure, Family Photography and Zoos: Exploring the Emotional Geographies of Families" *Social & Cultural Geography*, 8 (6), 2007, pp. 871 -888.

Hamnett, C., "The New Urban Frontier: Gentrification and the Revanchist City, by Neil Smith; The New Middle Class and the Remaking of the Central City, by David Ley; Gentrification and the Middle Classes, by Tim Butler", *Journal of General Psychology*, 132 (4), 2005, pp. 365 -376.

Hanberger, A., "Democratic Implications of Public Organizations", *Public Organization Review*, 3 (1), 2003, pp. 29 -54.

Hanson, S., "Exploring Social Geography", *Economic Geography*, 62 (2), 1986, pp. 186 -188.

Hartshorn, T., *Interpreting City: An Urban Geography (2nd edition)* (New York: John Wiely & Sons Inc., 1992).

Harvey, D., "From Managerialism to Entrepreneurialism: The Transformation in Urban Governance in Late Capitalism", *Geografiska Annaler*, 71 (1), 1989, pp. 3 -17.

Harvey, D., "*On the History and Present Condition of Change*", In: Agnew John et al, ed., *Human Geography: An Essential Anthology* (Oxford UK: Blackwell Publishers Inc, 1999), pp. 95 -107.

Harvey, D., *Social Justice and the City* (Edward Arnold, 1973),

p. 368.

Harvey, D., *The Condition of Postmodernity: An Enquiry into the Conditions of Cultural Change* (Oxford: Blackwell, 1990).

Hatuka, T., D'Hooghe, A., "After Postmodernism: Readdressing the Role of Utopia in Urban Design and Planning", *Places*, 19 (2), 2007, pp. 20 – 27.

Healey, P., "The Communicative Turn in Planning Theory and Its Implications for Spatial Strategy Formations", *Environment & Planning B Planning & Design*, 23 (2), 1996, pp. 217 – 234.

Hemming, P. J., "Renegotiating the Primary School: Children's Emotional Geographies of Sport, Exercise and Active Play", *Children's Geographies*, 5 (4), 2007, pp. 353 – 371.

Hollows, J., Jones, S., Taylor, B., et al., "Making Sense of Urban Food Festivals: Cultural Regeneration, Disorder and Hospitable Cities", *Journal of Policy Research in Tourism Leisure & Events*, 6 (1), 2014, pp. 1 – 14.

Ingersoll, R. V., Glazner, A. F., "Comment and Reply on Plutonism, Oblique Subduction, and Continental Growth: An Example from the Mesozoic of California", *Geology*, 20 (3), 1992, p. 280.

Ivert, A. K., Torstensson Levander, M., *Neighbourhood Effects on Immigrant Children's Mental Health and Well Being* (http://www.ialmh.org, 2009).

Jackson, M. H., *Galapagos a Natural History Guide, Colored Plates, Numerous Black and White Photos, Illustrations and Maps* (Calgary: The University of Calgary Press, 1985).

John Friedmann, "Place and Place-Making in Cities: A Global Perspective", *Planning Theory & Practice*, 11 (2), 2010, pp. 149 – 165.

Johnston, K. J., Al, E., "Book Review: Towards Models and Constants for Sub-microarcsecond Astrometry / U. S. Naval Observatory, 2000", *Journal of the Royal Astronomical Society of* Canada *Royal Astronomical Society of Canada*, 96, 2002, p. 78.

Johnston, R. J. , "A Place for Everything and Everything in Its Place", *Transactions of the Institute of British Geographers*, 16 (2), 1991, pp. 131 - 147.

Johnston, R. J. , "Behavioral Modelling in Geography and Planning", *Geographical Journal*, 155 (2), 1989, p. 283.

Johnston, R. J. , "Four Fixations and the Quest for Unity in Geography", *Transactions of the Institute of British Geographers*, 11 (4), 1986, pp. 449 - 453.

Johnston, R. J. , *Geography and Geographers* (London: Edward Arnold Ltd. 1997) .

Johnston, R. J. , *On Human Geography* (Basil Blackwell, Oxford: 1986) .

Johnston, R. J. , *Philosophy and Human Geography: An Introduction to Contemporary Approaches* (New York: Wiley, 1986) .

Johnston, R. , Newton, P. W. , "Residential Area Characteristics and Residential Area Homogeneity: Further Thoughts on Extensions to the Factorial Ecology Method", *Environment & Planning A*, 8 (5), 1976, pp. 543 - 552.

Johnston, R. J. , *Philosophy and Human Geography: An Introductory to Contemporary Approaches* (London: Edward Arnold, 1986) .

Johnston, R. , " The Determinants of Service Quality: Satisfiers and Dissatisfies", *International Journal of Service Industry Management*, 6 (5) , 1995, pp. 53 - 71.

Jones, E. , "A Social Geography of the City", *Urban Studies*, 21 (1), 1984, pp. 95 - 95.

Jones, M. O. , Georges, R. A. , *People Studying People* (California : University of California Press, 1980) .

Jones, M. R. , "Spatial Selectivity of the State? The Regulationist Enigma and Local Struggles over Economic Governance", *Environment & Planning A*, 29 (5), 1997, pp. 831 - 864.

Jones, P. M. , Dix, M. C. , Clarke, M. I. , et al. , *Understanding Travel Behaviour* (UK: Gower Pub Co. , 1983) .

Jorgensen, B. S. , Stedman, R. C. , "Sense of Place as an Attitude:

Lakeshore Owner's Attitudes toward Their Properties", *Journal of Environmental Psychology*, (21), 2001, pp. 233 - 248.

Josef, K., Ursula, R., Philipp, S., "Place Attachment and Social Ties - Migrants and Natives in Three Urban Settings in Vienna", *Population Space & Place*, 21 (5), 2015, pp. 446 - 462.

Kawachi, I., "Social Cohesion, Social Capital, and Health", *Social Epidemiology*, 135, 2000, pp. 874 - 883.

Kennedy, M. and Leonard, P., "Dealing with Neighborhood Change: A Primer on Gentrification and Policy Choices", *A Discussion Paper Prepared for The Brookings Institution Center on Urban and Metropolitan Policy*, 2001.

Kennedy, M. and Leonard, P., "Gentrification: Practice and Politics, as one of Three Papers that Comprises the Home Ownership Summit 2000 Research Series", *The LISC Center for Home Ownership and the LISC Knowledge Sharing Initiative*, 2001.

Knox, P., Pinch, S., *Urban Social Geography*: An Introduction (Upper Saddle River: Prentice Hall, 2000).

Knox, *Urban Social Geography: an Introduction*, Third Edition (Longman Scientific & Technical, 1994).

Kwan, M. P., Ding, G., "Geo-narrative: Extending Geographic Information Systems for Narrative Analysis in Qualitative and Mixed-method Research", *The Professional Geographer*, 60 (4), 2008, pp. 443 - 465.

Kwan, M. P., "Beyond Space (as We Knew It): Toward Temporally Integrated Geographies of Segregation, Health, and Accessibility", *Annals of the Association of American Geographers*, 103 (5), 2013, pp. 1078 - 1086.

Kwan, M. P., "Affecting Geospatial Technologies: Toward a Feminist Politics of Emotion", *The Professional Geographer*, 594, 2007, pp. 22 - 34.

Lagendijk, A., Arts, B., and Houtum, H. V., *Shifts in Governmentality, Territoriality and Governance: An Introduction //The Disoriented State: Shifts in Governmentality, Territoriality and Governance. Springer Netherlands* (Berlin: Springer Netherlands, 2009: 3 - 10).

Lagopoulos, A. P. , "Postmodernism, Geography, and the Social Semiotics of Space", *Environment & Planning D Society & Space*, 11 (3), 1993, pp. 255 - 278.

Lakshmanan, J. R. , Walter G. , Hansen, "A Retail Market Potential Model", *Journal of the American Planning Association*, 31 (2), 1965, pp. 134 - 143.

Landini, F. , "Local Knowledge Dynamics and the Search for Scientific Knowledge Process-contribution of a Case Study", *Cuadernos De Desarrollo Rural*, 7 (65), 2010, pp. 19 - 40.

Lash, S. , Urry, J. , *Economies of Signs and Space* (London: Sage Publications, 1994), pp. 360.

Laurier, E. , Parr, H. , "Disability, Geography and Ethics: Emotions and Interviewing in Health and Disability Research", *Ethics*, *Place and Environment*, (3), 2000, pp. 98 - 102.

Lees, L. , Baxter, R. , "A 'Building Event' of Fear: Thinking through the Geography of Architecture", *Social & Cultural Geography*, 12 (2), 2011, pp. 107 - 122.

Lees, L. , "Super-gentrification: The Case of Brooklyn Height", 40 (12), 2003, pp. 2487 - 2510.

Lefebvre, H. , *The Production of Space* (Oxford UK: Blackwell, 1991) .

Lewthwaite, G. R. , "Environmentalism and Determinism: A Search for Clarification", *Annals of the Association of American Geographers*, 56 (1), 2015, pp. 1 - 23.

Ley, D. , "Forgetting Postmodernism? Recuperating a Social History of Local Knowledge", *Progress in Human Geography*, 27 (5), 2003, pp. 537 - 560.

Ley, D. , *Geography without Human Agency: A Humanistic Critique*. In: Agnew John et al. , ed. , *Human Geography: An Essential Anthology* (Oxford UK: Blackwell Publishers Inc. , 1999), pp. 192 - 210.

Ley, D. , "Rediscovering Man's Place", *Transactions of the Institute of*

British Geographers, 7 (2), 1982, pp. 248 - 253.

Ley, D., *The New Middle Classes and the Remaking of the Central City* (Oxford: Oxford University Press, 1996), pp. 258 - 310.

Leyshon, A., Thrift, N., Pratt, J., "Reading Financial Services: Texts, Consumers, and Financial Literacy", *Environment & Planning D Society & Space*, 16 (1), 1998, pp. 29 - 55.

Lofland, L. H., "Understanding Urban Life the Chicago Legacy", *Urban Life*, 11 (4), 1983, pp. 491 - 511.

Lowe, J., *Eldor Pederson*, *Human Geography: An Integrated Approach* (New York: John Wiley and Sons Inc., 1993), pp. 262 - 267.

Lowenthal, D., "Past Time, Present Place: Landscape and Memory", *The Geographical Review*, 65 (1), 1975, pp. 1 - 36.

Lüscher, P., Weibel, R., "Exploiting Empirical Knowledge for Automatic Delineation of City Centres from Large-scale Topographic Databases", *Computers, Environment and Urban Systems*, 37 (1), 2013, pp. 18 - 34.

Lynch, K., *Managing the Sense of the Region* (Cambridge, Mass: The MIT Press, 1976), pp. 112 - 118.

Lynch, K., *The Image of the City* (Cambridge: M. I. T. Press, 1960).

Madanipour, A., "Connectivity and Contingency in Planning", *Planning Theory* 9 (4), 2010, pp. 1 - 3.

Manson, S., O'Sullivan, D., "Complexity Theory in the Study of Space and Place", *Environment & Planning A*, 38 (4), 2006, pp. 677 - 692.

Marcuse, P., "Gentrification, Abandonment, and Displacement: Connections, Causes, and Policy Responses in New York City", *Washington University Journal of Urban & Contemporary Law*, 28 (8), 1985, pp. 105 - 120.

Massey, D., "Power-Geometry and a Progressive Sense of Place", in Jon Bird, Barry Curtis, Tim Putnam, George Robertson and Lisa Tickner (eds.), *Mapping the Futures: Local Cultures, Global Change* (London: Routledge, 1994), pp. 59 - 69.

Matthee, D., "Acts of Eating: Exploring the Significance of the Everyday

Eating Rituals of Women of Color Working on Farms", *Gender*, *Place and Culture*, 11 (3), 2004, pp. 437 – 444.

Matthee, D., "Towards an Emotional Geography of Eating Practices: An Exploration of the Food Rituals of Women of Colour Working on Farms in the Western Cape", *Gender*, *Place* and *Culture*, 11 (3), 2004, pp. 437 – 443.

Mccann, E. J., "Framing Space and Time in the City: Urban Policy and the Politics of Spatial and Temporal Scale", *Journal of Urban Affairs*, 25 (2), 2003, pp. 159 – 178.

Mcgrath, L., Reavey, P., Brown, S. D., "The Scenes and Spaces of Anxiety: Embodied Expressions of Distress", *Emotion*, *Space and Society*, 1 (1), 2008, pp. 56 – 64.

Meinig, D. W., Jackson, J. B., *The Interpretation of Ordinary Landscapes*: *Geographical Essays* (Oxford: Oxford University Press, 1979), pp. 41 – 42.

Miller, H. J., "Modelling Accessibility Using Space-time Prism Concepts within Geographical Information Systems", *International Journal of Geographical Information System*, 5 (3), 1991, pp. 287 – 301.

Miller, J. C., "Malls without Stores (Mw S): The Affectual Spaces of a Buenos Aires Shopping Mall", *Transactions of the Institute of British Geographers*, 39 (1), 2014, pp. 14 – 25.

Milligan, C., "Location or Dislocation? Towards a Conceptualization of People and Place in the Care-giving Experience", *Social and Cultural Geography*, 4 (4), 2003, pp. 455 – 470.

Moore, R. L., Graefe, A. R., "Attachments to Recreation Settings: The Case of Rail-trail Users", *Leisure Sciences* (16), 1994, pp. 17 – 31.

Morgan, K., "The Learning Region: Institutions, Innovation and Regional Renewal", *Regional Studies* (31), 1997, pp. 497 – 503.

Murdie, A., Peksen, D., "The Impact of Human Rights INGO Shaming on Humanitarian Interventions", *Journal of Politics* 76 (1), 2013, pp. 215 – 228.

Nijkamp, P., Wrigley, N., *Measuring the Unmeasurable* (Leiden,

Netherlands: Martinus Nijh off Publishers, 1985) .

Nissanov, Z. , Pittau, M. G. , "Measuring Changes in the Russian Middle Class between 1992 and 2008: A Nonparametric Distributional Analysis", *Empirical Economics* 50 (2), 2016, pp. 503 – 530.

Nyden, P. , Edlynn, E. , Davis, J. , "The Differential Impact of Gentrification on Communities in Chicago Chicago", *Loyola University Chicago Center for Urban Research and Learning*, 2006, pp. 8 – 12.

Pain, R. , Townshend, T. , "A Safer City Centre for All? Senses of 'Community Safety' in Newcastle upon Tyne", *Geoforum* 33 (1), 2002, pp. 105 – 119.

Pain, R. , "Space, Sexual Violence and Social Control: Integrating Geographical and Feminist Analyses of Women's Fear of Crime", *Progress in Human Geography* 15 (4), 1991, pp. 415 – 431.

Philo, C. , Parr, H. , "Institutional Geographies: Introductory Remarks", *Geoforum* 31 (4), 2000, pp. 513 – 521.

Pinch, S. , "Social Polarization: A Comparison of Evidence from Britain and the United States", *Environment & Planning A* 25 (6), 1993, pp. 779 – 795.

Pinnell, L. B. , "Space-time and the City: Glasgow and the Literature of the Urban Peripheries", *Inorganic Chemistry* 26 (17), 1996, pp. 129 – 142.

Porter, J. R. , Howell, F. M. , "Roots of Space in Sociology: Community Sociology at the Wisconsin and Chicago Schools", *Geographical Sociology* (10), 2012, pp. 110 – 119.

Pred, A. , "Behavior and Location", *Economic Geography*, 45 (2), 1967, pp. 183 – 184.

Pred, A. , "Social Reproduction and the Time-geography of Everyday Life", *Geografiska Annaler: Human Geography* 63 (1), 1981, pp. 5 – 22.

Price-Chalita, P. , "Spatial Metaphor and the Politics of Empowerment: Mapping a Place for Feminism and Postmodernism in Geography?", *Antipode* 26 (3), 2010, pp. 236 – 254.

Rediscovering Geography Committee, *Rediscovering Geography—New Relevance for Science and Society* (Washington, D. C.: National Academy Press, 1997), pp. 21 - 39.

Rees, P. H., "The Factorial Ecology of Calcutta", *American Journal of Sociology* 74 (5), 1969, pp. 445 - 491.

Reilly, W. J., "The Law of Retail Gravitation", *American Journal of Sociology*, 1931.

Relph, E., *Place and Placelessness* (London: Pion, 1976), pp. 35 - 40.

Relph, E., "Dwelling, Place and Environment", *Geographical Experiences and Being-in-the-Word: The Phenomenological Origins of Geography*, eds. D. Seamon, R. Mugerauer (NY: Columbia University Press, 1989), p. 60.

Reynolds, D. R., "Perceptual and Behavioural Theory in Practice", *Progress in Human Geography* 17 (3), 1993, pp. 378 - 388.

Richard, L., Francis, Leon, F., McGinnis, John A. White, "Locational Analysis", *European Journal of Operational Research* 12 (3), 1983, pp. 220 - 252.

Robson, G., Butler, T., "Coming to Terms with London: Middle-class Communities in a Global City", *International Journal of Urban & Regional Research*25 (1), 2001, pp. 70 - 86.

Rogers, E. M., Larsen, J. K., *Silicon Valley Fever: Growth of High Technology Culture* (New York: Basic Books, 1984).

Rogerson, R. J., Findlay, A. M., Paddison, R., et al., "Class, Consumption and Quality of Life", *Progress in Planning*, 45 (45), 1996, pp. 135 - 146.

Rogerson, R., "Making Spaces for People's Quality of Life", *General Information* (9), 1999.

Rostow, W. W., *Stages of Economic Growth* (London Cambridge: Cambridge University Press, 1960).

Rubinstein, W. D., "The Middle Classes in Europe, 1789 - 1914: France, Germany, Italy, and Russia: Pamela M. Pilbeam", *Journal of Historical Geography* 17 (1), 1991, pp. 104 - 105.

Rushton, G., Densham, P. J., "Designing and Implementing Strategies for Solving Large Location-Allocation Problems with Heuristic Methods", *Ncgia Technical Reports* (6), 1991, pp. 91 – 100.

Rushton, G., "Analysis of Spatial Behavior by Revealed Space Preference", *Annals of the Association of American Geographers* 59 (2), 1969, pp. 391 – 400.

Sampson, E., "Justice and the Neutral State: A Postmodern, Feminist Critique of Lehning's Account of Justice", *Social Justice Research* 7 (2), 1994, pp. 145 – 154.

Sassen, Saskia, *The Global City: New York, London, Tokyo* (Princeton, New Jersey, USA: Princeton University Press, 1991).

Shank, J. W., "An Exploration of Leisure in the Lives of Dual Career Women", *Journal of Leisure Research* 18 (4), 1986, pp. 300 – 319.

Shaw, S. L., "What about 'Time' in Transportation Geography Shaw", *Journal of Transport Geography* 14 (3), 2006, pp. 237 – 240.

Shevky, E., Bell, W., "Social Area Analysis: Theory, Illustrative Application and Computational Procedures", *American Sociological Review* 20 (4), 1955, p. 497.

Shields, R., "Social Spatialization and the Built Environment: The West Edmonton Mall", *Environment & Planning D Society & Space* 7 (2), 1989, pp. 147 – 164.

Sibley, D., *Families and Domestic Routines: Constructing the Boundaries of Childhood* (London: Routledge Falmer, 1995).

Siegle, R., "Postmodernism", *MFS Modern Fiction Studies* 41 (1), 1995, pp. 165 – 194.

Sirvent, M. T., "Leisure Time, Popular Culture and Education: Case Studies in the Urban Peripheries of Latin American Cities", *Loisir Et Societe* 6 (2), 1983, pp. 325 – 355.

Sjoberg, G., "The Preindustrial City, Past and Present", *American Catholic Sociological Review* 22 (2), 1960, p. 181.

Skocpol, T., "A Critical Review of Barrington Moore's Social Origins of Dictatorship and Democracy", *Politics & Society* 4 (1), 1973, pp. 1 – 34.

Smith, T. L., "Some Emerging Issues in Population Policies in Latin America", *International Review of Modern Sociology* 3 (1), 1973, pp. 25 – 30.

Smith, N., *The New Urban Frontier: Gentrification and the Revanchist City* (*New York: Routledge*, 1996), p. 97.

Smith, N., "Towards a Theory of Gentrification: A Back to the City Movement by Capital, Not People", *Journal of the American Planning Association* (45), 1979, pp. 538 – 448.

Soja, E. W., Morales, R., Wolff, G., "Urban Restructuring: An Analysis of Social and Spatial Change in Los Angeles", *Economic Geography* 59 (2), 1983, p. 36.

Soja, E. W., "Keeping Space Open", *Annals of the Association of American Geographers* 89 (2), 1999, pp. 348 – 353.

Soja, E. W., "The Socio – spatial Dialectic", *Annals of the Association of American Geographers* 70 (2), 2015, pp. 207 – 225.

Sooman, A., Macintyre, S., "Health and Perceptions of the Local Environment in Socially Contrasting Neighbourhoods in Glasgow", *Health & Place* 1 (1), 1995, pp. 15 – 26.

Sorre, M., *Rencontres de la Geographie et de la Sociologie* (Paris: Marcel Riviere, 1957).

Storper, M., Venables, A. J., "Buzz: Face-to-face Contact and the Urban Economy", *Journal of Economic Geography* (4), 2004, pp. 351 – 370.

Szutowski, D., "Innovation and Market Value: The Case of Tourism Enterprises", *Social Science Electronic Publishing* 26 (6), 2016, pp. 235 – 239.

Talen, E., "Measuring the Public Realm: A Preliminary Assessment of the Link between Public Space and Sense of Community", *Journal of Architectural & Planning Research* 17 (4), 2000, pp. 344 – 360.

Taylor, P. J., Parkes, D. N., "A Kantian View of the City: A Factorial Ecology Experiment in Space and Time", *Environment & Planning A* 7 (6), 1975, pp. 671 – 688.

Thrift, N. , *Spatial Formations* (London: Sage, 1996) .

Timmermans, H. J. P. , Gärling, T. , Golledge, R. G. , "Retail Environments and Spatial Shopping Behaviour", *Behavior & Environment Psychological & Geographical Approaches*, 96 (6), 1993, pp. 342 - 377.

Timmermans, H. J. P. , Golledge, R. G. , "Applications of Behavioural Research on Spatial Problems: Preference and Choice", *Progress in Human Geography* 14 (3), 1990, pp. 311 - 354.

Tiesdell, S. , "City Centre Management and Safer City Centres: Approaches in Coventry and Nottingham", *Cities* 15 (2), 1998, pp. 85 - 103.

Tobias, M. , Howdenchapman, P. E. , "Social Inequalities in Health, New Zealand 1999: A Summary", *The Ministry of Health-New Zealand* (3), 2000.

Tschakert, P. , Tutu, R. , Alcaro, A. , "Embodied Experiences of Environmental and Climatic Changes in Landscapes of Everyday Life in Ghana", *Emotion, Space and Society* (7), 2013, pp. 13 - 25.

Tuan, Y. F. , *Space and Place: The Perspective of Experience* (University of Minnesota Press, 1978) .

Tuan, Y. F. , *Topophilia: A Study of Environmental Perception* (New Jersey: Prentice-Hall, 1974) .

Tuan, Yi-Fu *Space and Place: The perspective of Experience* (University of Minnesota Press, 2001) .

Tuan, Yi-fu, *Topophilia: A Study of Environment Perception* (Prentice-hall, 1974), pp. 35 - 250.

Urry, J. , "The Place of Emotions within Place", *Emotional Geographies* (1), 2005, pp. 77 - 83.

Wakeford, N. , "Urban Culture for Virtual Bodies: Comments on Lesbian 'Identity' and 'Community' in SanFrancisco Bay Area Cyberspace", *New Frontiers of Space, Bodies and Gender*, London: Routledge, 1998, pp. 176 - 190.

Waxell, A. , "Geography and the Retail Industry: A Literature Review with a Special Focus on Sweden", *Social & Economic Geography* (1), 2015, pp. 150 – 166.

White, G. F., *Human Adjustment to Floods: A Geographical Approach to the Flood Problem in the United State* (Chicago: University of Chicago, 1945).

Widdowfield, R., "The Place of Emotions in Academic Research", *Area* 32 (2), 2000, pp. 199 – 208.

Williams, D. R., Patterson, M. E., Roggenbuck, J. W., & Watson, A. E., "Beyond the Commodity Metaphor: Examining Emotional and Symbolic Attachment to Place", *Leisure Sciences* (4), 1992, pp. 29 – 46.

Willis, A., "Constructing a Story to Live by: Ethics, Emotions and Academic Practice in the Context of Climate Change", *Emotion, Space and Society* 5 (1), 2012, pp. 52 – 59.

Wolch, J. R., Dear, M. J., "The Power of Geography: How Territory Shapes Social Life", *Transactions of the Institute of British Geographers*14 (4), 1989, pp. 63 – 73.

Wolpert, J., "The Decision Process in Spatial Context", *Annals of the Association of American Geographers* 54 (4), 1964, pp. 537 – 558.

Wong, D. W. S., Shaw, S. L., "Measuring Segregation: An Activity Space Approach", *Journal of Geographical Systems* 13 (2), 2011, pp. 127 – 145.

Wooldridge, B. S. W., East, W. G., O'Dell, A. C., *Railways and Geography* (Hutchinson's University Library, 1956).

Yaklaşim, E., "A Forgotten Concept in Economic Theory: Space", *Ekonomik Yaklaı m*, 2011.

Yeung, H. W. C., "The Firm as Social Networks: An Organisational Perspective" *Growth and Change* 36 (3), 2005, pp. 307 – 328.

Zhao, R. M., "Discussion on Postmodernism Urban Planning and Design in China —Taking the Change and Rebuilding of Some Old Industrial Districts as Example", *Jiangsu Construction* 21 (4), 2012, pp. 21 – 26.

Zukin, S., "Gentrification: Culture and Capital in the Urban Core", *Annual Review of Sociology* 13 (1), 1987, pp. 129 – 147.

附　录

附录一

西安市大型购物中心微区位研究的调查问卷

尊敬的先生/女士：

您好！我们是×××专业的研究生，正在进行“国家社会科学基金”关于西安市大型购物中心微区位特征的课题研究，需要您的帮助进行问卷调研。本问卷所得信息只做学术之用，绝不对外公开，请放心填写！同时，也对您给予我们调研工作的帮助表示最诚挚的谢意！

×××单位

问卷内容

1. 您更倾向于以何种方式到达该大型购物中心？______

A. 步行　B. 骑自行车/电动车　C. 乘坐公共交通工具

D. 出租车/滴滴/其他专车　E. 自驾车

2. 您每月到达该大型购物中心的频率为______

A. 1～2 次　B. 3～5 次　C. 6～8 次　D. 8 次以上

3. 您通常来该大型购物中心的时间段为______

A. 10：00～12：00　B. 12：00～14：00

C. 14：00～18：00　D. 18：00 以后

4. 您来该大型购物中心的每次消费金额一般为______

A. 500 元以下　　B. 500 ~ 1000 元

C. 1001 ~ 2000 元　　D. 2000 元以上

5. 您来该大型购物中心的目的一般为（可多选）______

A. 购物　　B. 用餐　　C. 娱乐休闲　　D. 朋友聚会

E. 恋人约会　　F. 随意走走　　G. 其他________

6. 您是以何种方式知道该大型购物中心的？______

A. 住在附近，路过时了解　　B. 从网络上了解

C. 亲朋好友推荐　　D. 广告（牌）了解

E. 其他：________

7. 影响您选择该大型购物中心的因素有（可多选）______

A. 距离近　　B. 交通条件/设施好

C. 地理位置优越　　D. 内部各楼层功能布局合理

E. 内部配套设施完善（如电影院、餐饮等）

F. 购物中心知名度高　　G. 所在商圈较为成熟（周边配套完善）

H. 其他______

8. 您对目前该大型购物中心现状的评价是______

(5 分为非常好，4 分为较好，3 分为一般，2 分为较不好，1 分为非常不好)

地理位置优越	5	4	3	2	1
交通便捷	5	4	3	2	1
有大型停车场	5	4	3	2	1
距离居住的地方较近	5	4	3	2	1
休闲娱乐/餐饮/购物一站式解决	5	4	3	2	1
经营的商品种类齐全	5	4	3	2	1
内部各楼层功能布局合理	5	4	3	2	1
内部空间环境舒适	5	4	3	2	1
有适合亲子活动的空间	5	4	3	2	1
所在商圈较为成熟(周边配套完善)	5	4	3	2	1
整体印象	5	4	3	2	1

9. 下列大型购物中心，您比较青睐（至多选3项）______

□ 开元商城	□ 李家村万达广场
□ 益田假日世界购物中心	□ 立丰国际购物中心
□ 熙地港购物中心	□ 金辉·环球广场
□ 大悦城购物中心	□ 砂之船·奥莱
□ 赛格国际购物中心	□ 大融城购物中心
□ MOMOPARK 购物中心	□ 曲江金地广场
□ 印象城购物中心(龙首原店)	□ 五路口万达广场

基本资料

Y1. 您的性别______

A. 女性　　B. 男性

Y2. 您的年龄______

A. 18 岁及以下　　B. 19 ~ 40 岁

C. 41 ~ 60 岁　　D. 60 岁及以上

Y3. 您的学历______

A. 初中及以下　　B. 高中或中专

C. 大学或大专　　D. 硕士及以上

Y4. 您的职业______

A. 专业人士（如教师、医生、律师等）

B. 服务业从业人员　　C. 自由职业者　　D. 商人/个体户

E. 公司职员　　F. 学生　　G. 退休人员　　H. 待业

I. 其他______

Y5. 收入状况______

A. 3000 元以下　　B. 3000 ~ 6500 元

C. 6500 ~ 10000 元　　D. 10000 元以上

Y6. 您现在的居住地区______

A. 碑林区　　B. 莲湖区　　C. 新城区　　D. 未央区　　E. 雁塔区

F. 灞桥区

关于城市公园微区位规律的调查问卷

您好!

本问卷为×××“国家社会科学基金”项目研究而设计，目的是对西安市主城区内的城市公园微区位特征进行调研，本调研所得信息只做学术之用，绝不对外公开，请放心填写！在此，向您给予我们调研工作的大力支持与帮助表示最诚挚的谢意!

×××单位

1. 您是否为本地人？______

A. 居民　　B. 游客

2. 您是第一次来本公园游玩吗？______

A. 是　　B. 否

3. 您多久游玩一次城市公园？______

A. 每周一次　B. 每周两次及以上　C. 每月一次　D. 不定期

□其他____________

4. 若您喜欢某一城市公园，您考虑的因素是？______

(1) 交通方面　A. 公交线路多　B. 邻近地铁口　C. 停车便利

D. 步行方便，适于散步

(2) 体验方面　A. 门票划算　B. 观赏价值高　C. 学习价值高

D. 游乐设施丰富　E. 公园周边服务设施种类丰富

F. 公园周边景点较多

(3) 其他____________

5. 您更倾向于采用何种方式到达本公园？______

A. 步行　B. 自行车/电动车　C. 公交　D. 地铁

E. 私家车

6. 您来本公园游玩的主要目的是（可多选）______

A. 参观遗址遗迹、博物馆等　　B. 锻炼身体

C. 休闲娱乐　　　　　　　　　　　　D. 聚会约会

7. 您觉得到达本公园周边的交通（可达性）是否便利？______

A. 交通便利，有近距离的公交、地铁站点

B. 交通条件一般，较易到达

C. 交通可达性差，不易到达

8. 您觉得本公园的（机动车）停车场地

（1）没有注意到停车场

（2）停车场位置　A. 位置较好，停车便利

B. 位置不好，停车不够方便

（3）停车位数量　A. 数量充足　B. 数量适宜　C. 数量缺乏

9. 请您对本公园的服务管理进行评分（5分为最高分）______

(1)咨询处	1分	2分	3分	4分	5分
(2)标识系统	1分	2分	3分	4分	5分
(3)博物馆/展厅	1分	2分	3分	4分	5分

10. 请您对本公园的卫生设施进行评分（5分为最高分）______

(1)卫生间	1分	2分	3分	4分	5分
(2)垃圾桶	1分	2分	3分	4分	]5分

11. 请您对本公园的休息座椅进行评分（5分为最高分）______

(1)座椅数量	1分	2分	3分	4分	5分
(2)座椅位置	1分	2分	3分	4分	5分
(3)座椅设计	1分	2分	3分	4分	5分

12. 您认为本公园有哪些服务设施需要再完善？(可多选)______

A. 纪念品贩卖点　B. 卫生间　C. 餐饮店　D. 咨询点

E. 休憩场地　F. 亲子活动服务设施　G. 老年人活动服务设施

13. 您认为本公园周边服务设施情况如何？______

A. 周边服务设施较完善　　　　B. 周边服务设施一般

C. 周边服务设施种类不足

14. 您觉得本公园周边还需要增加哪些类型的服务设施？______

A. 娱乐场所　B. 餐饮场所　C. 民宿等住宿场所

D. 商业服务设施　E. 文化类景区

F. 大学、图书馆等文化设施　G. 其他__________

15. 请您对本公园的整体情况评分（5 为最高分）______

A. 1 分　B. 2 分　C. 3 分　D. 4 分　E. 5 分

16. 您的性别是______

A. 男性　B. 女性

17. 您的年龄是______

A. 小于 16 岁　B. 16 ~ 19 岁　C. 20 ~ 29 岁　D. 30 ~ 39 岁

E. 40 ~ 49 岁　F. 50 岁及以上

18. 您的文化程度是______

A. 初中及以下　B. 高中（技校、中专）

C. 本科或大专　D. 研究生及以上

19. 您的职业是______

A. 学生　B. 教职工/科研人员　C. 公司职员　D. 工人

E. 商人/个体户　F. 退休人员　G. 自由职业者　H. 暂时待业

I. 家庭主妇　J. 事业单位　K. 其他______

20. 您的月收入范围为（元）______

A. 1000 以下　B. 1000 ~ 3000　C. 3000 ~ 5000　D. 5000 ~ 8000

E. 8000 ~ 1 万　F. 1 万以上

附录二

关于西安文创空间微区位布局研究的调查问卷

尊敬的先生/女士：

您好！本问卷是为×××“国家社会科学基金”项目研究而设计，旨在研究西安市文创空间布局微区位规律及其影响因素，需要您的帮助进行问卷调研。研究希望通过收集并分析文创空间概况与经营者、消费者的多方区位环境需求，为西安市文创空间的合理发展提出可行性建议。本调研所得信息只做学术之用，绝不对外公开，请放心填写！在此，也对您给予我们调研工作的大力支持与帮助表示最诚挚的谢意！

×××单位

一、背景：您到此处是为何种类型的文创消费？

(1) 文艺传媒类______

A. 文化艺术　B. 新闻出版　C. 广播电视电影　D. 公益活动

(2) 技术服务类______

A. 互联网创业　B. 广告会展　C. 设计与策划服务　D. 技术服务

(3) 休闲娱乐类______

A. 旅游　B. 购物　C. 餐饮　D. 休闲娱乐　E. 创意服饰

(4) 培训传播类______

A. 文化培训与传播　B. 艺术培训与传播　C. 运动训练与拓展

(5) 商务休闲类______

A. 商务洽谈 B. 朋友小聚

(6) 其他________

二、消费者需求

1. 您更倾向于如何到达该文创空间? ______

A. 步行或骑车 B. 乘坐公共交通工具 C. 自驾车 D. 其他

2. 您通常来到这里的时间段为(可多选): ______

A. 7: 00 ~ 10: 00 B. 10: 00 ~ 12: 00

C. 12: 00 ~ 18: 00 D. 18: 00 以后

3. 您来这里的频率是______

A. 每月 6 次以上 B. 每月 3 ~ 6 次

C. 每月 1 ~ 2 次 D. 仅偶尔来一次

4. 您一般来本文创空间所停留的时间是______

A. 1 小时以内 B. 1 ~ 3 小时 C. 3 小时以上

5. 您在这里每次的消费金额大概是? ______

A. 50 元以下 B. 50 ~ 100 元

C. 100 ~ 200 元 D. 200 元以上

6. 您对本文创园区现状的评价是:

(1) 文创区店铺类型的多样性______

A. 非常好 B. 好 C. 一般 D. 不好 E. 非常不好

(2) 文创区内部基础设施情况______

A. 非常好 B. 好 C. 一般 D. 不好 E. 非常不好

(3) 文创区周边服务设施配套______

A. 非常好 B. 好 C. 一般 D. 不好 E. 非常不好

(4) 文创区交通可达情况______

A. 非常好 B. 好 C. 一般 D. 不好 E. 非常不好

(5) 文创区空间环境设计______

A. 非常好 B. 好 C. 一般 D. 不好 E. 非常不好

(6) 请您指明不满意之处__________

7. 您的消费需求主要有哪些（可多选）______

A. 酒吧、书店、摄影等文艺休闲体验

B. 聊天、喝茶、喝咖啡、谈生意等交流活动

C. 参观文化创意展示，增加生活乐趣

D. 感受和理解文化、创意等元素

E. 购买与文化创意相关的商品

F. 在休闲的环境氛围中缓解压力

G. 其他____________

8. 该文创空间在哪些方面吸引您？（可多选）______

A. 独具特色的环境　B. 方便的交通条件　C. 丰富多样的活动

D. 良好的交流展览平台　E. 便利的服务设施　F. 良好的文创氛围

G. 轻松休闲的空间　H. 有趣的文创购物选择

Ⅰ. 其他____________

9. 您更希望文创空间附近有哪些设施？（可多选）______

A. 优美、舒适的休憩环境　B. 多元化的便利店、餐饮店

C. 宾馆酒店等住宿场所　D. 高校、图书馆等文化场所

E. 展览演出场所　F. 银行等金融服务场所

G. 其他____________

10. 您本次游览或商务体验与期望相比？______

A. 大大超出期望　B. 比期望稍好　C. 与期望相符

D. 有点失望　E. 相当失望

如失望，您失望的原因是____________

三、消费者信息

1. 您的性别______

A. 男性　B. 女性

2. 您的年龄______

A. 小于 18 岁　B. 18 ~ 30 岁　C. 30 ~ 45 岁　D. 45 岁及以上

3. 您的学历______

A. 初中及以下　B. 高中或中专

C. 本科或大专　　　　　　　　D. 硕士及以上

4. 您的月收入______

A. 3000元以下　　　　　　　　B. 3000~6000元

C. 6000~10000元　　　　　　D. 10000元以上

5. 您的职业______

A. 专业人士（如教师/医生/律师等）

B. 服务业人员（餐饮服务员/司机/售货员等）

C. 自由职业者（如作家/艺术家/摄影师/导游等）

D. 公司职员

E. 工人（如工厂工人/建筑工人/城市环卫工人等）

F. 事业单位/公务员/政府工作人员

G. 个体经营者　H. 离退休人员　I. 学生　J. 家庭主妇

K. 其他______

附录三

关于地铁邻近商业空间微区位的调查问卷

您好！

本问卷是为×××“国家社会科学基金”项目研究而设计，旨在研究西安市地铁邻近的商业空间微区位特征，需要对您进行问卷调研。本调研所得信息只做学术之用，绝不对外公开，请放心填写！在此，也对您给予我们调研工作的大力支持与帮助表示最诚挚的谢意！

×××单位

1. 您通常采取什么样的交通方式到达/离开地铁邻近的商业空间？______

A. 步行　B. 非机动车　C. 公交车　D. 地铁　E. 自驾车

F. 出租车　G. 共享单车　H. 滴滴出行等网约车　I. 其他______

2. 您到达此处的交通时间______

A. 5分钟以下　B. 5~10分钟　C. 10~20分钟　D. 20~30分钟

E. 30分钟以上

3. 您到此处的原因______

A. 在周边居住　B. 在周边上学　C. 在周边工作　D. 办事、路过

E. 其他________

4. （多选）您到此处消费的商品种类______

A. 餐饮　B. 服饰　C. 生活日用品

D. 生活服务（理发、家政、洗衣店等）

E. 医疗、药品　F. 金融类（银行）　G. 书籍、报纸

H. 休闲娱乐（电影、美容、KTV 等）

I. 化妆、护肤品　J. 康体养生（游泳健身、汗蒸、SPA）

K. 其他________

5. 您平均每次在此地消费的额度______

A. 100 元以下　B. 100～300 元　C. 300～500 元　D. 500～1000 元

E. 1000 元以上

6. 您在此地消费的频率______

A. 每周 1～2 次　B. 每周 3～5 次　C. 每周 5 次以上　D. 仅偶尔一次

7. （多选）您选择到此地消费的原因______

A. 离家/学校/上班地点较近　B. 商业设施多　C. 商品种类丰富

D. 路过消费　E. 经亲友或其他途径推荐　F. 交通便利

G. 环境优美　H. 其他________

8. 您会向亲友推荐来此地购物吗？______

A. 经常会推荐　B. 偶尔会推荐　C. 从不会推荐　D. 不确定

9. 请您对地铁邻近商业空间的以下方面进行分数评价（满分 5 分）

（1）商品种类的丰富程度______

A. 1 分　B. 2 分　C. 3 分　D. 4 分　E. 5 分

（2）商品价格的合理程度______

A. 1 分　B. 2 分　C. 3 分　D. 4 分　E. 5 分

（3）商店/商场的工作人员的服务态度______

A. 1 分　B. 2 分　C. 3 分　D. 4 分　E. 5 分

（4）商店/商场的交通可达程度______

A. 1 分　B. 2 分　C. 3 分　D. 4 分　E. 5 分

（5）商店/商场入口的可辨识度______

A. 1 分　B. 2 分　C. 3 分　D. 4 分　E. 5 分

（6）商店/商场购物环境的舒适程度______

A. 1 分　B. 2 分　C. 3 分　D. 4 分　E. 5 分

（7）商店/商场的停车场设置______

A. 1 分　B. 2 分　C. 3 分　D. 4 分　E. 5 分

10. 请您对地铁邻近商业空间的公共环境进行分数评价（满分5分）

（1）装饰设施（墙绘、装饰图案、影音播放等）的装饰效果______

A. 1 分　B. 2 分　C. 3 分　D. 4 分　E. 5 分

（2）宣传设施（墙面广告、视频广告等）的宣传效果______

A. 1 分　B. 2 分　C. 3 分　D. 4 分　E. 5 分

（3）便民设施（照明灯、休息椅、垃圾箱等）的便民效果______

A. 1 分　B. 2 分　C. 3 分　D. 4 分　E. 5 分

（4）标识设施（指示牌、路标、站牌、空间示意图等）的导视效果

______

A. 1 分　B. 2 分　C. 3 分　D. 4 分　E. 5 分

（5）安全设施（安全护柱、防护栏杆、电梯警示等）的安全效果

______

A. 1 分　B. 2 分　C. 3 分　D. 4 分　E. 5 分

11. 请您对在地铁邻近商业空间的消费体验（可综合您的收入水平、社会地位、消费心理等要素）进行分数评价（满分5分）______

A. 1 分　B. 2 分　C. 3 分　D. 4 分　E. 5 分

12. 您的个人信息（请放心填写，仅做数据研究使用）

（1）您的性别______

A. 男性　B. 女性

（2）您的年龄______

A. 18 岁以下　B. 18～30 岁　C. 31～45 岁　D. 46～60 岁

E. 60 岁以上

（3）您的受教育程度______

A. 初中及以下　B. 高中　C. 本科/专科　D. 研究生及以上

（4）您的职业______

A. 国家机关/党群组织/企业/事业单位负责人

B. 专业技术人员（教师/医生/律师等）

C. 办事人员和有关人员（邮政/消防/行政等）

D. 商业/服务业人员（销售/餐饮服务等）

E. 农/林/牧/渔/水利业生产人员

F. 生产/运输设备操作人员及有关人员

G. 军人　　H. 学生

I. 自由职业者（作家/艺术家/摄影师等）

J. 待业　　K. 退休人员　　L. 其他________

(5) 您的月收入______

A. 3000 元以下　　B. 3000 ~ 5000 元　　C. 5000 ~ 8000 元

D. 8000 ~ 10000 元　　E. 10000 元以上

索　引

F

G

H

J

K

L

M

N

Q

R

S

T

W

X

Y

Z

图书在版编目（CIP）数据

微区位原理研究 / 张中华著. --北京：社会科学文献出版社，2020.7
国家社科基金后期资助项目
ISBN 978-7-5201-6903-5

Ⅰ.①微… Ⅱ.①张… Ⅲ.①城市经济-区位理论-研究-中国 Ⅳ.①F290

中国版本图书馆 CIP 数据核字（2020）第 128087 号

·国家社科基金后期资助项目·
微区位原理研究

著　　者 / 张中华

出 版 人 / 谢寿光
责任编辑 / 高　雁
文稿编辑 / 梁　雁

出　　版 / 社会科学文献出版社 · 经济与管理分社（010）59367226
地址：北京市北三环中路甲 29 号院华龙大厦　邮编：100029
网址：www.ssap.com.cn
发　　行 / 市场营销中心（010）59367081　59367083
印　　装 / 三河市龙林印务有限公司

规　　格 / 开　本：787mm × 1092mm　1/16
印　张：25.25　字　数：395 千字
版　　次 / 2020 年 7 月第 1 版　2020 年 7 月第 1 次印刷
书　　号 / ISBN 978-7-5201-6903-5
定　　价 / 158.00 元